따라하며 배우는
도커와 CI 환경

컨테이너 이론부터 Travis CI, AWS 실습까지

따라하며 배우는
도커와 CI 환경
컨테이너 이론부터 Travis CI, AWS 실습까지

지은이 안재원
펴낸이 박찬규　**엮은이** 윤가희　**표지디자인** Arowa & Arowana

펴낸곳 위키북스　**전화** 031-955-3658, 3659　**팩스** 031-955-3660
주소 경기도 파주시 문발로 115, 311호(파주출판도시, 세종출판벤처타운)

가격 28,000　**페이지** 356　**책규격** 188 x 240mm

초판 발행 2021년 11월 19일
ISBN 979-11-5839-286-4 (93000)

등록번호 제406-2006-000036호　**등록일자** 2006년 05월 19일
홈페이지 wikibook.co.kr　**전자우편** wikibook@wikibook.co.kr

Copyright © 2021 by 안재원
All rights reserved.
Printed & published in Korea by WIKIBOOKS

이 책의 한국어판 저작권은 저작권자와 독점 계약으로 위키북스가 소유합니다.
신저작권법에 의해 한국 내에서 보호를 받는 저작물이므로 무단 전재와 복제를 금합니다.
이 책의 내용에 대한 추가 지원과 문의는 위키북스 출판사 홈페이지 wikibook.co.kr이나
이메일 wikibook@wikibook.co.kr을 이용해 주세요.

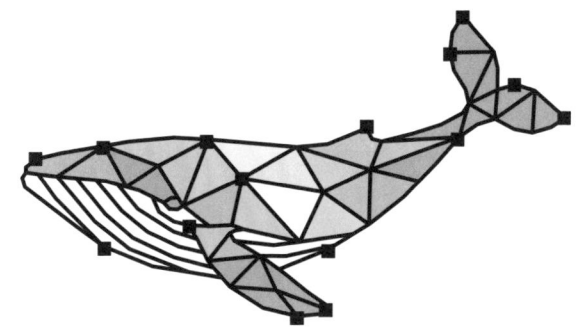

따라하며 배우는
도커와 CI 환경

컨테이너 이론부터 Travis CI, AWS 실습까지

안재원 지음

서·문

어떠한 개발을 하든지 도커의 편리성으로 인해 도커를 사용하는 게 당연시된 것 같다. 이렇게 도커를 많이 사용하다 보니 블로그나 책에서 도커에 관한 훌륭한 자료를 찾기 쉬워졌고, 이러한 자료들을 바탕으로 도커를 한 번 쯤은 접해봤을 것이다.

하지만 무작정 도커를 사용하다 보면 도커 이미지를 생성할 때 내부에서는 어떻게 동작하는지, 도커 컨테이너가 어떻게 다른 컨테이너와 격리되는지, 그리고 도커를 활용해서 CI/CD 환경은 어떻게 만드는지 궁금증이 생기기 마련이다. 그리고 도커를 배울 때 A부터 Z까지 도커에 관해 모두 배우는 것이 아닌 도커를 활용해 실제 필요한 애플리케이션을 만들면서 재밌게 배울 수 있으면 좋겠다고 생각하곤 했다. 이 책은 이러한 생각을 바탕으로 애플리케이션을 만들면서 도커의 내부 원리를 재밌게 배울 수 있도록 집필했다.

영어를 배울 때도 마찬가지다. 수없이 많은 영어 단어가 있지만, 그중에 실제로 자주 사용하는 단어는 몇천 개뿐이다. 그래서 사전에 있는 단어를 A부터 Z까지 모두 외우는 것보다 자주 사용하는 단어를 집중적으로 배워서 실제로 활용하는 것이 더 유익할 것이다. 도커 또한 마찬가지로 도커에 관한 수많은 명령어가 있지만, 실제 개발에서 사용하는 부분은 어느 정도로 한정된다. 실제 개발에서 사용되는 부분만큼은 깊게 알고, 반복해서 자유자재로 활용할 수 있다면 모든 명령어를 외우고 있는 것보다 유익할 것이다.

이 책의 1장부터 5장까지는 영어 단어를 배우듯이 도커를 사용할 때 정말 많이 사용하는 개념들을 도표를 이용해 깊게 파고 들어간다. 그리고 6장부터 9장까지는 앞에서 배운 단어들을 실생활에서 사용해보듯이 실제 애플리케이션을 만들어 본다. 실제 애플리케이션을 만드는 과정에서는 지금까지 배운 도커에 관해서 더욱 깊이 살펴보는 것뿐만 아니라 AWS 클라우드 서비스, CI/CD 환경, 전체적인 애플리케이션의 구조 등도 함께 배울 수 있다.

"따라하며 배우는"이란 책 제목처럼 많은 분이 이 책에 나온 실습을 따라하며 도커를 좀 더 재밌게 배우고, 재밌게 배운 내용을 실무에서도 즐겁게 사용하길 기대한다.

본문 내용을 시작하기에 앞서 이 책의 도서 홈페이지 및 예제 파일을 소개하고, 이 책에서 사용한 편집 서식에 대해 알아보겠습니다.

도서 홈페이지

이 책의 홈페이지 URL은 다음과 같습니다.

- 책 홈페이지: https://wikibook.co.kr/docker-ci/

이 책을 읽는 과정에서 내용상 궁금한 점이나 잘못된 내용, 오탈자가 있다면 홈페이지 우측의 [도서 관련 문의]를 통해 문의해 주시면 빠른 시간 내에 안내해 드리겠습니다.

예제 파일

이 책의 예제 파일은 깃허브 저장소에서 관리됩니다. 아래 깃허브 저장소에서 예제 파일을 확인하고 내려받을 수 있습니다.

- 깃허브 저장소: https://github.com/wikibook/docker-ci

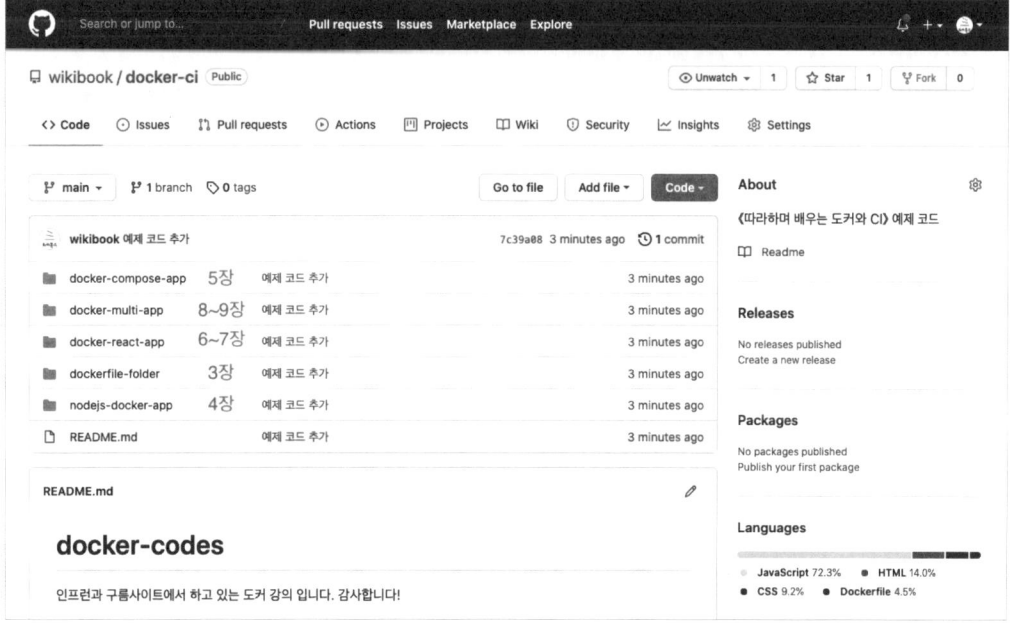

이 책의 사용설명서

편집 서식

이 책의 본문에 사용된 서식에 대해 알아보겠습니다.

- **본문 코드**

    본문에서 코드 및 명령어와 관련된 사항을 표기합니다.

    실습 2-1에서는 alpine이라는 도커 이미지를 이용해 이 도커 이미지가 어떠한 파일 구조를 가지고 있는지 살펴보겠습니다. 'docker run alpine ls' 명령어를 터미널에 입력해 보면 원하는 결과를 볼 수 있습니다.

- **예제 코드**

    예제 코드를 나타냅니다.

    예제 3-2 완성된 도커 파일   DOCKERFILE-FOLDER/Dockerfile
    ```
    # 베이스 이미지를 명시합니다.
    FROM alpine

    # 컨테이너 시작 시 실행할 명령어를 명시합니다.
    CMD [ "echo", "hello" ]
    ```

- **실습 코드**

    터미널에서 실습할 때의 명령어를 나타냅니다.

    실습 2-2 hello-world 도커 이미지의 파일 구조 확인
    ```
    % docker run hello-world ls
    docker: Error: response from daemon: OCI runtime create failed: container_linux.go:349:
    starting container process caused "exec: \ "ls" \: executable file not found in $PATH":
    unknown.
    ```

- **Tip**

    본문 내용과 관련해서 참고할 만한 내용을 나타냅니다.

    > **Tip 환경 만들기 전 AWS 리전(region) 확인하기**
    >
    > AWS 리전(region)은 현재 사용하고 있는 AWS의 서비스가 위치한 물리적인 장소입니다. AWS의 리전(물리적 장소)은 전 세계적으로 엄청 많지만, 이 서비스를 주로 이용할 장소와 가장 가까운 곳으로 지정하는 것이 좋습니다. 이 책에서는 한국의 '서울(ap-northeast-2)'을 사용합니다.
    >
    > 현재 사용 중인 리전은 오른쪽 위에서 확인할 수 있습니다.
    >
    >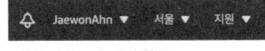
    >
    > 그림 7-26 AWS 리전 확인

01 도커란?

1.1 도커를 사용하는 이유 … 1
도커를 사용하지 않을 때와 도커를 사용해 프로그램을 설치할 때 … 1
도커를 사용하지 않고 레디스 설치하기 … 2
도커를 사용해 레디스 설치하기 … 3

1.2 도커와 컨테이너 … 5
실 세계의 컨테이너 … 6
도커에서의 컨테이너 … 7

1.3 도커 이미지와 도커 컨테이너 … 8

1.4 도커 설치하기 … 9
도커 회원 가입하기 … 9
윈도우 환경에서 도커 설치하기 … 11
macOS 환경에서 도커 설치하기 … 14

1.5 도커를 사용할 때의 흐름 … 20

1.6 도커와 기존 가상화 기술의 차이점 … 23
가상화 기술이 나오기 전에 서버를 사용하던 방식 … 23
하이퍼바이저 기반의 가상화 기술 … 24
하이퍼바이저의 종류 … 24
더 자세하게 도커 컨테이너 살펴보기 … 27
Cgroup과 네임스페이스 … 28

1.7 도커 이미지로 도커 컨테이너 만들기 … 29
응용 프로그램을 실행하는 데 필요한 모든 것 … 30
도커 컨테이너가 생성되는 순서 … 31

1.8 Cgroup, 네임스페이스를 쓸 수 있는 이유 … 33

02 기본적인 도커 클라이언트 명령어

2.1 도커 이미지의 내부 파일 구조 보기 – docker run ls	36
2.2 컨테이너 나열하기 – docker ps	40
현재 실행 중인 컨테이너 나열	40
도커 컨테이너를 나열할 때 원하는 항목만 보기	42
모든 도커 컨테이너를 나열	42
2.3 도커 컨테이너의 생성과 실행	42
도커 컨테이너를 생성하고 실행하기 – docker run 〈이미지 이름〉	43
도커 컨테이너 생성하기 – docker create 〈이미지 이름〉	44
생성된 도커 컨테이너 실행하기 – docker start 〈컨테이너 ID/이름〉	44
2.4 도커 컨테이너 멈추기	45
도커 컨테이터를 우아하게 중지하기 – docker stop 〈컨테이너 ID/이름〉	46
도커 컨테이터를 즉시 중지하기 – docker kill 〈컨테이너 ID/이름〉	46
2.5 도커 컨테이너 삭제하기 – docker rm	48
중지된 모든 컨테이너 삭제하기 – docker rm `docker ps -a -q`	48
도커 이미지 삭제하기 – docker rmi 〈이미지 id〉	49
사용하지 않는 데이터 삭제하기 – docker system prune	49
2.6 실행 중인 컨테이너에 명령어 전달하기 – docker exec	50
2.7 레디스를 이용해 도커 컨테이너 이해하기	52
2.8 실행 중인 컨테이너에서 터미널 사용하기 – docker exec sh	56
실행 중인 컨테이너에 셸 환경으로 접속하기	56
셸 환경으로 접속하기	56

03 직접 도커 이미지 생성하기

3.1 도커 이미지를 생성하는 순서 … 59
- 도커 이미지는 어떻게 생성할까요? … 60
- 도커 이미지를 생성하는 순서 … 60

3.2 도커 파일(Dockerfile) 만들기 … 61
- 도커 파일이란? … 61
- 도커 파일 작성 방법 … 62
- 베이스 이미지란 무엇인가? … 62
- 도커 파일 작성하기 … 63

3.3 Buildkit 비활성화하기 … 66
- Buildkit이란 무엇인가요? … 66
- Buildkit을 이용했을 때의 차이점 … 67
- Buildkit 비활성화하기 … 67

3.4 도커 파일로 도커 이미지 만들기 … 69
- build 명령어는 무엇인가요? … 69
- build 명령어로 이미지 빌드하기 … 70
- 빌드 과정 자세히 살펴보기 … 70
- 빌드 과정의 Step 2/2 자세히 보기 … 71

3.5 내가 만든 이미지에 기억하기 쉬운 이름 붙여주기 … 73
- 도커 이미지에 이름 붙여주기 – docker build -t … 73
- 이번 장에서 만들 Node.js 애플리케이션의 구조 … 76
- 도커를 이용해 Node.js 애플리케이션을 만드는 순서 … 76

04

도커를 이용한 간단한 Node.js 애플리케이션 만들기

4.1 Node.js 애플리케이션 만들기 77
  Node.js 설치하기 78
  Node.js 앱 만들기 79

4.2 도커 파일 작성하기 83
  작성한 도커 파일 자세히 살펴보기 85
  왜 FROM 부분에 alpine 베이스 이미지가 아닌 node 이미지를 사용할까요? 85
  RUN 부분에 있는 npm install은 어떤 코드인가요? 86
  CMD부분에 있는 "node", "server.js"는 무엇인가요? 87

4.3 package.json이 없다는 에러 메시지가 발생하는 이유 88
  이미지를 빌드할 때 왜 package.json 파일이 없다고 나오나요? 89

4.4 생성한 이미지로 애플리케이션 실행 시 접근이 안 되는 이유 94
  앞으로 컨테이너를 실행하기 위해 사용할 명령어 95
  새롭게 추가된 부분은 무슨 뜻인가요? 95

4.5 작업 디렉터리 명시하기 97
  WORKDIR 지시자는 무엇인가요? 97
  도커 컨테이너 안에 별도의 작업 디렉터리가 왜 있어야 하나요? 97
  COPY 지시자로 컨테이너 안으로 복사한 폴더와 파일 98
  이렇게 파일과 폴더가 한 디렉터리에 섞이면 문제가 되나요? 98
  작업 디렉터리를 설정하는 방법 99

4.6 애플리케이션의 소스 코드 변경으로 다시 빌드할 때의 문제점 100
  도커 환경에서 애플리케이션을 실행하는 순서 100
  이미지를 새로 빌드하면서 생긴 2가지 문제점 103

4.7 애플리케이션의 소스 코드를 변경했을 때 이미지를 효율적으로 다시 빌드하기 103
  COPY 지시자 부분을 바꾼 이유는 무엇일까요? 104
  COPY 지시자를 RUN 전후로 나눠 효율적으로 빌드하기 105

4.8 도커 볼륨	**108**
도커 볼륨(Docker Volume)은 무엇인가요?	108
도커 볼륨은 어떻게 이용하나요?	109
PWD(print working directory)	109
도커 볼륨을 사용해 애플리케이션 실행하기	110

05
도커 컴포즈

5.1 이번 장에서 만들 애플리케이션	**114**
이번 장의 학습 순서	115
5.2 Node.js와 레디스 구현하기	**116**
Node.js 애플리케이션 만들기	116
레디스란 무엇인가요?	120
레디스의 장점은 무엇인가요?	120
Node.js 환경에서 레디스를 사용하는 방법	120
도커 환경에서 레디스 클라이언트를 생성할 때 주의할 점	121
Node.js 애플리케이션에 레디스 코드 추가하기	121
5.3 Node.js를 실행할 컨테이너의 도커 파일 작성하기	**125**
도커 파일 작성하기	125
5.4 통신할 때 나타나는 에러	**126**
애플리케이션 실행 순서	127
5.5 도커 컴포즈 파일 작성하기	**130**
도커 컴포즈 파일은 확장자가 yaml이나 yml인데 이것은 무슨 파일인가요?	130
도커 컴포즈의 파일 구조	130
5.6 도커 컴포즈 정지시키기	**133**

06 단일 컨테이너를 활용한 애플리케이션 만들기

6.1 리액트 설치 및 애플리케이션 생성	138
리액트 애플리케이션 생성하기	140
6.2 리액트 애플리케이션을 위한 도커 파일 작성하기	142
개발 환경을 위한 도커 파일 작성하기	143
왜 이런 에러 메시지가 발생했을까요?	145
6.3 생성된 도커 이미지로 로컬에서 리액트 실행하기	146
6.4 도커 볼륨을 이용한 소스 코드 변경	150
COPY와 도커 볼륨의 차이점 복습	151
도커 볼륨을 사용해 애플리케이션 실행하기	151
6.5 도커 컴포즈로 좀 더 간단하게 애플리케이션 실행하기	154
도커 컴포즈를 이용해 애플리케이션 실행하기	154
6.6 리액트 애플리케이션 테스트하기	160
도커를 이용한 리액트 애플리케이션에서 테스트를 진행하려면	162
6.7 운영 환경을 위한 엔진엑스	166
개발 환경에서 리액트 애플리케이션이 실행되는 구조	166
운영 환경에서 리액트 애플리케이션이 실행되는 구조	167
왜 개발 환경의 서버와 운영 환경의 서버가 다른가요?	167
6.8 운영 환경의 도커 이미지를 위한 도커 파일 작성하기	168
개발 환경의 도커 파일과 운영 환경의 도커 파일 비교	168
운영 환경의 도커 파일 자세히 보기	169
BUILDER STAGE	170
RUN STAGE	171
운영 환경에서 리액트 애플리케이션 실행하기	172
6.9 운영 환경의 도커 컴포즈 파일 작성하기	173
운영 환경의 도커 컴포즈 파일 작성	174

07 단일 컨테이너를 활용한 애플리케이션의 테스트와 배포

7.1 깃허브에 소스 코드 올리기	178
7.2 Travis CI에서 테스트하기	182
Travis CI란?	182
Travis CI의 역할	182
Travis CI와 깃허브 연동	183
테스트를 위한 Travis CI 설정 파일 작성하기 - travis.yml	188
travis.yml 파일 자세히 살펴보기	189
.travis.yml 파일 작성하기	191
7.3 AWS 알아보기	193
AWS의 서비스들	193
EC2란 무엇인가? (Elastic Compute Cloud)	193
일래스틱 빈스톡이란 무엇인가? (Elastic Beanstalk)	194
7.4 일래스틱 빈스톡 환경과 애플리케이션 만들기	194
새로운 일래스틱 빈스톡 환경 만들기	197
트래픽이 많지 않을 때	201
트래픽이 많을 때	201
7.5 애플리케이션을 배포하기 위한 Travis CI 설정 파일 작성하기	202
배포와 관련된 Travis CI 설정 코드	202
7.6 Travis CI에서 AWS에 접근하기 위한 API 생성	207
소스 코드를 전달하기 위한 접근 요건	207
IAM(Identity and Access Management)이란?	207
IAM 사용자 생성하기	208
API 키를 Travis CI 설정 파일에 작성하기	211
일래스틱 빈스톡 환경 종료하기	216

08 다중 컨테이너를 활용한 애플리케이션의 개발 환경 구축

8.1 다중 컨테이너를 활용해 만들 애플리케이션의 구조	218
멀티 컨테이너 애플리케이션을 위한 전체적인 설계	220
엔진엑스의 프록시(Proxy) 기능을 이용한 설계	221
엔진엑스는 정적 파일만 제공하는 설계	222
애플리케이션의 구현 순서	223
8.2 Node.js로 애플리케이션의 백엔드 서버 구현하기	225
8.3 React.js로 애플리케이션의 프런트엔드 구현하기	229
8.4 리액트 애플리케이션을 위한 도커 파일 만들기	241
엔진엑스 설정 변경하기	244
8.5 노드 애플리케이션을 위한 도커 파일 만들기	246
8.6 개발 환경과 운영 환경의 데이터베이스 구성	248
개발 환경과 운영 환경의 데이터베이스를 나누는 이유는?	248
데이터베이스의 구조 자세히 살펴보기	248
8.7 MySQL을 위한 도커 파일 만들기	250
MySQL을 위한 도커 파일 작성	251
8.8 엔진엑스를 위한 설정 파일과 도커 파일 만들기	253
프록시 기능을 위한 엔진엑스 설정	255
8.9 개발환경을 위한 도커 컴포즈 파일 작성하기	257
8.10 볼륨을 이용한 데이터베이스의 데이터 유지하기	265
도커 볼륨을 이용한 데이터 영속성 구조	266

09 다중 컨테이너를 활용한 애플리케이션의 배포

9.1 테스트 및 배포 순서 살펴보기 268
   1. 깃허브 원격 저장소에 소스 코드를 푸시합니다. 268
   2. Travis CI에서 깃허브에 푸시한 소스 코드를 가져와 테스트합니다. 268
   3. 빌드된 도커 이미지를 도커 허브로 푸시합니다. 269
   4. AWS 일래스틱 빈스톡에 애플리케이션을 배포합니다. 269

9.2 도커 환경의 MYSQL 정리하기 269

9.3 깃허브에 소스 코드 올리기 272

9.4 Travis CI에서 테스트하기 276
   Travis CI에서 할 일들 276
   Travis CI와 깃허브 연동 277
   travis.yml 파일의 작성 순서 279
   .travis.yml 파일 작성하기 281
   Travis CI 사이트에서 환경 변수 만들기 283
   Travis CI가 잘 작동하는지 확인 284
   9-5 운영 환경을 위한 도커 컴포즈 파일 생성 287
   도커 컴포즈 파일 생성 287

9.6 다중 컨테이너 애플리케이션을 위한 일래스틱 빈스톡 환경 생성 290
   애플리케이션 생성 290

9.7 VPC와 보안 그룹 설정하기 294
   왜 VPC와 보안 그룹을 설정해야 하나요? 294
   VPC란 무엇인가요? 294
   일래스틱 빈스톡 환경을 생성할 때 할당되는 기본 VPC 찾아보기 295
   보안 그룹이란 무엇인가요? 297
   VPC와 보안 그룹을 이용해 EB 인스턴스와 RDS 통신 문제를 해결하는 방법은? 297

9.8 AWS RDS를 이용한 데이터베이스 생성하기 — 298
RDS를 이용한 데이터베이스 생성하기 — 300

9.9 데이터베이스 정보를 도커 컴포즈 파일에 명시해주기 — 303
데이터베이스의 엔드포인트 정보 확인하기 — 304
일래스틱 빈스톡의 환경 속성 설정하기 — 307

9.10 보안 그룹의 생성과 적용 — 310
보안 그룹 생성하기 — 310
보안 그룹 적용하기 — 314
MySQL 인스턴스에 새로 생성한 보안 그룹 적용하기 — 315
일래스틱 빈스톡 인스턴스에 새로 생성한 보안 그룹 적용하기 — 318

9.11 애플리케이션을 배포하기 위한 Travis CI 설정 파일 작성하기 — 322
지금까지 작성한 Travis CI 설정 코드 — 322
배포를 위해 추가할 Travis CI의 설정 코드 — 323

9.12 Travis CI에서 AWS에 접근하기 위한 API 키 생성 — 326
소스 코드를 전달하기 위한 접근 요건 — 326
IAM(Identity and Access Management)이란? — 326
IAM 사용자 생성하기 — 327
API 키를 Travis CI 설정 파일에 작성하기 — 330

9.13 애플리케이션이 잘 실행되는지 테스트하기 — 332
환경 종료하기 — 335

01 도커란?

이번 장에서는 도커를 사용하는 이유와 도커가 무엇인지에 관한 기본적인 내용을 알아보겠습니다.

1.1 도커를 사용하는 이유

요즘에는 점점 더 많은 회사에서 도커를 사용하고 있습니다. 왜 점점 더 많은 회사에서 도커를 사용하는 것일까요? 간단하게 얘기하자면 어떠한 프로그램을 내려받는 과정을 굉장히 간단하게 만들기 위해서입니다. 먼저 아래의 예를 통해서 더 자세히 이해해 보겠습니다.

도커를 사용하지 않을 때와 도커를 사용해 프로그램을 설치할 때

도커를 사용하지 않고 어떠한 프로그램을 설치할 때는 먼저 인스톨러(Installer)를 내려받은 후에 그 인스톨러를 실행해 프로그램을 설치합니다. 만약 크롬 브라우저를 설치한다면 먼저 크롬 인스톨러를 내려받고, 인스톨러를 이용해 크롬 브라우저를 설치할 수 있습니다.

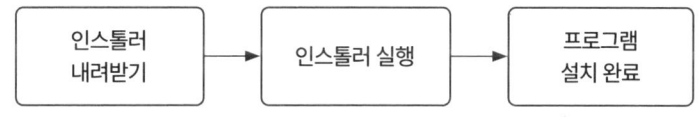

그림 1-1 도커를 사용하지 않고 프로그램을 설치하는 과정

하지만 이렇게 설치하다 보면 여러 가지 이유로 에러가 발생하는 경우가 많습니다.

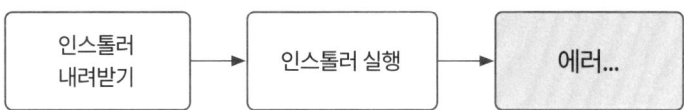

그림 1-2 도커를 사용하지 않고 프로그램 설치하는 과정 중 발생할 수 있는 에러

에러가 발생하는 이유는 다양한데, 프로그램을 설치하려는 서버, 패키지 버전, 운영체제 등에 따라 다양한 에러가 발생할 수 있습니다. 또한 설치 과정도 다소 복잡합니다. 이러한 상황을 살펴보기 위해서 먼저 도커를 이용하지 않고 인스톨러를 이용해 레디스(Redis)[1]를 설치해 보고, 이어서 도커를 이용해 같은 프로그램을 설치해봄으로써 설치 방법을 비교해 보겠습니다.

도커를 사용하지 않고 레디스 설치하기

먼저 도커를 이용하지 않고 레디스를 설치해 보겠습니다.

01. 레디스 홈페이지로 이동합니다.

https://redis.io/

02. 레디스를 내려받기 위해 내려받는 방법이 안내된 다운로드 가이드 페이지로 이동합니다.

Download it 부분에 있는 Check the downloads page 링크를 클릭해주세요.

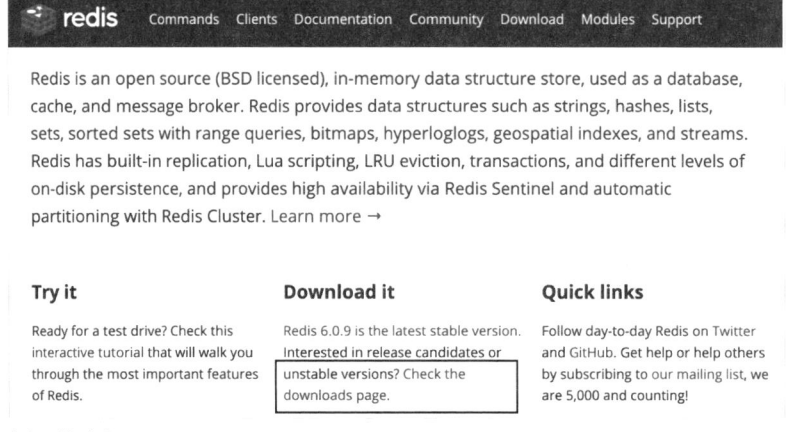

그림 1-3 레디스 웹 사이트

---

1 레디스는 키-값 구조의 비정형 데이터를 저장하고 관리하기 위한 오픈 소스 기반의 비관계형 데이터베이스 관리 시스템(DBMS)입니다. 레디스를 설치하는 과정을 살펴보는 것뿐이므로 자세한 내용을 몰라도 괜찮습니다.

03. 다운로드 가이드 페이지에는 다음과 같이 설치 방법이 안내돼 있습니다.

터미널을 실행한 후 설치 방법에 나와 있는 것처럼 한 줄씩 입력하면 레디스를 설치할 수 있습니다. 한 줄씩 입력해 보겠습니다.

```
Installation

From source code
Download, extract and compile Redis with:

$ wget https://download.redis.io/releases/redis-6.0.9.tar.gz
$ tar xzf redis-6.0.9.tar.gz
$ cd redis-6.0.9
$ make
```

그림 1-4 레디스 설치 방법

04. 터미널에서 첫 줄을 입력하자마자 다음과 같이 에러가 발생하는 것을 볼 수 있습니다.[2]

실습 1-1 터미널에서 레디스 설치하기
```
% wget http://download.redis.io/releases/redis-6.0.4.tar.gz
zsh: command not found: wget
```

에러 메시지를 보면 command not found: wget이란 문구가 나옵니다. 이는 레디스 인스톨러를 내려받는데 wget 패키지가 필요한데, 현재 wget 패키지가 없기 때문에 발생한 에러입니다. 그래서 wget 패키지를 먼저 내려받은 다음 다시 레디스를 내려받아야 합니다. 이처럼 특정 프로그램을 설치하는 데 필요한 부수적인 프로그램도 필요할 때마다 내려받아야 하므로 설치하는 과정이 복잡해지고 에러도 많이 생깁니다.

도커를 사용해 레디스 설치하기

이번에는 도커를 이용해 레디스를 내려받아 보겠습니다. (실습 1-2는 컴퓨터에 도커가 설치돼 있어야 진행할 수 있습니다. 도커를 설치하는 방법은 뒤에서 살펴보므로 도커가 설치돼 있지 않다면 따라하지 않고 어떻게 도커를 이용해 레디스를 설치하는지만 살펴보세요.)

---

[2] wget 패키지가 설치돼 있다면 에러가 발생하지 않고 설치가 진행되는 모습을 볼 수 있습니다.

01. 터미널을 실행한 후 'docker run -it redis' 명령어를 입력합니다(도커가 이미 설치돼 있다고 가정합니다).

> **실습 1-2 도커 환경에서 레디스 설치**
>
> ```
> % docker run -it redis
> Unable to find image 'redis:latest' locally
> latest: Pulling from library/redis
> 6ec7b7d162b2: Pull complete
> 1f81a70aa4c8: Pull complete
> 968aa38ff012: Pull complete
> 884c313d5b0b: Pull complete
> 6e858785fea5: Pull complete
> 78bcc34f027b: Pull complete
> Digest: sha256:0f724af268d0d3f5fb1d6b33fc22127ba5cbca2d58523b286ed3122db0dc5381
> Status: Downloaded newer image for redis:latest
> 1:C 19 Dec 2020 01:15:59.051 # oO0OoO0OoO0Oo Redis is starting oO0OoO0OoO0Oo
> 1:C 19 Dec 2020 01:15:59.051 # Redis version=6.0.9, bits=64, commit=00000000, modified=0, pid=1, just started
> 1:C 19 Dec 2020 01:15:59.051 # Warning: no config file specified, using the default config. In order to specify a config file use redis-server /path/to/redis.conf
> ```

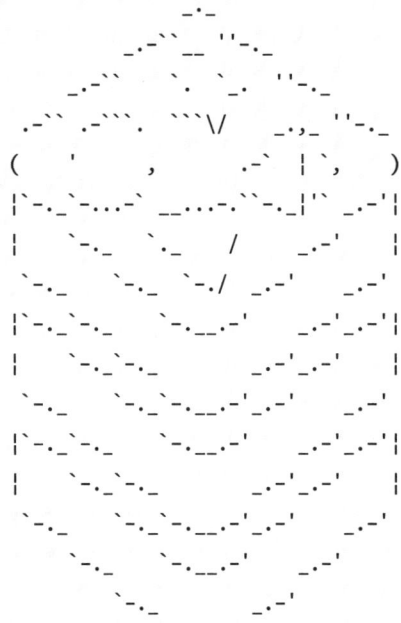

```
Redis 6.0.9 (00000000/0) 64

Running in standalone mode
Port: 6379
PID: 1


http://redis.io
```

```
              `-._.-'
1:M 19 Dec 2020 01:15:59.053 # WARNING: The TCP backlog setting of 511 cannot be
enforced because /proc/sys/net/core/somaxconn is set to the lower value of 128.
1:M 19 Dec 2020 01:15:59.053 # Server initialized
1:M 19 Dec 2020 01:15:59.054 * Ready to accept connections
```

도커 환경에서는 명령어 한 줄로 레디스를 내려받는 것부터 설치까지 완료할 수 있습니다.

이처럼 도커를 이용해 프로그램을 설치하면 예상치 못한 에러도 덜 발생하며, 설치하는 과정도 훨씬 간단합니다. 이러한 이유로 많은 사람과 많은 회사에서 도커를 사용하고 있습니다.

1.2 도커와 컨테이너

이전 절에서 도커를 사용하는 이유를 알아봤습니다. 이번 절에서는 도커가 무엇인지 알아보겠습니다.

먼저 AWS 사이트에 나와 있는 도커에 대한 정의를 살펴보겠습니다.

> 도커는 애플리케이션을 신속하게 구축, 테스트 및 배포할 수 있는 소프트웨어 플랫폼입니다. 도커는 소프트웨어를 **컨테이너**라는 표준화된 유닛으로 패키징하며, 이 컨테이너에는 라이브러리, 시스템 도구, 코드, 런타임 등 소프트웨어를 실행하는 데 필요한 모든 것이 포함되어 있습니다. 도커를 사용하면 환경에 구애받지 않고 애플리케이션을 신속하게 배포 및 확장할 수 있으며 코드가 문제없이 실행될 것임을 확신할 수 있습니다.
>
> AWS 사이트의 '도커란 무엇입니까?'[3] 발췌

---

[3] https://aws.amazon.com/ko/docker/

이번에는 위키피디아에서 제공하는 도커의 정의를 살펴보겠습니다.

> 도커는 리눅스의 응용 프로그램들을 프로세스 격리 기술들을 사용해 **컨테이너**로 실행하고 관리하는 오픈 소스 프로젝트이다.
>
> 위키피디아에서[4] 발췌

도커 공식 사이트에서도 다음과 같이 도커에 관한 정의가 나오기 전에 'What is a Container?'라고 컨테이너에 관한 설명부터 나오는 모습을 볼 수 있습니다.

그림 1-5 도커 웹 사이트

도커에 대한 정의를 보면 도커에 대해서 쉽게 이해할 수는 없지만, 세 군데 모두 컨테이너라는 개념이 나오는 것을 볼 수 있습니다. 이처럼 도커와 컨테이너는 떼려야 뗄 수 없는 관계이고, 도커를 이해하려면 먼저 컨테이너를 구체적으로 이해해야 합니다. 그래서 먼저 컨테이너가 무엇인지 살펴보고, 이어서 도커가 무엇인지 알아보겠습니다. 일상에서 사용하는 컨테이너의 개념과 도커에서 사용하는 컨테이너 개념을 비교하면서 이해해 보겠습니다.

실 세계의 컨테이너

실 세계에서는 컨테이너에 다양한 물건을 넣습니다. 이렇게 컨테이너에 담은 물건은 다양한 운송 수단을 이용해 쉽게 옮길 수 있습니다.

---

4 https://ko.wikipedia.org/wiki/도커_(소프트웨어)

그림 1-6 물건을 담는 데 사용하는 실 세계의 컨테이너

그림 1-7 다양한 운송 수단을 이용해 쉽게 옮길 수 있는 컨테이너

도커에서의 컨테이너

도커에서는 다양한 프로그램과 실행 환경을 컨테이너에 담고, 동일한 인터페이스를 제공하여 프로그램의 배포 및 관리를 단순하게 합니다. 실 세계의 컨테이너가 물건을 손쉽게 운송하는 역할을 하는 것처럼 도커의 컨테이너는 프로그램을 손쉽게 배포 및 관리할 수 있게 해줍니다.

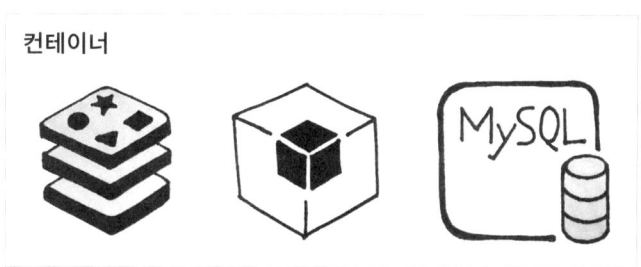

그림 1-8 프로그램과 실행 환경 등을 담는 데 사용하는 도커의 컨테이너

간단하게 도커에서 중요한 개념인 컨테이너에 대해 알아봤습니다. 컨테이너를 이해하려면 많은 실습이 필요하므로 계속해서 여러 방법으로 실습하면서 컨테이너에 대해 자세히 살펴보겠습니다.

1.3 도커 이미지와 도커 컨테이너

도커 컨테이너를 만들려면 도커 이미지가 필요합니다. 따라서 도커 컨테이너를 이해하려면 도커 이미지를 알아야 합니다. 이번 절에서는 다시 한 번 도커 컨테이너의 정의를 살펴보고, 도커 이미지에 대해서 알아보겠습니다.

> **도커 컨테이너**는 코드와 모든 종속성을 패키지화하여 응용 프로그램이 한 컴퓨팅 환경에서 다른 컴퓨팅 환경으로 빠르고 안정적으로 실행되도록 하는 소프트웨어의 표준 단위다.
>
> **도커 이미지**는 코드, 런타임, 시스템 도구, 시스템 라이브러리 및 설정과 같은 응용 프로그램을 실행하는 데 필요한 모든 것을 포함하는 가볍고 독립적이며 실행 가능한 소프트웨어 패키지다.
>
> 도커 공식사이트[5] 발췌

이러한 정의를 그림 1-9의 도표와 같이 살펴보겠습니다. 도커 컨테이너는 도커 이미지로 만들기 때문에 도커 이미지 안에는 응용 프로그램을 실행하는 데 필요한 모든 설정과 종속성이 필요합니다. 이러한 도커 이미지를 이용해 여러 개의 도커 컨테이너를 만들 수 있습니다. 따라서 도커 컨테이너를 도커 이미지의 인스턴스라고 부르며, 도커 컨테이너를 실행하면 그 컨테이너 안에서 실행하고자 하는 프로그램을 실행 할 수 있습니다.

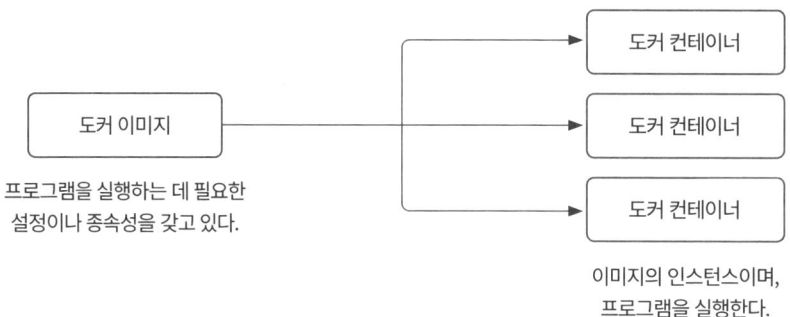

그림 1-9 도커 이미지를 이용해 도커 컨테이너 생성

---

[5] https://www.docker.com/resources/what-container

여기서 도커 이미지는 프로그램을 실행하는 데 필요한 설정이나 종속성을 갖고 있으며, 도커 이미지를 이용해 컨테이너를 생성합니다. 그다음 생성한 도커 컨테이너를 이용해 프로그램을 실행한다고 이해하면 됩니다. 계속해서 다양한 도해와 실습을 통해 도커 이미지와 컨테이너에 대해 더 깊게 알아보겠습니다.

1.4 도커 설치하기

지금까지 도커에 대해서 간단히 알아봤습니다. 이번 절에서는 실제로 컴퓨터에 도커를 설치해 보겠습니다. 먼저 도커 홈페이지에서 회원 가입을 하고, 윈도우 환경과 macOS 환경에서 도커를 설치하는 방법을 살펴보겠습니다.

도커 회원 가입하기

01. 도커 공식 홈페이지로 이동한 다음 [Sign In] 버튼을 클릭해 회원 가입 페이지로 이동합니다.

https://www.docker.com/

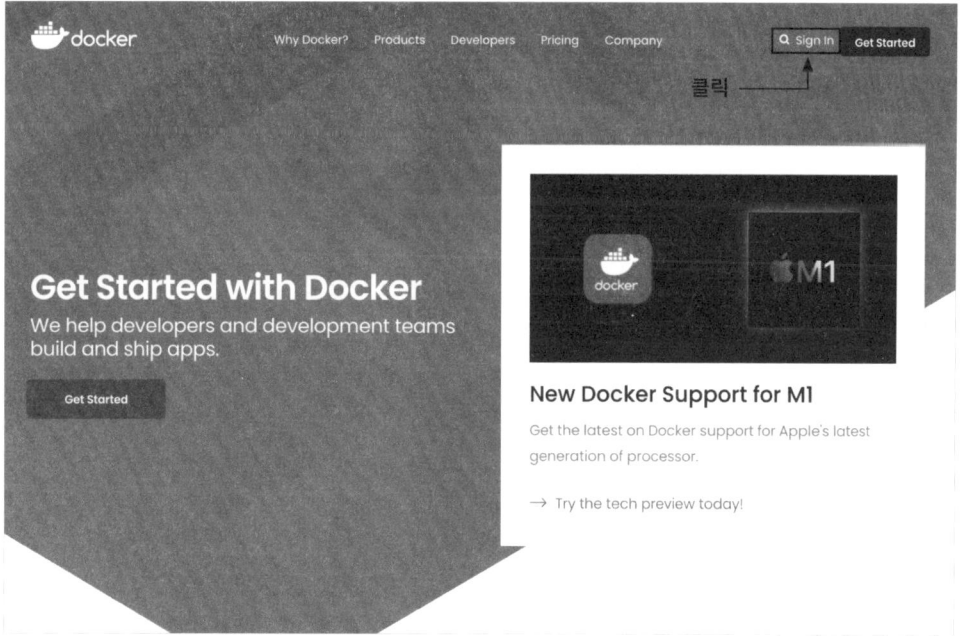

그림 1-10 도커 웹 사이트에서 Sign In 버튼 클릭

02. 로그인 페이지가 나오면 회원 가입을 하기 위해서 [Sign Up] 버튼을 클릭합니다.

그림 1-11 도커 로그인 페이지에서 Sign Up 버튼 클릭

03. 회원 가입 페이지가 나오면 ID와 이메일 주소, 비밀번호를 입력해 회원 가입을 합니다.

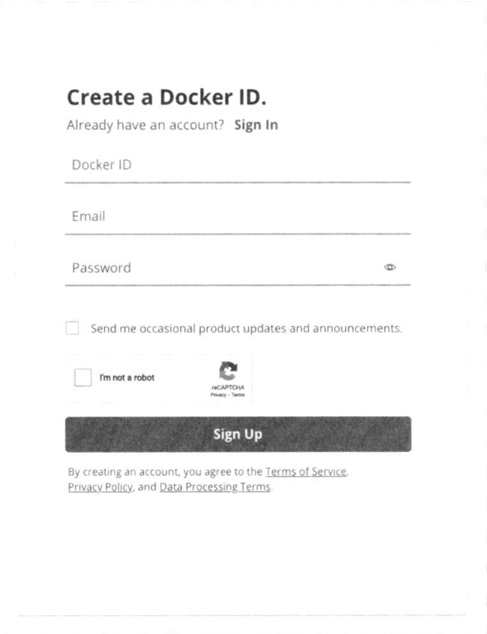

그림 1-12 도커 회원 가입 페이지

윈도우 환경에서 도커 설치하기

먼저 윈도우 환경에서 도커를 설치하는 방법을 살펴보겠습니다.

01. 도커 공식 홈페이지로 이동한 다음 [Get Started] 버튼을 클릭해 도커 다운로드 페이지로 이동합니다.

https://www.docker.com/get-started

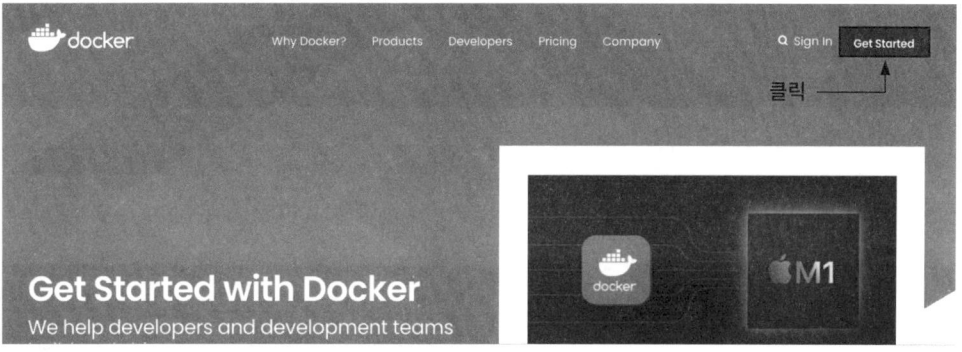

그림 1-13 도커 웹 사이트에서 Get Started 버튼 클릭

02. 윈도우용 도커 인스톨러를 내려받기 위해 [Download for Windows] 버튼을 클릭합니다.

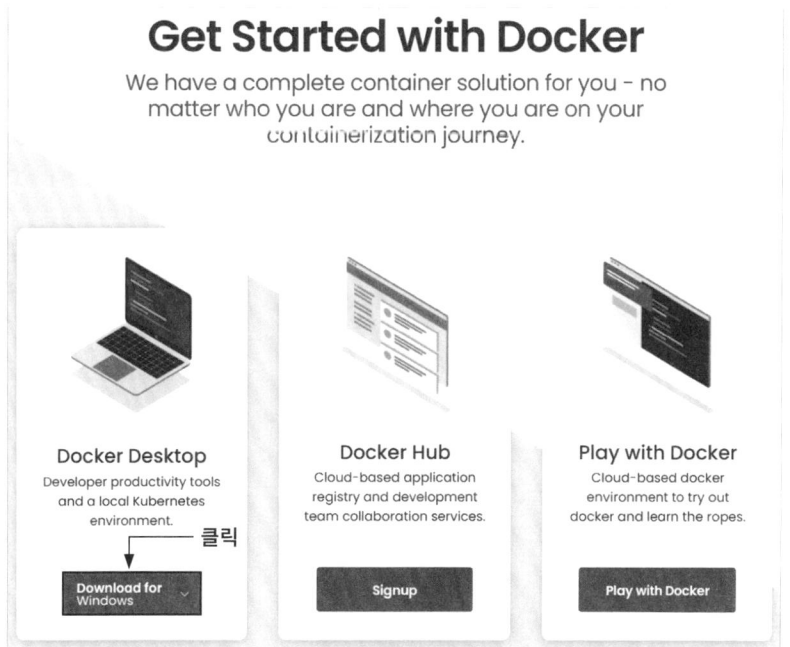

그림 1-14 도커 웹 사이트에서 도커 인스톨러 내려받기

03. 내려받은 인스톨러를 실행해 도커를 설치합니다.

그림 1-15 도커 설치 파일을 이용한 도커 설치

04. 컴퓨터를 재시작한 다음 바탕화면에 있는 도커 데스크톱 아이콘을 더블 클릭해 도커를 실행합니다.

그림 1-16 도커 데스크톱 아이콘을 더블 클릭해 도커 실행

05. 작업표시줄 오른쪽 아래를 보면 고래 모양의 도커 아이콘이 보입니다. 도커 아이콘을 클릭한 다음 [Sign in / Create Docker ID...] 메뉴를 클릭합니다.

그림 1-17 도커 아이콘을 클릭하고 Sign in 메뉴 클릭

06. 로그인 창이 나오면 아이디와 비밀번호를 입력해 로그인합니다.

그림 1-18 도커 로그인

07. 마지막으로 도커가 잘 설치됐는지 터미널에서 명령어를 이용해 확인합니다.

'docker version' 명령어를 입력합니다. 명령어를 입력하면 아래와 같이 도커 클라이언트와 서버 정보가 출력됩니다.

```
실습 1-3 도커 버전 확인
% docker version
Client: Docker Engine - Community
 Version:           20.10.2
 API version:       1.41
 Go version:        go1.13.15
 Git commit:        2291f61
 Built:             Mon Dec 28 16:12:42 2020
 OS/Arch:           window/amd64
 Context:           default
 Experimental:      true

Server: Docker Engine - Community
 Engine:
  Version:          20.10.2
  API version:      1.41 (minimum version 1.12)
  Go version:       go1.13.15
```

```
 Git commit:        8891c58
 Built:             Mon Dec 28 16:15:28 2020
 OS/Arch:           linux/amd64
 Experimental:      false
containerd:
 Version:           1.4.3
 GitCommit:         269548fa27e0089a8b8278fc4fc781d7f65a939b
runc:
 Version:           1.0.0-rc92
 GitCommit:         ff819c7e9184c13b7c2607fe6c30ae19403a7aff
docker-init:
 Version:           0.19.0
 GitCommit:         de40ad0
```

> **Tip** 윈도우 환경에서 명령 프롬프트(터미널) 실행하기
>
> **01.** 키보드에서 윈도우 + R 키를 눌러 실행 창을 엽니다.
>
> **02.** 실행 창에 'cmd'라고 입력한 뒤 [확인] 버튼을 클릭합니다.
>
> **03.** 다음과 같이 명령 프롬프트가 실행됩니다. 
>
> 그림 1-19 명령 프롬프트

macOS 환경에서 도커 설치하기

이번에는 macOS 환경에서 도커를 설치하는 방법을 살펴보겠습니다.

01. 도커 공식 홈페이지로 이동한 다음 [Get Started] 버튼을 클릭해 도커 다운로드 페이지로 이동합니다.

https://www.docker.com/get-started

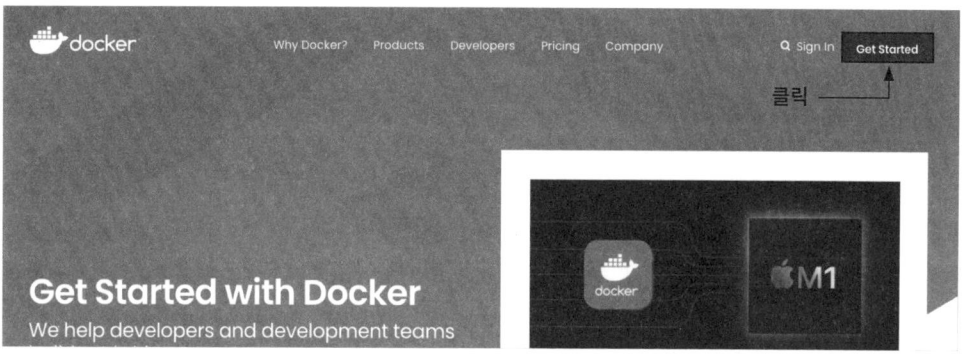

그림 1-20 도커 웹 사이트에서 Get Started 버튼 클릭

02. macOS용 도커 인스톨러를 내려받기 받기 위해 [Download for Mac] 버튼을 클릭합니다.

현재 사용 중인 맥 제품이 Intel 칩을 사용하면 Intel Chip 버전을 내려받고, M1 칩을 사용하면 M1 버전을 내려받습니다.

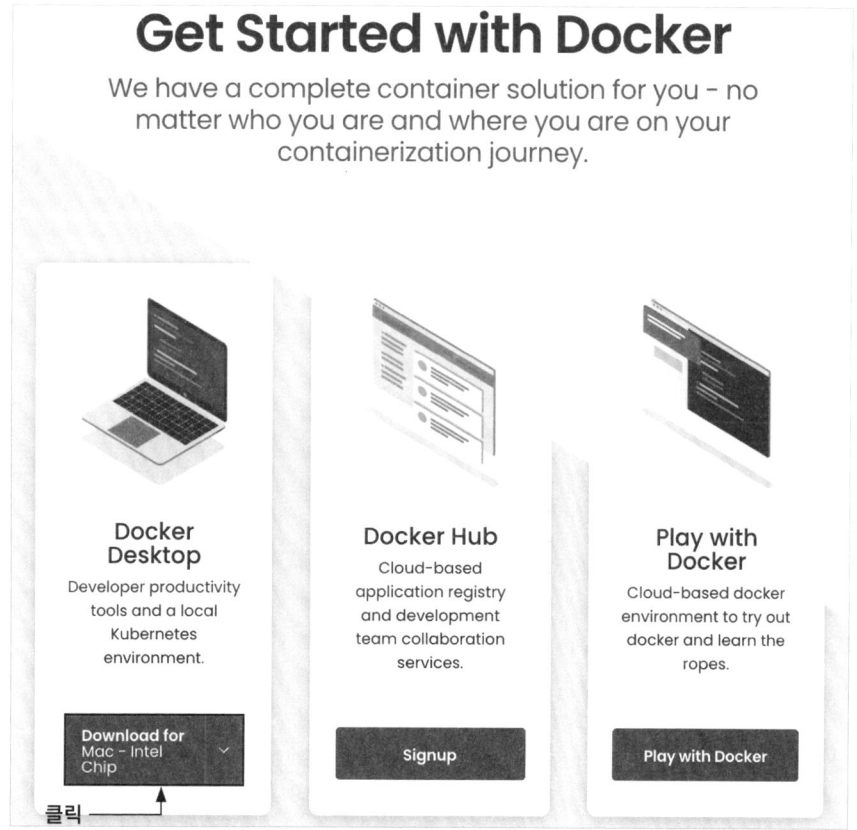

그림 1-21 도커 웹 사이트에서 도커 인스톨러 내려받기

> **Tip** 내 컴퓨터가 인텔 칩을 사용하는지 M1 칩을 사용하는지 확인하기
>
> 자신의 맥 제품이 인텔 칩을 사용하는지 M1 칩을 사용하는지 모른다면 다음과 같은 방법으로 자신의 맥에 관한 정보를 찾아볼 수 있습니다.
>
> **01.** 상단 메뉴에서 사과 모양 아이콘을 누른 다음 [이 Mac에 관하여] 메뉴를 선택합니다.
>
>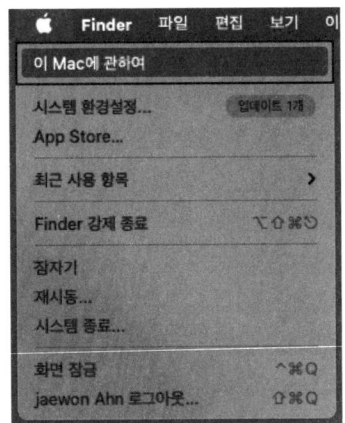
>
> 그림 1-22 이 Mac에 관하여 메뉴 선택
>
> **02.** 프로세서 항목에 'Intel'이라고 나와 있으면 인텔 칩을 사용하는 것이며, Chip 항목에 'M1'이라고 나와 있다면 M1 칩을 사용하는 것입니다.
>
>
>
> 그림 1-23 이 Mac에 관하여에서 정보 보기

03. 내려받은 인스톨러를 이용해 도커를 설치합니다.

왼쪽에 있는 고래 모양의 Docker 아이콘을 오른쪽에 있는 Applications 폴더로 드래그 앤드 드롭해 도커를 설치합니다.

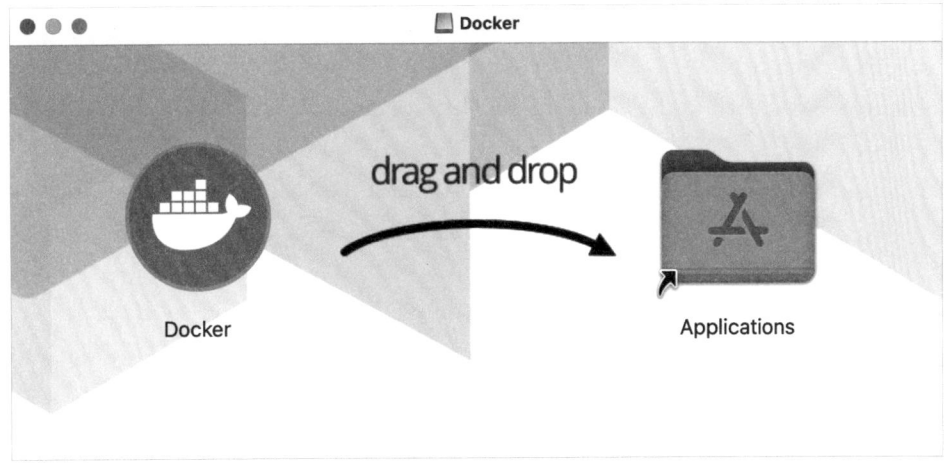

그림 1-24 도커 아이콘을 Applications 폴더로 드래그 앤드 드롭해 설치

04. 런치패드 또는 응용 프로그램 디렉터리에서 도커 아이콘을 더블 클릭해 도커를 실행합니다.

그림 1-25 도커 실행 아이콘

05. 도커를 실행하면 화면 오른쪽 위에 있는 메뉴 막대에 고래 모양의 도커 아이콘이 보입니다. 도커 아이콘을 클릭한 다음 [Sign in / Create Docker ID] 메뉴를 클릭합니다.

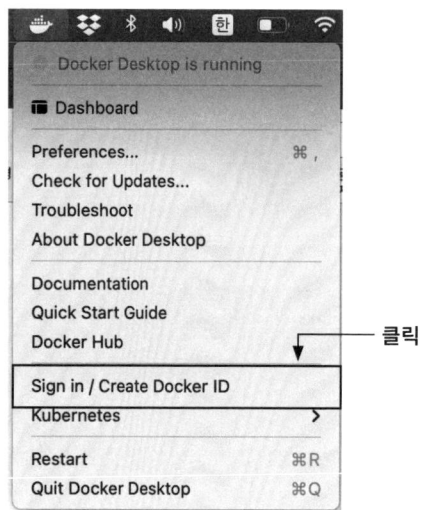

그림 1-26 도커 아이콘을 클릭하고 Sign in 메뉴 클릭

06. 로그인 창이 나오면 아이디와 비밀번호를 입력해 로그인합니다.

그림 1-27 도커 로그인

07. 마지막으로 도커가 잘 설치됐는지 명령어를 이용해 확인합니다.

먼저 터미널을 실행합니다. 터미널에서 'docker version' 명령어를 입력합니다. 명령어를 입력했을 때 다음과 같이 도커 클라이언트와 서버의 정보가 나온다면 잘 설치된 것입니다.

실습 1-4 도커 상태 확인

```
% docker version
Client: Docker Engine - Community
 Cloud integration: 1.0.4
 Version:           20.10.0
 API version:       1.41
 Go version:        go1.13.15
 Git commit:        7287ab3
 Built:             Tue Dec  8 18:55:43 2020
 OS/Arch:           darwin/amd64
 Context:           default
 Experimental:      true

Server: Docker Engine - Community
 Engine:
  Version:          20.10.0
  API version:      1.41 (minimum version 1.12)
  Go version:       go1.13.15
  Git commit:       eeddea2
  Built:            Tue Dec  8 18:58:04 2020
  OS/Arch:          linux/amd64
  Experimental:     false
 containerd:
  Version:          v1.4.3
  GitCommit:        269548fa27e0089a8b8278fc4fc781d7f65a939b
 runc:
  Version:          1.0.0-rc92
  GitCommit:        ff819c7e9184c13b7c2607fe6c30ae19403a7aff
 docker-init:
  Version:          0.19.0
  GitCommit:        de40ad0
```

> Tip **macOS 환경에서 터미널 실행하기**
>
> 01. 단축키 command + 스페이스 바를 눌러 스포트라이트를 실행합니다. (또는 상단 메뉴 막대의 오른쪽에서 돋보기 모양 아이콘을 클릭합니다.)
> 02. 스포트라이트에 '터미널' 또는 'terminal'이라고 입력한 뒤 터미널을 클릭합니다.
> 03. 다음과 같이 터미널이 실행됩니다.
>
>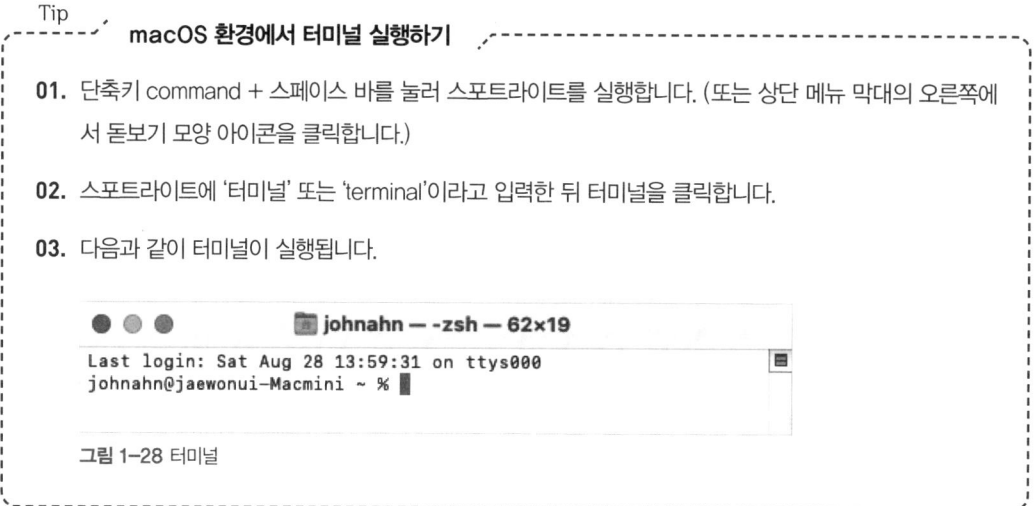
>
> 그림 1-28 터미널

1.5 도커를 사용할 때의 흐름

이번 절에서는 어떠한 흐름으로 도커를 사용하며, 도커를 사용할 때 도커 내부에서는 어떠한 일이 일어나는지 알아보겠습니다.

우선 도커를 사용하는 흐름을 간단하게 나타내면 다음과 같습니다.

01. 도커 클라이언트(CLI)에 원하는 명령을 위한 명령어를 입력합니다.
02. 도커 서버(도커 데몬)가 도커 클라이언트에 입력한 명령어를 전달받으면 명령어에 따른 이미지를 생성하고, 컨테이너를 실행합니다. 그리고 해당 컨테이너에서 애플리케이션을 실행합니다.

그림 1-29 도커의 사용 흐름

이러한 흐름을 이용해 hello-world라는 프로그램을 도커 환경에서 실행해 보겠습니다. hello-world 프로그램은 아주 간단한 문장을 출력하는 프로그램입니다. 도커 이미지의 용량도 아주 작고 빠르게 실행할 수 있어서 많은 사람이 처음 도커를 접할 때 이용하고 있습니다.

터미널을 실행한 후에 'docker run hello-world' 명령어를 입력합니다.

실습 1-5 도커 이미지를 이용해 hello-world 애플리케이션 실행

```
% docker run hello-world
Unable to find image 'hello-world:latest' locally
latest: Pulling from library/hello-world
0e03bdcc26d7: Pull complete
Digest: sha256:1a523af650137b8accdaed439c17d684df61ee4d74feac151b5b337bd29e7
Status: Downloaded newer image for hello-world:latest

Hello from Docker!
This message shows that your installation appears to be working correctly.

To generate this message, Docker took the following steps:
 1. The Docker client contacted the Docker daemon.
 2. The Docker daemon pulled the "hello-world" image from the Docker Hub.
    (amd64)
 3. The Docker daemon created a new container from that image which runs the
    executable that produces the output you are currently reading.
 4. The Docker daemon streamed that output to the Docker client, which sent it to your
terminal.

To try something more ambitious, you can run an Ubuntu container with:
 $ docker run -it ubuntu bash

Share images, automate workflows, and more with a free Docker ID:
 https://hub.docker.com/

For more examples and ideas, visit:
    https://docs.docker.com/get-started/
```

hello-world 프로그램을 실행했을 때 도커에서 일어나는 내부적인 처리 과정을 하나씩 살펴보겠습니다.

01. 도커 클라이언트에 명령어를 입력하면 클라이언트에서 도커 서버로 요청을 보냅니다.

02. 서버에서 hello-world라는 이미지가 로컬에 이미 다운로드돼 있는지 확인합니다.

03. 기존에 내려받은 hello-world 이미지가 없기 때문에 'Unable to find image 'hello-world:latest' locally'라는 문구가 출력됩니다(2번째 줄).

04. 도커 이미지가 저장된 도커 허브(Docker Hub)에서 hello-world 이미지를 가져오고, 로컬에 보관합니다.

05. 이제 hello-world 이미지가 있으니 그 이미지를 이용해서 컨테이너를 생성합니다.

06. 생성된 컨테이너는 이미지에서 받은 설정이나 조건에 따라 프로그램을 실행합니다.

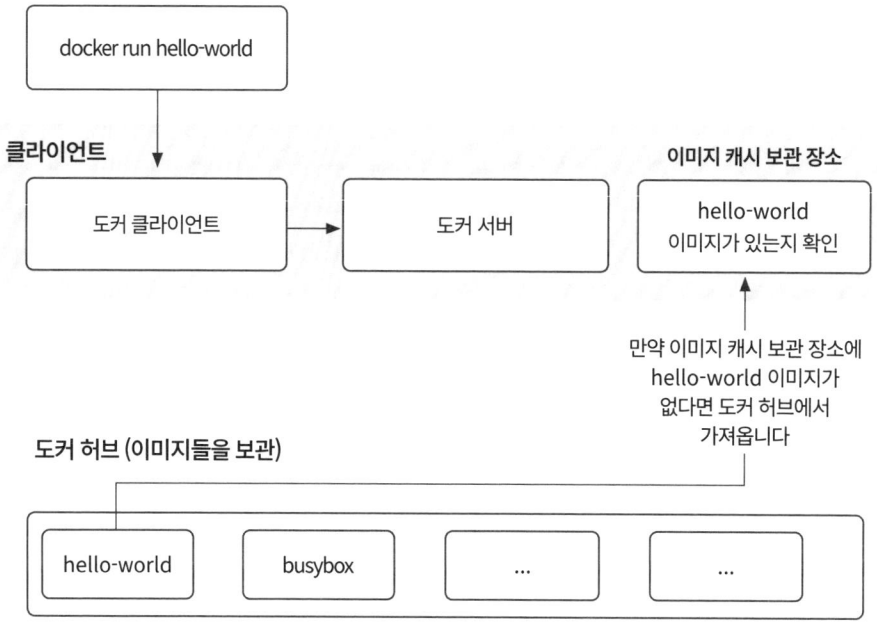

그림 1-30 hello-wolrd 프로그램을 실행했을 때 도커에서 일어나는 내부적인 처리 과정

한 번 더 'docker run hello-world' 명령어를 도커 클라이언트에 입력하면 어떻게 될까요?

실습 1-6 hello-world 이미지가 보관된 상태에서 다시 hello-world 애플리케이션 실행

```
% docker run hello-world
Hello from Docker!
This message shows that your installation appears to be working correctly.

To generate this message, Docker took the following steps:
 1. The Docker client contacted the Docker daemon.
```

```
2. The Docker daemon pulled the "hello-world" image from the Docker Hub.
   (amd64)
3. The Docker daemon created a new container from that image which runs the
   executable that produces the output you are currently reading.
4. The Docker daemon streamed that output to the Docker client, which sent it
   to your terminal.

To try something more ambitious, you can run an Ubuntu container with:
 $ docker run -it ubuntu bash

Share images, automate workflows, and more with a free Docker ID:
 https://hub.docker.com/

For more examples and ideas, visit:
   https://docs.docker.com/get-started/
```

이번에는 'Unable to find image 'hello-world:latest' locally'라는 문구 없이 프로그램이 바로 실행됩니다. 이는 hello-world 이미지를 도커 허브에서 이미 내려받았기 때문에 캐시 보관 장소에 hello-world 이미지가 보관돼 있고, 보관된 hello-world 이미지를 이용해 컨테이너를 만든 후 프로그램을 실행하기 때문입니다.

이렇게 해서 도커를 사용할 때 어떠한 흐름으로 도커를 사용할 수 있는지와 도커 내부에서는 어떠한 일이 일어나고 있는지 알아봤습니다.

1.6 도커와 기존 가상화 기술의 차이점

이번에는 도커를 더 깊게 이해하기 위해서 기존 가상화 기술과 도커의 차이점을 살펴보겠습니다. 이렇게 둘의 차이점을 살펴보면서 더 깊게 이해하려는 이유는 도커 기술이 갑자기 생겨난 것이 아니라, 이전의 기술들을 이용해 만들어진 기술이기 때문입니다. 그래서 가상화 기술이 나오기 이전에는 어떠한 방식으로 서버를 이용했는지 살펴보고, 기존의 가상화 기술은 어떠한 방식인지도 살펴보겠습니다.

가상화 기술이 나오기 전에 서버를 사용하던 방식

가상화 기술이 나오기 전에는 한 대의 서버를 하나의 용도로만 사용했습니다. 따라서 한 대의 서버에서 사용하고 남는 서버 공간은 그대로 방치하게 됩니다. 그리고 하나의 서버에 하나의 운영체제, 하나의 프로그램만을 운영합니다. 종합적으로 봤을 때 이 방법은 한 대의 서버를 하나의 용도로만 사용하기 때문에 비교적 안정적이지만, 사용하지 않는 공간이 많기 때문에 비효율적인 면이 있습니다.

하이퍼바이저 기반의 가상화 기술

하이퍼바이저 기반의 가상화 기술은 가상화 기술이 나오기 이전의 비효율적인 면을 개선하기 위해 새롭게 출현했습니다. 논리적으로 공간을 분할하여 가상 머신(VM)이라는 독립적인 가상 환경에서 서버를 이용하는 기술입니다. 따라서 한 대의 서버를 하나의 용도로 사용했던 비효율적인 부분을 해결할 수 있게 됐습니다. 또한 하이퍼바이저는 호스트 시스템에서 다수의 게스트 운영체제(OS)를 구동할 수 있게 하는 소프트웨어이며, 하드웨어를 가상화하면서 하드웨어와 각각의 가상 머신(VM)을 모니터링하는 중간 관리자이기도 합니다.

하이퍼바이저의 종류

하이퍼바이저는 네이티브 하이퍼바이저와 호스트형 하이퍼바이저로 나뉩니다.

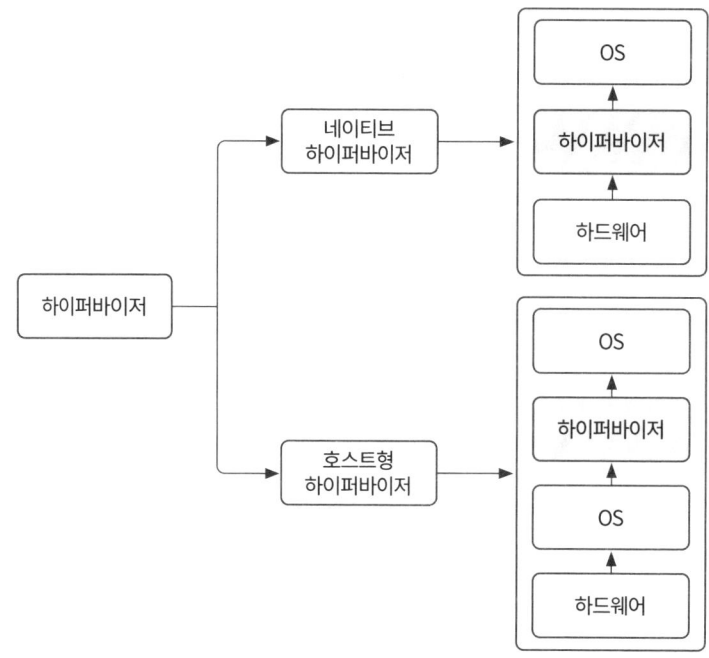

그림 1-31 하이퍼바이저의 종류

네이티브 하이퍼바이저는 하이퍼바이저가 하드웨어를 직접 제어하기 때문에 자원을 효율적으로 사용할 수 있습니다. 또한 별도의 호스트 OS가 없으므로 오버헤드가 적습니다. 하지만 여러 하드웨어 드라이버를 세팅해야 하므로 설치가 어렵습니다.

호스트형 하이퍼바이저는 일반적인 소프트웨어처럼 호스트 OS 위에서 실행되며, 하드웨어 자원을 VM 내부의 게스트 OS에 에뮬레이트 하는 방식입니다. 따라서 오버헤드가 크지만, 게스트 OS 종류에 대한 제약이 없고 구현이 다소 쉽습니다. 구현이 쉽기 때문에 현재 많은 사람이 사용하는 가상 머신(VM)은 이 호스트형 하이퍼바이저입니다.

여기서 현재 많이 사용되고 있는 호스트형 하이퍼바이저를 더 자세하게 살펴보겠습니다. 하이퍼바이저에 의해 구동되는 가상 머신은 각 가상 머신마다 독립된 가상 하드웨어 자원을 할당받습니다. 논리적으로 분리돼 있어서 하나의 가상 머신에 오류가 발생해도 다른 가상 머신으로 오류가 퍼지지 않는다는 장점이 있습니다.

다음 그림에서 Core1은 무조건 Core1 쪽에 있는 가상 머신에만 이용되고, Core2는 Core2 쪽에 있는 가상 머신에만 이용되기 때문에 Core1 쪽의 가상 머신에서 에러가 발생해도 Core2 쪽의 가상 머신에는 영향이 미치지 않습니다.

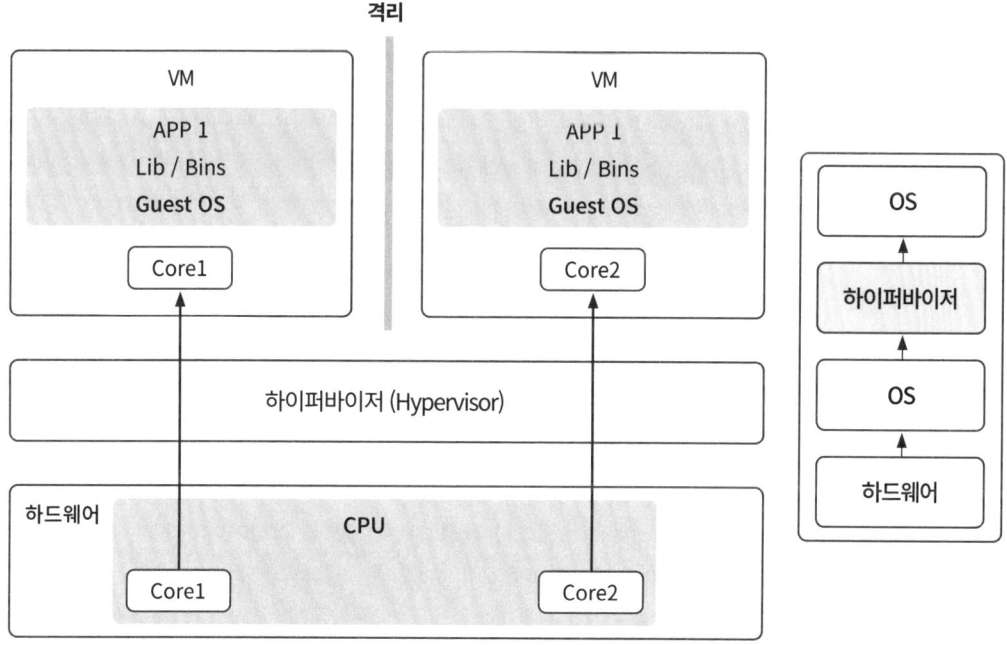

그림 1-32 호스트형 하이퍼바이저의 구조

지금까지 기존의 가상화 기술을 살펴봤습니다. 이제 기존의 가상화 기술과 비교해 도커 기술을 더 자세히 이해해 보겠습니다. 기존의 가상화 기술과 비교할 수 있는 이유는 도커에서 이용하는 컨테이너 기술이 기존의 가상화 기술들을 이용해서 나왔기 때문입니다.

다음 그림을 보면 도커의 구조와 기존 가상화 기술의 구조가 굉장히 비슷한 것을 볼 수 있습니다. 우선 공통점을 살펴보면 기본 하드웨어에서 격리된 환경 내에 애플리케이션을 배치하는 점이 같습니다. 그리고 차이점을 살펴보면 격리된 환경을 얼마나 격리시키는지가 다릅니다.

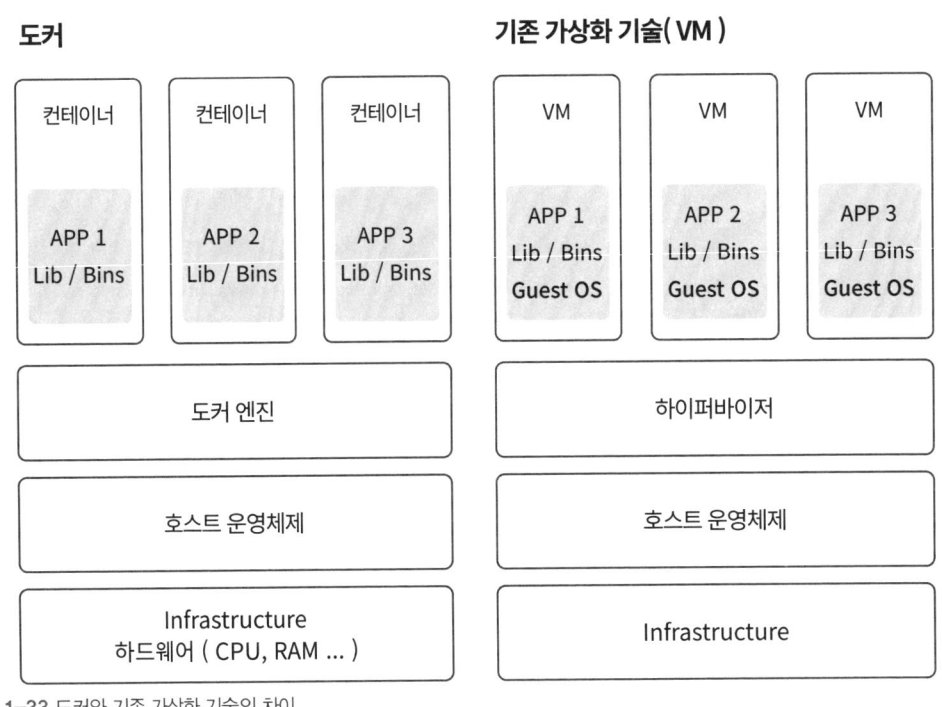

그림 1-33 도커와 기존 가상화 기술의 차이

도커 컨테이너에서 구동되는 애플리케이션은 컨테이너가 제공하는 격리 기능 내부에 샌드박스가 있지만, 여전히 같은 호스트의 다른 컨테이너와 동일한 커널을 공유합니다. 결과적으로 컨테이너 내부에서 실행되는 프로세스는 호스트 시스템(모든 프로세스를 나열할 수 있는 충분한 권한 있음)에서 볼 수 있습니다. 예를 들어, 도커와 함께 MySQL DB 컨테이너를 시작하면 도커가 아닌 호스트의 일반 셸에서 `ps-e grep MySQL` 명령어를 실행했을 때 프로세스가 표시됩니다. 또한, 컨테이너가 전체 OS를 내장할 필요가 없기 때문에 컨테이너가 매우 가볍고, 일반적으로 용량이 아주 작습니다.

가상 머신과 함께 가상 머신 내부에서 실행되는 모든 것은 호스트 운영체제 또는 하이퍼바이저와 독립돼 있습니다. 가상 머신 플랫폼은 특정 VM에 대한 가상화 프로세스를 관리하기 위해 프로세스를 시작하고, 호스트 시스템은 하드웨어 자원의 일부를 가상 머신에 할당합니다. 그러나 도커 컨테이너와 근본적으로 다른 것은 시작 시각에 이 가상 머신 환경을 위한 커널을 부팅하고, (흔히 다소 큰) 운영체제 프로세스 세트를 시작해야 한다는 점입니다. 이것은 응용 프로그램만 포함하는 일반적인 컨테이너보다 VM의 크기를 훨씬 크게 만듭니다. macOS 환경에서 윈도우 운영체제를 설치해 사용한다거나 리눅스 환경에서 윈도우 운영체제를 설치해 사용할 때는 비교적 사용법이 간단할 수 있지만, 아주 느립니다.

도커 컨테이너는 가상 머신과 비교했을 때 하이퍼바이저와 게스트 OS가 필요하지 않으므로 더 가볍습니다. 컨테이너 방식에서는 애플리케이션을 실행할 때 호스트 OS 위에 애플리케이션의 실행 패키지인 이미지만 배포하면 되는데, 가상 머신은 애플리케이션을 실행하기 위해서 가상 머신을 실행하고 자원을 할당한 다음, 게스트 OS를 부팅해 애플리케이션을 실행해야 하므로 훨씬 복잡하고 무겁습니다.

더 자세하게 도커 컨테이너 살펴보기

다음 그림을 보면 컨테이너 영역과 하드웨어 영역이 있고, 컨테이너들은 커널을 공유하고 있습니다. 이때 컨테이너는 격리돼 있고, 격리된 컨테이너에서 각각의 프로그램이 실행되고 있습니다. 맨 왼쪽 컨테이너에는 카카오톡이 실행되고 있고, 맨 오른쪽 컨테이너에는 노션이 실행되고 있습니다. 그리고 하드웨어 영역 역시 카카오톡을 위한 하드디스크와 노션을 위한 하드디스크가 격리된 모습을 볼 수 있습니다. 물론 하드디스크뿐만 아니라 CPU, 메모리 등도 각 컨테이너를 위한 양만큼 나뉘어 있습니다. 하지만 여기서 생기는 의문점이 하나 있습니다.

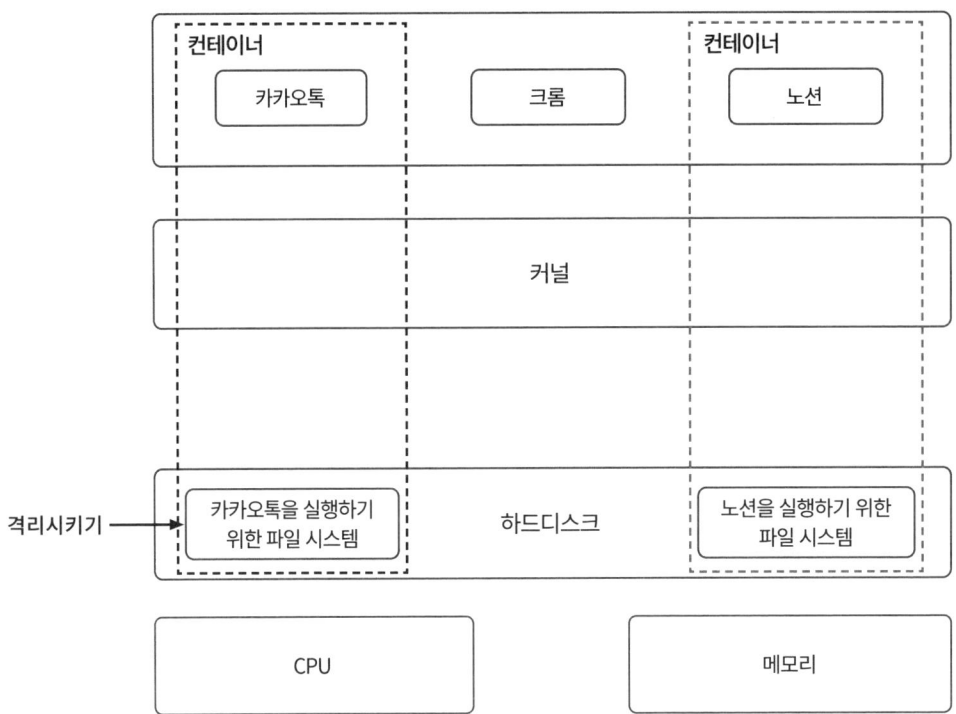

그림 1-34 도커 컨테이너의 구조

그림 1-34를 보면 컨테이너가 각 프로그램을 위해서 격리돼서 사용되고 있는 게 보입니다. 그럼 어떻게 해서 도커 컨테이너를 격리시키는 것일까요? 이 부분에 대한 답을 얻으려면 먼저 리눅스에서 쓰이는 Cgroup(control groups)과 네임스페이스(namespaces)에 대해 알아야 합니다. Cgroup과 네임스페이스는 컨테이너와 호스트에서 실행되는 다른 프로세스 사이에 벽을 만드는 리눅스 커널의 기능들입니다. 도커 컨테이너 역시 리눅스의 커널 기능을 이용해 컨테이너와 CPU 등을 격리합니다. 먼저 Cgroup과 네임스페이스가 무엇인지 살펴보겠습니다.

Cgroup과 네임스페이스

Cgroup과 네임스페이스는 다른 프로세스 사이에 벽을 만드는 리눅스 커널의 기능입니다. Cgroup은 CPU, 메모리, 네트워크 대역폭, HD I/O 등 프로세스 그룹의 시스템 리소스 사용량을 관리합니다. 예를 들어 어떤 애플리케이션의 사용량이 너무 많다면 그 애플리케이션을 Cgroup에 배치해서 CPU와 메모리 사용을 제한할 수 있습니다. 네임스페이스는 하나의 시스템에서 프로세스를 격리시킬 수 있는 가상화 기술로 별개의 독립된 공간을 사용하는 것처럼 격리된 환경을 제공하는 경량 프로세스 가상화 기술입니다.

마지막으로 다음 그림을 보면서 복습해 보겠습니다. 커널은 다른 컨테이너와 공유하지만, 하나의 컨테이너는 다른 컨테이너와 격리되며 그 안에서 실행되는 프로세스를 작동시키기 위해 필요한 양에 맞는 하드디스크, 네트워크, RAM 등이 할당돼 있습니다.

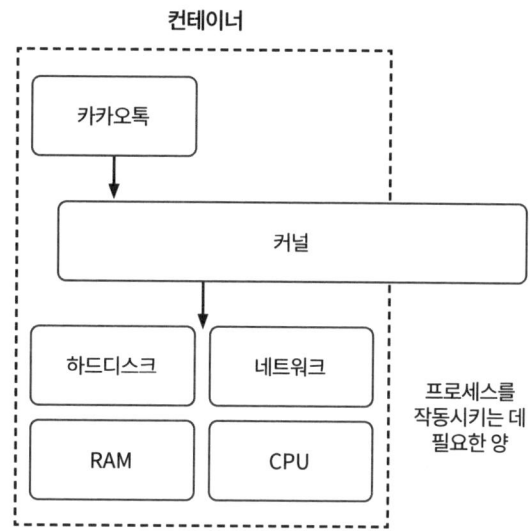

그림 1-35 도커 컨테이너의 구조

이렇게 격리된 컨테이너에서 프로세스를 작동시키는 데 필요한 양만큼 하드웨어를 할당할 수 있는 것은 리눅스 커널에 있는 Cgroup과 네임스페이스 기능을 이용하기 때문입니다. 이렇게 해서 컨테이너에 대해서 좀 더 자세하게 살펴봤습니다.

1.7 도커 이미지로 도커 컨테이너 만들기

지금까지 도커 이미지를 이용해서 도커 컨테이너를 생성한다고 배웠습니다. 하지만 어떻게 해서 도커 이미지를 이용해 컨테이너를 생성하는지는 다루지 않았는데, 이번 절에서는 어떻게 컨테이너가 도커 이미지를 이용해서 생성되는지 자세히 알아보겠습니다.

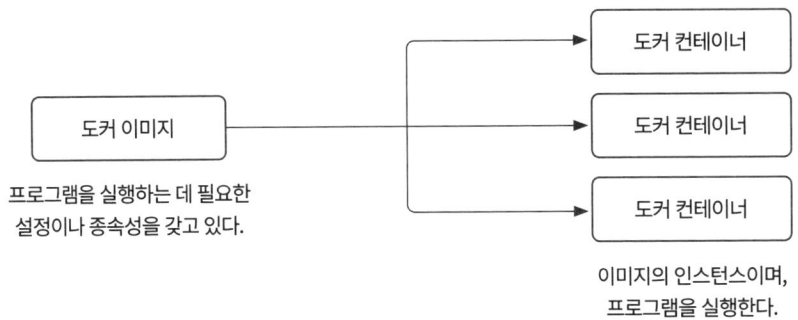

그림 1-36 도커 이미지로 만드는 도커 컨테이너

이전에 배웠듯이 도커 이미지는 응용 프로그램을 실행하는 데 **필요한 모든 것**을 포함하고 있습니다. 따라서 도커 이미지를 이용해 도커 컨테이너를 생성하고 애플리케이션을 생성할 수 있습니다. 이때 이미지가 포함하고 있는 **필요한 모든 것**이 무엇인지 알아보겠습니다.

응용 프로그램을 실행하는 데 필요한 모든 것

응용 프로그램을 실행할 때는 컨테이너가 시작될 때 실행할 명령어와 실행하고자 하는 프로그램을 구성하는 파일 스냅숏이 필요합니다.

01. 컨테이너가 시작될 때 실행할 명령어

예) run kakaotalk

도커 이미지를 이용해 도커 컨테이너를 만들면 컨테이너 안에서 애플리케이션을 실행합니다. 따라서 컨테이너가 시작될 때 애플리케이션을 실행할 명령어가 필요합니다. 만약 run kakaotalk이란 명령어를 입력해 카카오톡 애플리케이션을 실행할 수 있다면 이 명령어를 이미지가 가지고 있어야 합니다.

02. 파일 스냅숏

카카오톡 애플리케이션을 실행할 때 명령어가 필요하지만, 명령어만 있다면 결국은 카카오톡을 실행할 수 없습니다. 명령어와 함께 카카오톡을 실행할 때 필요한 파일들도 이미지가 가지고 있어야 합니다.

※ 파일 스냅숏은 디렉터리나 파일을 복사한 것입니다.

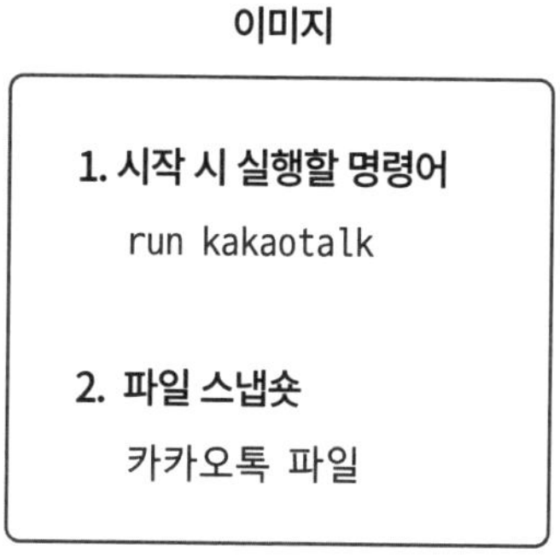

이미지

1. 시작 시 실행할 명령어
   run kakaotalk

2. 파일 스냅숏
   카카오톡 파일

그림 1-37 도커 이미지에 필요한 것들

도커 컨테이너가 생성되는 순서

이미지가 가지고 있어야 할 명령어와 파일 스냅숏이 있다면 어떠한 순서로 도커 이미지를 이용해 도커 컨테이너를 만드는지 살펴보겠습니다.

01. 도커 클라이언트에 'docker run <이미지>' 명령어를 입력합니다.

    실습 1-7 도커 이미지를 이용해 도커 컨테이너 실행

    ```
    % docker run hello-world
    Hello from Docker!
    This message shows that your installation appears to be working correctly.

    To generate this message, Docker took the following steps:
     1. The Docker client contacted the Docker daemon.
     2. The Docker daemon pulled the "hello-world" image from the Docker Hub.
        (amd64)
     3. The Docker daemon created a new container from that image which runs the
        executable that produces the output you are currently reading.
     4. The Docker daemon streamed that output to the Docker client, which sent it
        to your terminal.

    To try something more ambitious, you can run an Ubuntu container with:
     $ docker run -it ubuntu bash

    Share images, automate workflows, and more with a free Docker ID:
     https://hub.docker.com/
    ```

```
For more examples and ideas, visit:
    https://docs.docker.com/get-started/
```

02. 도커 이미지에 있는 파일 스냅숏을 컨테이너에 있는 하드디스크로 옮겨 줍니다. (컨테이너 안에서 애플리케이션을 설치하고 실행해야 하므로 컨테이너로 이동시킵니다.)

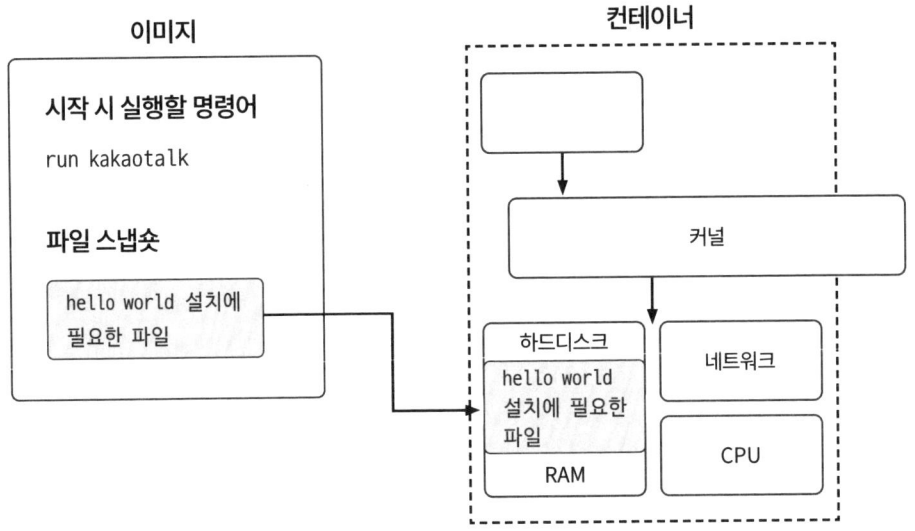

그림 1-38 도커 이미지에서 도커 컨테이너로 파일 스냅숏 전달

03. 도커 이미지에서 가지고 있는 명령어(컨테이너가 실행될 때 사용할 명령어)를 컨테이너에 전달합니다.

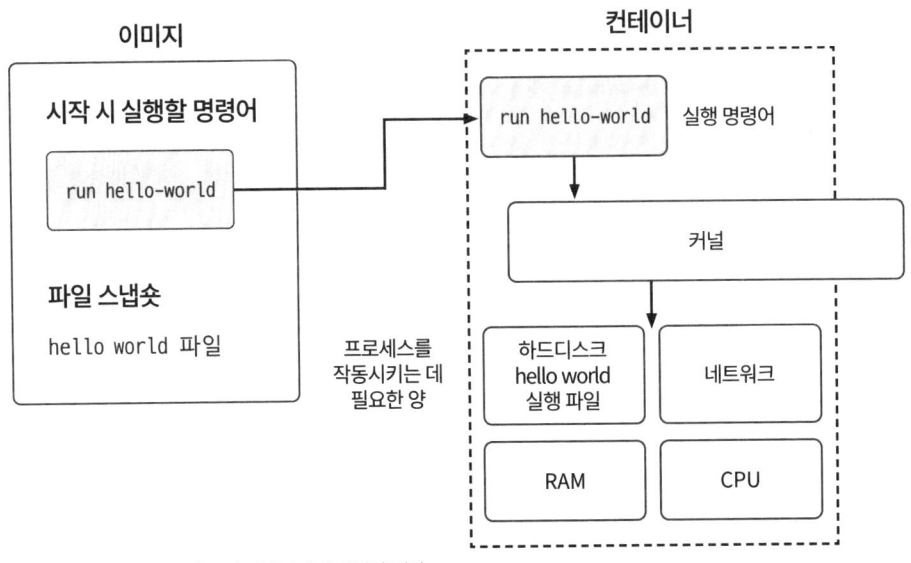

그림 1-39 도커 이미지에서 도커 컨테이너에 명령어 전달

04. 컨테이너가 실행될 때 명령어를 이용해 hello-world 애플리케이션을 실행합니다.

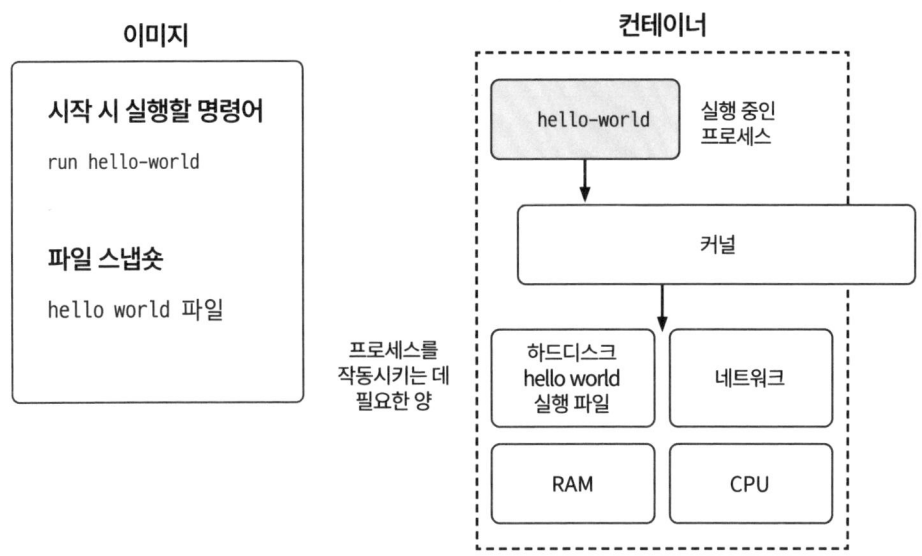

그림 1-40 도커 컨테이너에서 애플리케이션 실행

이렇게 해서 도커 이미지가 어떻게 컨테이너를 생성하고, 컨테이너에서 어떻게 애플리케이션을 실행하는지 알아봤습니다.

1.8 Cgroup, 네임스페이스를 쓸 수 있는 이유

이번 절에서는 Cgroup과 네임스페이스를 도커 환경에서 사용할 수 있는 이유를 알아보겠습니다. 도커 환경에서 컨테이너들을 격리시킬 수 있는 이유는 Cgroup과 네임스페이스를 이용하기 때문이라고 설명했습니다. 하지만 다시 한 번 생각해 보면 Cgroup과 네임스페이스는 리눅스 환경에서 사용되는 것인데, 어떻게 윈도우 환경이나 macOS 환경에서도 컨테이너가 격리되는 것인지 의문점이 생길 수 있습니다.

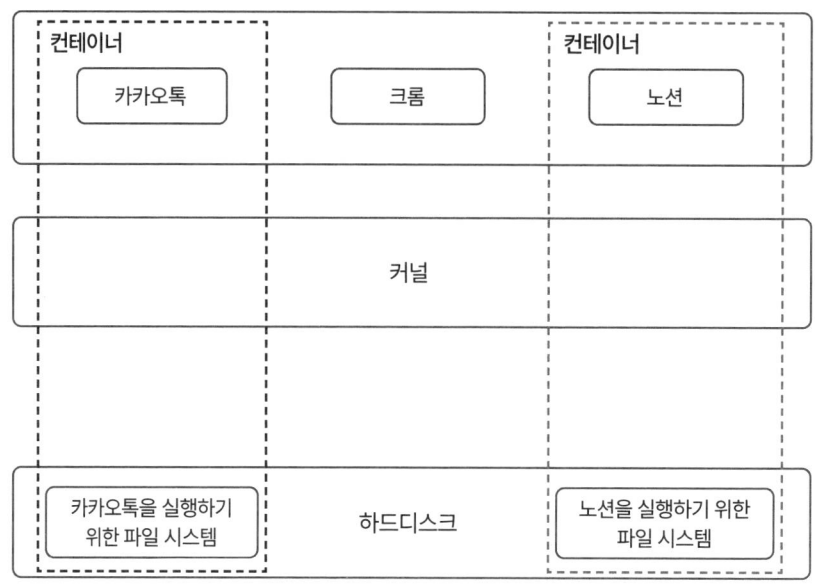

그림 1-41 도커 컨테이너의 구조

윈도우 환경이나 macOS 환경에서 어떻게 CGroup과 네임스페이스를 사용할 수 있는지 알아보겠습니다.

01. 터미널을 실행합니다.

02. 터미널에 'docker version' 명령어를 입력한 후 서버 정보를 확인합니다.

실습 1-8 도커 서버 정보 확인

```
% docker version
Server: Docker Engine - Community
 Engine:
  Version:          20.10.0
  API version:      1.41 (minimum version 1.12)
  Go version:       go1.13.15
  Git commit:       eeddea2
  Built:            Tue Dec  8 18:58:04 2020
  OS/Arch:          linux/amd64
  Experimental:     false
 containerd:
  Version:          v1.4.3
```

34 따라하며 배우는 도커와 CI 환경

```
    GitCommit:          269548fa27e0089a8b8278fc4fc781d7f65a939b
  runc:
    Version:            1.0.0-rc92
    GitCommit:          ff819c7e9184c13b7c2607fe6c30ae19403a7aff
  docker-init:
    Version:            0.19.0
    GitCommit:          de40ad0
```

서버 정보 중에 OS/Arch 부분을 보면 linux/amd64라고 쓰여 있는 것을 볼 수 있습니다. 이 책에서는 macOS 환경에서 'docker version' 명령어를 입력해 도커의 서버 정보를 보는 중인데도 OS가 linux라고 나온 것입니다. 이는 다음 그림에서 보는 것처럼 현재 사용하는 컴퓨터가 윈도우 또는 macOS 환경이어도 도커 서버는 리눅스 VM 환경에서 실행되고 있기 때문입니다. 따라서 모든 컨테이너가 리눅스 가상 머신에서 생성되며, 리눅스 커널이 컨테이너를 격리시키고 리소스를 나눠줍니다. 이러한 이유로 현재 사용하는 컴퓨터가 윈도우 또는 macOS 환경이라 하더라도 도커 컨테이너를 격리할 수 있는 Cgroup과 네임스페이스를 사용할 수 있는 것입니다.

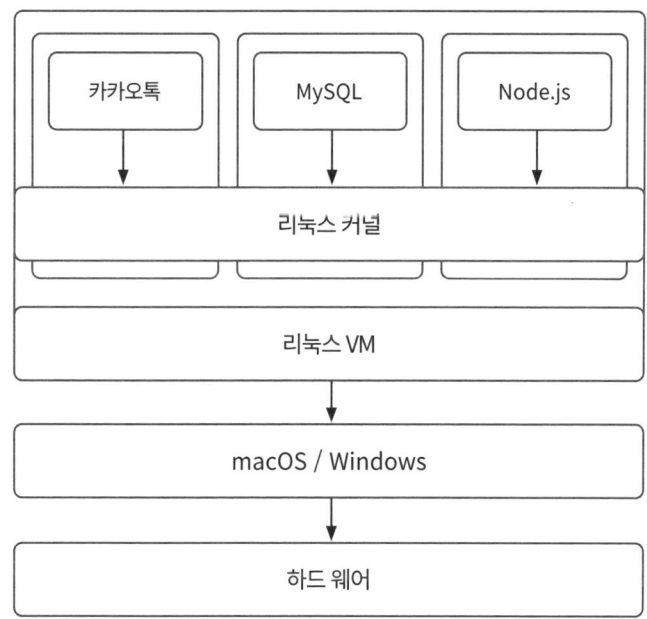

그림 1-42 도커 컨테이너의 구조

02

기본적인 도커 클라이언트 명령어

도커는 도커 클라이언트를 통해서 도커 서버에 명령어를 전달하고, 명령어에 맞는 기능을 실행합니다. 이러한 작업을 하기 위해서 도커 클라이언트의 기본적인 명령어를 익혀야 도커를 더 자유롭게 쓸 수 있습니다. 이번 장에서는 정말 많은 도커 명령어 중에서 가장 기본적인 도커 클라이언트 명령어를 살펴보겠습니다.

2.1 도커 이미지의 내부 파일 구조 보기 – docker run ls

첫 번째로 도커 이미지의 내부 파일 구조를 볼 수 있는 명령어를 알아보겠습니다. 도커 이미지의 내부 파일 구조를 보려면 해당 이미지로 컨테이너를 실행한 다음 그 컨테이너에 어떤 파일들이 있는지 살펴보면 됩니다. 따라서 먼저 도커 컨테이너를 실행해야 합니다. 1장에서 도커 컨테이너를 실행할 때 'docker run <이미지 이름>'을 입력해 도커 컨테이너를 실행했습니다. 여기에 추가로 <이미지 이름> 뒤에 ls 명령어를 입력하면 컨테이너를 실행할 때 그 안에 무슨 파일이 있는지 알 수 있습니다.

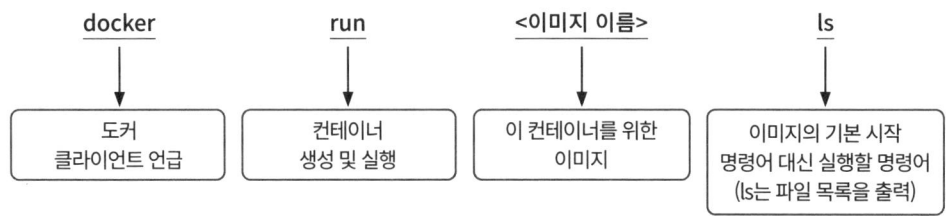

그림 2-1 도커 이미지의 내부 파일 구조를 보기 위한 명령어

도커 이미지 이름 뒤에 명령어를 추가하면 원래 이미지 안에 있던 컨테이너 실행 시 작동될 명령어를 무시하고, 추가한 명령어를 실행합니다. 실습 2-1과 같이 현재 디렉터리의 파일 또는 폴더의 목록을 출력해주는 ls 명령어를 추가하면 도커 이미지 내부의 파일 구조를 볼 수 있습니다.

실습 2-1에서는 alpine이라는 도커 이미지를 이용해 이 도커 이미지가 어떠한 파일 구조를 가지고 있는지 살펴보겠습니다. 'docker run alpine ls' 명령어를 터미널에 입력해 보면 원하는 결과를 볼 수 있습니다.

실습 2-1 alpine 도커 이미지의 파일 구조 확인

```
% docker run alpine ls
Unable to find image 'alpine:latest' locally
latest: Pulling from library/alpine
df20fa9351a1: Pull complete
Digest: sha256:185518070891758909c9f839cf4ca393ee977ac378609f700f60a771a2dfe321a
Status: Downloaded newer image for alpine:latest
bin
dev
etc
home
lib
media
mnt
opt
proc
root
run
sbin
srv
sys
tmp
usr
var\
```

먼저 클라이언트를 통해서 'docker run alpine ls' 명령어를 도커 서버에 전달합니다. 그리고 도커 서버에서 도커 이미지를 이용해 도커 컨테이너를 실행합니다. 그다음 도커 이미지 뒤에 적은 ls 명령어를 실행해 alpine 이미지 안에 들어 있는 디렉터리와 파일 목록을 조회합니다. 그 결과 bin, dev, etc 등의 폴더와 파일들을 확인할 수 있습니다.

이 과정을 조금 더 자세하게 그림과 함께 살펴보겠습니다.

01. alpine 이미지를 이용해 컨테이너를 생성합니다.

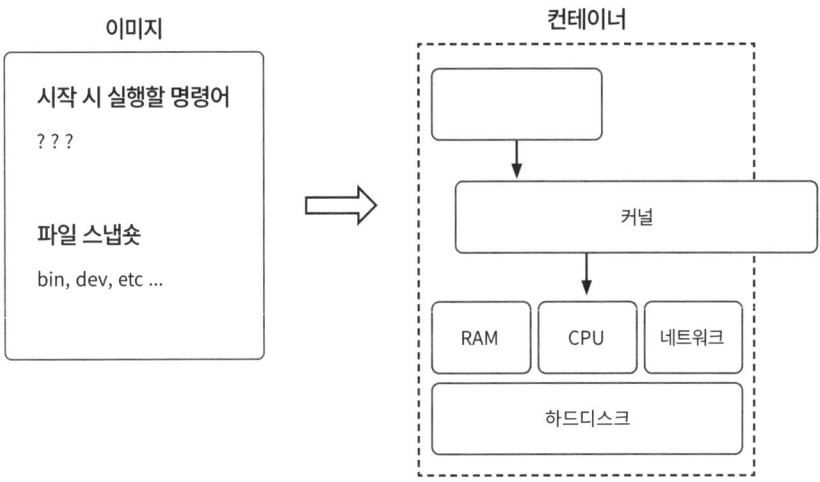

그림 2-2 alpine 베이스 이미지를 이용해 컨테이너 생성

02. 컨테이너를 생성할 때 alpine 이미지 안에 들어 있던 파일 스냅숏(bin, dev, etc 등…)이 컨테이너 안에 있는 하드디스크로 다운로드됩니다.

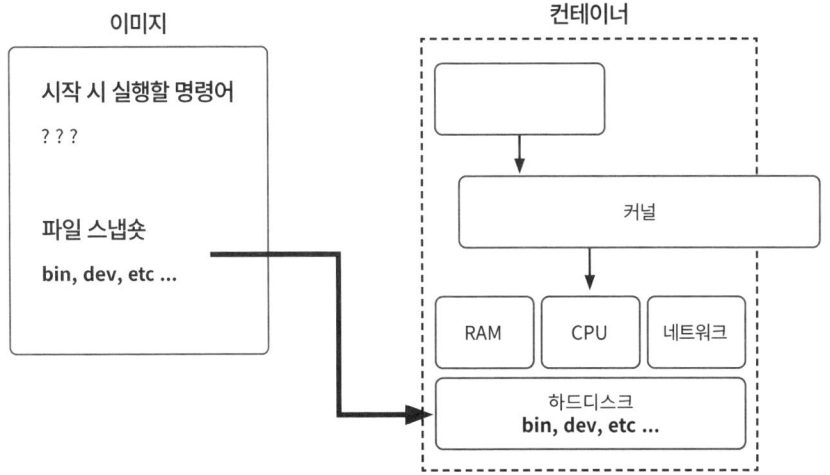

그림 2-3 도커 이미지에서 도커 컨테이너로 파일 스냅숏 다운로드

03. 이미지 이름 뒤에 다른 명령어를 추가했기 때문에(docker run alpine ls) 원래 이미지에 들어 있는 기본 명령어는 무시되고, ls 명령어가 실행됩니다.

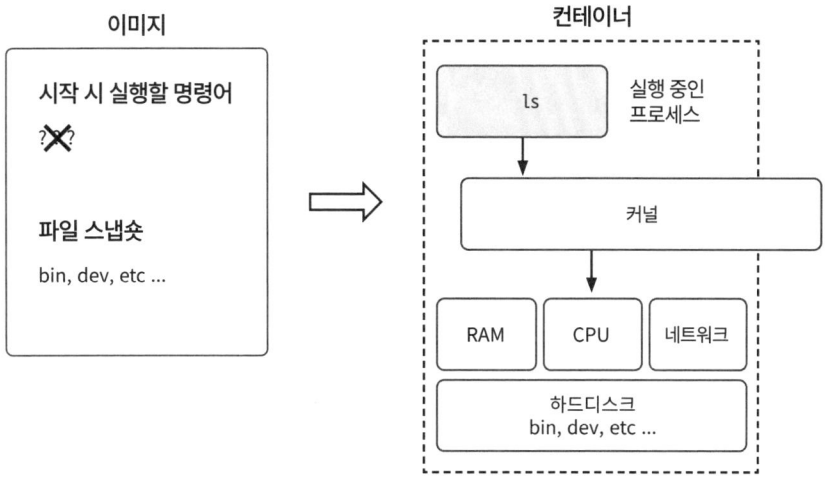

그림 2-4 도커 컨테이너에서 명령어 실행

하지만 사실 모든 도커 이미지에서 ls 명령어를 실행할 수 있는 것은 아닙니다. 그러면 어떻게 alpine 이미지에서 ls 명령어를 사용할 수 있는 것일까요? 그 이유는 alpine 이미지의 파일 스냅샷 안에 ls 명령어를 사용할 수 있는 파일이 들어 있기 때문입니다.

이번에는 hello-world 도커 이미지에서 ls 명령어를 실행해 보겠습니다.

> **실습 2-2 hello-world 도커 이미지의 파일 구조 확인**
>
> ```
> % docker run hello-world ls
> docker: Error: response from daemon: OCI runtime create failed: container_linux.go:349:
> starting container process caused "exec: \ "ls" \: executable file not found in $PATH":
> unknown.
> ```

hello-world 도커 이미지에는 ls 명령어를 사용할 수 있는 파일이 들어 있지 않기 때문에 'docker run hello-world ls' 명령어를 입력하면 에러가 발생합니다.

결론적으로 도커 이미지에는 파일들이 들어 있어서 그 파일들로 애플리케이션이나 원하는 명령어를 사용할 수 있습니다. 이미지 안에 어떤 파일이 있는지 보려면 'docker run <이미지 이름> ls'를 사용하면 됩니다.

2.2 컨테이너 나열하기 – docker ps

두 번째로 살펴볼 명령어는 현재 어떤 컨테이너를 실행 중인지 나열하는 명령어입니다.

현재 실행 중인 컨테이너 나열

그림 2-5 실행 중인 도커 컨테이너를 나열하기 위한 명령어

'docker ps'라는 아주 짧은 명령어입니다. docker는 도커 클라이언트를 가리키는 것이며 ps는 process status의 약자입니다.

실제로 'docker ps' 명령어를 실행해 보겠습니다.

01. 두 개의 터미널을 엽니다.

02. 첫 번째 터미널에서 'docker run alpine ping google.com' 명령어를 입력해 도커 컨테이너를 실행합니다. (여기서 ping google.com을 입력한 이유는 docker run alpine만 입력하면 컨테이너가 실행된 후 바로 꺼지기 때문에 ping 명령어를 이용해 컨테이너가 켜져 있는 상태를 유지하기 위해서입니다.)

```
실습 2-3 도커 컨테이너 실행
% docker run alpine ping google.com
64 bytes from 172.217.24.206: seq=0 ttl=37 time=65.022 ms
64 bytes from 172.217.24.206: seq=1 ttl=37 time=63.277 ms
64 bytes from 172.217.24.206: seq=2 ttl=37 time=71.766 ms
64 bytes from 172.217.24.206: seq=3 ttl=37 time=63.526 ms
64 bytes from 172.217.24.206: seq=4 ttl=37 time=66.810 ms …
```

03. 두 번째 터미널에서 'docker ps' 명령어로 어떤 도커 컨테이너가 실행돼 있는지 확인합니다.

```
실습 2-4 실행 중인 도커 컨테이너 확인
% docker ps
```

```
CONTAINER ID        IMAGE        COMMAND              CREATED
fc74e5a82a01        alpine       "ping google.com"    20 seconds ago

STATUS              PORT         NAMES
Up 19 seconds                    hungry_vara
```

다음은 출력 결과에 나오는 각 항목에 대한 설명입니다.

CONTAINER ID

컨테이너의 고유한 아이디 해시값입니다. 실제로는 더 길지만 일부분만 출력됩니다.

IMAGE

컨테이너 생성 시 사용한 도커 이미지 이름입니다.

COMMAND

컨테이너 시작 시 실행될 명령어입니다. 대부분 이미지에 내장돼 있으므로 별도 설정이 필요하지 않습니다.

CREATED

컨테이너가 생성된 시각입니다.

STATUS

컨테이너의 상태입니다. 실행 중은 Up, 종료는 Exited, 일시 정지는 Pause.

PORTS

컨테이너가 개방한 포트와 호스트에 연결한 포트입니다. 특별한 설정을 하지 않은 경우 출력되지 않습니다. 나중에 뒤에서 더 자세히 설명합니다.

NAMES

컨테이너의 고유한 이름입니다. 컨테이너 생성 시 --name 옵션으로 이름을 설정하지 않으면 도커 엔진이 임의로 형용사와 명사를 조합해 설정합니다. id와 마찬가지로 중복이 안 되고 'docker rename' 명령어로 이름을 변경할 수 있습니다. (docker rename <원래 이름> <변경할 이름>).

도커 컨테이너를 나열할 때 원하는 항목만 보기

'docker ps' 명령어로 현재 실행 중인 도커 컨테이너의 목록을 볼 때 여러 가지 항목들을 볼 수 있는데, 이 항목들 중에서 원하는 항목만 보고 싶다면 다음 명령어를 사용합니다.

실습 2-5 도커 컨테이너를 나열할 때 원하는 항목만 보기

```
% docker ps --format 'table {{.Names}} \t table {{.Image}}'
```

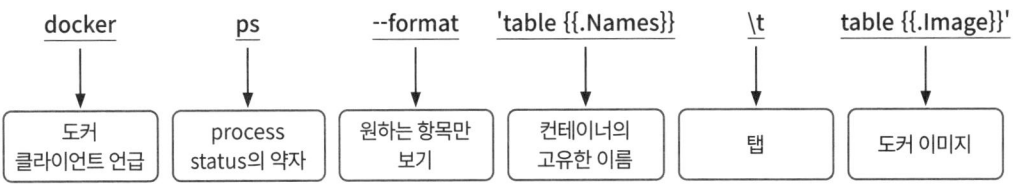

그림 2-6 도커 컨테이너를 나열할 때 원하는 항목만 보기

모든 도커 컨테이너를 나열

마지막으로 현재 실행 중인 컨테이너만 보는 게 아닌 중단된 컨테이너까지 보고 싶을 때는 명령어에 -a 옵션을 추가해 'docker ps -a'를 입력합니다. 여기서 -a 옵션은 all을 의미하는 옵션입니다.

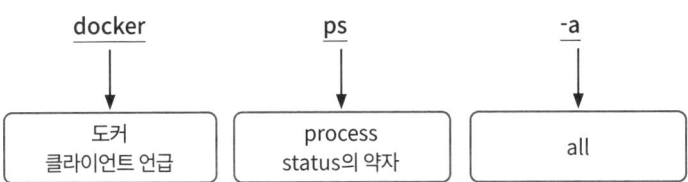

그림 2-7 모든 도커 컨테이너를 나열

2.3 도커 컨테이너의 생성과 실행

도커 컨테이너에는 생명 주기가 있습니다. 먼저 도커 컨테이너를 생성(create)하고, 생성한 도커 컨테이너를 시작(start)해서 실행(running)합니다. 도커 컨테이너를 잠시 멈추고 싶을 때는 중지(stop)할 수 있고, 앞으로 아예 쓰지 않는다고 생각되면 삭제(delete)할 수 있습니다. 이러한 흐름을 도커 컨테이너의 생명 주기라고 하며, 생명 주기에 따라서 각각 사용할 수 있는 명령어가 있습니다. 지금부터 생명 주기에 따라 사용할 수 있는 명령어를 하나씩 알아보겠습니다.

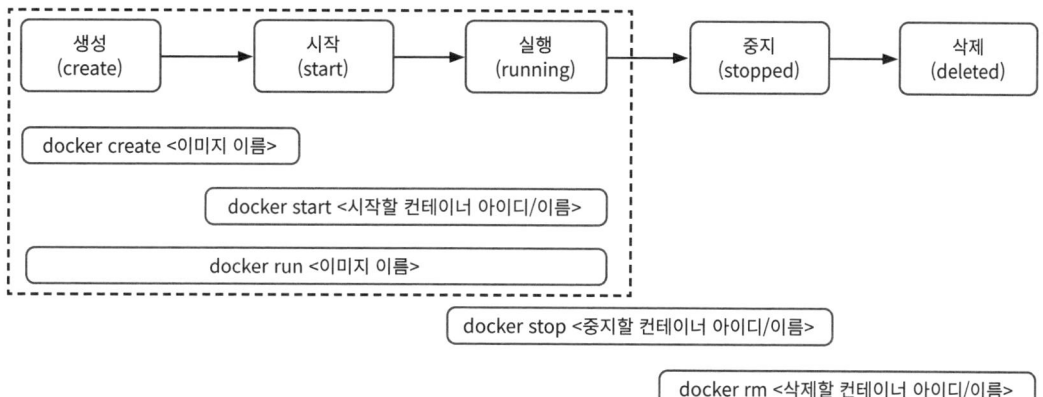

그림 2-8 도커 컨테이너의 생명 주기

도커 컨테이너를 생성하고 실행하기 - docker run <이미지 이름>

먼저 도커 컨테이너를 생성하고, 시작해서 실행하는 과정을 살펴보겠습니다. 지금까지는 도커 컨테이너를 실행해 애플리케이션을 실행할 때 'docker run <이미지 이름>' 명령어를 사용했는데, 이는 'docker create'와 'docker start'로 쪼개 볼 수 있습니다.

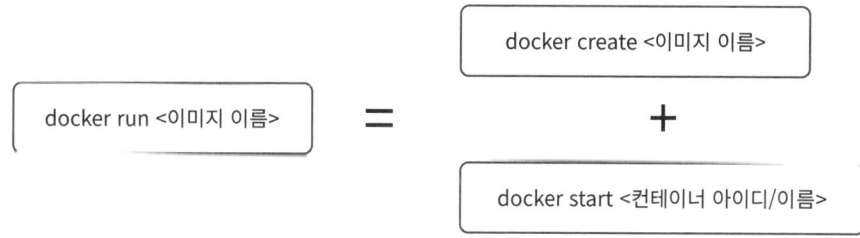

그림 2-9 도커 컨테이너에서 애플리케이션을 실행하기 위한 명령어

'docker create <이미지 이름>' 명령어는 도커 이미지를 이용해 도커 컨테이너를 생성합니다. 그리고 'docker start <컨테이너 ID/이름>' 명령어는 생성된 컨테이너를 시작해서 실행합니다. 그리고 'docker run <이미지 이름>' 명령어는 도커 컨테이너를 생성하고, 생성된 도커 컨테이너를 바로 시작해서 실행까지 합니다. 즉 'docker run <이미지 이름>' 명령어는 'docker create<이미지 이름>' 명령어와 'docker start<컨테이너 ID/이름>' 명령어를 합친 것과 같습니다. 이 부분을 그림과 함께 살펴보겠습니다.

도커 컨테이너 생성하기 – docker create 〈이미지 이름〉

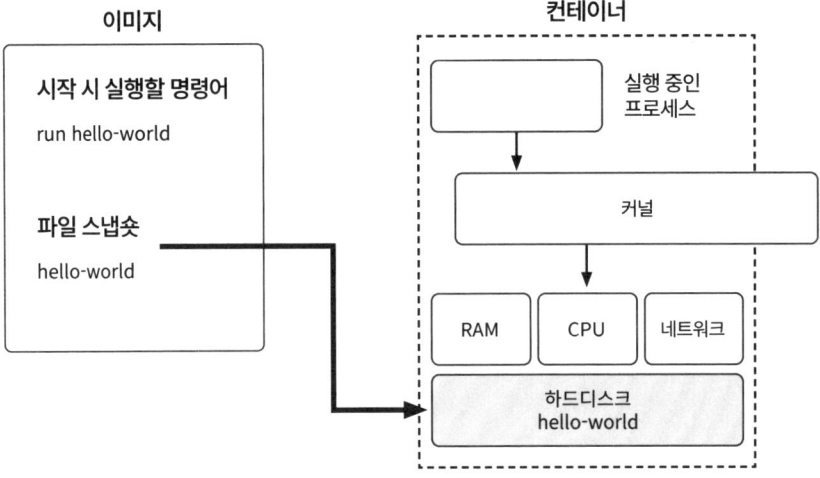

그림 2-10 docker create 명령어가 하는 일

도커 클라이언트에 'docker create hello-world' 명령어를 입력하면 hello-world 이미지 안에 있는 파일들이 도커 컨테이너의 하드디스크로 다운로드됩니다.

생성된 도커 컨테이너 실행하기 – docker start 〈컨테이너 ID/이름〉

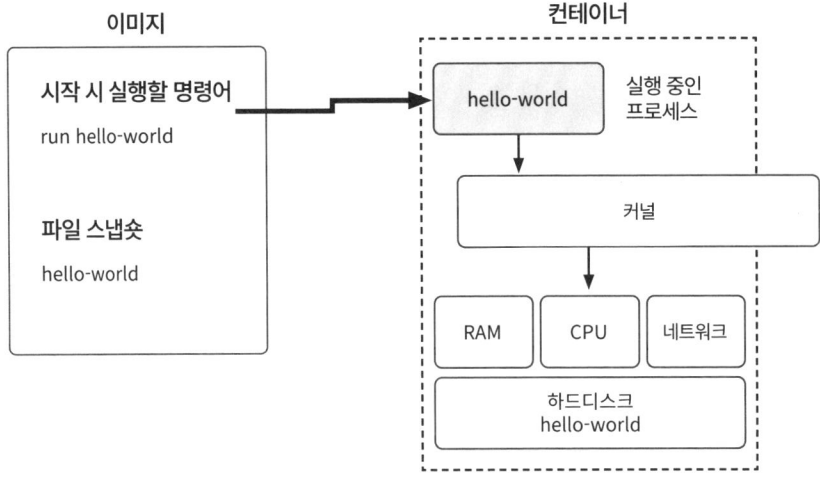

그림 2-11 docker start 명령어가 하는 일

'docker create hello-world' 명령어로 생성된 컨테이너를 'docker start <컨테이너 ID/이름>' 명령어로 시작하면 도커 이미지 안에 있던 시작 시 실행할 명령어가 컨테이너 안에서 작동되면서 hello-world 애플리케이션이 실행됩니다. 이때 유의할 점은 'docker start -a <컨테이너 ID/이름>' 명령어와 같이 -a 옵션을 붙여야만 컨테이너 안에서 출력되는 결과물을 받을 수 있습니다. -a 옵션은 attach의 약자로 컨테이너를 실행한 후에 표준 입력(stdin), 표준 출력(stdout), 표준 에러(stderr)를 가능하게 하며, 프로그램으로 입력 받은 내용을 터미널에 보여주는 역할을 합니다.

2.4 도커 컨테이너 멈추기

이어서 도커의 생명 주기 중에서 중지 부분을 살펴보겠습니다. 도커를 중지할 때는 'docker stop' 명령어와 'docker kill' 두 가지 명령어를 이용해 중지할 수 있습니다

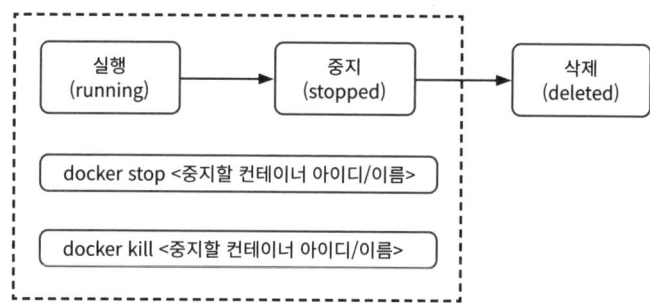

그림 2-12 도커 컨테이너를 중지하는 명령어

이 두 가지 명령어는 모두 실행 중인 컨테이너를 중지시키는 역할을 합니다. 그렇다면 이 두 가지 명령어에는 어떤 차이가 있을까요?

01. stop은 우아하게(Graceful) 컨테이너를 중지시킵니다.
    우아하게 중지한다는 것은 그동안 하던 작업들을 모두 마치고 컨테이너를 중지시키는 것을 뜻합니다. (메시지를 보내고 있었다면 보내고 있던 메시지를 모두 전송한 후에 중지합니다.)
02. kill은 stop과 달리 어떠한 것도 기다리지 않고 즉시 컨테이너를 중지시킵니다.

컨테이너를 중지하는 과정도 그림과 함께 살펴보겠습니다.

도커 컨테이너를 우아하게 중지하기 – docker stop 〈컨테이너 ID/이름〉

먼저 'docker stop' 명령어는 SIGTERM이라는 것을 보내서 진행 중인 프로세스를 정리하는 시간을 갖습니다. 그리고 나서 SIGKILL을 보내서 컨테이너를 중지시킵니다.

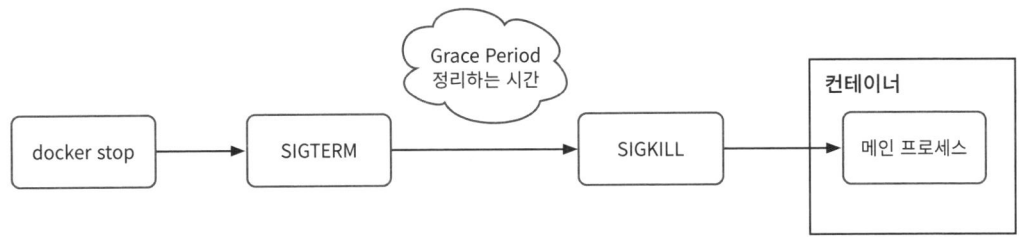

그림 2-13 docker stop 명령어로 컨테이너를 중지시키는 과정

도커 컨테이너를 즉시 중지하기 – docker kill 〈컨테이너 ID/이름〉

'docker kill' 명령어는 SIGTERM 없이 명령어를 입력하는 순간 바로 SIGKILL을 보내서 모든 프로세스를 멈추고 도커 컨테이너를 중지시킵니다.

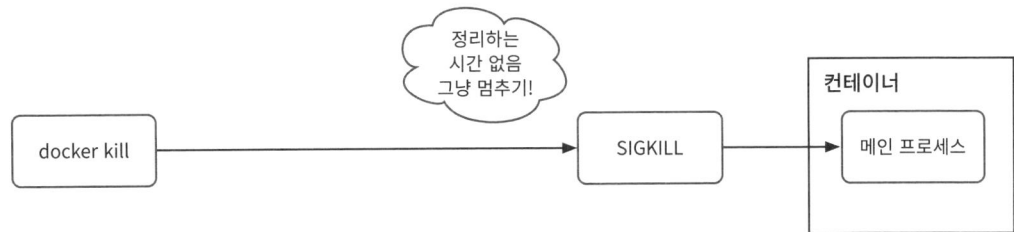

그림 2-14 docker kill 명령어로 컨테이너 중지시키는 과정

이제 이 'docker stop' 명령어와 'docker kill' 명령어를 직접 실습해 보겠습니다.

01. 두 개의 터미널을 실행합니다.

02. 첫 번째 터미널에서 'docker run alpine google.com' 명령어를 입력해 도커 컨테이너를 실행합니다.

실습 2-6 첫 번째 터미널에서 컨테이너 실행

```
% docker run alpine ping google.com
64 bytes from 172.217.24.206: seq=0 ttl=37 time=65.022 ms
64 bytes from 172.217.24.206: seq=1 ttl=37 time=63.277 ms
64 bytes from 172.217.24.206: seq=2 ttl=37 time=71.766 ms
64 bytes from 172.217.24.206: seq=3 ttl=37 time=63.526 ms
64 bytes from 172.217.24.206: seq=4 ttl=37 time=66.810 ms …
```

03. 두 번째 터미널에서 'docker ps' 명령어를 입력해 먼저 컨테이너 ID를 가져온 다음에 'docker stop <컨테이너 ID>'로 컨테이너를 중지시킵니다. 아래 예제에서는 컨테이너 ID가 'beb5954a62d2'라서 명령어로 'docker stop beb5954a62d2'를 입력했습니다.

실습 2-7 docker stop 명령어로 도커 컨테이너 중지

```
% docker ps
CONTAINER ID        IMAGE        COMMAND              NAMES
beb5954a62d2        alpine       "ping google.com"    bold_leavitt

% docker stop beb5954a62d2
beb5954a62d2
```

'docker stop <컨테이너 ID>' 명령어를 입력한 후에 바로 중지되는 게 아닌 몇 초 후에 중지되는 모습을 볼 수 있습니다.

04. 다시 같은 방법으로 첫 번째 터미널에서 'docker run alpine google.com' 명령어를 입력해 도커 컨테이너를 실행합니다.

실습 2-8 도커 컨테이너 실행

```
% docker run alpine ping google.com
64 bytes from 172.217.24.206: seq=0 ttl=37 time=65.022 ms
64 bytes from 172.217.24.206: seq=1 ttl=37 time=63.277 ms
64 bytes from 172.217.24.206: seq=2 ttl=37 time=71.766 ms
64 bytes from 172.217.24.206: seq=3 ttl=37 time=63.526 ms
64 bytes from 172.217.24.206: seq=4 ttl=37 time=66.810 ms
```

05. 두 번째 터미널에서 'docker ps' 명령어를 입력해 먼저 컨테이너 ID를 가져온 다음에 이번에는 'docker stop' 명령어가 아닌 'docker kill <컨테이너 ID>' 명령어를 이용해 컨테이너를 중지시킵니다. 아래 예제에서는 컨테이너 ID가 'f6e6f91cc4dc'라서 명령어로 'docker kill f6e6f91cc4dc'를 입력했습니다.

실습 2-9 docker kill 명령어로 도커 컨테이너 중지

```
% docker ps
CONTAINER ID        IMAGE        COMMAND              NAMES
f6e6f91cc4dc        alpine       "ping google.com"    bold_leavitt

% docker kill f6e6f91cc4dc
f6e6f91cc4dc
```

이번에는 'docker stop' 명령어를 입력했을 때와 달리 바로 컨테이너가 중지되는 모습을 볼 수 있습니다.

2.5 도커 컨테이너 삭제하기 - docker rm

이번에는 중지된 도커 컨테이너를 아예 삭제하는 방법을 알아보겠습니다.

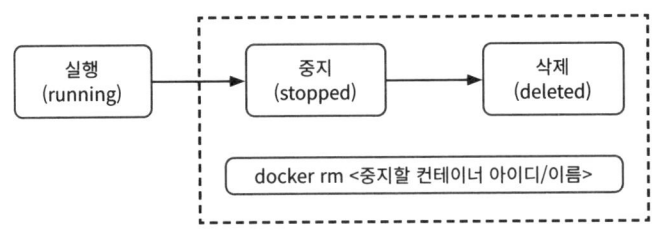

그림 2-15 도커 컨테이너를 삭제하는 명령어

도커 컨테이너를 삭제할 때는 'docker rm <중지할 컨테이너 ID/이름>' 명령어를 사용합니다. 여기서 rm은 remove의 약자입니다. 여기서 주의할 점은 rm 명령어를 사용해 도커 컨테이너를 삭제할 때는 이미 그 컨테이너가 중지된 상태여야 합니다. 만약에 실행 중인 컨테이너를 삭제하려고 하면 오류가 발생합니다.

실습 2-10 도커 컨테이너 삭제

```
% docker ps
CONTAINER ID        IMAGE           COMMAND              NAMES
a5f6ff84bb4         alpine          "ping google.com"    ic_leavitt

% docker rm a5f6ff84bb4
Error response from daemon: You cannot remove a running container
a5f6ff84bb4. Stop the container before attempting removal or force remove
```

중지된 모든 컨테이너 삭제하기 - docker rm `docker ps -a -q`

지금까지 특정 컨테이너를 삭제하는 방법을 알아봤는데, 컨테이너를 하나씩 지우는 게 아닌 현재 중지된 모든 컨테이너를 지우려면 어떻게 해야 할까요? 중지된 모든 컨테이너를 지울 때는 'docker rm `docker ps -a -q`' 명령어를 사용합니다.

실습 2-11 중지된 모든 컨테이너 삭제

```
% docker rm `docker ps -a -q`
7003b92c3088
9738c6e775c5
```

```
c9a53e977aec
9ff1f81a03d1
b56e7d194958
d177ef7afb9a
```

도커 이미지 삭제하기 – docker rmi <이미지 id>

여기서 조금 더 나아가 컨테이너뿐만 아니라 도커 이미지를 삭제하고 싶을 때는 'docker rmi <이미지 id>' 명령어를 입력합니다.

실습 2-12 중지된 모든 컨테이너 삭제
```
// 도커 이미지 리스트 나열
% docker images
mysql     5.7       f07dfa83b528    6 months ago    448MB
redis     latest    ef47f3b6dc11    6 months ago    104MB


//redis 이미지 삭제
% docker rmi ef47f3b6dc11
Untagged: redis:latest
Untagged: redis@sha256:0f724af268d0d3f5fb1d6b33fc22127ba5cbc
Deleted: sha256:ef47f3b6dc11e8f17fb39a6e46ecaf4efd47b3d374e92a
```

마지막으로 삭제와 관련된 명령어를 하나 더 알아보겠습니다. 도커를 사용하다 보면 수많은 이미지와 컨테이너 그리고 네트워크 등이 로컬 머신에 남게 되는데 그 사이즈가 굉장히 커지게 됩니다. 도커를 사용하지 않을 때 사용하지 않는 불필요한 이미지나 컨테이너들을 한꺼번에 지울 수 있는 명령어를 살펴보겠습니다.

사용하지 않는 데이터 삭제하기 – docker system prune

'docker system prune' 명령어를 입력하면 중지된 모든 컨테이너와 네트워크, 이미지 등이 삭제되며, 삭제된 목록들과 삭제함으로써 확보한 공간의 사이즈를 알려줍니다.

> **실습 2-13 사용하지 않는 도커 컨테이너, 이미지, 네트워크 등을 한 번에 모두 삭제**

```
% docker system prune
WARNING! This will remove:
  - all stopped containes
  - all networks not used by at least one container
  - all dangling images
  - all dangling build cache

Are you sure you want to continue? [y/N] y
Deleted Containers:
8f4c3e294e33a9ef794c28f81858c48116072fd386c548695df8189d2f70ad6c3e8d4533aa9eeb6f304fad-
494dce2b47530e2a42396ad858122e86a696cf753b9cea6acad9a3bcaebff6eb59982bbc483205b1c3fe-
9f6a73824509e22cfb29b8

Total reclaimed space: 1.114kB
```

2.6 실행 중인 컨테이너에 명령어 전달하기 – docker exec

도커를 사용하다 보면 컨테이너를 시작하면서 명령어를 전달해야 할 때도 많지만, 컨테이너를 실행하는 중에 명령어를 전달해야 하는 경우도 많습니다. 이번 절에서는 실행 중인 컨테이너에 어떻게 명령어를 전달하는지 알아보겠습니다.

이미 실행 중인 컨테이너에 명령어를 전달하고 싶다면 'docker exec <컨테이너 ID>' 명령어를 사용합니다. 실제로 exec 명령어를 사용해서 실행 중인 컨테이너에 명령어를 전달해 보겠습니다.

01. 먼저 두 개의 터미널을 엽니다.

02. 첫 번째 터미널에서 'docker run alpine google.com' 명령어로 컨테이너 하나를 실행합니다.

> **실습 2-14 첫 번째 터미널에서 컨테이너 실행**

```
% docker run alpine ping google.com
```

03. 두 번째 터미널에서 'docker ps' 명령어로 앞서 실행한 컨테이너의 ID를 확인합니다.

> **실습 2-15 실행 중인 컨테이너 ID 확인**
>
> ```
> % docker ps
>
> CONTAINER ID    IMAGE         COMMAND              NAMES
> a5f6ff84bb4     alpine        "ping google.com"    ic_leavitt
> ```

04. 컨테이너 ID를 이용해 실행 중인 컨테이너에 원하는 명령어를 전달합니다.

'docker exec <컨테이너ID> ls'로 컨테이너 파일 시스템의 최상위 디렉터리에 있는 디렉터리 및 파일 목록을 출력합니다.

> **실습 2-16 컨테이너 파일 시스템의 최상위 디렉터리에 있는 디렉터리 및 파일 목록을 출력**
>
> ```
> % docker exec a5f6ff84bb4 ls
> bin
> dev
> etc
> home
> lib
> media
> mnt
> opt
> proc
> root
> run
> sbin
> srv
> sys
> tmp
> usr
> var
> ```

앞서 2.1절에서 'docker run alpine ls' 명령어를 실행했을 때도 똑같은 결과를 볼 수 있었습니다. 'docker run' 명령어와 'docker exec' 명령어의 차이점을 다시 한 번 생각해 보면 'docker run' 명령어는 새로운 컨테이너를 만든 다음 명령어를 실행하고, 'docker exec' 명령어는 이미 실행 중인 컨테이너에 명령어를 전달한다는 점이 다릅니다.

2.7 레디스를 이용해 도커 컨테이너 이해하기

이번 절에서는 도커 환경에서 레디스[1]를 이용할 때 발생하는 에러를 살펴보고, 발생한 에러를 해결하는 과정을 통해 도커 컨테이너를 더 깊이 있게 이해해 보겠습니다.

우선 도커 환경에서 레디스를 실행하려면 어떻게 해야 하는지 살펴보겠습니다. 레디스를 이용하는 방법은 다음과 같습니다.

01. 먼저 도커 환경에서 레디스 서버를 실행합니다.
02. 레디스 서버가 실행된 상태에서 레디스 클라이언트를 실행합니다.
03. 레디스 서버와 레디스 클라이언트를 모두 실행했다면 원하는 명령어를 레디스 클라이언트에 입력해 레디스 서버로 보내줌으로써 레디스를 사용할 수 있습니다.

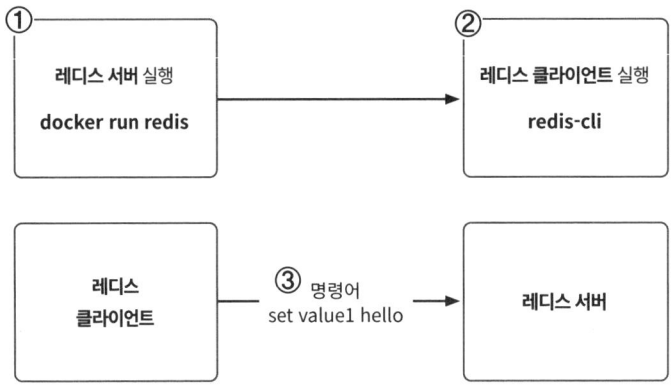

그림 2-16 도커 환경에서 레디스를 실행하는 과정

이번에는 실습을 통해 도커 환경에서 레디스를 이용해 보겠습니다.

01. 먼저 첫 번째 터미널을 실행한 다음 'docker run redis' 명령어를 입력해 레디스 서버를 실행합니다.

실습 2-17 도커 환경에서 레디스 서버 실행

```
% docker run redis
```

---

[1] 레디스는 데이터베이스, 캐시 및 메시지 브로커로 사용되는 오픈 소스 (BSD 라이선스), 인 메모리 데이터 구조 저장소입니다.

02. 이어서 레디스 서버가 실행된 상태에서 레디스 클라이언트를 실행합니다. 이때 첫 번째 터미널에서는 레디스 서버가 실행 중이므로 새로운 터미널을 열고 'redis-cli' 명령어로 레디스 클라이언트를 실행합니다.

실습 2-18 두 번째 터미널에서 레디스 클라이언트 실행

```
% redis-cli
```

03. 하지만 'redis-cli' 명령어를 입력하는 순간 에러가 납니다. 무엇이 잘못된 것일까요?

실습 2-19 레디스 클라이언트 실행 중 발생한 에러

```
% redis-cli
Could not connect to Redis at 127.0.0.1:6379: Connection refused not connected>
```

도표를 이용해 현재 어떤 상황인지 자세히 알아보겠습니다.

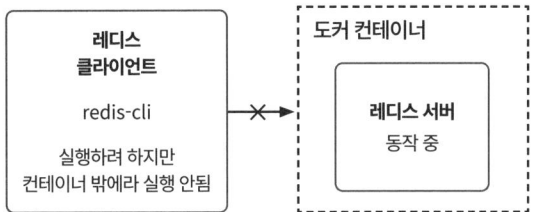

그림 2-17 도커를 사용하는데 에러가 나는 현재 상태

레디스 클라이언트는 레디스 서버가 실행되고 있을 때 'redis-cli' 명령어로 실행할 수 있는데, 레디스 서버가 있는 컨테이너 밖에서 실행을 하려 하니 Connection refused 에러가 발생했습니다. 그러면 이 에러를 어떻게 해결할 수 있을까요?

정답은 레디스 클라이언트도 도커 컨테이너 안에서 실행해주면 됩니다.

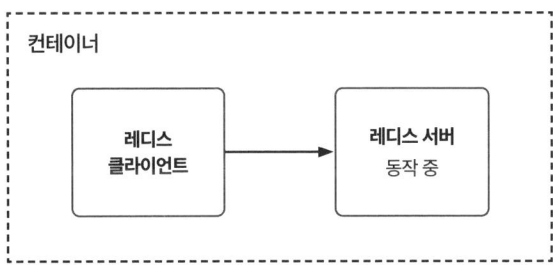

그림 2-18 레디스 클라이언트도 도커 컨테이너 안에서 실행하는 방법으로 해결

레디스 서버를 실행 중인 도커 컨테이너에서 레디스 클라이언트를 실행하려면 'exec' 명령어를 사용하면 됩니다. 앞서 2.6절에서 이 명령어는 이미 실행되고 있는 컨테이너에 명령어를 전달할 때 사용한다고 배웠습니다. 레디스 서버가 동작 중인 컨테이너에 'exec' 명령어를 이용해 'redis-cli' 명령어를 전달해 보겠습니다.

01. 먼저 첫 번째 터미널을 실행한 다음 'docker run redis' 명령어를 입력해 레디스 서버를 실행합니다. (이미 레디스 서버가 실행되고 있다면 바로 2번으로 갑니다.)

실습 2-20 도커 환경에서 레디스 서버 실행

```
% docker run redis
1:C 18 Aug 2020 12:00:28.445 # oO0OoO0OoO0Oo Redis is starting oO0OoO0OoO0Oo
1:C 18 Aug 2020 12:00:28.445 # Redis version=6.0.6, bits=64, commit=00000000, modified=0, pid=1, just started
1:C 18 Aug 2020 12:00:28.445 # Warning: no config file specified, using the default config. In order to specify a config file use redis-server /path/to/redis.conf
1:M 18 Aug 2020 12:00:28.447 * Running mode=standalone, port=6379.
1:M 18 Aug 2020 12:00:28.447 # WARNING: The TCP backlog setting of 511 cannot be enforced because /proc/sys/net/core/somaxconn is set to the lower value of 128.
1:M 18 Aug 2020 12:00:28.447 # Server initialized
1:M 18 Aug 2020 12:00:28.447 # WARNING you have Transparent Huge Pages (THP) support enabled in your kernel. This will create latency and memory usage issues with Redis. To fix this issue run the command 'echo never > /sys/kernel/mm/transparent_hugepage/enabled' as root, and add it to your /etc/rc.local in order to retain the setting after a reboot. Redis must be restarted after THP is disabled.
1:M 18 Aug 2020 12:00:28.447 * Ready to accept connections
```

02. 두 번째 터미널을 열고 'docker ps' 명령어를 입력해 레디스 서버를 실행 중인 컨테이너 ID를 확인합니다. 아래 실습에서 레디스 서버를 실행 중인 컨테이너 ID는 '2sdajiid2342'입니다.

실습 2-21 레디스 서버를 실행 중인 컨테이너의 ID 확인

```
% docker ps
CONTAINER ID      IMAGE      COMMAND                NAMES
2sdajiid2342      redis      "docker-entrypoint…"   ic_leavitt
```

03. 'exec' 명령어를 이용해 레디스 서버가 실행 중인 컨테이너에 'redis-cli' 명령어를 전달해 레디스 클라이언트를 실행합니다.

docker exec -it <컨테이너 ID> redis-cli

실습 2-22 컨테이너 ID 확인 후 레디스 클라이언트 실행

```
% docker exec -it 2sdajiid2342 redis-cli
127.0.0.1:6379 ~ % set key1 hello
OK
127.0.0.1:6379 ~ % get key1
```

이렇게 해서 에러 없이 레디스 클라이언트까지 실행했습니다. 실습 2-22에서 처음 등장한 옵션이 있는데, 무슨 의미인지 살펴보겠습니다. '-it' 옵션은 i(interactive) 옵션과 t(terminal) 옵션이 합쳐진 옵션입니다.

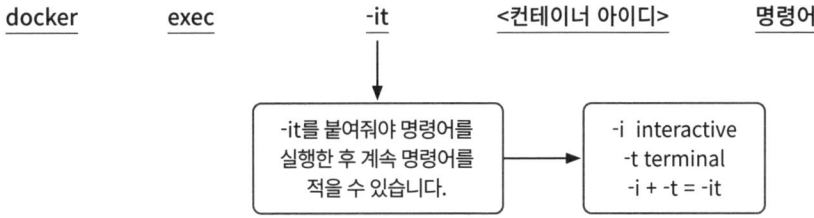

그림 2-19 -it 옵션의 기능

'-it' 옵션의 역할을 더 정확히 살펴보기 위해 '-it' 옵션을 빼고 레디스 클라이언트를 실행해 보겠습니다. 새로운 터미널을 열고 'docker exec <컨테이너 ID> redis-cli' 명령어로 레디스 클라이언트를 다시 실행합니다.

실습 2-23 레디스 클라이언트 다시 실행

```
% docker exec 2f3118e8ba88 redis-cli
```

이번에는 레디스 클라이언트를 실행했지만, 실행 후에 바로 레디스 클라이언트가 종료돼서 명령어를 입력할 수 없는 상황이 됐습니다. 이러한 이유로 앞으로 '-it' 옵션은 많은 부분에서 사용할 것입니다.

2.8 실행 중인 컨테이너에서 터미널 사용하기 – docker exec sh

지금까지는 실행 중인 컨테이너에 명령어를 전달할 때 'exec' 명령어를 사용해 하나씩 전달했습니다 (docker exec -it <컨테이너 ID> 명령어).

하지만 여러 명령어를 입력해야 한다면 명령어를 전달할 때마다 'docker exec -it <컨테이너 ID>'를 모두 입력하는 것은 비효율적인 작업이 될 것입니다. 이번 절에서는 이러한 비효율적인 면을 해결하기 위해 컨테이너에 셸이나 터미널 환경으로 접속해 사용하는 방법을 살펴보겠습니다.

실행 중인 컨테이너에 셸 환경으로 접속하기

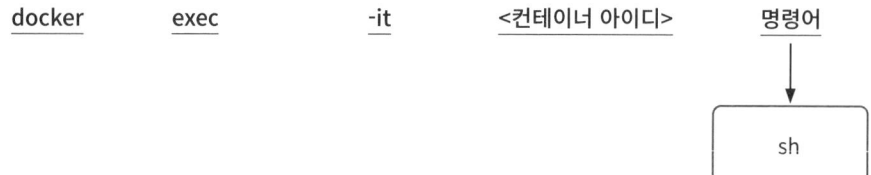

그림 2-20 실행 중인 컨테이너에 셸 환경으로 접속하기 위한 명령어

실행 중인 컨테이너에 셸 환경으로 접속하려면 'exec' 명령어와 함께 'sh' 명령어를 전달하면 됩니다. 여기서 잠시 셸이 무엇인지 짚고 넘어가겠습니다.

셸이란 운영체제에서 제공하는 명령을 실행하는 프로그램으로, 운영체제의 관리하에 있는 파일, 프린팅, 하드웨어 장치, 애플리케이션과의 인터페이스를 제공하는 프로그램입니다. 따라서 컨테이너 안에 셸 환경으로 접속하면 운영체제에서 제공하는 각종 명령을 셸 인터페이스에서 실행해 운영체제가 그 명령에 해당하는 일을 수행하게 할 수 있습니다.

이제 실행 중인 컨테이너에 셸 환경으로 접속해 보겠습니다.

셸 환경으로 접속하기

01. 먼저 터미널을 실행하고 'docker run alpine ping google.com' 명령어를 입력해 컨테이너 하나를 실행합니다.

> **실습 2-24 컨테이너 실행**
> ```
> % docker run alpine ping google.com
> PING google.com (172.217.161.174): 56 data bytes
> ```

```
64 bytes from 172.217.161.174: seq=0 ttl=37 time=65.906 ms
64 bytes from 172.217.161.174: seq=1 ttl=37 time=72.046 ms
64 bytes from 172.217.161.174: seq=2 ttl=37 time=68.840 ms
```

02. 실행 중인 컨테이너에 명령어를 전달해야 하므로 두 번째 터미널을 열고 'docker ps' 명령어를 입력해 alpine 이미지를 이용해서 실행한 컨테이너의 ID를 확인합니다. 아래 실습에서 alpine 이미지를 이용해서 실행한 컨테이너의 ID는 '85b60da05f23'입니다

실습 2-25 실행 중인 컨테이너의 ID 확인

```
% docker ps
CONTAINER ID      IMAGE       COMMAND              NAMES
85b60da05f23      alpine      "ping google.com"    festive_wescoff
```

03. 두 번째 터미널에서 'exec' 명령어로 'sh' 명령어를 전달해 실행 중인 컨테이너에 셸 환경으로 접속해 보겠습니다.

docker exec -it <컨테이너 ID> sh

실습 2-26 실행 중인 컨테이너에 셸 환경으로 접속

```
% docker exec -it 85b60da05f23 sh
```

04. 컨테이너에 셸 환경으로 접속했으면 운영체제에서 제공하는 여러 명령어를 실습해 보겠습니다.

- ls (컨테이너에서 현재 디렉터리에 있는 파일과 디렉터리 목록 출력)

실습 2-27 컨테이너에서 현재 디렉터리에 있는 파일과 디렉터리 목록 출력

```
/ # ls
bin    etc     lib      mnt    proc    run     srv    tmp    var
dev    home    media    opt    root    sbin    sys    usr
```

- touch <파일명> (새로운 파일 생성)

실습 2-28 컨테이너에 새로운 파일 생성

```
/ # touch new-file
/ # ls
bin    home    mnt         proc    sbin    tmp
dev    lib     new-file    root    srv     usr
etc    media   opt         run     sys     var
```

- export hello=hi (변수 생성)
- echo $hello (변수 출력)

실습 2-29 컨테이너에서 변수 생성 및 출력

```
/ # export hello=hi
/ # echo $hello
hi
```

한 가지 더 알아 두면 좋은 점은 'exec' 명령어 대신 'run' 명령어로도 컨테이너에 셸 환경으로 접근할 수 있다는 점입니다.

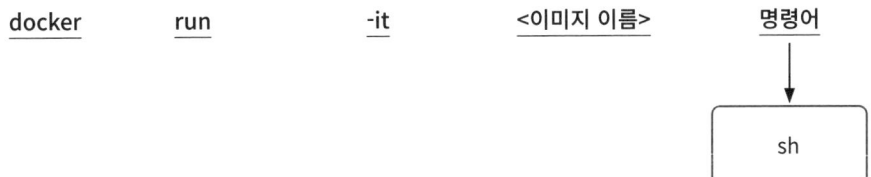

그림 2-21 새로 생성하는 컨테이너에 셸 환경으로 접속하기 위한 명령어

셸 환경에서 벗어날 때는 Control + D 키를 눌러 나올 수 있습니다.

이렇게 2장을 마무리하겠습니다. 2장에서는 도커를 사용할 때 가장 기본적이고 중요한 도커 클라이언트 명령어들을 살펴봤습니다. 이 명령어들은 가장 기본적인 명령어이기 때문에 외우고 있으면 좋지만, 굳이 외우려 하지 않아도 도커를 사용하는 과정에서 많이 반복하는 명령어이기 때문에 자동으로 외워질 것입니다.

지금까지는 모든 실습에서 다른 사람이 만들어둔 도커 이미지를 도커 허브에서 내려받아 사용했습니다. 이어서 다음 장인 3장에서는 도커 이미지를 직접 만들어 보겠습니다. 도커 이미지를 직접 만들어 봄으로써 도커 이미지에 대해 더 깊게 이해하는 시간을 가져보겠습니다.

03

직접 도커 이미지 생성하기

지금까지는 도커 허브 사이트에서 다른 사람이 만들어둔 도커 이미지를 가져와 사용하는 방법을 살펴봤습니다. 하지만 도커 이미지는 누구나 만들 수 있고, 도커 허브에 누구나 올려서 공유할 수 있습니다. 이번 3장에서는 도커 이미지를 직접 만들어 보면서 도커 이미지를 더 깊이 이해하는 시간을 갖겠습니다.

3.1 도커 이미지를 생성하는 순서

우선 지금까지 도커 이미지에 대해 배운 내용을 짧게 복습하고, 이어서 도커 이미지를 생성하는 순서를 알아보겠습니다.

- **도커 이미지**는 컨테이너를 만드는 데 필요한 설정이나 종속성을 가진 소프트웨어 패키지입니다.
- 도커 이미지를 이용해 **도커 컨테이너**를 생성할 수 있습니다.

    docker create <이미지 이름>

- 이때 다른 사람이 만들어서 **도커 허브**(Docker Hub)에 올려둔 도커 이미지를 내려받아 이용할 수도 있고, 직접 도커 이미지를 만들어서 사용할 수도 있습니다. 또한, 직접 만든 도커 이미지를 도커 허브(Docker Hub)에 업로드할 수도 있습니다.

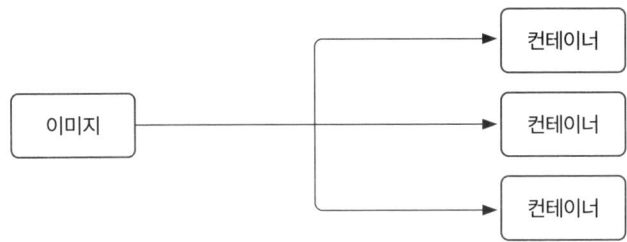

그림 3-1 도커 이미지를 이용한 도커 컨테이너 생성

도커 이미지는 어떻게 생성할까요?

도커 컨테이너는 'docker create <이미지 이름>' 명령어를 이용해 생성할 수 있었습니다. 그렇다면 도커 이미지는 어떻게 생성할까요? 우선 도커 이미지의 생성 순서를 간략하게 살펴본 다음 각 과정을 하나씩 자세히 살펴보겠습니다.

도커 이미지를 생성하는 순서

01. 도커 파일(Dockerfile)이라는 파일을 작성합니다. (도커 파일은 3.2절에서 자세히 다룹니다.)

도커 파일이란 도커 이미지를 만들기 위한 설정 파일입니다. 컨테이너가 어떻게 행동해야 하는지에 대한 설정을 정의합니다.

02. 도커 파일(Dockerfile)에 입력한 명령들이 도커 클라이언트에 전달됩니다.

03. 도커 클라이언트에 전달된 명령들을 도커 서버에서 처리해 도커 이미지를 만들어 줍니다.

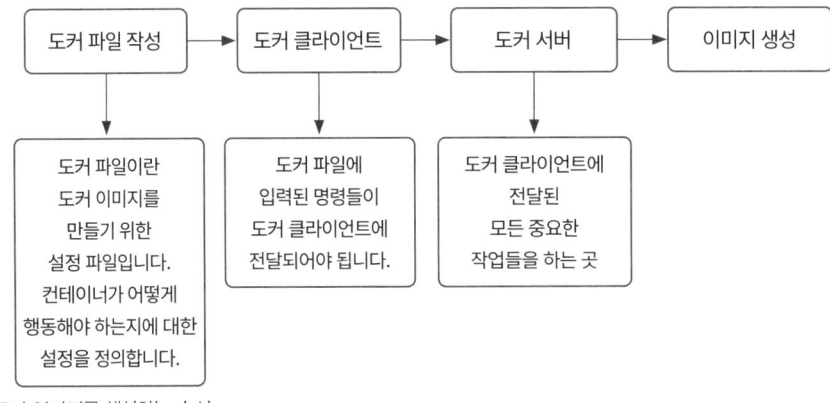

그림 3-2 도커 이미지를 생성하는 순서

이러한 순서로 도커 이미지를 생성합니다. 그래서 도커 이미지를 만들기 위해 가장 먼저 해야 하는 도커 파일을 작성하는 방법부터 상세하게 알아보겠습니다.

3.2 도커 파일(Dockerfile) 만들기

앞서 살펴봤듯이 도커 이미지를 생성하려면 도커 파일을 작성해야 합니다. 이번 절에서는 도커 파일이 무엇인지 알아보고 도커 파일을 작성해 보겠습니다.

도커 파일이란?

도커 파일은 도커 이미지를 만들기 위한 설정 파일로, 도커 컨테이너가 어떻게 행동해야 하는지에 대한 설정을 정의하는 곳입니다. 도커 파일은 도커 이미지를 만들기 위한 설정 파일이기 때문에 도커 파일을 작성할 때는 도커 이미지 안에 무엇이 필요할지 생각하면서 도커 파일을 작성해야 합니다. 먼저 도커 이미지 안에 무엇이 필요한지 알아보기 위해서 다시 한번 도커 이미지를 그림으로 살펴보겠습니다.

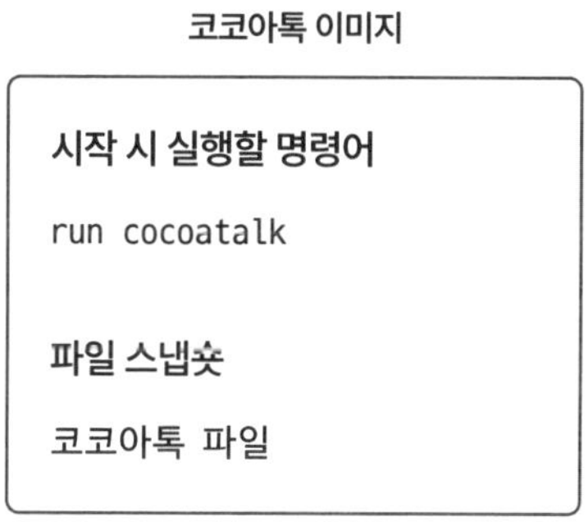

코코아톡 이미지

```
시작 시 실행할 명령어
run cocoatalk

파일 스냅숏
코코아톡 파일
```

그림 3-3 도커 이미지 안에 필요한 것들

가상으로 코코아톡이라는 프로그램을 실행할 수 있는 코코아톡 이미지가 있다고 가정하겠습니다. 여기서 코코아톡 이미지 안에 필요한 것은 크게 2가지입니다. 하나는 코코아톡 이미지로 컨테이너를 생성했을 때 코코아톡 애플리케이션을 실행하는 데 필요한 명령어입니다. 그리고 다른 하나는 코코아톡 실행에 필요한 파일 스냅숏입니다.

도커 파일 작성 방법

앞서 말한 두 가지 요소가 이미지 안에 필요하기 때문에 도커 파일도 이 두 가지 요소를 고려해 작성하면 됩니다(애플리케이션 실행을 위한 명령어, 파일 스냅숏).

01. 베이스 이미지를 명시합니다. (파일 스냅숏에 해당하는 부분입니다.)
02. 베이스 이미지 이외에 코코아톡 애플리케이션을 실행하는 데 필요한 파일들을 이미지 안에 내려받기 위한 명령어를 명시합니다. (파일 스냅숏에 해당하는 부분입니다.)
03. 마지막으로 컨테이너 시작 시에 실행할 명령어를 명시합니다. (애플리케이션 실행을 위한 명령어에 해당합니다.)

베이스 이미지란 무엇인가?

앞서 도커 파일을 작성하는 과정에서 베이스 이미지를 명시해야 한다고 했는데, 베이스 이미지가 무엇인지 알아보겠습니다.

도커 이미지는 여러 개의 레이어로 구성돼 있습니다. 그중에서 베이스 이미지는 생성하고자 하는 이미지의 기반이 되는 부분이며, 이미지를 만들기 위한 기본 이미지이기도 합니다. 예를 들어 어떤 프로그램을 위한 이미지를 만들려고 하는데, 그 프로그램은 OS(Operating System) 위에 설치돼야 한다고 가정하겠습니다. 이때 OS가 이미지를 만들기 위한 기본 이미지(베이스 이미지)가 되며 실제 프로그램을 위한 부분이 레이어가 됩니다. 이때 레이어는 중간 단계의 이미지라고 생각하면 되고, 레이어를 이미지에 추가하는 것을 레이어 캐싱이라고 부릅니다.

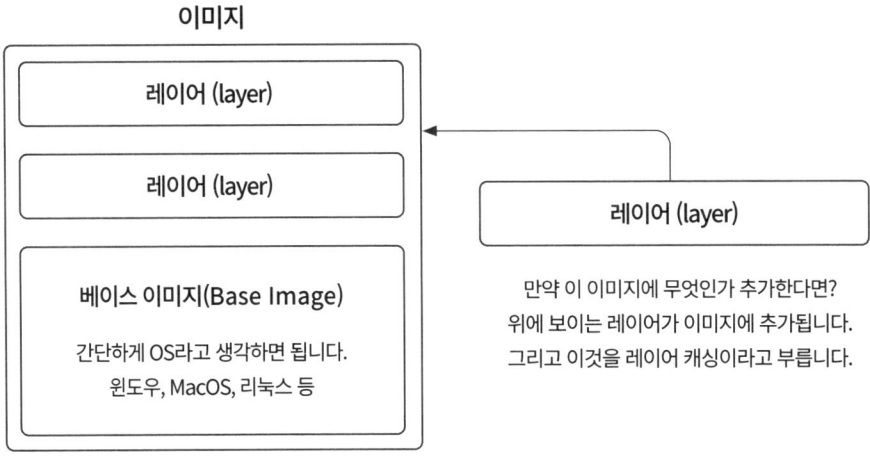

그림 3-4 베이스 이미지란?

도커 파일 작성하기

이제 실습을 통해 도커 파일을 작성하는 방법을 배워보겠습니다. 도커 파일을 작성할 때는 목표로 하는 도커 이미지가 있어야만 그 목표에 맞게 도커 파일을 작성할 수 있습니다. 그래서 우선 기능이 최대한 간단한 도커 이미지를 만들어 보겠습니다. 실습에서는 hello라는 문구를 출력해주는 애플리케이션을 실행하는 도커 이미지를 만드는 것을 목표로 하겠습니다.

01. 도커 파일을 만들 폴더 하나를 생성합니다.

이 책에서는 새로 생성한 폴더의 이름을 'dockerfile-folder'로 변경했습니다.

그림 3-5 도커 파일을 담을 폴더 생성

02. 소스 코드 편집기를 실행한 다음 방금 생성한 폴더를 불러옵니다.

이 책에서는 비주얼 스튜디오 코드(Visual Studio Code)를 사용하며 특별히 선호하는 소스 코드 편집기가 없다면 이 책과 동일하게 비주얼 스튜디오 코드를 사용하는 걸 추천합니다. 프로젝트 익스플로러에서 [Open Folder]를 클릭한 다음 앞서 생성한 'dockerfile-folder'를 선택하고 [열기] 버튼을 클릭합니다.

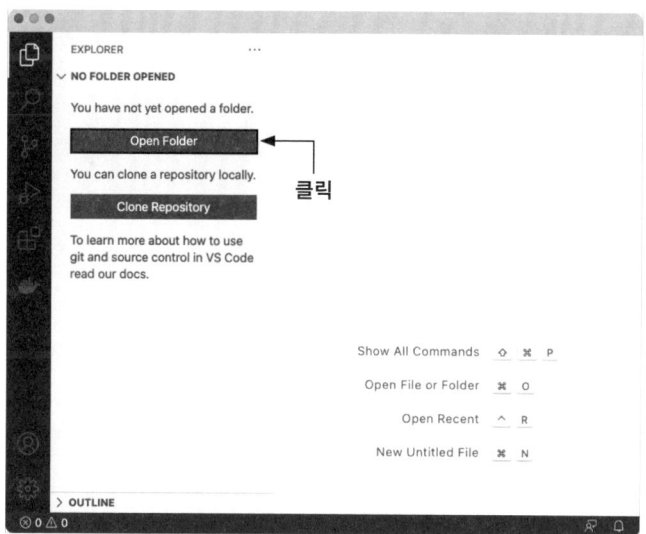

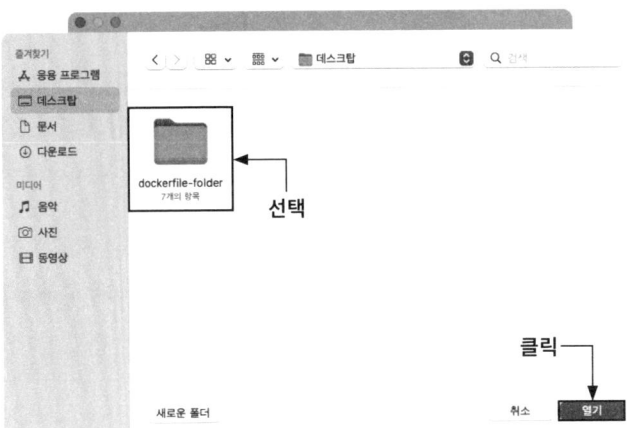

그림 3-6 소스 코드 에디터에 dockerfile-folder 불러오기

> **Tip** **비주얼 스튜디오 코드**
>
> 비주얼 스튜디오 코드는 최신 웹 및 클라우드 애플리케이션 빌드 및 디버깅을 위해 최적화된 코드 편집기입니다. 수백 가지 언어를 지원하는 비주얼 스튜디오 코드는 구문 강조, 대괄호 일치, 자동 들여쓰기, 상자 선택, 스니펫 등을 기능을 제공해 생산성을 높일 수 있도록 도와줍니다.
>
> 비주얼 스튜디오 코드는 다음 주소에서 내려받을 수 있습니다.
>
> https://code.visualstudio.com/

03. DOCKERFILE-FOLER 오른쪽에 있는 [새 파일] 아이콘을 클릭해 DOCKERFILE-FOLER 안에 새로운 파일을 생성합니다. 파일 이름은 Dockerfile로 하겠습니다.

그림 3-7 도커 파일 생성 (Dockerfile)

04. 생성한 Dockerfile에 어떻게 도커 파일을 작성할지 기본적인 토대를 작성합니다.

예제 3-1 도커 파일의 기본 토대 작성　　　　　　　　　　DOCKERFILE-FOLDER/Dockerfile
```
# 베이스 이미지를 명시합니다.
FROM baseImage

# 추가로 필요한 파일들을 내려받습니다.
RUN command
```

```
# 컨테이너 시작 시 실행할 명령어를 명시합니다.
CMD [ "executable" ]
```

FROM, RUN, CMD 등은 도커 서버에게 무엇을 하라고 알려주는 것입니다.

FROM

- 이미지 생성 시 기반이 되는 이미지 레이어를 명시합니다.
- 〈이미지 이름〉:〈태그〉 형식으로 작성합니다.
- 태그를 붙이지 않으면 자동으로 가장 최신 버전으로 내려받습니다.
- 예) ubuntu:14.04

RUN

- 도커 이미지가 생성되기 전에 수행할 셸 명령어입니다.

CMD

- 컨테이너가 시작됐을 때 실행할 실행 파일 또는 셸 스크립트입니다.
- 이 명령어는 도커 파일 내에서 한 번만 쓸 수 있습니다.

05. 앞서 작성한 기본적인 토대에서 FROM 부분의 baseImage를 실제 값으로 변경합니다.

베이스 이미지에는 ubuntu나 centos 등을 넣어도 됩니다. 하지만 hello 라는 문구를 출력하는 간단한 기능을 이용하는 데 용량이 큰 베이스 이미지를 사용할 필요가 없기 때문에 용량이 아주 작은 alpine이라는 베이스 이미지를 사용하겠습니다.

```
# 베이스 이미지를 명시합니다.
FROM alpine
```

06. 이어서 RUN부분을 작성할 차례입니다.

hello라는 문구를 출력하는 데 필요한 파일은 이미 alpine 베이스 이미지에 들어 있기 때문에 굳이 추가로 파일을 내려받지 않아도 됩니다. 따라서 RUN 부분은 생략하겠습니다.

07. 마지막으로 CMD 부분에는 컨테이너를 시작할 때 실행할 명령어를 명시합니다.

컨테이너 시작할 때 hello라는 문구를 출력하기 위해 컨테이너 시작할 때 실행할 명령어에 'echo hello'라고 작성하겠습니다.

```
# 컨테이너 시작 시 실행될 명령어를 명시해줍니다.
CMD [ "echo", "hello" ]
```

이렇게 해서 도커 파일이 완성됐습니다. 이어서 다음 절에서는 도커 파일을 이용해 도커 이미지를 만드는 방법을 살펴보겠습니다.

예제 3-2 완성된 도커 파일   DOCKERFILE-FOLDER/Dockerfile
```
# 베이스 이미지를 명시합니다.
FROM alpine

# 컨테이너 시작 시 실행할 명령어를 명시합니다.
CMD [ "echo", "hello" ]
```

3.3 Buildkit 비활성화하기

앞서 만든 도커 파일을 이용해 도커 이미지를 생성하기 전에 한 가지 설정을 변경하겠습니다. 변경하고자 하는 설정은 도커 버전 18.09부터 도커 이미지 빌드를 할 때 기본적으로 지원하는 Buildkit입니다.

Buildkit이란 무엇인가요?

도커 버전 18.09부터는 도커 파일을 이용해 도커 이미지를 빌드할 때 Buildkit을 기본적으로 사용하게 됐습니다. 이 Buildkit은 도커 파일을 빌드할 때 더 빠른 속도로, 더 효율적으로 빌드할 수 있게 해줍니다. 따라서 실제로 도커를 사용할 때는 도커 Buildkit을 사용하는 게 좋습니다.

Buildkit을 이용했을 때의 차이점

Buildkit을 이용했을 때 다른 점은 도커 파일을 빌드할 때 나타납니다. Buildkit을 이용해 빌드하면 도커 파일을 빌드하는 과정에서 Buildkit을 사용하지 않았을 때와는 다른 출력 문구를 내보냅니다. 그중에서 가장 주요한 차이점은 빌드 프로세스 마지막 부분에 나오는 이미지 ID입니다.

실습 3-1 Buildkit을 사용하지 않을 때 출력되는 이미지 ID

```
//Buildkit 사용하지 않을 때
% docker build .
…생략…
---> 872457464cf6
Successfully built 872457464cf6
```

실습 3-2 Buildkit을 사용했을 때 출력되는 이미지 ID

```
//Buildkit 사용할 때
% docker build .
…생략…
==> exporting layers
0.0s => => writing image sha256: aa19c32ksj94839dj2-2039ccbdd 0.0 s
```

위 실습에서 두 개의 도커 이미지 아이디(**872457464cf6**와 **aa19c32ksj94839dj2-2039ccbdd**)가 나옵니다. 이 두 개의 아이디 모두를 이용해서 도커 컨테이너를 실행할 수 있습니다.

실습 3-3 두 가지 도커 이미지 아이디를 이용한 도커 컨테이너 생성

```
% docker run 872457464cf6
% docker run aa19c32ksj94839dj2-2039ccbdd
```

이 둘 모두 같은 컨테이너를 실행합니다. 따라서 이 책에서는 조금 더 쉽게 강의를 따라할 수 있게 Buildkit을 비활성화한 다음 실습을 진행하겠습니다.

Buildkit 비활성화하기

Buildkit을 비활성화하기 위해서는 도커 데스크탑에서 소스 코드를 변경해야 합니다. 그래서 먼저 도커 아이콘을 클릭해 도커 데스크탑에 들어가보겠습니다.

01. 도커 아이콘을 클릭합니다.

그림 3-8 도커 아이콘

02. 아래 그림과 같이 Preferences 버튼을 클릭합니다.

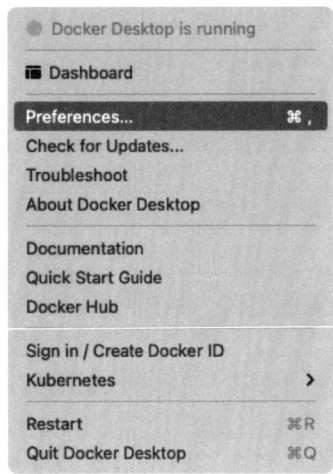

그림 3-9 Preferences 버튼

03. 아래 그림에서 보이는 Docker Engine 버튼을 클릭합니다.

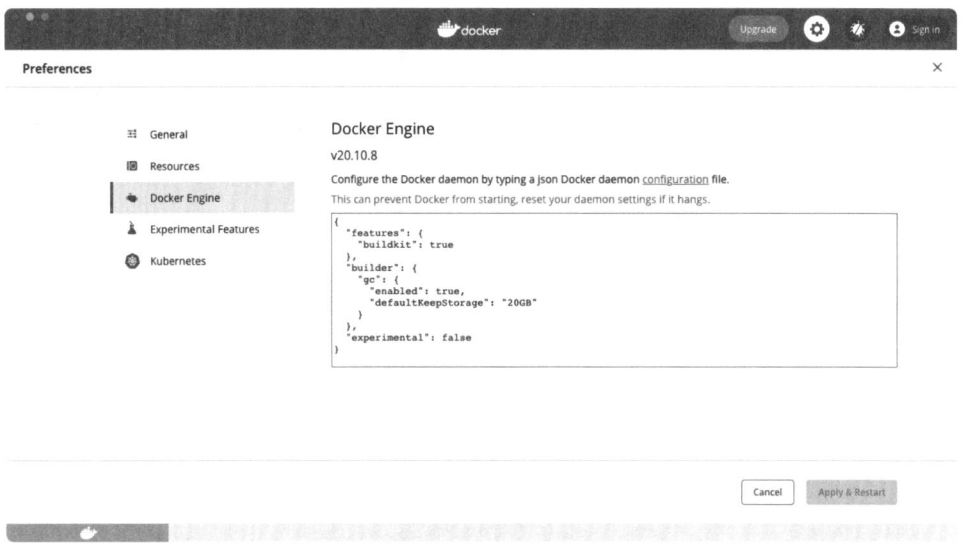

그림 3-10 도커 데스크탑에서 Docker Engine 항목 선택

04. Buildkit 사용을 비활성화하기 위해서 buildkit 키의 값을 false로 변경합니다.

실습 3-4 Buildkit을 비활성화하기 위한 소스 코드 변경

```
{
  "experimental": false,
  "builder": {
    "gc": {
      "defaultKeepStorage": "20GB",
      "enabled": true
    }
  }
  "features": {
    "buildkit": false
  },
}
```

3.4 도커 파일로 도커 이미지 만들기

이전 절에서는 도커 이미지를 생성할 수 있는 도커 파일을 작성했습니다. 이 도커 파일로 어떻게 도커 이미지를 생성할 수 있는지 알아보겠습니다.

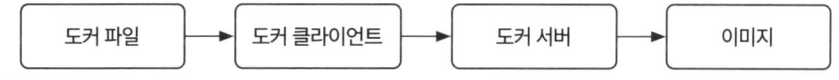

그림 3-11 도커 이미지 만드는 순서

도커 파일에 입력한 명령어들을 도커 클라이언트로 전달해 도커 서버가 인식하게 해야 합니다. 이를 위해 'docker build ./' 또는 'docker build .' 명령어를 입력합니다.

build 명령어는 무엇인가요?

build 명령어는 해당 디렉터리에서 Dockerfile이라는 파일을 찾아서 도커 클라이언트에 전달합니다. 이때 docker build 뒤에 있는 ./와 . 둘 다 현재 디렉터리를 의미합니다.

build 명령어로 이미지 빌드하기

도커 build 명령어를 이용해서 도커 이미지를 빌드해 보겠습니다. 명령어를 작성할 때는 도커 파일(Dockerfile)이 있는 디렉터리로 이동한 다음 도커 빌드 명령어를 입력해야 합니다.

실습 3-5 도커 파일을 이용해 이미지 빌드

```
% docker build .
Sending build context to Docker daemon  2.048kB
Step 1/2 : FROM alpine
 ---> a24bb4013296
Step 2/2 : CMD ["echo", "hello"]
 ---> Running in 16c04fc73f76
Removing intermediate container 16c04fc73f76
 ---> 872457464cf6
Successfully built 872457464cf6
```

빌드 과정 자세히 살펴보기

빌드 명령어를 입력하면 이미지를 빌드하는 동안 Step이 1부터 2까지 올라가는 모습을 볼 수 있습니다. 이 과정을 하나씩 보면서 빌드하는 동안 어떠한 일이 일어나는지 살펴보겠습니다.

Step 1/2에서는 alpine 이미지를 가져옵니다. a24bb4013296은 alpine 이미지의 ID입니다.

```
Step 1/2 : FROM alpine
 ---> a24bb4013296
```

Step 2/2에서는 임시 컨테이너(16c04fc73f76)를 생성하고, 컨테이너를 시작할 때 사용할 명령어를 임시 컨테이너에 포함시킵니다.

```
Step 2/2 : CMD ["echo", "hello"]
 ---> Running in 16c04fc73f76
```

그다음 방금 생성한 임시 컨테이너(16c04fc73f76)를 지우고 새로운 이미지(872457464cf6)를 만듭니다.

```
Removing intermediate container 16c04fc73f76
 ---> 872457464cf6
Successfully built 872457464cf6
```

빌드 과정의 Step 2/2 자세히 보기

빌드 과정을 살펴보면 Step 2에서 임시 컨테이너를 생성한 다음 무언가를 하고 다시 지우는데 왜 그렇게 하는 걸까요?

```
Step 2/2 : CMD ["echo", "hello"]
 ---> Running in 16c04fc73f76
Removing intermediate container 16c04fc73f76
 ---> 872457464cf6
Successfully built 872457464cf6
```

다음은 빌드 과정을 나타낸 그림입니다. 왼쪽 부분은 Step 1/2에서 베이스 이미지를 가져오는 과정입니다(①). 그리고 왼쪽 부분의 베이스 이미지를 이용해 오른쪽 부분에 있는 임시 컨테이너를 생성합니다(②). 이때 Alpine 이미지에 들어 있던 파일 스냅숏을 컨테이너에 있는 하드디스크로 복사합니다.

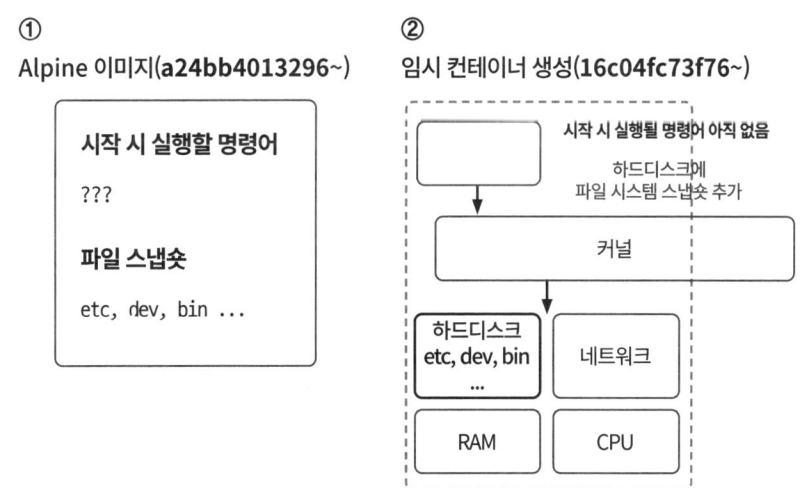

그림 3-12 Alpine 베이스 이미지를 이용해서 만든 이미지로 임시 컨테이너 생성

그리고 Step 2/2에서 컨테이너 시작 시 실행할 명령어인 'echo', 'hello'가 임시 컨테이너로 들어갑니다(③). 이렇게 컨테이너에 필요한 것들이 완성되면 이 임시 컨테이너를 이용해서 원래 만들고자 했던 도

커 이미지를 만듭니다(④). 완성된 Alpine 이미지(그림 3-13의 ④)를 보면 시작 시 실행할 명령어인 echo hello와 hello를 출력하는 데 필요한 파일 스냅숏이 포함된 모습을 볼 수 있습니다.

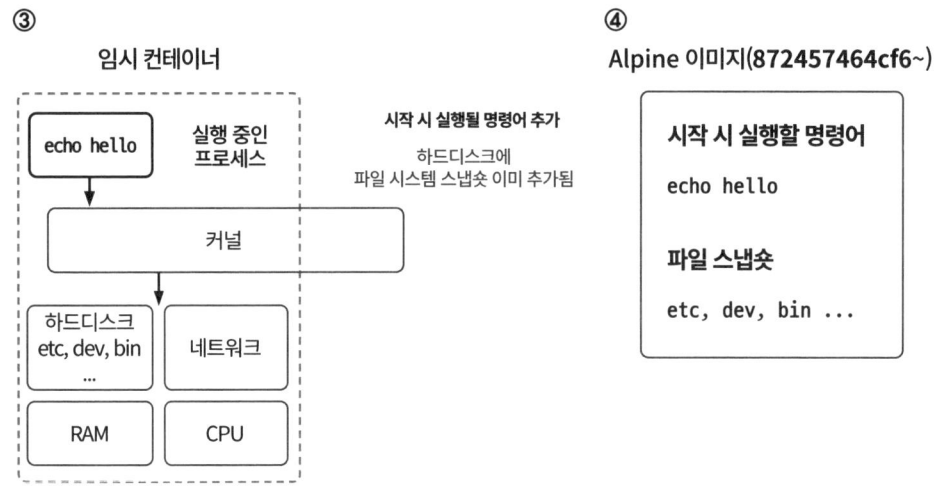

그림 3-13 임시 컨테이너에 명령어를 추가해 새로운 이미지 생성

이처럼 베이스 이미지에서 다른 종속성이나 새로운 명령어를 추가할 때는 임시 컨테이너를 만든 후 그 컨테이너를 토대로 새로운 이미지를 만듭니다. 그리고 그 임시 컨테이너로 새로운 이미지를 만든 후에는 임시 컨테이너를 지워줍니다.

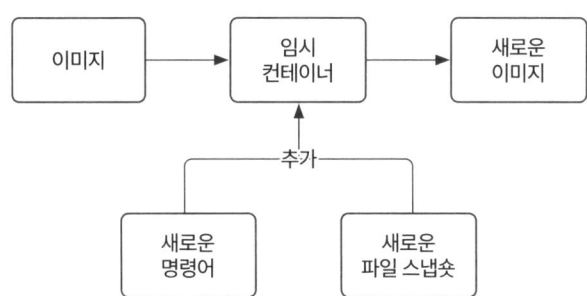

그림 3-14 도커 컨테이너는 이미지를 이용해 생성하고, 도커 이미지도 도커 컨테이너를 이용해 생성

3.5 내가 만든 이미지에 기억하기 쉬운 이름 붙여주기

앞서 도커 파일을 작성하고, 작성한 도커 파일을 도커 서버로 보내서 도커 이미지를 생성했습니다. 이렇게 만든 도커 이미지를 컨테이너에서 실행하려면 어떻게 해야 하는지 살펴보겠습니다. 우선 'docker build .' 명령어를 이용해 다시 이미지를 생성하고, 생성된 이미지를 가지고 'docker run <이미지 ID>' 명령어를 이용해 hello를 출력하는 애플리케이션을 실행해 보겠습니다.

실습 3-6 hello 텍스트를 출력하는 애플리케이션 실행

```
% docker build .
Sending build context to Docker daemon  2.048kB
Step 1/2 : FROM alpine
 ---> a24bb4013296
Step 2/2 : CMD ["echo", "hello"]
 ---> Running in fa6c364fdc39
Removing intermediate container fa6c364fdc39
 ---> aff4e9afc538
Successfully built aff4e9afc538

% docker run -it aff4e9afc538
hello
```

이렇게 해서 애플리케이션을 실행했습니다. 하지만 여기서는 불편한 점이 있습니다. 도커 파일로 만든 이미지의 ID가 aff4e9afc538과 같이 기억하거나 입력하기가 어렵습니다. 그래서 이 ID로 컨테이너를 실행하려면 'docker run aff4e9afc538'과 같이 길고 복잡한 이미지 ID를 입력해야 합니다. 인터넷에서 IP 주소를 기억하기 어렵기 때문에 도메인 이름을 만들어서 이용하는 것처럼 우리가 만든 도커 이미지에도 이름을 붙여줄 수 있습니다.

도커 이미지에 이름 붙여주기 – docker build -t

도커 이미지에 이름을 붙이려면 -t 태그를 이용합니다. t는 tag의 약자이며, -t 뒤에 도커 ID/프로젝트 이름을 작성하고 그 뒤에 쌍점(:)과 버전을 작성합니다. 이름은 자신이 원하는 이름으로 정해도 되지만 관습적으로 도커 ID와 프로젝트의 이름을 이용해 지어 줍니다. 버전도 임의로 정합니다.

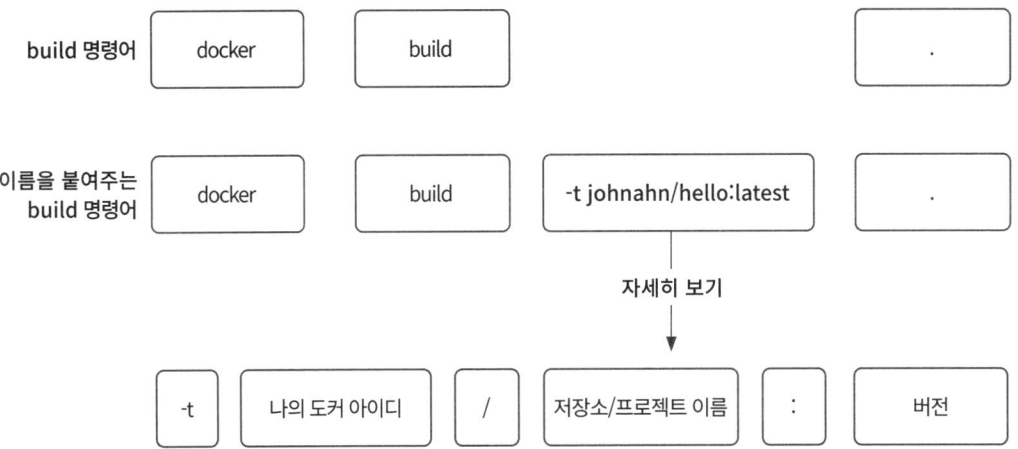

그림 3-15 도커 이미지에 이름을 붙여주는 명령어

이렇게 이름을 지정하면 도커 컨테이너를 실행할 때 임의로 생성된 이미지의 ID가 아닌 별도로 지정한 도커 이미지의 이름을 이용해 컨테이너를 실행할 수 있습니다.

실습 3-7 도커 이미지에 이름을 붙여서 빌드한 후 도커 이미지 이름을 이용해 애플리케이션 실행

```
% docker build -t johnahn/hello:latest .
[+] Building 8.1s (6/6) FINISHED
 => [internal] load build definition from Dockerfile
 => =>transferring context: 2B
 =>[internal]load metadata for docker.io/library/alpine:latest
 =>[auth] library/alpine:pull token for registry-1.docker.io
 =>[1/1]FROM docker.io/library/alpine@sha256:adab3844f497ab9171

Use 'docker scan' to run Snyk tests against images to find vulnerabilities and learn how to fix them

% docker run -it johnahn/hello
hello
```

※ 코드에서 이탤릭체로 쓰여 있는 johnahn에는 자신의 도커 ID를 작성해주세요.

04

도커를 이용한 간단한 Node.js 애플리케이션 만들기

1장에서는 도커의 전반적인 개념을 배웠으며, 2장에서는 도커 클라이언트 명령어를 배웠습니다. 그리고 3장에서는 도커 이미지를 직접 만들어 보면서 도커 이미지에 대해서 더 깊게 배웠습니다. 이번 4장에서는 지금까지 배운 내용을 이용해 간단한 애플리케이션을 만들어 보는 시간을 갖겠습니다. 이번 장에서 만들 간단한 애플리케이션은 Node.js를 이용합니다. Node.js 애플리케이션을 도커 환경에서 실행하는 법은 Node.js의 공식 홈페이지에도 나와 있지만, 이 책에서는 더 깊게 살펴보겠습니다.

도커 환경에서 Node.js 애플리케이션을 만들 때 가장 중요하게 봐야 할 부분은 도커 파일(Dockerfile)입니다. 그래서 어떠한 도커 파일을 작성해야 하는지 먼저 완성된 도커 파일을 살펴보겠습니다.

```
FROM node:14

# 애플리케이션 디렉터리 생성
WORKDIR /usr/src/app

# 애플리케이션 종속성 설치하기
COPY package*.json ./

RUN npm install

COPY . .
```

```
EXPOSE 8080

CMD [ "node", "server.js" ]
```

이 도커 파일을 보면 앞서 3장에서 작성했던 도커 파일보다 더 많은 요소가 들어가 있습니다. 그래서 도커 파일에 작성된 각 요소가 왜 필요한지 애플리케이션을 직접 만들면서 하나하나 살펴보겠습니다. 이에 앞서 먼저 이번 장에서 만들 애플리케이션의 구조와 애플리케이션을 만드는 순서를 살펴보겠습니다.

> **Tip** **Node.js란?**
> Node.js는 확장성 있는 네트워크 애플리케이션(특히 서버 사이드) 개발에 사용되는 소프트웨어 플랫폼이다. 자바스크립트 언어를 활용하며 Non-blocking I/O와 단일 스레드 이벤트 루프를 통한 높은 처리 성능을 가지고 있다.
> 출처: 위키피디아

이번 장에서 만들 Node.js 애플리케이션의 구조

이 애플리케이션은 도커 컨테이너 안에서 Node.js 애플리케이션이 실행되는 구조입니다. 따라서 만드는 순서도 도커에 관한 부분과 Node.js 애플리케이션을 만드는 두 부분으로 나눌 수 있습니다.

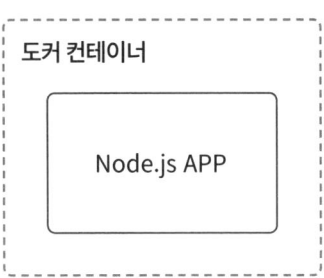

그림 4-1 도커를 이용해 만들 애플리케이션의 구조

도커를 이용해 Node.js 애플리케이션을 만드는 순서

먼저 Node.js 애플리케이션의 소스 코드를 작성합니다. 그러고 나서 Node.js 애플리케이션을 도커 컨테이너에서 실행하기 위해 도커 이미지를 생성합니다. 따라서 그 도커 이미지를 생성하기 위해 도커 파일을 작성해야 합니다.

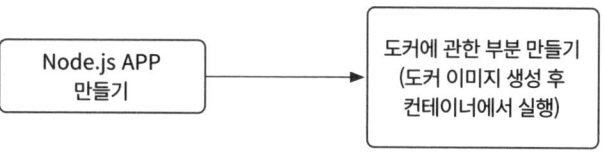

그림 4-2 도커를 이용해 Node.js 애플리케이션을 만드는 순서

이 책에서도 먼저 Node.js 애플리케이션을 만들고, 그다음에 도커에 관한 부분인 도커 파일을 작성하고 도커 이미지를 생성하는 방법을 배워보겠습니다.

4.1 Node.js 애플리케이션 만들기

먼저 Node.js 애플리케이션을 만들기 위한 소스 코드를 작성하겠습니다. Node.js 애플리케이션을 만들려면 가장 먼저 두 가지 파일이 필요합니다. 바로 `package.json` 파일과 `server.js` 파일입니다.

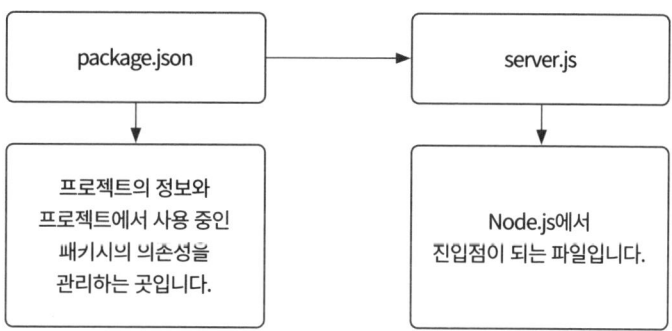

그림 4-3 Node.js 애플리케이션을 만드는 데 필요한 두 가지 파일

`package.json`은 프로젝트의 정보와 프로젝트에서 사용 중인 패키지의 의존성을 관리하는 파일입니다. 이 파일은 컴퓨터에 Node.js가 설치돼 있다면 'npm init' 명령어로 생성할 수 있습니다. 만약 Node.js가 설치돼 있지 않다면 Node.js를 설치하거나 직접 `package.json` 파일을 생성한 다음 작성해야 합니다. 이 책에서는 Node.js를 설치해 진행하겠습니다. Node.js 설치 방법은 비교적 간단한 편입니다.

Node.js 설치하기

01. 먼저 Node.js 공식 홈페이지로 이동합니다.

https://nodejs.org/ko/

그림 4-4 Node.js 공식 홈페이지

02. Node.js 홈페이지에서 운영체제에 맞는 LTS(안정적인) 버전과 최신 버전의 Node.js를 내려받을 수 있습니다. 왼쪽에 있는 LTS(안정적인) 버전을 내려받는 것을 추천합니다.

03. 내려받은 Node.js 파일을 컴퓨터에 설치합니다. 그다음 터미널에서 'node -v' 명령어를 사용해 Node.js가 잘 설치됐는지 확인할 수 있습니다.

실습 4-1 node.js 설치 확인
```
% node -v
v12.18.3
```

Node.js 앱 만들기

Node.js를 설치했다면 이어서 Node.js 앱을 만들어 보겠습니다.

01. 먼저 Node.js 애플리케이션을 만들 폴더를 생성합니다. 이 책에서는 폴더 이름을 'nodejs-docker-app'으로 지정했습니다.

그림 4-5 노드 애플리케이션을 만들 폴더 생성

02. 비주얼 스튜디오 코드를 실행한 다음 앞서 생성한 폴더(nodejs-docker-app)를 드래그 앤 드롭해 추가합니다.

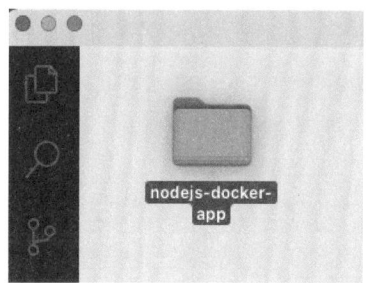

그림 4-6 nodejs-docker-app 폴더를 비주얼 스튜디오 코드에 드래그 앤 드롭해 추가

03. 추가한 NODEJS-DOCKER-APP 디렉터리에 package.json 파일을 생성합니다.

package.json 파일은 수동으로 직접 만들 수도 있지만, 터미널에서 'npm init' 명령어를 입력하면 손쉽게 만들 수 있고 프로젝트의 이름, 설명, 저자 등을 입력할 수 있습니다. 기본값으로 입력하려면 엔터 키를 입력합니다. ('npm init' 대신 'npm init -y' 명령어를 입력하면 자동으로 프로젝트의 이름과 메인 파일이 설정됩니다. 대신 메인 파일이 index.js로 설정되므로 server.js로 바꿔줘야 합니다.)

실습 4-2 npm init 명령어로 package.json 파일 생성

```
% npm init -y
Wrote to /Users/jaewon/Desktop/dockerfile-folder/package.json:

{
```

```
  "name": "nodejs-docker-app",
  "version": "1.0.0",
  "main": "index.js",
  "scripts": {
    "test": "echo \"Error: no test specified\" && exit 1"
  },
  "keywords": [],
  "author": "",
  "license": "ISC",
  "description": ""
}
```

04. 'npm init' 명령어를 이용해 생성한 package.json 파일을 열고 메인 파일(main)을 index.js에서 server.js로 변경합니다.

예제 4-1 npm init 명령어로 생성된 package.json 파일 살펴 보기   NODEJS-DOCKER-APP/package.json

```
{
  "name": "nodejs-docker-app",
  "version": "1.0.0",
  "main": "server.js",
  "scripts": {
    "test": "echo \"Error: no test specified\" && exit 1",
  },
  "keywords": [],
  "author": "",
  "license": "ISC",
  "description": "",
}
```

'npm init' 명령어로 생성된 package.json 파일에는 프로젝트의 이름과 버전 등 많은 정보가 담겨 있습니다. package.json 파일을 보면 이 프로젝트를 처음 보는 사람도 어떤 파일이 프로젝트의 진입점이며(여기에서는 main에 보이는 server.js입니다), 어떠한 모듈들이 사용됐는지, 어떻게 애플리케이션을 시작하는지(scripts 부분에 나와 있습니다) 등을 파악할 수 있습니다.

05. 프로젝트에 필요한 종속성을 추가합니다.

이 프로젝트에서 내려받을 종속성은 익스프레스(Express.js) 모듈입니다. 종속성은 자바스크립트와 jQuery의 관계처럼 Node.js의 API를 단순화하고 새로운 기능들을 추가해서 Node.js를 더 쉽고 유용하게 사용할 수 있도록 돕는 모듈입니다. 프로젝트에서 익스프레스 모듈을 이용하려면 `package.json` 파일의 dependencies 부분에 모듈 이름을 명시해야 합니다. 따라서 dependencies 부분에 '"express": "^4.17.1"'와 같은 식으로 종속성을 추가합니다.

예제 4-2 익스프레스 종속성 추가   NODEJS-DOCKER-APP/package.json

```json
{
  "name": "nodejs-docker-app",
  "version": "1.0.0",
  "main": "server.js",
  "dependencies": {
    "express": "^4.17.1"
  },
  "scripts": {
    "test": "echo \"Error: no test specified\" && exit 1"
  },
  "keywords": [],
  "author": "",
  "license": "ISC",
  "description". ""
}
```

06. 이어서 진입점이 되는 파일인 server.js 파일을 작성합니다.

먼저 package.json 파일과 같은 디렉터리에 server.js 파일을 생성합니다. 그다음 server.js에 다음과 같이 코드를 작성합니다.

예제 4-3 server.js 작성   NODEJS-DOCKER-APP/server.js

```javascript
//Express 모듈 불러오기
const express = require('express');

//Express 서버를 위한 포트 설정
const PORT = 8080;
```

```
//새로운 Express 애플리케이션 생성
const app = express();

//'/' 경로로 요청이 들어오면 "반갑습니다"라는 결괏값을 전달
app.get('/', (req, res) => {
  res.send("반갑습니다.");
})

//해당 포트에서 애플리케이션을 시작
app.listen(PORT, () => {
  console.log('애플리케이션이 실행됐습니다');
})
```

먼저 Node.js 애플리케이션을 더 편리하게 사용할 수 있도록 내려받은 express 모듈을 `server.js` 파일로 불러옵니다.

```
//Express 모듈 불러오기
const express = require('express');
```

그리고 애플리케이션이 작동될 포트(Port)를 설정합니다. 이 책에서는 임의로 8080번 포트를 할당했습니다.

```
//Express 서버를 위한 포트 설정
const PORT = 8080;
```

이어서 express 애플리케이션을 생성하고, '/' 경로로 요청이 들어올 때 요청을 보내온 곳으로 결괏값을 어떻게 전달할지 설정합니다.

```
//새로운 Express 애플리케이션 생성
const app = express();

//'/' 경로로 요청이 들어오면 "반갑습니다"라는 결괏값을 전달
app.get('/', (req, res) => {
  res.send("반갑습니다.");
})
```

마지막으로 Express 애플리케이션을 시작합니다.

```
//해당 포트에서 애플리케이션을 시작
app.listen(PORT, () => {
  console.log('애플리케이션이 실행됐습니다');
})
```

이렇게 해서 간단한 Node.js 애플리케이션의 소스 코드를 모두 작성했습니다. 이제부터는 이 Node.js 애플리케이션을 도커 환경에서 실행하기 위해 도커와 관련된 부분을 만들어 보겠습니다.

4.2 도커 파일 작성하기

Node.js 애플리케이션을 도커 환경에서 실행하려면 먼저 이미지를 생성하고, 생성된 이미지를 이용해 컨테이너를 실행한 다음, 그 컨테이너 안에서 Node.js 애플리케이션을 실행해야 합니다. 즉, 가장 먼저 이미지를 생성해야 하는데 이미지를 생성하려면 도커 파일을 작성해야 합니다.

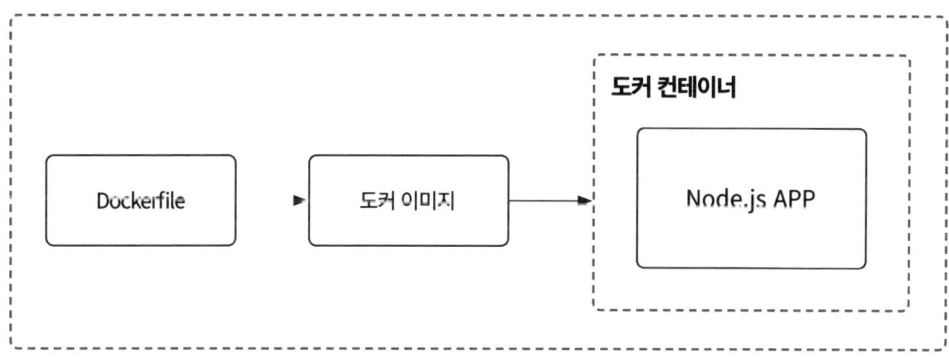

그림 4-7 도커 환경에서 실행되는 노드 애플리케이션의 구조

도커 파일을 작성하기 전에 앞서 3장에서 배웠던 도커 파일에 관한 부분을 조금만 복습하고, 이어서 이미지를 생성하기 위한 도커 파일을 작성해 보겠습니다.

```
# 베이스 이미지를 명시합니다.
FROM alpine

# 추가로 필요한 파일들을 내려받습니다.
RUN command
```

```
# 컨테이너 시작 시 실행할 명령어를 명시합니다.
CMD [ "echo", "hello" ]
```

FROM, RUN, CMD 등은 도커 서버에게 무엇을 하라고 알려주는 것입니다.

FROM

- 이미지 생성 시 기반이 되는 이미지 레이어를 명시합니다.
- 〈이미지 이름〉:〈태그〉 형식으로 작성합니다.
- 태그를 붙이지 않으며 자동으로 가장 최신 버전으로 내려받습니다.
- 예) ubuntu:14.04

RUN

- 도커 이미지가 생성되기 전에 수행할 셸 명령어입니다.

CMD

- 컨테이너가 시작됐을 때 실행할 실행 파일 또는 셸 스크립트입니다.
- 이 명령어는 도커 파일 내에서 한 번만 쓸 수 있습니다.

도커 파일의 기본적인 구조를 다시 한 번 복습해봤습니다. 먼저 베이스 이미지를 명시하고 그다음 RUN을 이용해 베이스 이미지 외에 더 필요한 파일을 내려받을 수 있게 명시합니다. 마지막으로 CMD를 이용해 컨테이너가 시작할 때 실행할 명령어를 명시하면 도커 파일의 기본 구조가 완성됩니다.

하지만 이번에 작성할 도커 파일은 이 기본 구조의 도커 파일보다 다소 복잡합니다. 이제부터 Node.js 애플리케이션을 도커 환경에서 실행하기 위한 도커 파일을 작성해 보겠습니다.

01. 먼저 도커 파일을 생성합니다.

    NODEJS-DOCKER-APP 오른쪽에 있는 [새 파일] 아이콘을 클릭해 NODEJS-DOCKER-APP 안에 새로운 파일을 생성합니다. 파일 이름은 `Dockerfile`로 하겠습니다.

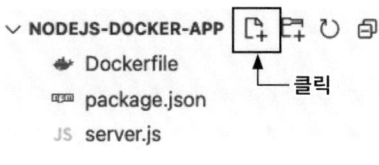

그림 4-8 도커 파일 생성(Dockerfile)

02. 기본 구조에 해당하는 FROM, RUN, CMD 부분에 실제 필요한 값을 작성합니다.

예제 4-4 도커 파일의 기본 구조 작성   NODEJS-DOCKER-APP/Dockerfile

```
FROM node:10

RUN npm install

CMD [ "node", "server.js" ]
```

작성한 도커 파일 자세히 살펴보기

도커 파일에 작성한 코드를 한 줄 씩 어떠한 의미인지 알아보겠습니다.

왜 FROM 부분에 alpine 베이스 이미지가 아닌 node 이미지를 사용할까요?

앞서 3장에서는 alpine 베이스 이미지를 사용했는데, 이번에는 node 이미지를 사용했습니다. 베이스 이미지로 node 이미지를 사용한 이유를 살펴보기 위해 베이스 이미지를 alpine 이미지로 변경해서 빌드해 보겠습니다.

예제 4-5 베이스 이미지를 alpine으로 변경   NODEJS-DOCKER-APP/Dockerfile

```
FROM alpine

RUN npm install

CMD [ "node", "server.js" ]
```

베이스 이미지를 alpine 이미지로 변경한 다음 'docker build .' 명령어를 입력해 도커 이미지를 생성하겠습니다.

> **실습 4-3** alpine 베이스 이미지로 도커 이미지를 빌드

```
% docker build .
Sending build context to Docker daemon    5.12kB
Step 1/3 : FROM alpine
 ---> a24bb4013296
Step 2/3 : RUN npm install
 ---> Running in 4a5a0d8930bf
/bin/sh: npm: not found
The command '/bin/sh -c npm install' returned a non-zero code: 127
```

'docker build .' 명령어를 입력해 빌드해 보면 도커 이미지를 생성하는 중에 npm not found라는 에러 메시지가 나옵니다. 이는 alpine 이미지에 가장 최소한의 경량화된 파일만 들어있기 때문에 npm을 사용하기 위한 파일이 들어있지 않아서 RUN 부분의 'npm install'을 할 수 없기 때문입니다.

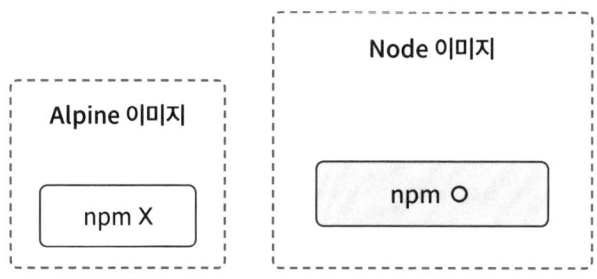

그림 4-9 alpine 이미지와 node 이미지의 차이

따라서 npm을 사용하지 못하는 alpine 베이스 이미지 대신 npm을 사용하게 할 수 있는 베이스 이미지를 찾아야 하는데 그중 하나가 node 이미지입니다. 이러한 이유로 베이스 이미지로 alpine 이미지가 아닌 node 이미지를 사용했습니다.

RUN 부분에 있는 npm install은 어떤 코드인가요?

npm은 Node.js로 만들어진 모듈을 웹에서 내려받아 설치하고 관리해주는 프로그램입니다. 'npm install' 명령어는 package.json에 적혀있는 종속성들을 웹에서 자동으로 내려받아 설치해주는 명령어입니다. 이번 실습에서는 Node.js 애플리케이션을 만들 때 필요한 모듈들을 내려받고 설치하는 역할을 합니다.

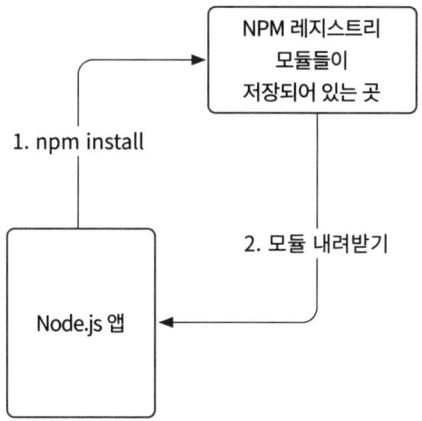

그림 4-10 모듈을 설치하는 과정

먼저 'npm install' 명령어를 입력하면 package.json 파일 안에 어떠한 dependencies가 있는지 살펴봅니다. 그다음 dependencies에 적혀 있는 모듈들을 NPM 레지스트리로부터 내려받고, 애플리케이션에 설치합니다. (NPM의 모듈들은 NPM 레지스트리에 저장돼 있습니다.)

CMD부분에 있는 "node", "server.js"는 무엇인가요?

노드 웹 서버를 작동시키려면 node 명령어와 함께 진입점이 되는 파일 이름을 입력해야 합니다.

지금까지 도커 파일 기본 구조에서 FROM, RUN, CMD 부분의 코드를 자세히 살펴봤습니다. 다시 FROM 부분에서 베이스 이미지를 alpine 베이스 이미지에서 node 베이스 이미지로 수정한 다음 실습을 진행합니다.

예제 4-6 베이스 이미지를 node로 변경   NODEJS-DOCKER-APP/Dockerfile

```
FROM node

RUN npm install

CMD [ "node", "server.js" ]
```

03. 'docker build ./' 명령어로 도커 이미지를 빌드합니다.

> **실습 4-4 이미지를 빌드할 때 나타나는 에러 메시지**
>
> ```
> % docker build ./
> Sending build context to Docker daemon  5.632kB
> Step 1/3 : FROM node:10
> Step 2/3 : RUN npm install
>  ---> Running in ad1960187c1b
> npm WARN saveError ENOENT: no such file or directory, open '/package.json'
> npm notice created a lockfile as package-lock.json. You should commit this file.
> npm WARN enoent ENOENT: no such file or directory, open '/package.json'
> npm WARN !invalid#2 No description
> npm WARN !invalid#2 No repository field.
> npm WARN !invalid#2 No README data
> npm WARN !invalid#2 No license field.
> ```

04. 이번에는 alpine 이미지를 사용했을 때의 에러 메시지는 나오지 않지만, 다른 에러 메시지가 출력되는 모습을 볼 수 있습니다. 에러를 살펴보면 package.json이 없어서 발생했다고 나와 있습니다. 이어서 다음 절에서는 이러한 에러 메시지가 왜 발생했는지 알아보겠습니다.

```
npm WARN saveError ENOENT: no such file or directory, open '/package.json'
npm notice created a lockfile as package-lock.json. You should commit this file.
npm WARN enoent ENOENT: no such file or directory, open '/package.json'
```

4.3 package.json이 없다는 에러 메시지가 발생하는 이유

잠깐 우리가 만들 도커 파일의 완성본을 살펴보겠습니다. 완성본에는 Copy 부분이 있는데, Copy가 왜 필요한지 package.json 문제를 해결하면서 알아보겠습니다.

```
FROM node:10

WORKDIR /usr/src/app

COPY package.json ./
```

```
RUN npm install

COPY ./ ./

CMD ["node", "server.js"]
```

이미지를 빌드할 때 왜 package.json 파일이 없다고 나오나요?

이 질문에 답하기 위해 도커 이미지를 빌드할 때 어떠한 일이 일어나는지 도표를 보면서 살펴보겠습니다.

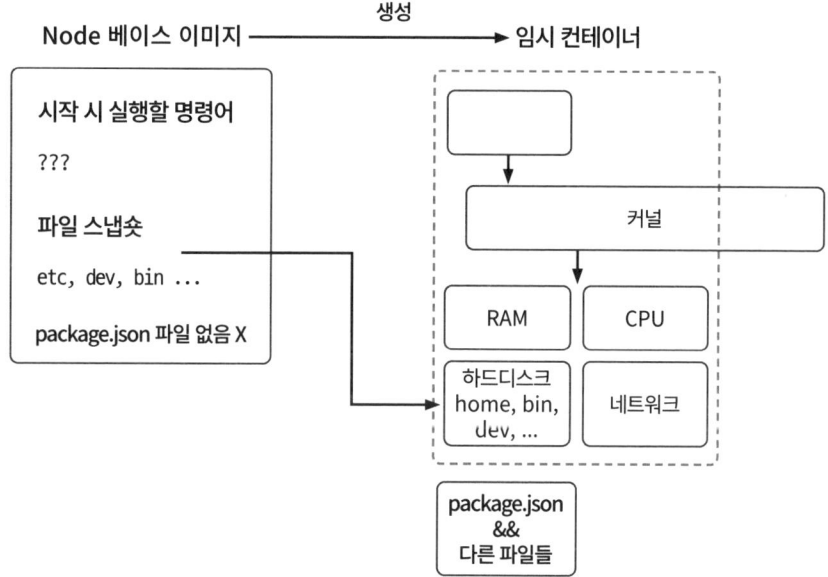

그림 4-11 도커 이미지를 빌드하는 과정

도커 파일을 빌드하는 과정에서 Node 베이스 이미지를 이용해 임시 컨테이너를 생성합니다. 그리고 그 임시 컨테이너로 이미지를 만듭니다. 하지만 Node 베이스 이미지의 파일 스냅숏에는 package.json 파일이 포함돼 있지 않습니다. 따라서 임시 컨테이너에도 종속성을 내려받는 데 필요한 package.json 파일이 포함돼 있지 않습니다. 즉 `package.json`은 컨테이너 밖에 있는 상황이 됩니다. 이처럼 `package.json`이 컨테이너 안에 있지 않은 상황에서 'RUN npm install' 명령어를 실행하면 컨테이너에서 `package.json`을 찾을 수 없다는 에러가 발생합니다.

에러가 발생하는 이유

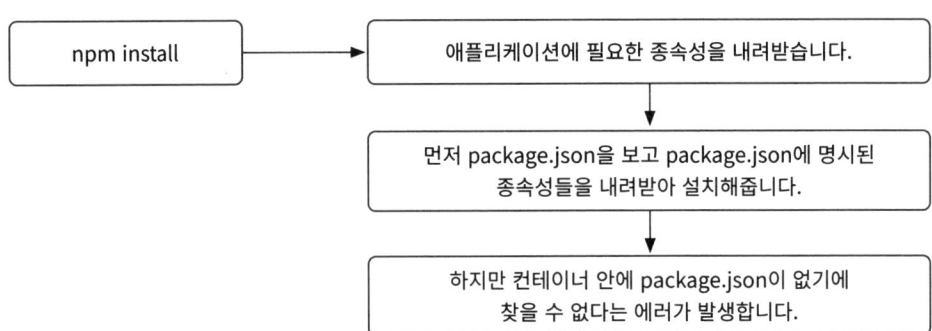

그림 4-12 'npm install' 명령어의 실행 과정

따라서 package.json을 컨테이너 안으로 넣어줘야 합니다. 이때는 로컬에 있는 파일을 도커 이미지로 복사하는 COPY 지시자를 이용합니다.

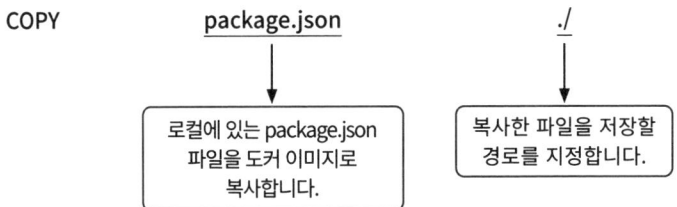

그림 4-13 package.json 파일을 컨테이너 안으로 복사하기

따라서 도커 파일에 'COPY package.json ./'을 추가합니다. 이 COPY 지시자는 현재 로컬 컴퓨터에 있는 package.json이라는 파일을 도커 컨테이너 안으로 복사한다는 뜻입니다.

예제 4-7 도커 파일에 package.json 파일을 복사하는 COPY 지시자 추가   NODEJS-DOCKER-APP/Dockerfile

```
FROM node:10

COPY package.json ./

RUN npm install

CMD ["node", "server.js"]
```

이제 COPY 지시자를 추가한 도커 파일을 이용해 이미지를 빌드해 보겠습니다. 이번에는 이미지에 이름을 붙여주기 위해서 -t 옵션과 함께 빌드하겠습니다.

> **이름과 함께 이미지를 빌드하는 명령어**
> ```
> docker build -t <도커 ID>/<프로젝트 이름> ./
> ```

실습 4-5 도커 파일로 이미지 빌드하기

```
% docker build -t johnahn/node-app ./
Sending build context to Docker daemon  5.632kB
Step 1/4 : FROM node:10
 ---> 7e5086278377
Step 2/4 : COPY package.json ./
 ---> b32eda848cd7
Step 3/4 : RUN npm install
 ---> Running in a7f9d907fa10
npm notice created a lockfile as package-lock.json. You should commit this file.
npm WARN nodejs-docker-app@1.0.0 No description
npm WARN nodejs-docker-app@1.0.0 No repository field.
```

이번에는 에러 메시지 없이 이미지가 빌드됐습니다. 빌드된 이미지로 컨테이너를 실행해 보겠습니다.

> **도커 컨테이너를 실행하는 명령어**
> ```
> docker run <이미지 이름>/<프로젝트 이름>
> ```

실습 4-6 도커 이미지로 도커 컨테이너 실행 시 발생하는 에러 메시지

```
% docker run johnahn/node-app
internal/modules/cjs/loader.js:638
    throw err;
    ^

Error: Cannot find module '/server.js'
    at Function.Module._resolveFilename (internal/modules/cjs/loader.js:636:15)
    at Function.Module._load (internal/modules/cjs/loader.js:562:25)
    at Function.Module.runMain (internal/modules/cjs/loader.js:831:12)
```

```
        at startup (internal/bootstrap/node.js:283:19)
        at bootstrapNodeJSCore (internal/bootstrap/node.js:623:3)
```

이번에도 도커 이미지를 빌드할 때 `package.json`이 없다고 에러 메시지가 나온 것처럼 `/server.js`가 없다고 나옵니다. 그 이유는 `package.json`이 컨테이너 밖에 있어서 컨테이너 안에서 찾지 못했던 것처럼 `server.js`도 컨테이너 밖에 있기 때문입니다. 따라서 한 번 더 도커 파일을 수정하겠습니다.

도커 파일에 복사할 파일을 하나씩 지정할 수도 있지만, 다음 그림과 같이 작성하면 현재 디렉터리에 있는 모든 파일을 복사할 수 있습니다. 즉 복사할 때 package.json만 복사하는 게 아니라 현재 디렉터리에 있는 모든 파일(package.json과 server.js)을 컨테이너 안으로 복사합니다.

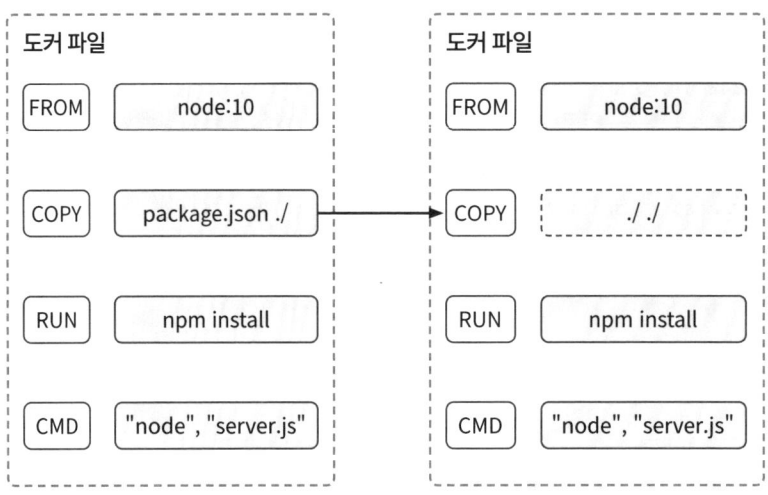

그림 4-14 모든 파일을 복사하는 명령어

도커 파일의 COPY 부분을 다음과 같이 모든 파일을 복사하는 명령어로 변경합니다.

예제 4-8 모든 파일을 복사하도록 도커 파일 수정   NODEJS-DOCKER-APP/Dockerfile

```
FROM node:10

COPY ./ ./

RUN npm install

CMD ["node", "server.js"]
```

변경된 도커 파일을 이용해 다시 이미지를 빌드하고 컨테이너를 실행해 보겠습니다.

> **이름과 함께 이미지를 빌드하는 명령어**
> docker build -t <도커 ID>/<프로젝트 이름> ./
>
> **도커 컨테이너를 실행하는 명령어**
> docker run <이미지 이름>/<프로젝트 이름>

실습 4-7 이미지를 빌드하고 컨테이너 실행하기

```
% docker build -t johnahn/node-app ./
Sending build context to Docker daemon  5.632kB
Step 1/4 : FROM node:10
 ---> 7e5086278377
Step 2/4 : COPY ./ ./
 ---> 9512b7f2d540
Step 3/4 : RUN npm install
 ---> Running in 05afec3a4bac
npm notice created a lockfile as package-lock.json. You should commit this file.
npm WARN nodejs-docker-app@1.0.0 No description
npm WARN nodejs-docker-app@1.0.0 No repository field.
Removing intermediate container 05afec3a4bac
 ---> af9d40cfa5db
Step 4/4 : CMD ["node", "server.js"]
 ---> Running in e8e3b823bf47
Removing intermediate container e8e3b823bf47
 ---> 54c05f863621
Successfully built 54c05f863621
Successfully tagged johnahn/node-app:latest

% docker run johnahn/node-app
애플리케이션이 실행됐습니다.
```

도커 이미지를 빌드하면 '애플리케이션이 실행됐습니다'라고 나옵니다. 앞서 8080 포트에서 Node.js 애플리케이션을 실행했으므로 브라우저에서 해당 포트로 접속해 Node.js 애플리케이션이 잘 실행되고 있는지 보겠습니다.

브라우저를 연 다음 URL에 `localhost:8080`을 입력해 이동합니다. 다음 그림과 같이 '사이트에 연결할 수 없음'이라는 에러 메시지가 나오는 모습을 볼 수 있습니다.

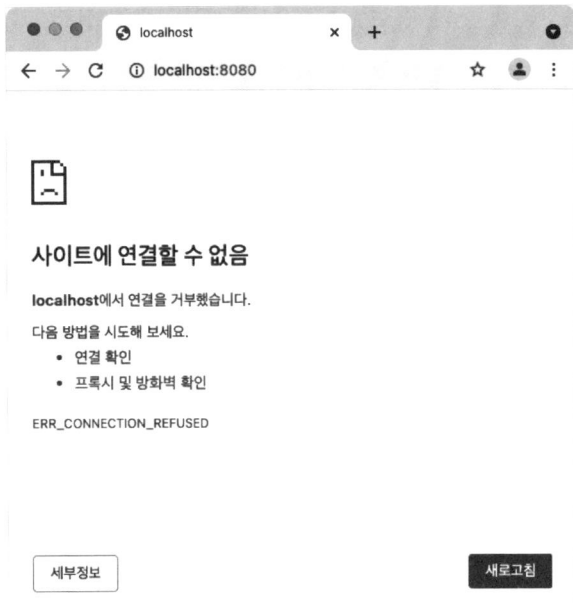

그림 4-15 Node.js 애플리케이션으로 접속하면 나오는 에러 페이지

이어서 다음 절에서는 이러한 에러가 왜 발생했는지 살펴보겠습니다.

4.4 생성한 이미지로 애플리케이션 실행 시 접근이 안 되는 이유

앞서 이미지를 생성한 다음 컨테이너를 실행할 때 'docker run <이미지 이름>' 명령어를 이용했습니다.

$$docker\ \ run\ \ <이미지\ 이름>$$

그림 4-16 도커 컨테이너를 실행하는 명령어

그런데 이렇게 명령어를 입력한 다음 브라우저에서 Node.js 애플리케이션으로 진입하면 에러가 발생하는 모습을 볼 수 있었습니다.

앞으로 컨테이너를 실행하기 위해 사용할 명령어

이 에러는 'docker run -p <로컬 호스트 포트>:<컨테이너 속 포트> <이미지 이름>' 명령어를 사용하면 해결할 수 있습니다.

$$\text{docker run} \boxed{\text{-p 49160 : 8080}} \text{<이미지 이름>}$$

그림 4-17 포트 매핑과 함께 도커 컨테이너를 실행하는 명령어

새롭게 추가된 부분은 무슨 뜻인가요?

앞서 도커 이미지를 만들 때 로컬에 있던 파일(package.json, server.js…)을 컨테이너에 복사해야 했습니다. 이와 비슷하게 네트워크도 로컬 호스트의 네트워크를 컨테이너 내부에 있는 네트워크와 연결해야 합니다.

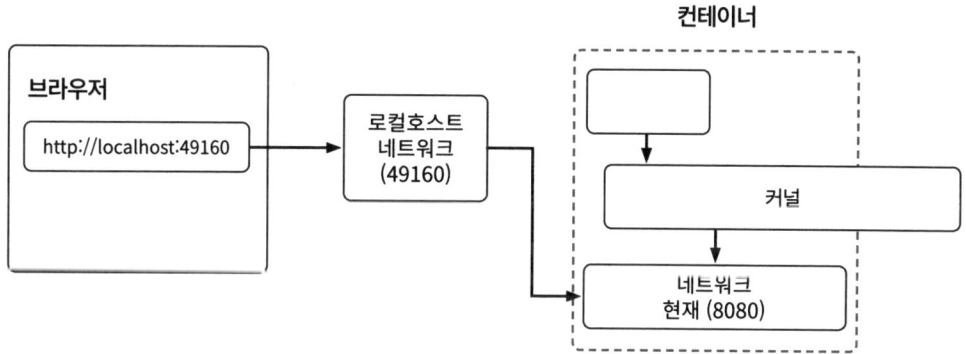

그림 4-18 포트 매핑이 해주는 역할

브라우저에서 Node.js 애플리케이션에 접속하려면 포트 매핑을 해야 합니다. 그림 4-18에서 볼 수 있듯이 로컬 호스트의 포트와 컨테이너 안의 포트가 나뉘어 있어서 이 둘을 연결해야 하는데 이를 포트 매핑이라고 합니다. 도커를 실행할 때 명령어에 -p 옵션과 함께 로컬 호스트의 포트와 컨테이너의 포트를 명시해 포트 매핑을 할 수 있습니다. 이때 컨테이너의 포트는 Node.js 애플리케이션 소스에서 지정한 포트입니다.

```
… 생략 …
//해당 포트에서 애플리케이션을 시작
app.listen(8080, () => {
```

```
    console.log('애플리케이션이 실행됐습니다')
})
```

그러면 포트 매핑과 함께 도커 컨테이너를 실행하는 새로운 명령어를 이용해서 다시 컨테이너를 실행해 보겠습니다.

> **포트 매핑과 함께 도커 컨테이너를 실행하는 명령어**
> docker run -p <로컬 호스트 포트>:<컨테이너 속 포트> <이미지 이름>

실습 4-8 포트 매핑과 함께 도커 컨테이너 실행

```
% docker run -p 5000:8080 johnahn/node-app
애플리케이션이 실행됐습니다.
```

도커 컨테이너를 실행하면 '애플리케이션이 실행됐습니다.'라는 메시지가 출력됩니다. 다시 브라우저에서 Node.js 애플리케이션에 접속해 보겠습니다(http://localhost:5000). 도커 컨테이너를 실행할 때 5000번 포트로 포트 매핑을 했으므로 5000번 포트를 이용해 접속합니다.

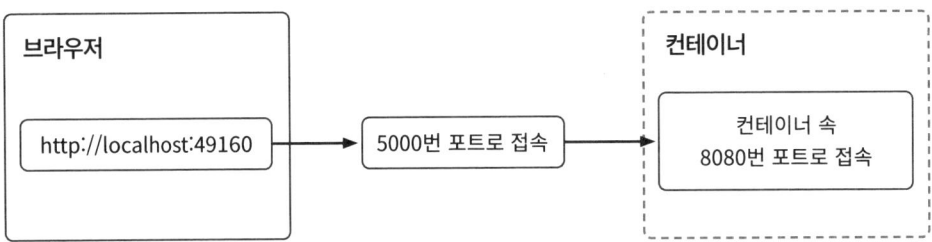

그림 4-19 5000번 포트를 이용해 Node.js 애플리케이션에 접속하기

브라우저에서 Node.js 애플리케이션으로 접속하면 소스 코드에서 작성한 대로 '반갑습니다'라는 글씨가 출력되는 모습을 볼 수 있습니다.

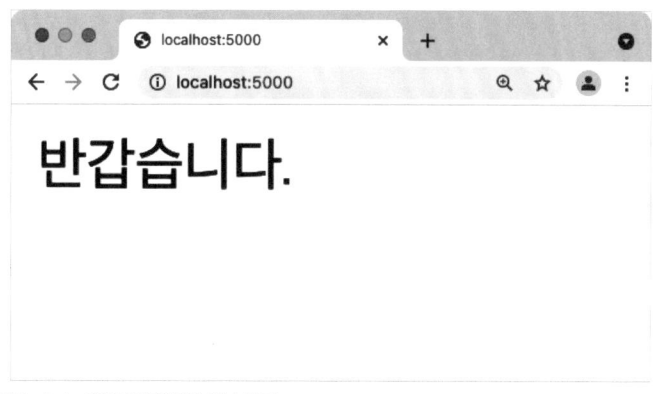

그림 4-20 브라우저에서 Node.js 애플리케이션에 접속하기

4.5 작업 디렉터리 명시하기

이번에는 도커 파일에 작성할 수 있는 WORKDIR이라는 지시자를 살펴 보겠습니다. 지금까지는 WORKDIR 지시자 없이도 문제 없었지만, 더 복잡한 애플리케이션을 도커를 이용해 실행할 때는 여러 이유로 인해 WORKDIR 지시자를 추가해야 합니다. 그래서 이번 절에서는 WORKDIR 지시자는 왜 추가해야 하는지 자세히 알아보겠습니다.

```
WORKDIR    /usr/src/app
```

그림 4-21 도커 파일에 작성해야 하는 WORKDIR

WORKDIR 지시자는 무엇인가요?

WORKDIR 지시자는 도커 파일(Dockerfile)에서 뒤에 오는 모든 지시자(RUN, CMD, COPY, ADD 등)에 대한 작업 디렉터리를 설정합니다. 리눅스 명령어의 cd 와 비슷한 역할을 합니다. 따라서 WORKDIR 지시자를 사용해 작업 디렉터리를 별도로 지정하면 로컬에 있는 파일들이 도커 컨테이너로 복사될 때 WORKDIR 지시자에 정의한 디렉터리로 들어갑니다.

도커 컨테이너 안에 별도의 작업 디렉터리가 왜 있어야 하나요?

Node.js가 실행되는 컨테이너에서 최상위 디렉터리에 가보면 왜 작업 디렉터리를 설정해야 하는지 알 수 있습니다.

'docker run -it <이미지 이름> ls' 명령어로 컨테이너 안의 파일 구조를 살펴보겠습니다.

실습 4-9 컨테이너 안의 파일 구조 확인

```
% docker run -it johnahn/node-app ls
Dockerfile  dev    lib    mnt    package-lock.json  root   server.js  tmp    bin   etc
lib64   node_modules    package.json   run    srv    usr    boot   home   media   opt    proc
sbin    sys    var
```

실습 4-9와 같이 최상위 디렉터리에 파일과 폴더들이 들어있습니다. 현재 상태는 베이스 이미지에 있던 파일들과 COPY 지시자를 이용해 로컬 호스트에서 컨테이너로 복사한 파일들 모두가 한 디렉터리에 섞여 있는 상황입니다.

COPY 지시자로 컨테이너 안으로 복사한 폴더와 파일

이중에서 COPY 지시자를 이용해 로컬 호스트에서 컨테이너로 복사한 파일은 다음 그림과 같습니다.

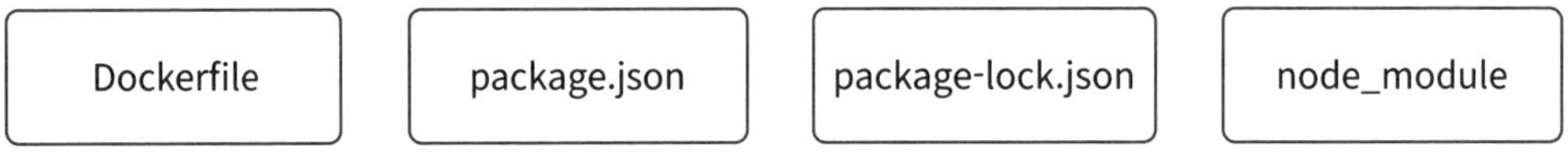

| Dockerfile | package.json | package-lock.json | node_module |

그림 4-22 COPY 명령어로 컨테이너 안으로 복사된 폴더와 파일

이처럼 베이스 이미지 안에 들어 있던 파일들과 COPY 지시자를 이용해 컨테이너 안으로 복사된 파일들이 한 디렉터리에 섞이는 현상은 실행할 애플리케이션을 위한 작업 디렉터리를 설정하지 않아서 생기는 현상입니다.

이렇게 파일과 폴더가 한 디렉터리에 섞이면 문제가 되나요?

- 원래 최상위 폴더 안에 들어 있던 파일 및 폴더의 이름이 COPY 지시자로 복사한 파일 및 폴더의 이름과 같다면 원래 있던 파일을 덮어쓰게 됩니다.
- 모든 파일이 한 디렉터리에 들어 있으면 정리정돈이 되지 않아서 복잡해집니다.

이러한 이유로 작업 디렉터리를 설정해야 합니다.

작업 디렉터리를 설정하는 방법

작업 디렉터리는 도커 파일에 WORKDIR 명령어와 함께 경로를 지정해 설정합니다. 이 책에서는 /usr/src/app으로 지정했는데, 다른 경로를 지정해도 무방합니다.

예제 4-9 도커 파일에 작업 디렉터리 추가   NODEJS-DOCKER-APP/Dockerfile

```
FROM node:10

WORKDIR /usr/src/app

COPY ./ ./

RUN npm install

CMD ["node", "server.js"]
```

작업 디렉터리를 지정했으면 다시 도커 이미지를 빌드하고, 컨테이너를 실행해 컨테이너 안에 어떠한 변화가 생겼는지 살펴보겠습니다.

이름과 함께 이미지를 빌드하는 명령어
```
docker build -t <도커 ID>/<프로젝트 이름> ./
```

도커 컨테이너를 실행하고 최상위 디렉터리에 있는 구조를 확인하는 명령어
```
docker run -it <이미지 이름> ls
```

실습 4-10 도커 이미지를 빌드하고 컨테이너를 실행해 파일 구조 확인
```
% docker build -t johnahn/node-app ./

% docker run -it johnahn/node-app ls
Dockerfile node_modules package-lock.json package.json server.js
```

ls 명령어를 이용해 파일 구조를 확인해 보면 앞서 실습 4-9에서 컨테이너 안의 파일 구조를 확인했을 때와 달리 베이스 이미지에서 나온 폴더와 파일은 안 보이고 COPY 지시자로 복사해서 작업 디렉터리로 들어간 폴더와 파일만 보입니다. 현재 어떤 상황인지 그림으로 살펴보겠습니다.

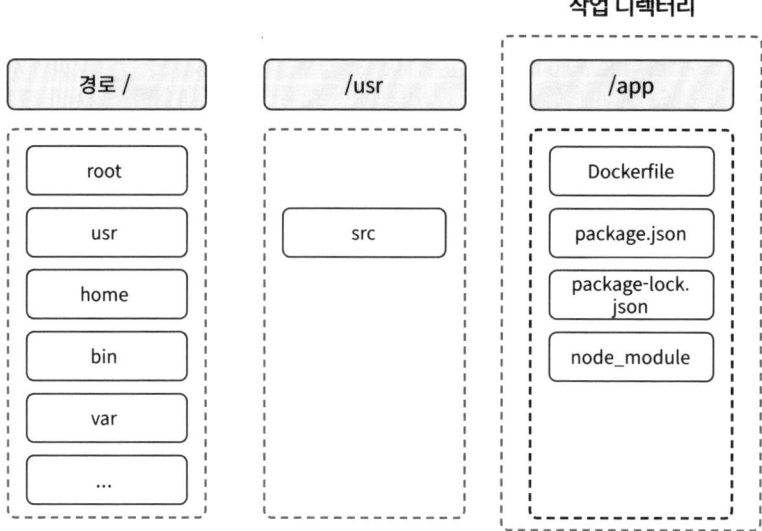

그림 4-23 작업 디렉터리를 명시했을 때의 파일 구조

베이스 이미지의 파일들은 최상위 디렉터리인 /에 있으며, COPY 지시자를 이용해 컨테이너로 복사된 폴더와 파일들은 작업 디렉터리에 들어가 있는 상태입니다. 그리고 ls 명령어로 파일 구조를 확인해 보면 기본적으로 작업 디렉터리에 있는 폴더와 파일 이름이 출력됩니다. 이렇게 작업 디렉터리를 설정하면 컨테이너를 더 깔끔하게 관리할 수 있습니다.

4.6 애플리케이션의 소스 코드 변경으로 다시 빌드할 때의 문제점

애플리케이션의 개발 단계에서는 반복해서 소스 코드를 수정하고, 수정한 소스 코드를 확인하면서 개발을 합니다. 도커를 이용할 때도 소스 코드를 변경하면 이를 애플리케이션에 반영해서 확인해야 하는데, 이번 절에서는 변경한 소스 코드를 애플리케이션에 반영하는 방법을 알아보겠습니다.

도커 환경에서 애플리케이션을 실행하는 순서

우선 현재까지 만든 애플리케이션을 도커 환경에서 실행하는 순서를 다시 한번 살펴보겠습니다.

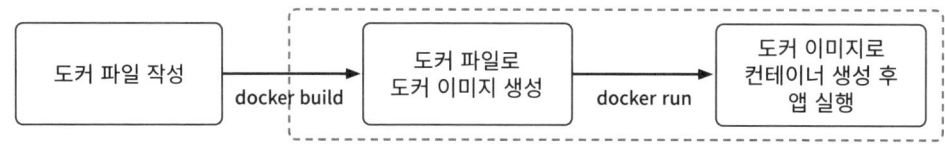

그림 4-24 도커 환경에서 애플리케이션을 실행하는 순서

그림 4-24와 같은 순서로 애플리케이션을 실행했는데, 이 상태에서 소스 코드를 조금 수정한 후에 브라우저에서 변경된 부분을 확인하려면 도커 이미지의 생성부터 컨테이너의 실행까지 다시 해야 하는 번거로움이 있습니다(그림에서 점선으로 표시된 부분). 그리고 번거로운 것뿐만 아니라 문제가 하나 더 있습니다. 어떤 문제가 나타나는지는 소스 코드를 변경하고 실습하면서 살펴보겠습니다.

Node.js 소스 코드의 일부분을 변경해 보겠습니다.

01. server.js 파일을 열고, 다음과 같이 '반갑습니다.'에서 '안녕하세요.'로 소스 코드를 변경합니다.

```
예제 4-10 server.js의 소스 코드 수정                    NODEJS-DOCKER-APP/server.js
… 생략 …

// '/' 경로로 요청이 들어오면 "반갑습니다"라는 결괏값을 전달
app.get('/', (req, res) => {
  res.send("안녕하세요.");
})

… 생략 …
```

02. 브라우저에서 페이지를 새로 고침합니다.

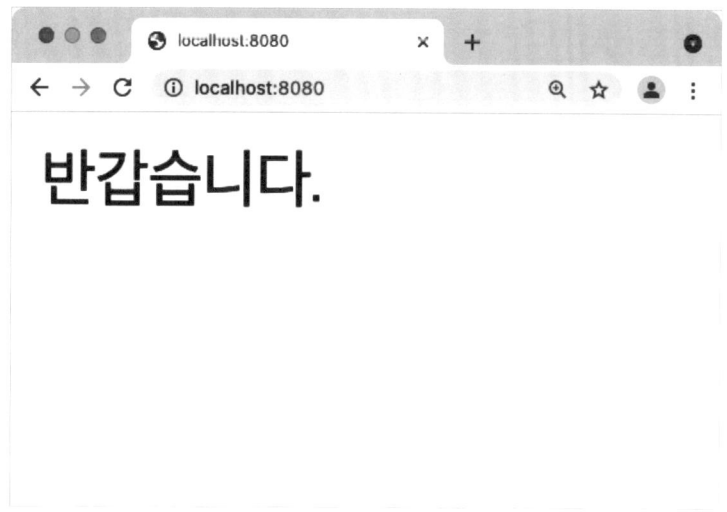

그림 4-25 브라우저에서 페이지를 새로 고침

'반갑습니다.'에서 '안녕하세요.'로 소스 코드를 변경했지만, 브라우저에서는 아무런 변화가 없는 모습을 볼 수 있습니다. 이를 반영하려면 로컬 호스트에 있는 server.js 파일을 컨테이너 안으로 다시 복사해야 하므로 이미지를 다시 생성해야 합니다.

03. 'docker build -t <도커 ID>/<프로젝트 이름> ./' 명령어를 입력해 이미지를 다시 빌드합니다.

실습 4-11 소스 코드를 수정한 다음 이미지를 다시 빌드

```
% docker build -t johnahn/node-app ./
```

04. 생성된 이미지로 다시 컨테이너를 실행합니다.

실습 4-12 다시 빌드한 이미지로 컨테이너 실행

```
% docker run -p 5000:8080 johnahn/node-app
애플리케이션이 실행됐습니다
```

도커 이미지를 다시 빌드하고, 컨테이너를 실행한 다음 브라우저에서 Node.js 애플리케이션으로 접속해 보면 '반갑습니다.'에서 '안녕하세요.'로 글자가 바뀐 모습을 볼 수 있습니다.

그림 4-26 애플리케이션에 접속해 바뀐 소스 코드가 적용됐는지 확인

하지만 이렇게 소스 코드를 변경해서 애플리케이션에 반영하는 과정에서 크게 2가지 문제점이 있습니다.

이미지를 새로 빌드하면서 생긴 2가지 문제점

첫 번째 문제점은 소스 코드를 변경한 파일은 server.js뿐인데 'COPY ./ ./'로 인해서 node_modules에 있는 종속성까지 모두 다시 내려받는 것입니다.

```
% docker build -t johnahn/node-app ./
Sending build context to Docker daemon  5.632kB
Step 1/5 : FROM node:10
 ---> 7e5086278377
Step 2/5 : WORKDIR /usr/src/app
 ---> Using cache
 ---> e9941a7b5fe0
Step 3/5 : COPY ./ ./
 ---> 73d8122d2de9
Step 4/5 : RUN npm install
 ---> Running in 4ae58af8c9c2
npm notice created a lockfile as package-lock.json. You should commit this file.
npm WARN nodejs-docker-app@1.0.0 No description
npm WARN nodejs-docker-app@1.0.0 No repository field.
```

이미지를 빌드하는 과정을 보면 Step 4/5에서 이미 내려받았던 종속성을 다시 내려받는 모습을 볼 수 있습니다. 하지만 앞서 소스 코드만 변경하고, 종속성은 전혀 수정하지 않았기 때문에 종속성을 다시 내려받는다면 큰 리소스 손실입니다.

두 번째 문제점은 소스 코드를 조금 변경했을 뿐인데 도커 이미지를 다시 생성하고, 컨테이너를 다시 실행하는 과정이 너무 번거롭습니다.

이제부터 이 두 가지 문제점을 하나씩 해결해 보겠습니다.

4.7 애플리케이션의 소스 코드를 변경했을 때 이미지를 효율적으로 다시 빌드하기

앞서 애플리케이션의 소스 코드를 변경하고 이미지를 다시 빌드하는 과정에서 종속성 부분은 변경하지 않았는데 종속성을 다시 내려받는 문제를 살펴봤습니다. 따라서 이번 절에서는 이 문제를 해결해 보겠습니다.

이 문제를 해결하려면 도커 파일에서 COPY 지시자 부분을 수정해야 합니다. 먼저 어떻게 수정해야 하는지 그림으로 살펴보겠습니다.

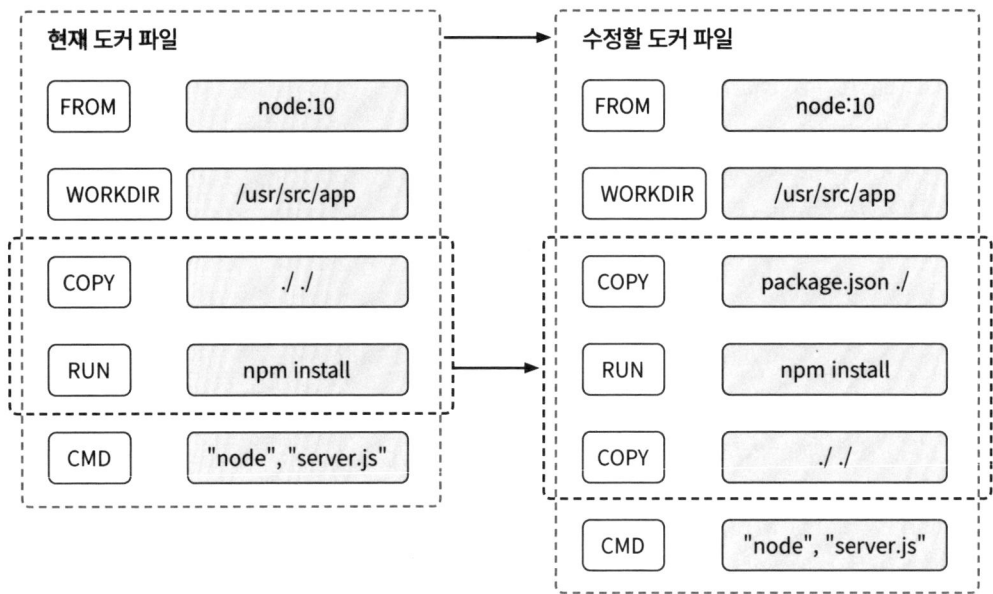

그림 4-27 소스 코드 변경 시 이미지를 효율적으로 빌드하기 위한 새로운 도커 파일

위 그림을 보면 수정된 도커 파일에서는 RUN 지시자 위에 'COPY package.json ./'가 추가됐고, 기존의 COPY 지시자가 RUN 지시자 아래로 내려갔습니다.

COPY 지시자 부분을 바꾼 이유는 무엇일까요?

COPY 지시자 부분을 바꾼 이유는 'npm install'로 모듈을 설치하는 과정에서 불필요한 다운로드를 피하기 위해서입니다. 원래 모듈에 변화가 생겼을 때만 모듈을 다시 내려받아야 하는데, 소스 코드에 조금의 변화만 생겨도 모듈 전체를 내려받는 문제가 있었습니다.

따라서 그림 4-27의 오른쪽과 같이 COPY를 RUN 전후로 나눴습니다. 이렇게 코드를 변경하면 종속성을 내려받을 때 'RUN npm install' 전 단계의 COPY에서 조금이라도 변화가 있다면 'npm install'에서 종속성을 다시 내려받고, 아무런 변화가 없었다면 캐시(cache)를 이용해 이 과정을 생략합니다.

COPY 지시자를 RUN 전후로 나눠 효율적으로 빌드하기

따라서 도커 파일의 COPY 부분을 다음과 같이 변경합니다.

예제 4-11 COPY 지시자를 변경한 도커 파일 　　　　　　　　　　NODEJS-DOCKER-APP/Dockerfile

```
FROM node:10

WORKDIR /usr/src/app

COPY package.json ./

RUN npm install

COPY ./ ./

CMD ["node", "server.js"]
```

다음은 `RUN npm install` 전 단계에 있는 COPY 부분이 바뀌었을 때, 즉 `package.json`이 바뀌었을 때의 빌드 결과입니다. Step 4/6에서 종속성을 다시 내려받는 모습을 볼 수 있습니다.

실습 4-13 package.json을 변경했을 때의 빌드 결과

```
# docker build ./
Sending build context to Docker daemon 5.12kB
Step 1/6 : FROM node:10
 -> 5ebbf4bb3837
Step 2/6 : WORKDIR /usr/src/app
 -> Using cache
 -> cd5f6f1a2968
Step 3/6 : COPY package.json ./
 -> dc017548d667
Step 4/6 : RUN npm install
 -> Running in 01eede1c7a4d

npm notice created a lockfile as package-lock.json.
npm WARN nodejs-docker-app@1.0.0 No description
npm WARN nodejs-docker-app@1.0.0 No repository field.
```

```
added 50 packages from 37 contributors and audited 50 found

Removing intermediate container 27da05ce0a4c
 → 9e24275efe4a
Step 5/6 : COPY ./ ./
 → f10d0610b62c
Step 6/6 : CMD ["node", "server.js"]
Removing intermediate container 0c41db55ca5f
 → 2032fce538ae
Successfully built 2032dce538ae
```

다시 server.js의 소스 코드를 변경해 보겠습니다.

예제 4-12 server.js의 소스 코드 수정   NODEJS-DOCKER-APP/server.js

… 생략 …

```
//'/' 경로로 요청이 들어오면 "반갑습니다"라는 결괏값을 전달
app.get('/', (req, res) => {
  res.send("변경된 안녕하세요.");
})
```

… 생략 …

이렇게 소스 코드를 변경한 다음 다시 변경된 도커 파일을 이용해 도커 이미지를 빌드해 보겠습니다. 다음은 도커 파일에서 COPY 부분을 두 개로 나눈 후에 애플리케이션의 소스 코드를 변경하고 이미지를 다시 빌드할 때의 결과입니다. 애플리케이션의 소스 코드를 변경했지만, Step 4/6를 보면 Using cache 라고 나오며, 종속성을 다시 내려받지 않고 다음 단계로 넘어가는 모습을 볼 수 있습니다(그림 4-27 오른쪽 상황).

실습 4-14 소스 코드를 변경했을 때의 빌드 결과

```
# docker build ./
Sending build context to Docker daemon 5.12kB
Step 1/6 : FROM node:10
 → 5ebbf4bb3837
```

```
Step 2/6 : WORKDIR /usr/src/app
 ---> Using cache
 ---> cd5f6f1a2968
Step 3/6 : COPY package.json ./
 ---> dc017548d667
Step 4/6 : RUN npm install
 ---> Using Cache
 ---> 9e24285efe4a
Step 5/6 : COPY ./ ./
 ---> f10d0610b62c
Step 6/6 : CMD ["node", "server.js"]
 ---> Running in 7be591318a9a
Removing intermediate container 7be591318a9a
 ---> 2032fce538ae
Successfully built 2032dce538ae
```

이러한 이유 때문에 'RUN npm install' 이전에는 종속성의 변경 유무를 알려주는 package.json 파일을 먼저 복사합니다. 그다음 'RUN npm install' 이후에 로컬 호스트에 있는 모든 파일을 복사해서 애플리케이션의 소스 코드를 변경하더라도 종속성 부분은 캐시를 이용해 처리합니다.

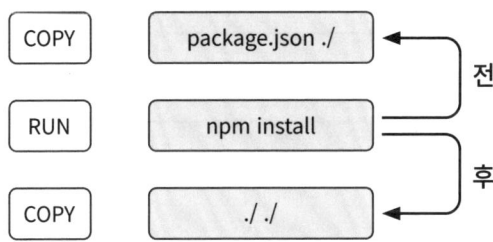

그림 4-28 npm install 명령어 전후에 해야 할 일

이렇게 해서 첫 번째 문제점이었던 불필요하게 종속성을 다시 내려받는 문제를 해결했습니다. 이어서 다음 절에서는 소스 코드를 변경하면 다시 이미지를 빌드해야 애플리케이션의 소스 코드가 반영되는 번거로운 부분을 해결해 보겠습니다.

4.8 도커 볼륨

앞서 애플리케이션의 소스 코드를 변경했을 때 두 가지 문제가 있었는데, 'npm install' 전에 `package.json`만 따로 복사함으로써 비효율적으로 모듈을 다시 내려받는 문제는 해결했습니다. 하지만 아직도 소스 코드를 변경할 때마다 변경된 소스 코드를 복사한 다음 이미지를 다시 빌드하고, 컨테이너를 다시 실행해야만 변경된 소스 코드가 화면에 반영됩니다. 이러한 작업은 시간도 오래 소모되고, 이미지를 너무 자주 빌드해야 해서 리소스도 많이 소모합니다. 이 두 번째 문제는 도커 볼륨(Docker Volume)을 사용해 해결할 수 있습니다.

도커 볼륨(Docker Volume)은 무엇인가요?

지금까지는 COPY 지시자를 이용해 컨테이너에 소스 코드를 복사했습니다. 지금까지 이용했던 방식과 도커 볼륨을 이용했을 때의 차이점을 그림으로 살펴보겠습니다.

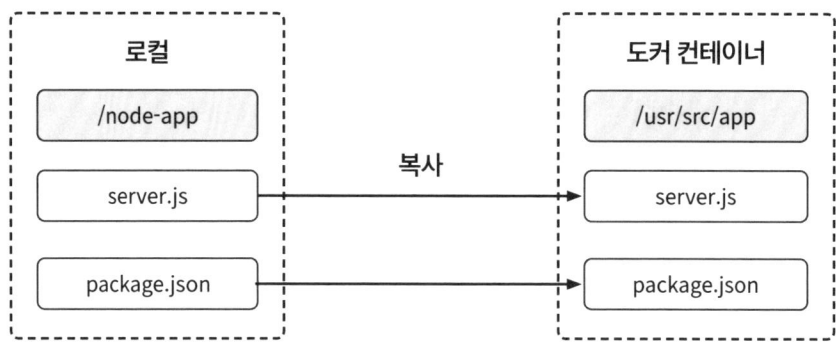

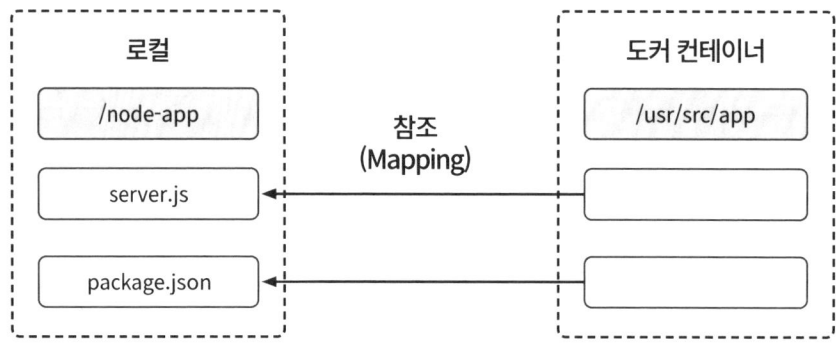

그림 4-29 지금까지 이용한 방식(COPY)과 도커 볼륨을 이용한 방식 차이

COPY 지시자는 로컬 호스트의 디렉터리에 있는 파일을 도커 컨테이너로 그대로 복사하는 방식입니다. 그리고 도커 볼륨은 도커 컨테이너에서 호스트 디렉터리에 있는 파일들을 참조해서 사용하는 방식입니다. 이렇게 복사하지 않고 도커 컨테이너에서 로컬 호스트의 디렉터리에 있는 파일을 계속 참조해서 사용하므로 소스 코드를 변경해도 다시 COPY를 사용해 이미지를 빌드할 필요가 없습니다.

도커 볼륨은 어떻게 이용하나요?

도커 볼륨은 도커 컨테이너를 실행할 때 -v 옵션으로 지정할 수 있습니다. 하지만 명령어가 조금 복잡합니다. 다음 그림을 보면 두 개의 -v 옵션이 있는데, 뒤에 있는 부분(pwd라고 쓰인 부분)부터 자세히 알아보겠습니다.

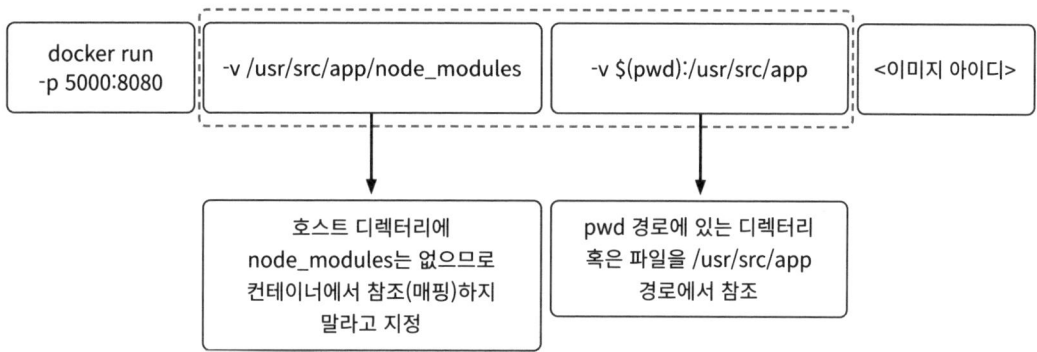

그림 4-30 볼륨을 이용한 애플리케이션 실행

PWD(print working directory)

PWD는 현재 작업 중인 디렉터리의 절대 경로를 출력하는 명령어입니다. 실제로 이 명령어를 사용해 보겠습니다. 터미널에서 다음과 같이 입력합니다.

> **실습 4-15 pwd 명령어로 디렉터리의 절대 경로 출력**
>
> ```
> % pwd
> /Users/jaewon/Desktop/nodejs-docker-app
> ```

※ 윈도우에서는 $(pwd)가 아닌 %cd% 명령어를 사용합니다.

이렇게 터미널에 pwd를 입력하면 현재 작업 중인 디렉터리의 이름이 출력됩니다. 제 컴퓨터를 기준으로 pwd가 '/Users/jaewon/Desktop/nodejs-docker-app'이므로 '-v $(pwd):/usr/src/app' 명령어를 제 컴퓨터에서 작성하면 '/Users/jaewon/Desktop/nodejs-docker-app:/usr/src/app'이 됩니다. 도커 볼

륨(volume)은 컨테이너 안에서 호스트 디렉터리에 있는 파일이나 폴더들을 참조하는 것이므로 pwd 명령어를 이용해서 출력된 절대 경로의 파일과 폴더에서 쌍점 뒤에 있는 작업 디렉터리를 참조해 애플리케이션을 실행한다는 의미입니다.

그렇다면 앞에 작성한 '-v /usr/src/app/node_modules'는 어떤 의미일까요? 도커 볼륨은 컨테이너에서 호스트 디렉터리를 참조하는데, 참조하면 안 되는 부분이 있습니다. 바로 node_modules 폴더입니다. node_modules를 참조하지 않아야 하는 이유는 로컬 호스트의 디렉터리에 node_modules가 없어서 참조할 수 없기 때문입니다. node_modules는 'npm install' 명령어를 실행했을 때 모든 종속성이 들어가는 폴더입니다. 따라서 node_modules 폴더는 컨테이너에는 있지만, 호스트 디렉터리에는 없습니다.

도커 볼륨

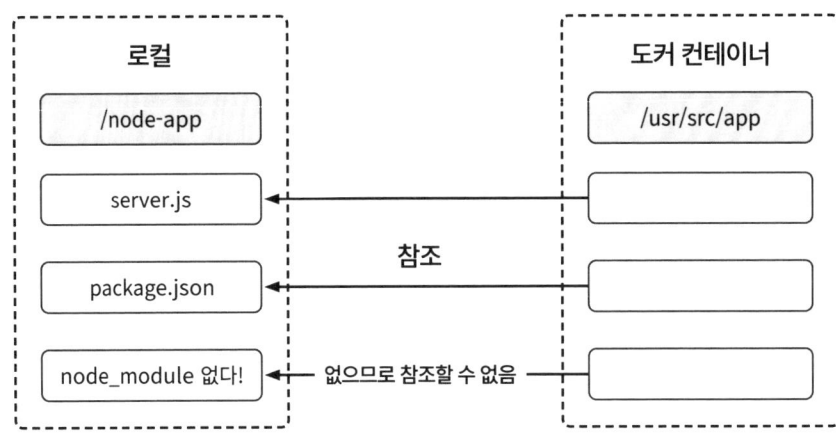

그림 4-31 node_modules 폴더는 로컬 호스트에 없어서 참조할 수 없음

도커 볼륨을 사용해 애플리케이션 실행하기

앞서 살펴본 명령어를 토대로 도커 볼륨을 사용해 애플리케이션을 실행해 보겠습니다.

01. 이미지는 다시 빌드하지 않아도 되므로 바로 컨테이너를 실행합니다.

> **실습 4-16 도커 볼륨을 이용해 애플리케이션 실행**
>
> ```
> % docker run -p 5000:8080 -v /usr/src/app/node_modules -v $(pwd):/usr/src/app johnahn/node-app
> ```
> 애플리케이션이 실행됐습니다.

02. 애플리케이션을 실행했다면 브라우저로 들어가서 애플리케이션이 잘 실행됐는지 확인합니다.

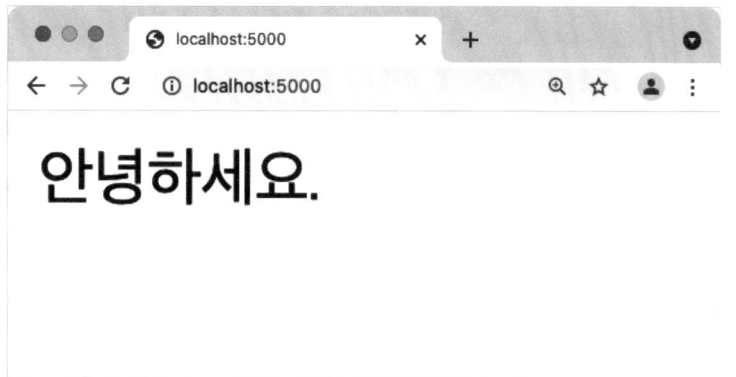

그림 4-32 브라우저를 통해 도커 볼륨을 이용해 실행한 애플리케이션에 접속

03. 애플리케이션이 잘 실행되고 있다면 이번에는 애플리케이션의 소스 코드를 변경합니다.

```
예제 4-13 server.js의 소스 코드 수정                    NODEJS-DOCKER-APP/server.js
… 생략 …

//'/' 경로로 요청이 들어오면 "반갑습니다"라는 결괏값을 전달
app.get('/', (req, res) => {
  res.send("반가워요.");
})

… 생략 …
```

04. 코드를 수정했으면 이번에는 이미지를 다시 빌드하지 않고 컨테이너만 다시 시작하겠습니다. 다시 시작할 때는 'docker run -d -p 5000:8080 -v /usr/src/app/node_modules -v $(pwd):/usr/src/app <이미지 이름>' 명령어를 이용합니다.

```
실습 4-17 도커 볼륨을 이용한 애플리케이션 재실행
% docker run -d -p 5000:8080 -v /usr/src/app/node_modules -v $(pwd):/usr/src/app
johnahn/node-app
72ab9acdffb688b6e9c8d5792b29a5496efed15ef83615051768c9202798e33e
```

이 명령어에서 -d 옵션은 detach의 약자로, 컨테이너를 실행한 후에 컨테이너 ID만 출력하고 컨테이너에서 나오는 명령어입니다. 즉, 백그라운드에서 컨테이너를 실행시키고 원래 터미널 상태로 돌아옵니다.

05. 다시 브라우저에서 Node.js 애플리케이션으로 접속합니다.

그림 4-33 소스 코드 변경 후 이미지를 빌드하지 않았지만 소스 코드가 반영됨

'안녕하세요.' 문구가 '반가워요.'로 바뀐 모습을 볼 수 있습니다. 이미지를 다시 빌드하지 않아도 도커 볼륨을 이용해 컨테이너를 실행하니 소스 코드가 바로 반영되는 모습을 볼 수 있습니다.

> **Tip** **만약 실습 중에 에러가 발생한다면**
>
> 만약 실습 중에 다음과 같은 에러가 발생했다면 다음 실습을 따라합니다.
>
> docker: Error response from daemon: driver failed programming external connectivity on endpoint (0c424570b9008c7d0defd24fa358aa03643f8ab54ef422b6fb2fbd126111a034): Bind for 0.0.0.0:5000 failed: port is already allocated.
>
> 이 에러는 이미 5000번 포트에서 애플리케이션이 실행돼서 나오는 에러입니다. 따라서 이 에러를 해결하려면 먼저 5000번 포트에서 실행되는 애플리케이션을 중단시키고 다시 원하는 도커 컨테이너를 실행해야 합니다. 'docker ps' 명령어로 실행 중인 도커 컨테이너 목록을 나열한 다음 'docker stop <컨테이너 ID>' 명령어로 도커 컨테이너를 중단합니다.

실습 4-18 해당 포트에 이미 애플리케이션이 실행돼 있을 때 발생하는 에러 해결하기

```
% docker run -d -p 5000:8080 -v /usr/src/app/node_modules -v $(pwd):/usr/src/app johnahn/node-app
docker: Error response from daemon: driver failed programming external connectivity on endpoint (0c424570b9008c7d0defd24fa358aa03643f8ab54ef422b6fb2fbd126111a034): Bind for 0.0.0.0:5000 failed: port is already allocated.

% docker ps
CONTAINER ID        IMAGE               CREATED             STATUS
aa9406dc7187        johnahn/node-app    20 seconds ago      Up 19 seconds
```

```
% docker stop aa9406dc7187
aa9406dc7187

% docker run -d -p 5000:8080 -v /usr/src/app/node_modules -v $(pwd):/usr/src/app
johnahn/node-app
```

이렇게 해서 4장에서는 도커 환경에서 Node.js 애플리케이션을 만들면서 도커 파일을 작성하는 방법을 더 깊게 알아봤습니다. '이렇게까지 깊이 알아야 하나?'라는 생각이 들 수도 있지만, 깊이 있게 살펴봄으로써 도커를 더욱 잘 응용할 수 있을 것입니다. 다음 5장에서는 새로운 개념인 도커 컴포즈를 살펴보겠습니다.

05
도커 컴포즈

이번 장에서는 도커 컴포즈(Docker Compose)를 살펴보겠습니다. 우선 도커 컴포즈는 다중 컨테이너 인 도커 애플리케이션을 정의하고 실행하기 위한 도구입니다. 하지만 이렇게 정의만 봐서는 도커 컴포즈 가 도대체 무엇인지 감이 잘 오지 않습니다. 이번 장에서는 도커 컴포즈를 이용해 새로운 애플리케이션 을 만들면서 도커 컴포즈에 대해 깊게 배워보는 시간을 가지겠습니다.

5.1 이번 장에서 만들 애플리케이션

이번 장에서는 도커 컴포즈를 배우기 위해 도커 컴포즈를 이용한 애플리케이션을 만들어 볼 것입니다. 우선 어떤 애플리케이션을 만들지 잠시 살펴보겠습니다. 이번 장에서 만들 애플리케이션은 페이지를 새 로 고침 할 때마다 숫자가 0부터 1씩 계속 올라가는 간단한 애플리케이션입니다.

그림 5-1 도커 컴포즈를 이용해 구현할 애플리케이션 (처음 실행했을 때)

처음 숫자는 0에서 시작하며, 이 상태에서 페이지를 새로 고침 하면 숫자가 1로 바뀝니다. 새로 고침을 하면 새로 고침 할 때마다 숫자가 1씩 계속 올라갑니다.

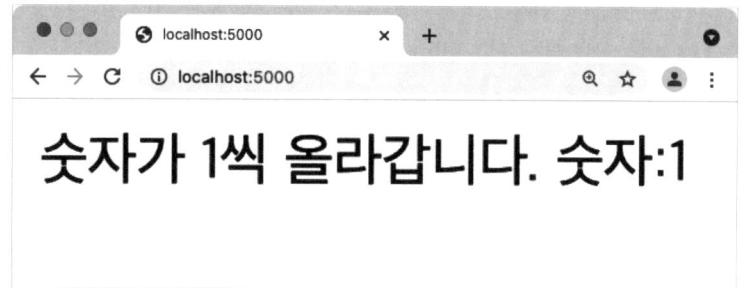

그림 5-2 도커 컴포즈를 이용해 구현할 애플리케이션 (한 번 새로 고침 했을 때)

이 애플리케이션은 Node.js 애플리케이션을 위한 컨테이너 하나와 레디스를 위한 컨테이너 하나로, 총 두 개의 컨테이너로 구성된 애플리케이션입니다. 사실 구현해야 하는 기능만 보자면 굳이 레디스를 사용하지 않아도 되지만, 도커 컴포즈를 더 잘 이해하기 위해서 레디스를 사용한 멀티 컨테이너 구조로 만들어 보겠습니다.

이 애플리케이션의 전체적인 구조

컨테이너	+	컨테이너
노드 JS 앱		레디스

그림 5-3 도커 컴포즈를 이용해 구현할 애플리케이션의 구조

이번 장의 학습 순서

가장 먼저 Node.js로 애플리케이션을 구현하기 위한 소스 코드를 작성하겠습니다. 이어서 레디스의 기본 개념을 살펴보고, 레디스와 관련된 소스 코드를 작성합니다. 그다음 Node.js 애플리케이션을 담을 도커 파일을 작성하고, 마지막으로 도커 컴포즈를 이용해 마무리하겠습니다.

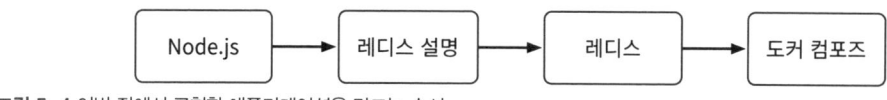

그림 5-4 이번 장에서 구현할 애플리케이션을 만드는 순서

5.2 Node.js와 레디스 구현하기

이번 절에서는 Node.js 및 레디스와 관련된 부분을 하나씩 만들어 보겠습니다. Node.js 애플리케이션은 4장에서 만든 애플리케이션과 만드는 방법이 같으므로 조금 빠르게 만들어 보고, 레디스와 관련된 부분을 구성하는 방법과 레디스와 Node.js를 연동하는 방법을 집중적으로 살펴보겠습니다.

Node.js 애플리케이션 만들기

01. 먼저 애플리케이션을 만들 폴더를 생성합니다.

이 책에서는 폴더 이름을 'docker-compose-app'으로 지정했습니다.

그림 5-5 docker-compose-app 폴더 생성

02. 소스 코드 편집기를 실행한 다음 방금 생성한 폴더(docker-compose...-app)를 불러옵니다.

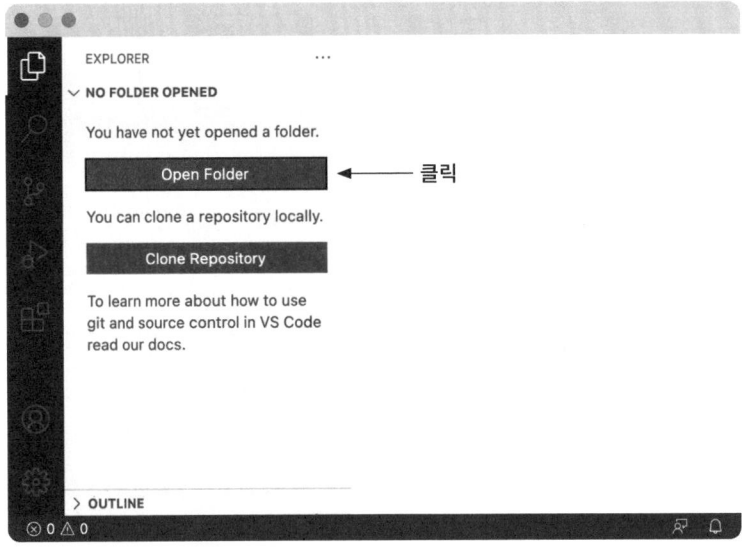

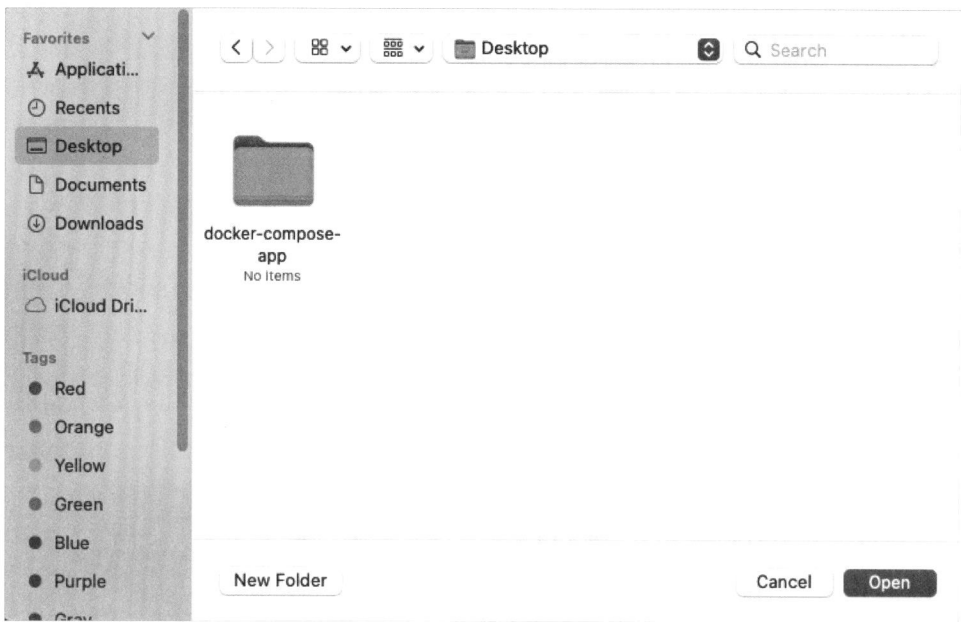

그림 5-6 소스 코드 에디터에 docker-compose-app 불러오기

03. 4장에서 Node.js 애플리케이션을 만들었을 때처럼 DOCKER-COMPOSE-APP 디렉터리에 `package.json` 파일을 생성합니다.

터미널에서 'npm init' 명령어를 입력하고 프로젝트 이름과 설명 등을 설정합니다. (프로젝트 이름과 설명을 따로 설정하지 않으려면 'npm init -y' 명령어를 사용해도 됩니다.)

실습 5-1 npm init 명령어를 이용해 package.json 파일 생성

```
% npm init

This utility will walk you through creating a package.json file.
It only covers the most common items, and tries to guess sensible defaults.

See `npm help init` for definitive documentation on these fields
and exactly what they do.

Use `npm install <pkg>` afterwards to install a package and
save it as a dependency in the package.json file.

Press ^C at any time to quit.
```

```
package name: (docker-compose-app)
version: (1.0.0)
description:
entry point: (index.js)
test command:
git repository:
keywords:
author:
license: (ISC)
About to write to /Users/jaewon/Desktop/docker-compose-app/package.json:

{
  "name": "docker-compose-app",
  "version": "1.0.0",
  "description": "",
  "main": "index.js",
  "scripts": {
    "test": "echo \"Error: no test specified\" && exit 1"
  },
  "author": "",
  "license": "ISC"
}


Is this OK? (yes)
```

04. 프로젝트에 필요한 종속성과 시작 시 사용할 스크립트를 추가합니다.

package.json 파일의 종속성(dependencides) 부분에 express 모듈을 추가합니다. 그리고 레디스를 사용하기 위해서 redis 모듈도 추가합니다. nodemon 모듈은 소스 코드를 수정하고 저장을 하면 자동으로 서버를 다시 시작해서 수정한 부분이 바로 애플리케이션에 적용됩니다. 시작 시 사용할 스크립트를 넣어줄 때 원래는 "node 〈시작점 파일 이름〉"과 같은 형태로 작성하면 되는데, nodemon 모듈을 이용해 서버를 실행하기 위해 "nodemon 〈시작점 파일 이름〉"으로 작성하겠습니다.

예제 5-1 package.json에 express, redis 모듈 추가 (DOCKER-COMPOSE-APP/package.json)

```json
{
  "name": "docker-compose-app",
  "version": "1.0.0",
  "description": "",
  "main": "server.js",
  "scripts": {
    "start": "nodemon server.js",
    "test": "echo \"Error: no test specified\" && exit 1"
  },
  "dependencies": {
    "express": "4.17.1",
    "redis": "3.0.2",
    "nodemon": "*"
  },
  "author": "",
  "license": "ISC"
}
```

05. server.js 파일을 생성합니다.

DOCKER-COMPOSE-APP 오른쪽에 있는 [새 파일] 아이콘을 클릭하고 이름을 server.js로 지정합니다.

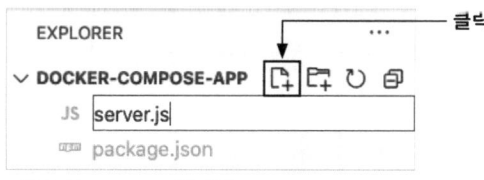

그림 5-7 server.js 파일 생성

06. server.js 파일에 express 애플리케이션을 생성하고 실행하는 기본적인 소스 코드를 작성합니다.

예제 5-2 server.js 작성   DOCKER-COMPOSE-APP/server.js
```
//Express 모듈 불러오기
const express = require("express");

//Express App 생성하기
const app = express();
```

```
app.get('/', (req, res) => {
  res.send("안녕하세요");
})

//Express App 시작하기
app.listen(8080, () => {
  console.log('애플리케이션이 실행됐습니다.');
})
```

이렇게 Node.js의 기본적인 부분을 완성했습니다. 이어서 레디스가 무엇인지 살펴보고, 방금 만든 Node.js 애플리케이션에 레디스를 연동하겠습니다.

레디스란 무엇인가요?

레디스(Redis, REmote Dictionary Server)는 메모리 기반의 키-값 구조 데이터 관리 시스템입니다. 모든 데이터를 메모리에 저장하므로 빠르게 읽고 쓸 수 있으며, 비 관계형 데이터베이스(NoSQL)입니다.

레디스의 장점은 무엇인가요?

레디스는 데이터를 메모리에 저장하기 때문에 MySQL과 같이 하드 디스크에 데이터를 저장하는 데이터베이스보다 훨씬 빠르게 데이터를 저장하고 불러올 수 있습니다. 또한 데이터를 메모리에 저장하지만, 영속적으로도 보관할 수 있습니다. 즉, 서버를 재부팅해도 데이터를 유지할 수 있는 장점이 있습니다.

Node.js 환경에서 레디스를 사용하는 방법

먼저 `redis-server`를 작동시키고, `redis-server`가 작동하는 곳에서 레디스 클라이언트를 생성해 작동시킵니다. 이렇게 레디스 클라이언트를 생성하려면 레디스 모듈을 이용해야 하는데, 앞서 `package.json`에 이미 레디스 모듈을 추가했습니다. 따라서 레디스 모듈에서 제공하는 `createClient()` 함수를 이용해 레디스 클라이언트를 생성하기만 하면 됩니다. 이때 레디스 서버가 작동하는 곳과 Node.js 애플리케이션이 작동하는 곳이 다르다면 레디스 서버가 작동하는 곳의 `host`와 `port`를 명시해야 합니다.

```
//레디스 클라이언트 생성
const client = redis.createClient({
  host: "redis-server",
  port: 6379
})
```

예를 들어 레디스 서버가 작동하는 곳이 redis-server.com이라면 Node.js의 소스 코드에서 레디스 클라이언트를 생성할 때 host 옵션을 위 코드처럼 'redis-server'로 지정합니다. 그리고 레디스의 기본 포트는 6379번이므로 포트 번호를 6379로 지정했습니다.

도커 환경에서 레디스 클라이언트를 생성할 때 주의할 점

보통 도커를 사용하지 않는 환경에서는 레디스 서버가 작동되고 있는 곳의 URL을 이용해 host 옵션을 설정하면 되지만, 도커 컴포즈를 사용할 때는 다음과 같이 host 옵션을 docker-compose.yml 파일에 명시한 서비스 이름으로 설정합니다. 만약 docker-compose.yml 파일에서 서비스 이름을 redis-server로 지정했다면 host 옵션값을 redis-server로 지정합니다. (docker-compose.yml 파일은 아직 만들지 않았지만, 이번 장의 뒷부분에서 만들 예정입니다.)

```
//레디스 클라이언트 생성
const client = redis.createClient({
  host: "redis-server",
  port: 6379
})
```

Node.js 애플리케이션에 레디스 코드 추가하기

server.js 파일에서 레디스 모듈을 사용해 레디스 클라이언트를 생성하겠습니다.

01. 레디스 클라이언트는 레디스 모듈을 이용해야 하므로 먼저 레디스 모듈을 server.js 파일로 불러옵니다.

| 예제 5-3 server.js 파일에 레디스 모듈 불러오기 | DOCKER-COMPOSE-APP/server.js |

```
//Express 모듈 불러오기
const express = require("express");
```

```javascript
//레디스 모듈 불러오기
const redis = require("redis");

… 생략 …
```

02. 이어서 레디스 클라이언트를 생성합니다. 이때 레디스 서버의 호스트와 포트를 명시해야 하는데, host 인자는 URL이 아닌 'redis-server'로 지정하겠습니다.

예제 5-4 레디스 클라이언트 생성   DOCKER-COMPOSE-APP/server.js

```javascript
… 생략 …

//레디스 모듈 불러오기
const redis = require("redis");

//레디스 클라이언트 생성
const client = redis.createClient({
  host: "redis-server",
  port: 6379
})

… 생략 …
```

03. 이제 기능 부분을 구현할 차례입니다. 이 애플리케이션의 기능은 0부터 시작해서 페이지를 새로 고침 할 때마다 숫자를 1씩 증가시키는 것입니다. 다음과 같이 코드를 작성해 숫자가 0부터 시작할 수 있게 시작점을 지정합니다.

예제 5-5 숫자가 0부터 시작하도록 설정   DOCKER-COMPOSE-APP/server.js

```javascript
… 생략 …

//Express App 생성하기
const app = express();

//숫자는 0부터 시작합니다.
client.set("number", 0);

… 생략 …
```

> **Tip** **레디스 기본 명령어**
>
> **01. 데이터 저장** (set key value)
>   키를 지정해 값을 저장합니다.
>   예) set text hello
>   => OK
>
> **02. 데이터 읽기** (get key)
>   키를 지정해 값을 불러옵니다.
>   예) get text
>   => "hello"
>
> **03. 데이터 수정** (set key value)
>   키를 지정해 기존에 있던 값을 수정합니다.
>   예) set text bye
>   => OK
>
> **04. 데이터 삭제** (del key)
>   키를 지정해 데이터를 삭제합니다.
>   예) del text
>   => OK

04. 이제 해당 페이지에 접속할 때마다 값이 1씩 증가하도록 구현하겠습니다. 먼저 현재의 숫자 값이 몇인지 가져온 다음 가져온 값에 1을 더하고 다시 저장합니다.

예제 5-6 레디스를 이용한 기능 구현   DOCKER-COMPOSE-APP/server.js

```
… 생략 …

app.get('/', (req, res) => {
  client.get("number", (err, number) => {
    //현재 숫자를 가져온 다음 1을 더하고 다시 값을 저장합니다.
    res.send("숫자가 1씩 올라갑니다. 숫자: " + number);
    client.set("number", parseInt(number) + 1);
  })
})

… 생략 …
```

05. 이렇게 해서 애플리케이션을 모두 구현했습니다. server.js의 전체 코드는 다음과 같습니다.

예제 5-7 server.js의 전체 소스 코드　　　　　　　　　　　DOCKER-COMPOSE-APP/server.js

```javascript
//Express 모듈 불러오기
const express = require("express");

//레디스 모듈 불러오기
const redis = require("redis");

//레디스 클라이언트 생성
const client = redis.createClient({
  host: "redis-server",
  port: 6379
})


//Express App 생성하기
const app = express();

//숫자는 0부터 시작합니다.
client.set("number", 0);

app.get('/', (req, res) => {
  client.get("number", (err, number) => {
    //현재 숫자를 가져온 후에 1씩 올려줍니다.
    res.send("숫자가 1씩 올라갑니다. 숫자: " + number);
    client.set("number", parseInt(number) + 1);
  })
})

//Express App 시작하기
app.listen(8080, () => {
  console.log('애플리케이션이 실행됐습니다.');
})
```

5.3 Node.js를 실행할 컨테이너의 도커 파일 작성하기

애플리케이션의 소스 코드는 모두 구현했으므로 이제 애플리케이션을 도커화(Dockerize) 할 시간입니다. 먼저 Node.js를 실행할 컨테이너의 이미지를 만들기 위해 도커 파일을 작성해야 합니다. 하지만 이 부분은 4장에서 자세히 학습했으므로 복습한다는 생각으로 다시 살펴보겠습니다.

도커 파일 작성하기

01. 먼저 도커 파일을 생성합니다.

- Dockerfile
- package.json
- server.js

그림 5-8 도커 파일 생성

02. 다음과 같이 도커 파일을 작성합니다.

예제 5-8 도커 파일 작성   DOCKER-COMPOSE-APP/Dockerfile

```
FROM node:10                    // ①

WORKDIR /usr/src/app            // ②

COPY package.json ./            // ③

RUN npm install                 // ④

COPY ./ ./                      // ⑤

CMD ["nodemon", "server.js"]    // ⑥
```

① 도커 파일에 FROM 지시자를 이용해 앞으로 생성할 이미지의 기반이 될 베이스 이미지를 지정합니다.

    이 베이스 이미지는 npm 명령어를 사용할 수 있는 이미지여야 하므로 alpine 이미지가 아닌 node 이미지를 사용했었습니다. 이번에도 마찬가지로 node 이미지를 베이스 이미지로 사용하겠습니다.

② 이어서 작업 디렉터리를 지정합니다.

　　작업 디렉터리를 지정해야 베이스 이미지 안에 있는 파일과 폴더들이 COPY 지시자로 복사한 파일 및 폴더들과 섞이지 않습니다. 이 경로는 원하는 대로 지정하면 되는데, 이 책에서는 /usr/src/app으로 지정하겠습니다.

③ COPY 지시자를 이용해 package.json 파일부터 차례로 모든 파일들을 컨테이너 안의 작업 디렉터리로 복사합니다. 먼저 package.json만 복사하는 이유는 애플리케이션의 소스 코드를 변경했을 때 변경하지 않은 종속성까지 다시 내려받는 비효율적인 문제를 해결하기 위해서였습니다.

④ RUN 명령어를 이용해 package.json에 명시된 애플리케이션을 위한 종속성들을 내려받도록 처리합니다.

⑤ 종속성을 내려받았다면 이어서 package.json 이외에 호스트 디렉터리에 있는 다른 파일(server.js)들도 복사해야 합니다.

⑥ 마지막으로 컨테이너가 시작되면 실행할 명령어를 작성합니다.

컨테이너를 시작하고 Node.js 애플리케이션을 실행해야 하므로 'CMD ["node", "server.js"]'와 같이 작성합니다.

5.4 통신할 때 나타나는 에러

애플리케이션 소스 코드와 도커 파일까지 모두 작성했습니다. 이제 애플리케이션이 잘 작동하는지 실행해 보겠습니다. 하지만 그전에 우선 애플리케이션이 어떤 식으로 실행되는지 살펴보겠습니다.

지금까지 Node.js 애플리케이션의 소스 코드를 작성하고, 그 안에 레디스 모듈을 사용해 레디스 클라이언트를 생성하는 코드를 작성했습니다. 하지만 레디스 클라이언트는 레디스 서버 없이는 생성할 수 없기 때문에 레디스 서버도 작동시켜야 합니다. 이 레디스 서버는 도커 허브에 있는 레디스 이미지를 이용해 Node.js가 실행되고 있는 컨테이너가 아닌 다른 컨테이너에서 실행하겠습니다. 이제부터 이러한 구조로 애플리케이션을 실행해 보겠습니다.

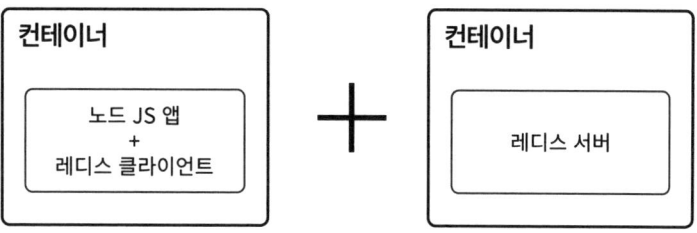

그림 5-9 현재 만들고 있는 애플리케이션의 구조

애플리케이션 실행 순서

01. 먼저 레디스 서버를 실행하기 위해서 레디스 이미지를 이용해 도커 컨테이너를 실행합니다.

터미널을 실행하고 'docker run redis' 명령어를 입력합니다.

> **실습 5-2 레디스 이미지로 도커 컨테이너에서 레디스 서버 실행**
> ```
> % docker run redis
> 1:C 15 Jan 2021 11:16:50.304 # o0O0o00Oo000o Redis is starting o00Oo00Oo00Oo
> 1:C 15 Jan 2021 11:16:50.304 # Redis version=6.0.9, bits=64, commit=00000000, modified=0, pid=1, just started
> 1:C 15 Jan 2021 11:16:50.304 # Warning: no config file specified, using the default config. In order to specify a config file use redis-server /path/to/redis.conf
> 1:M 15 Jan 2021 11:16:50.306 * Running mode=standalone, port=6379.
> 1:M 15 Jan 2021 11:16:50.306 # WARNING: The TCP backlog setting of 511 cannot be enforced because /proc/sys/net/core/somaxconn is set to the lower value of 128.
> 1:M 15 Jan 2021 11:16:50.306 # Server initialized
> 1:M 15 Jan 2021 11:16:50.306 * Ready to accept connections
> ```

이렇게 도커 허브에 있는 레디스 이미지를 이용해 도커 컨테이너에서 레디스 서버를 실행했습니다. 이어서 Node.js를 실행할 컨테이너를 실행합니다. Node.js를 실행할 컨테이너는 앞서 작성한 도커 파일을 이용해 이미지를 생성하고, 그 이미지를 이용해 컨테이너를 실행합니다.

02. 도커 파일을 이용해 이미지를 생성하기 위해서 레디스 서버를 실행한 터미널 이외에 다른 터미널을 하나 더 실행합니다. 그리고 다음 명령어로 이미지를 생성합니다.

> **이름과 함께 이미지를 빌드하는 명령어**
> ```
> docker build -t <도커 ID>/<프로젝트 이름> ./
> ```

실습 5-3 도커 파일로 도커 이미지 생성

```
% docker build -t johnahn/node-app ./
Sending build context to Docker daemon  6.656kB
Step 1/6 : FROM node:10
 ---> 7e5086278377
Step 2/6 : WORKDIR /usr/src/app
 ---> Using cache
 ---> e9941a7b5fe0
Step 3/6 : COPY package.json ./
 ---> 1a2b6e5f0df9
Step 4/6 : RUN npm install
 ---> Running in 9ad6c3478912
Removing intermediate container 9ad6c3478912
 ---> 676c0b5d420a
Step 5/6 : COPY ./ ./
 ---> 9b93f602536c
Step 6/6 : CMD ["node", "server.js"]
 ---> Running in f0bd0edadc55
Removing intermediate container f0bd0edadc55
 ---> 31aea711911e
Successfully built 31aea711911e
Successfully tagged johnahn/node-app:latest
```

03. Node.js를 실행하기 위한 컨테이너의 이미지를 생성했다면 이 이미지를 이용해 컨테이너를 실행합니다.

> **도커 컨테이너를 실행하는 명령어**
>
> docker run <이미지 이름>/<프로젝트 이름>

실습 5-4 도커 이미지로 도커 컨테이너 실행 시 발생하는 에러 메시지

```
% docker run johnahn/node-app
> docker-compose-app@1.0.0 start /usr/src/app
> nodemon server.js

[nodemon] starting `node server.js`
애플리케이션이 실행됐습니다.
```

```
events.js:174
      throw er; // Unhandled 'error' event
      ^

Error: Redis connection to redis-server:6379 failed - getaddrinfo ENOTFOUND re
dis-server redis-server:6379
    at GetAddrInfoReqWrap.onlookup [as oncomplete] (dns.js:56:26)
Emitted 'error' event at:
    at RedisClient.on_error (/usr/src/app/node_modules/redis/index.js:341:14)
    at Socket.<anonymous> (/usr/src/app/node_modules/redis/index.js:222:14)
    at Socket.emit (events.js:198:13)
    at emitErrorNT (internal/streams/destroy.js:91:8)
    at emitErrorAndCloseNT (internal/streams/destroy.js:59:3)
    at process._tickCallback (internal/process/next_tick.js:63:19)
[nodemon] app crashed - waiting for file changes before starting...
```

이렇게 컨테이너를 실행하려고 하면 에러 메시지가 나옵니다. 우선 에러가 왜 발생했는지부터 알아보겠습니다.

현재 Node.js 애플리케이션이 실행될 때 그 안에서 레디스 클라이언트도 생성됩니다. 그리고 레디스 클라이언트를 생성할 때는 레디스 서버와 연결해야 하기 때문에 레디스 클라이언트를 생성하는 소스 코드에서 레디스 서버의 호스트와 포트 인자를 지정했습니다.

```
//레디스 클라이언트 생성
const client = redis.createClient({
  host: "redis-server",
  port: 6379
})
```

그래서 레디스 클라이언트가 레디스 서버와 연결하려고 하는데 현재 그 연결이 막힌 상황입니다.

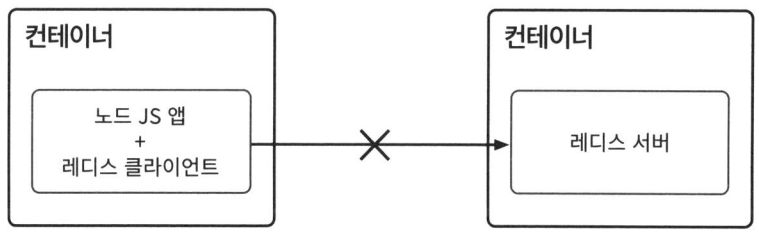

그림 5-10 에러가 발생하는 이유

연결이 막힌 이유는 컨테이너의 속성 때문입니다. 컨테이너는 격리된 상태로 생성되고 기본적으로 외부와 통신할 수 없게 설정돼 있습니다. 그러면 어떻게 해야 컨테이너끼리 통신하도록 만들 수 있을까요? 이때 필요한 게 바로 도커 컴포즈입니다. 이어서 다음 절부터는 도커 컴포즈에 대해서 배우면서 이번 절에서 발생한 문제를 해결해 보겠습니다.

5.5 도커 컴포즈 파일 작성하기

앞서 Node.js 애플리케이션을 실행하는 과정에서 레디스 클라이언트를 실행하는 중에 에러가 발생하는 것을 발견했습니다. 또한 컨테이너가 서로 통신하는 데 문제가 있어서 에러가 발생한다는 것을 살펴봤고, 이 문제를 해결하는 방법이 도커 컴포즈라고 이야기했습니다. 그래서 이번 절에서는 도커 컴포즈를 이용하기 위해서 도커 컴포즈 파일을 작성해 보겠습니다.

도커 컴포즈 파일은 확장자가 yaml이나 yml인데 이것은 무슨 파일인가요?

도커 컴포즈 파일의 확장자인 YAML은 Ain't Markup language의 약자이며, 일반적으로 구성 파일 및 데이터가 저장되거나 전송되는 응용 프로그램에서 사용합니다. 원래는 XML이나 JSON 포맷으로도 많이 쓰였지만, 좀 더 사람이 읽기 쉬운 포맷으로 나타난 형식이 yaml입니다. 확장자로는 yaml, yml 둘 중 하나를 이용합니다.

도커 컴포즈의 파일 구조

도커 컴포즈 파일을 작성하기에 앞서 도커 컴포즈가 어떠한 구조이고, 어떻게 작성해야 하는지 알아보겠습니다.

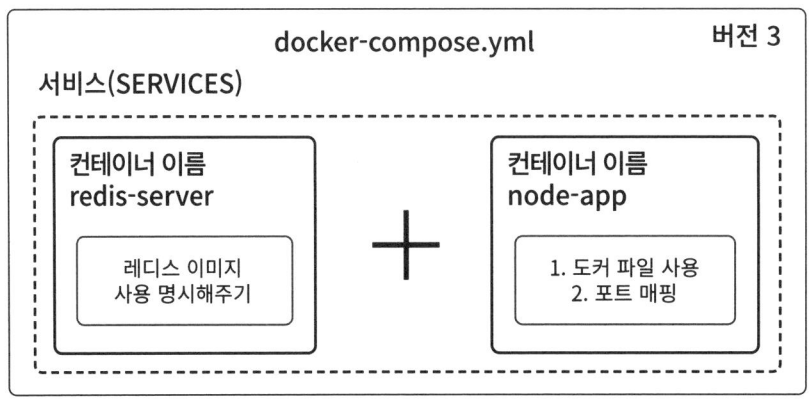

그림 5-11 도커 컴포즈 파일의 구조

도커 컴포즈 파일의 이름은 docker-compose.yml 혹은 docker-compose.yaml입니다. 그리고 도커 컴포즈 파일은 규격 버전이 있으며, 파일의 규격에 따라 지원하는 옵션이 다릅니다. 이 책에서 사용할 버전은 버전 3인데 이것은 3으로 시작하는 최신 버전을 사용한다는 의미입니다.

그리고 서비스(Services) 항목에는 실행하려는 컨테이너들을 정의해야 하며, 각 컨테이너에 맞는 서비스의 이름을 지정합니다. 만약 도커 허브에서 이미지를 가져오면 해당 이미지 이름을 명시하고, 직접 빌드한 이미지를 사용하는 컨테이너라면 도커 파일의 경로를 명시합니다.

이어서 도커 컴포즈 파일의 소스 코드를 한 줄 한 줄 살펴보겠습니다.

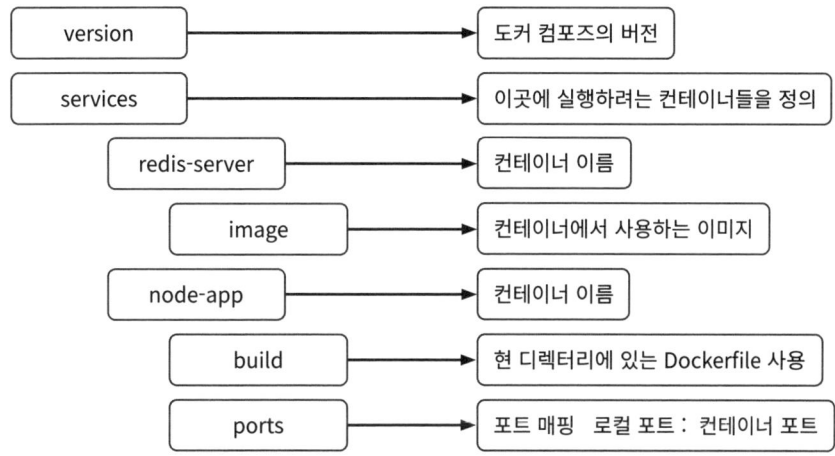

그림 5-12 도커 컴포즈 파일의 소스 코드

그림 5-12와 같은 형식으로 docker-compose.yml 파일에 작성하면 됩니다. 이 책에서는 레디스 서버를 실행할 서비스의 이름은 '`redis-server`'라고 정했으며, Node.js를 실행할 컨테이너의 서비스 이름은 '`node-app`'으로 정했습니다. 그리고 기존에 Node.js 컨테이너를 실행할 때 명령어를 이용해 포트 매핑했던 부분을 도커 컴포즈 파일에 명시했기 때문에 이제는 명령어를 길게 입력하지 않아도 됩니다.

그러면 도커 컴포즈 파일을 직접 만들어 보겠습니다.

01. 먼저 docker-compose.yml 파일을 생성합니다.

- docker-compose.yml
- Dockerfile
- package.json
- server.js

그림 5-13 도커 컴포즈 파일 생성

02. 앞서 살펴본 대로 docker-compose.yml 파일을 작성합니다.

규격 버전은 3으로 지정하고, 서비스 항목에 redis-server 서비스와 node-app 서비스를 추가합니다. redis-server 서비스에서는 레디스 이미지를 이용해 컨테이너를 실행하므로 도커 허브에서 가져와서 사용할 이미지 이름인 redis로 지정합니다. node-app 서비스에서는 도커 파일을 이용해 이미지를 생성한 후 생성한 이미지를 이용해서 컨테이너를 실행할 것이므로 도커 파일이 있는 디렉터리의 경로를 build 항목에 지정합니다. 그리고 마지막으로 포트 매핑을 이용해 컨테이너 외부에서 도커 컨테이너 내부에서 동작하는 서버에 접근할 수 있게 합니다.

예제 5-9 도커 컴포즈 파일 작성   DOCKER-COMPOSE-APP/docker-compose.yml

```
version: "3"
services:
  redis-server:
    image: "redis"
  node-app:
    build: .
    ports:
      - "5000:8080"
```

03. 도커 컴포즈 파일을 다 작성했다면 이제 도커 컴포즈를 이용해 애플리케이션을 실행합니다.

도커 컴포즈는 'docker-compose up' 명령어를 이용해 애플리케이션을 실행할 수 있습니다. 이렇게 하면 이제 컨테이너 사이에 통신이 가능하며, 레디스 클라이언트와 레디스 서버가 잘 연결되는 모습을 볼 수 있습니다.

실습 5-5 도커 컴포즈로 컨테이너들 실행

```
% docker-compose up
Starting docker-compose-app_node-app_1     ... done
Starting docker-compose-app_redis-server_1 ... done
Attaching to docker-compose-app_redis-server_1, docker-compose-app_node-app_1
redis-server_1  | 1:C 17 Jan 2021 14:49:52.495 # o000o000o000o Redis is starting
redis-server_1  | 1:M 17 Jan 2021 14:49:52.497 # Server initialized
redis-server_1  | 1:M 17 Jan 2021 14:49:52.497 * Loading RDB produced by version 6
redis-server_1  | 1:M 17 Jan 2021 14:49:52.497 * RDB age 138 seconds
redis-server_1  | 1:M 17 Jan 2021 14:49:52.497 * RDB memory usage when created 0.77
redis-server_1  | 1:M 17 Jan 2021 14:49:52.497 * DB loaded from disk: 0.000 seconds
```

```
redis-server_1  | 1:M 17 Jan 2021 14:49:52.497 * Ready to accept connections
node-app_1      | > docker-compose-app@1.0.0 start /usr/src/app
node-app_1      | > nodemon server.js
node-app_1      | [nodemon] starting `node server.js`
node-app_1      | Server is running.
```

04. 이제 브라우저에서 Node.js 애플리케이션으로 접속해 보겠습니다. 포트 매핑을 '5000:8080'으로 설정했으므로 'localhost:5000'으로 들어가면 8080포트에서 실행 중인 애플리케이션에 접근할 수 있습니다.

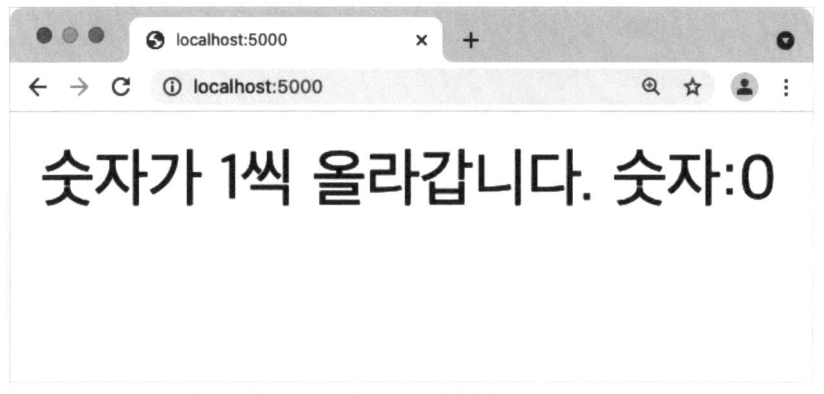

그림 5-14 브라우저에서 도커 컴포즈로 실행한 애플리케이션에 접속

5.6 도커 컴포즈 정지시키기

도커 컴포즈로 컨테이너들을 한꺼번에 실행하는 법을 알아봤다면 이 컨테이너들을 정지시키는 방법도 알아야 합니다. 우선 컨테이너를 정지시킬 때는 'docker-compose stop' 명령어를 사용합니다. 도커 컴포즈를 실행 중인 상태가 아니라면 'docker-compose up' 명령어로 컨테이너를 실행한 다음 컨테이너를 정지해 보겠습니다.

01. 터미널을 실행하고 docker-compose.yml 파일이 위치한 경로에서 'docker-compose up' 명령어로 컨테이너들을 실행합니다.

실습 5-6 도커 컴포즈로 컨테이너들 실행
```
% docker-compose up
Starting docker-compose-app_node-app_1      ... done
Starting docker-compose-app_redis-server_1  ... done
```

```
Attaching to docker-compose-app_redis-server_1, docker-compose-app_node-app_1
redis-server_1  | 1:C 17 Jan 2021 14:49:52.495 # o0O0o0O0o0O0o Redis is starting
redis-server_1  | 1:M 17 Jan 2021 14:49:52.497 # Server initialized
redis-server_1  | 1:M 17 Jan 2021 14:49:52.497 * Loading RDB produced by version 6
redis-server_1  | 1:M 17 Jan 2021 14:49:52.497 * RDB age 138 seconds
redis-server_1  | 1:M 17 Jan 2021 14:49:52.497 * RDB memory usage when created 0.77
redis-server_1  | 1:M 17 Jan 2021 14:49:52.497 * DB loaded from disk: 0.000 seconds
redis-server_1  | 1:M 17 Jan 2021 14:49:52.497 * Ready to accept connections
node-app_1      | > docker-compose-app@1.0.0 start /usr/src/app
node-app_1      | > nodemon server.js
node-app_1      | [nodemon] starting `node server.js`
node-app_1      | Server is running.
```

02. 'docker-compose stop' 명령어로 실행 중인 컨테이너를 멈출 수 있는데, 현재 터미널에서는 아무 명령어도 입력할 수 없으므로 새로운 터미널을 실행한 다음 명령어를 입력합니다. (새로운 터미널에서도 docker-compose.yml 파일이 위치한 경로로 이동한 다음 명령어를 입력해야 합니다.)

실습 5-7 도커 컴포즈로 실행한 컨테이너 정지시키기

```
% docker-compose stop
Stopping docker-compose-app_node-app_1        ... done
Stopping docker-compose-app_redis-server_1    ... done
```

03. 만약 컨테이너를 그저 정지시키는 것이 아닌 정지한 후에 삭제하고 싶다면 'docker-compose down' 명령어를 입력합니다. 이 명령어는 컨테이너를 정지한 후에 컨테이너들과 네트워크까지 모두 삭제해줍니다.

실습 5-8 도커 컴포즈로 실행한 컨테이너 정지시키고 삭제하기

```
% docker-compose down
Stopping docker-compose-app_node-app_1        ... done
Stopping docker-compose-app_redis-server_1    ... done
Removing docker-compose-app_node-app_1        ... done
Removing docker-compose-app_redis-server_1    ... done
Removing network docker-compose-app_node-default
```

5장을 마무리하기 전에 마지막으로 짚고 넘어갈 것은 'docker-compose up --build' 명령어입니다. 이번 장에서 살펴본 'docker-compose up' 명령어 뒤에 --build를 추가한 명령어입니다. 두 명령어는 모두 컨테이너를 시작하는 명령어입니다. 하지만 --build가 없는 명령어는 이미지가 없을 때만 이미지를 빌드하고 컨테이너를 시작하며, --build가 있는 명령어는 이미지가 있든 없든 이미지를 빌드하고 컨테이너를 시작한다는 차이가 있습니다. 결론적으로 컨테이너를 한번 실행한 후 소스 코드를 수정하고 다시 도커 컴포즈를 이용해 컨테이너를 시작할 때는 --build 옵션을 추가해 컨테이너를 실행해야 합니다.

이렇게 이번 장에서 학습할 내용도 모두 마쳤습니다. 이번 장에서는 다중 컨테이너 환경에서 도커 컴포즈를 이용해 컨테이너 간의 네트워크를 형성하고, 도커 컴포즈 파일을 작성하는 방법을 살펴봤습니다. 도커 컴포즈를 이용하면 컨테이너를 실행할 때 긴 명령어를 입력하지 않고도 간단하게 'docker-compose up' 명령어로 컨테이너들을 한꺼번에 실행할 수 있었습니다.

다음 장인 6장부터는 다른 종류의 애플리케이션을 이용해 도커 환경을 구성하고 배포하는 방법을 다뤄보겠습니다.

06

단일 컨테이너를 활용한
애플리케이션 개발하기

지금부터 6장부터 9장에 걸쳐 두 가지 애플리케이션을 만들어 보겠습니다. 첫 번째 애플리케이션은 리액트(React.js)만을 이용해 개발하며, 개발부터 배포까지 도커를 활용해 만들어 보겠습니다(단일 컨테이너 애플리케이션, Single Container Application). 그리고 두 번째 애플리케이션은 리액트와 Node.js 그리고 데이터베이스를 이용해 개발하며, 마찬가지로 개발부터 배포까지 도커를 활용하면서 도커를 배우는 시간을 갖겠습니다(다중 컨테이너 애플리케이션, Multi Container Application).

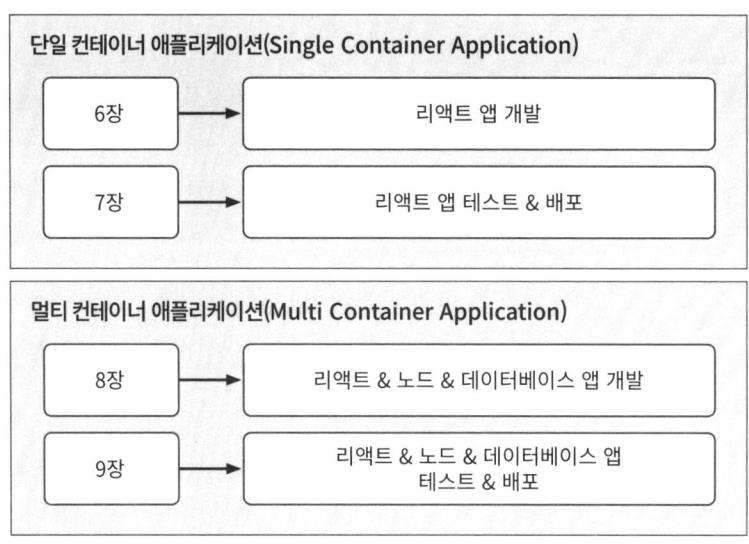

그림 6-1 6장~9장에서 배울 내용

먼저 개발부터 배포까지 전체적인 흐름을 살펴보겠습니다.

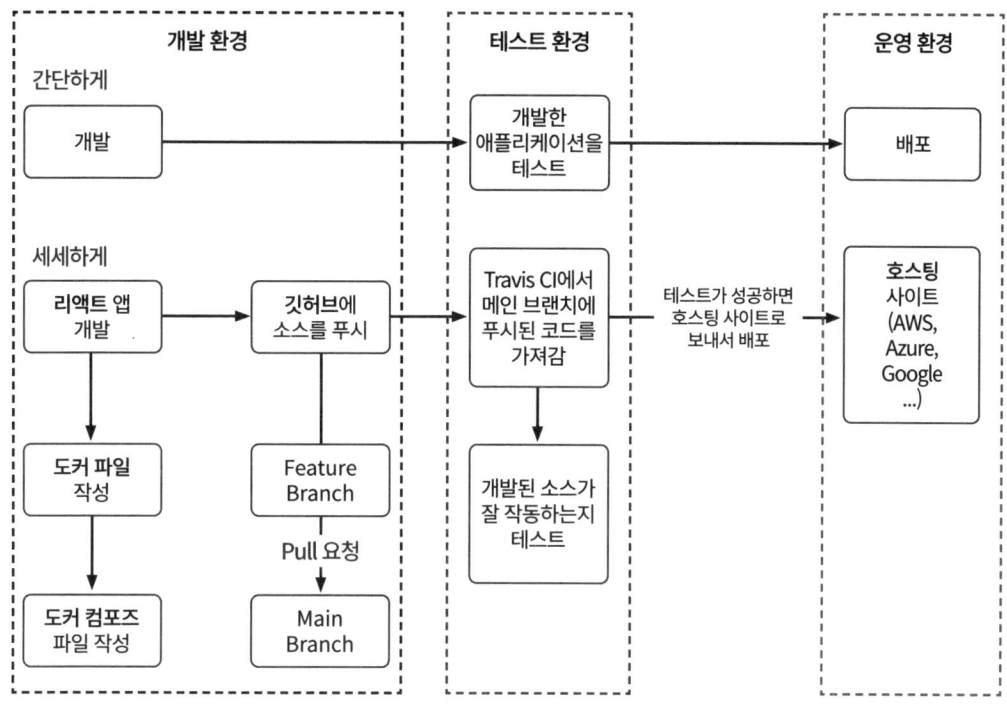

그림 6-2 도커를 이용해 애플리케이션을 개발하고 배포하는 과정

리액트(React.js)를 이용한 애플리케이션을 개발할 것이므로 먼저 리액트를 설치합니다. 그리고 리액트 애플리케이션을 도커 환경에서 실행할 것이므로 도커 파일과 도커 컴포즈 파일을 작성합니다. 이렇게 해서 애플리케이션이 개발 환경에서 잘 실행되는지 확인하고, 깃허브(GitHub)에 소스 코드를 업데이트합니다.

깃허브에 소스 코드를 업데이트한 후에는 Travis CI라는 곳에서 업데이트된 소스 코드를 가져오고 리액트에 있는 테스트 코드를 실행합니다.

이 테스트에 성공하면 코드를 AWS로 보내서 운영 환경에 배포합니다. 이러한 과정을 6장과 7장에 걸쳐 살펴보겠습니다.

6.1 리액트 설치 및 애플리케이션 생성

리액트를 설치하는 방법은 여러 가지가 있습니다. 하지만 가장 빠르고 쉽게 설치하는 방법을 이용해 설치해 보겠습니다.

01. 먼저 리액트 애플리케이션을 만들 폴더를 생성합니다. 이 책에서는 폴더 이름은 'docker-react-app'으로 지정했습니다.

그림 6-3 리액트 애플리케이션을 만들 폴더 생성

02. 비주얼 스튜디오 코드를 실행한 다음 앞서 생성한 폴더(docker-react-app)를 드래그 앤 드롭해 추가합니다.

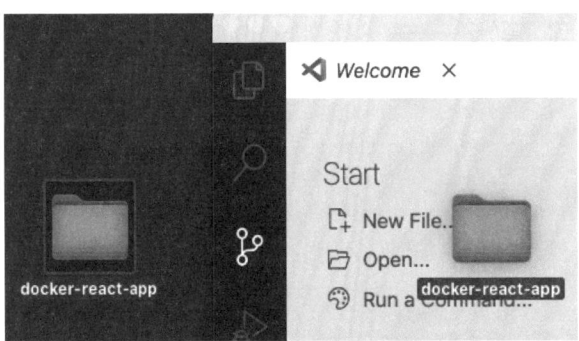

그림 6-4 비주얼 스튜디오 코드에서 앞서 생성한 폴더 추가

03. 이 폴더에 리액트를 설치할 차례입니다.

    터미널을 실행하고 리액트를 설치할 폴더로 이동한 다음 'npx create-react-app ./' 명령어를 입력합니다. 이렇게 입력하면 자동으로 리액트가 설치되며 길게는 1~2분 정도의 시간이 걸립니다.

    실습 6-1 리액트 설치하기

    ```
    % npx create-react-app ./
    Creating a new React app in /Desktop/docker-react-app.

    Installing packages. This might take a couple of minites.
    ```

```
Installing react, react-dom, and react-scripts with cra-template...
```

... 생략 ...

04. 설치가 완료됐으면 잘 설치됐는지 확인해 보겠습니다.

터미널에서 'npm run start' 명령어를 입력해 리액트 애플리케이션을 실행합니다. 브라우저를 열고 3000번 포트로 접속했을 때(localhost:3000) 아래 그림과 같이 생긴 웹사이트가 실행된다면 리액트가 잘 설치된 것입니다.

그림 6-5 리액트 애플리케이션 실행 후 브라우저로 접속

이렇게 해서 리액트 애플리케이션의 설치가 완료됐습니다. 이어서 이번 장에서 리액트를 사용하는 데 필요한 3가지 명령어를 살펴보겠습니다.

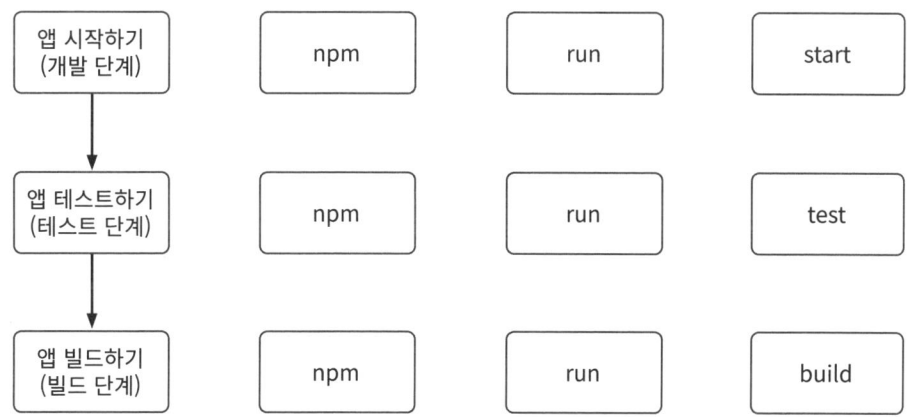

그림 6-6 리액트 애플리케이션을 개발하는 데 필요한 세 가지 명령어

리액트 애플리케이션을 시작할 때는 'npm run start' 명령어를 사용합니다. 그리고 테스트할 때는 'npm run test' 명령어를 사용합니다. 마지막으로 리액트 애플리케이션을 운영 환경에 배포할 때는 소스 코드를 가공해서 빌드 파일을 만든 다음 그 파일을 이용해 배포해야 합니다. 이때는 'npm run build' 명령어를 사용합니다.

리액트 애플리케이션 생성하기

01. 터미널에서 'npm run start' 명령어를 입력해 리액트 애플리케이션을 실행합니다.

```
실습 6-2 리액트 애플리케이션 실행
% npm run start
Compiled successfully!

You can now view docker-react-app in the browser.

  Local:            http://localhost:3000
  On Your Network:  http://192.168.0.2:3000

Note that the development build is not optimized.
To create a production build, use npm run build.
```

※ 실행 중인 리액트 애플리케이션을 종료할 때는 Ctrl + C 키를 누릅니다.

02. 터미널에서 리액트 애플리케이션을 실행하는 명령어를 입력하면 브라우저에서 리액트 애플리케이션이 실행됩니다.

그림 6-7 npm run start 명령어로 리액트 애플리케이션 실행

03. 애플리케이션을 테스트할 때는 'npm run test' 명령어를 사용합니다. 테스트는 원하는 만큼 더 만들 수 있습니다.

실습 6-3 리액트 애플리케이션 테스트 성공

```
% npm run test
No tests found related to files changed since last commit.
Press `a` to run all tests, or run Jest with `--watchAll`.

Watch Usage
 › Press a to run all tests.
 › Press f to run only failed tests.
 › Press q to quit watch mode.
 › Press p to filter by a filename regex pattern.
 › Press t to filter by a test name regex pattern.
 › Press Enter to trigger a test run.

% a
PASS  src/App.test.js
  ● renders learn react link (45 ms)

Test Suites: 1 passed, 1 total
Tests:       0 total
Snapshots:   0 total
Time:        1.334s, estimated 2s
Ran all test suites.
```

04. 마지막으로 리액트 애플리케이션의 배포는 리액트를 빌드한 다음 빌드한 파일을 이용해 배포합니다. 빌드 파일을 얻기 위해 'npm run build' 명령어를 입력합니다.

실습 6-4 npm run build 명령어로 빌드 파일 생성

```
% npm run build
> react-hoho@0.1.0 build /Users/jaewon/Documents/react-hoho
> react-scripts build
Creating an optimized production build...
Compiled successfully.
File sizes after gzip:
```

```
41.2 KB    build/static/js/2.de322232.chunk.js
 1.4 KB    build/static/js/3.d4e81428.chunk.js
1.17 KB    build/static/js/runtime-main.16d22097.js
 593 B     build/static/js/main.170ec55b.chunk.js
 531 B     build/static/css/main.8c8b27cf.chunk.css
```

05. 빌드 명령어를 입력하고 나서 docker-react-app 폴더를 보면 build 폴더가 생성돼 있고, build 폴더 안에 빌드 파일이 생성된 모습을 볼 수 있습니다.

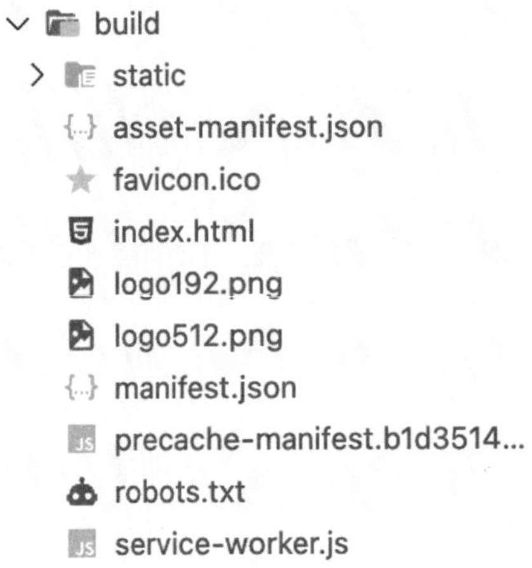

```
∨ 📁 build
  > 📁 static
    {} asset-manifest.json
    ⭐ favicon.ico
    🗒 index.html
    🖼 logo192.png
    🖼 logo512.png
    {} manifest.json
    js precache-manifest.b1d3514...
    🤖 robots.txt
    js service-worker.js
```

그림 6-8 리액트 애플리케이션을 빌드하면 생성되는 빌드 파일들

이렇게 해서 리액트 애플리케이션 설치를 완성하고 간단하게 리액트 애플리케이션의 사용법을 알아봤습니다.

6.2 리액트 애플리케이션을 위한 도커 파일 작성하기

리액트 애플리케이션을 설치했으므로 이제 도커 환경에서 작동시킬 수 있게 만들어 보겠습니다. 항상 그래왔듯이 먼저 도커 파일을 작성해야 합니다. 하지만 이번에는 두 개의 도커 파일을 작성해야 합니다. 하나는 개발 환경을 위한 도커 파일이고, 다른 하나는 운영 환경을 위한 도커 파일입니다.

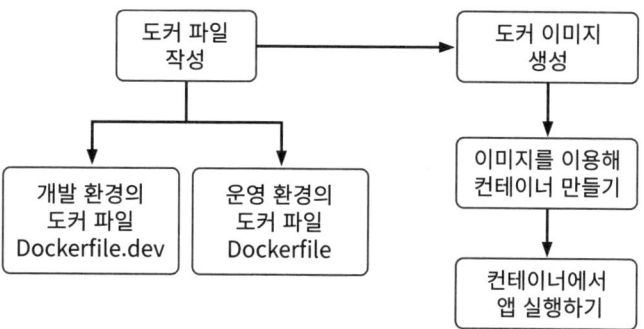

그림 6-9 개발 환경을 위한 도커 파일과 운영 환경을 위한 도커 파일

지금까지는 모든 애플리케이션을 개발 환경에서만 실행했기 때문에 하나의 도커 파일만 작성했지만, 이 번에는 개발 환경과 운영 환경 모두에서 실행하길 원하므로 두 개의 도커 파일을 만들겠습니다. 그리고 개발 환경의 도커 파일은 Dockerfile.dev와 같이 이름 뒤에 .dev를 붙여서 개발 환경을 위한 도커 파일 임을 표시해줍니다.

이 책에서는 우선 개발 환경의 도커 파일을 작성하는데, 개발 환경의 도커 파일은 지금까지 작성한 도커 파일과 거의 비슷합니다. 하지만 이후에 작성할 운영 환경의 도커 파일에는 새로운 내용이 많이 포함될 것입니다. 먼저 개발 환경을 위한 도커 파일을 만들어 보겠습니다.

개발 환경을 위한 도커 파일 작성하기

01. 먼저 도커 파일을 생성합니다. 개발 환경의 도커 파일이므로 이름은 'Dockerfile.dev'로 지정합니다.

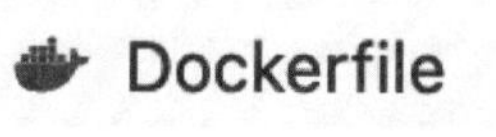

🐳 **Dockerfile**

그림 6-10 개발 환경을 위한 도커 파일 생성

02. 다음과 같이 Dockerfile.dev에 도커 파일을 작성합니다.

```
예제 6-1 개발 환경을 위한 도커 파일 작성          DOCKER-REACT-APP/Dockerfile.dev
FROM node:10                        // ①

WORKDIR /usr/src/app                // ②

COPY package.json ./                // ③
```

```
RUN npm install                    // ④

COPY ./ ./                         // ⑤

CMD ["npm", "run", "start"]        // ⑥
```

① FROM 지시자를 이용해 앞으로 생성할 이미지의 기반이 될 베이스 이미지를 지정합니다.

이 베이스 이미지는 npm 명령어를 사용할 수 있는 이미지여야 하므로 alpine 이미지가 아닌 node 이미지를 사용합니다.

② 이어서 작업 디렉터리를 지정합니다.

작업 디렉터리를 지정해야 베이스 이미지 안에 있는 파일과 폴더들이 COPY 지시자로 복사한 파일 및 폴더들과 섞이지 않습니다. 이 경로는 원하는 대로 지정하면 되는데, 이 책에서는 /usr/src/app으로 지정하겠습니다.

③ COPY 지시자를 이용해 package.json 파일부터 차례로 모든 파일들을 컨테이너 안의 작업 디렉터리로 복사합니다.

먼저 package.json만 먼저 복사하는 이유는 애플리케이션의 소스 코드를 변경했을 때 변경되지 않은 종속성까지 다시 내려받는 비효율적인 문제를 해결하기 위해서였습니다.

④ RUN 지시자를 이용해 package.json에 명시된 애플리케이션을 위한 종속성들을 내려받도록 처리합니다.

⑤ 종속성을 내려받았다면 이어서 package.json 이외에 호스트 디렉터리에 있는 다른 파일들도 복사해야 합니다.

⑥ 마지막으로 컨테이너가 시작되면 실행할 명령어를 작성합니다.

컨테이너를 시작하고 리액트 애플리케이션을 실행해야 하므로 'CMD ["npm", "run", "start"]'와 같이 작성합니다.

03. 이렇게 해서 개발 환경을 위한 도커 파일을 완성했습니다. 이어서 지금까지 작성한 도커 파일로 이미지를 생성해 보겠습니다. 'docker build ./' 명령어로 이미지를 빌드합니다.

> **실습 6-5 개발 환경을 위한 도커 파일로 도커 이미지 빌드 시 나오는 에러 메시지**
>
> ```
> % docker build ./
> unable to prepare context: unable to evaluate symlinks in Dockerfile path: lstat /Users/jaewon/Desktop/docker-react-app-master/Dockerfile: no such file or directory
> ```

왜 이런 에러 메시지가 발생했을까요?

앞서 작성한 도커 파일을 빌드하면 'unable to evaluate symlinks ...'라는 에러 메시지가 나옵니다. 이러한 에러가 발생한 이유는 원래는 이미지를 빌드할 때 해당 디렉터리만 정해주면 도커 파일을 자동으로 찾아서 빌드하는데, 현재 Dockerfile은 없고 Dockerfile.dev만 있기 때문입니다. 즉, 자동으로 올바른 도커 파일을 찾지 못해서 에러가 발생한 것입니다. 따라서 이미지를 빌드할 때 어떠한 파일을 참조해야 하는지 알려줘야 합니다.

빌드할 때 도커 파일을 명시하는 방법은 다음과 같습니다. 운영 환경을 위한 도커 파일을 빌드할 때 사용했던 'docker build ./' 명령어가 아닌 다음 명령어로 빌드합니다.

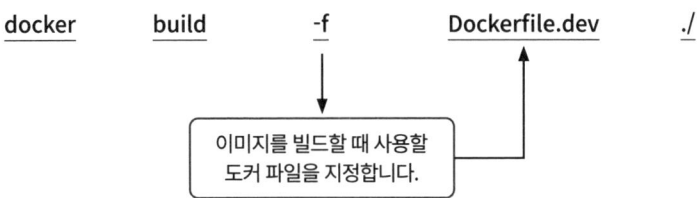

그림 6-11 개발 환경의 도커 파일을 이용해 이미지 빌드하기

이번에는 -f 옵션을 추가해 이미지를 빌드해 보겠습니다. 다음 명령어로 빌드하면 개발 단계에서 리액트를 실행할 이미지가 빌드됩니다.

실습 6-6 도커 파일을 이용해서 도커 이미지 빌드

```
% docker build -f Dockerfile.dev ./
Sending build context to Docker daemon 182.1MB
Step 1/6 : FROM node:alpine
alpine: Pulling from library/node
cbdbe7a5bc2a: Pull complete
bdfc8e9b7a31: Downloading 30.1MB/35.91MB
b0f8983c8893: Download complete
057ed1353049: Download complete
```

한가지 팁이 있다면 현재 로컬 머신에는 node_modules 폴더가 있습니다.

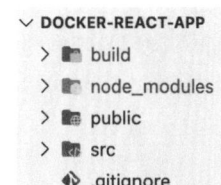

그림 6-12 애플리케이션을 위한 파일과 폴더

node_modules 폴더에는 리액트 애플리케이션을 실행할 때 필요한 모듈들이 들어있지만, 이미지를 빌드할 때 이미 'npm install' 명령어로 모든 모듈을 도커 이미지에 내려받기 때문에 로컬 머신에는 node_modules가 필요하지 않습니다. 만약 'COPY ./ ./'로 로컬 머신에 있는 node_modules 폴더를 도커 이미지에 복사한다면 원래 이미지에 'npm install'로 내려받은 node_modules가 중복되어 복사됩니다. 그리고 node_modules 폴더의 용량이 굉장히 크기 때문에 이미지를 빌드하는 시간이 훨씬 길어집니다. 따라서 로컬 머신에 있는 node_modules 폴더는 지워주면 좋습니다.

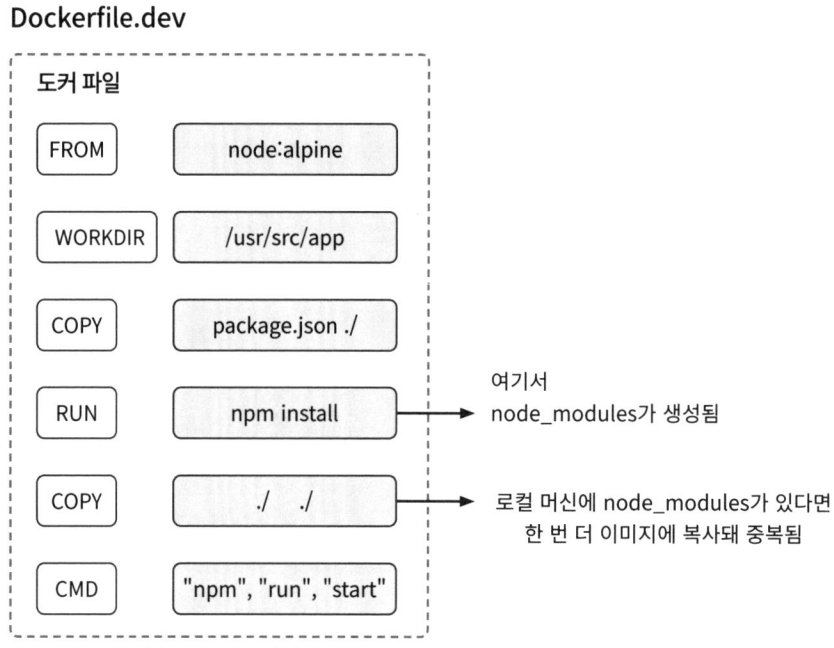

그림 6-13 node_module 폴더가 중복으로 복사될 수 있음

6.3 생성된 도커 이미지로 로컬에서 리액트 실행하기

이전 절에서 리액트를 실행할 수 있는 도커 이미지를 생성했습니다. 이번 절에서는 이전 절에서 생성한 도커 이미지로 컨테이너를 실행하고, 리액트 애플리케이션을 실행해 보겠습니다.

01. 앞서 도커 이미지를 생성하긴 했지만 -t 옵션을 이용해 이름을 지정하지 않고 도커 이미지를 생성했기 때문에 이번에는 -t 옵션을 추가해 이미지를 다시 생성하겠습니다.

> **실습 6-7 이름을 지정하면서 도커 이미지 생성**
>
> ```
> % docker build -f Dockerfile.dev -t johnahn/docker-react-app ./
>    Sending build context to Docker daemon  557.1MB
> Step 1/6 : FROM node:alpine
> ---> 5d97b3d11dc1
> Step 2/6 : WORKDIR /usr/src/app
> ---> Using cache
> ---> 4db07fc65291
> Step 3/6 : COPY package.json ./
> ---> Using cache
> ---> be398411fc27
> Step 4/6 : RUN npm install
> ---> Using cache
> ---> 0aef9df57c7a
> Step 5/6 : COPY ./ ./
> ---> 275b31ac7ad1
> Step 6/6 : CMD ["npm", "run", "start"]
> Removing intermediate container e12c3f549ecd
> ---> 30f75cda8ead
> Successfully built 30f85cda7ead
> Successfully tagged johnahn/docker-react-app:latest
> ```

02. 이미지를 다시 빌드했으면 빌드된 이미지를 이용해 컨테이너를 생성해 보겠습니다.

> **실습 6-8 생성한 이미지로 컨테이너 실행하기**
>
> ```
> % docker run johnahn/docker-react-app
>   Compiled successfully!
>
> You can now view docker-react-app in the browser.
>
>   Local:            http://localhost:3000
>   On Your Network:  http://192.168.0.2:3000
>
> Note that the development build is not optimized.
> To create a production build, use npm run build.
> ```

03. 이렇게 컨테이너를 실행하면 실행된 컨테이너 안에서 리액트 애플리케이션이 실행됩니다. 그리고 리액트는 개발 환경에서 기본적으로 3000번 포트에서 실행됩니다. 따라서 브라우저에서 3000번 포트를 이용해 리액트 애플리케이션에 접속해 보겠습니다(localhost:3000).

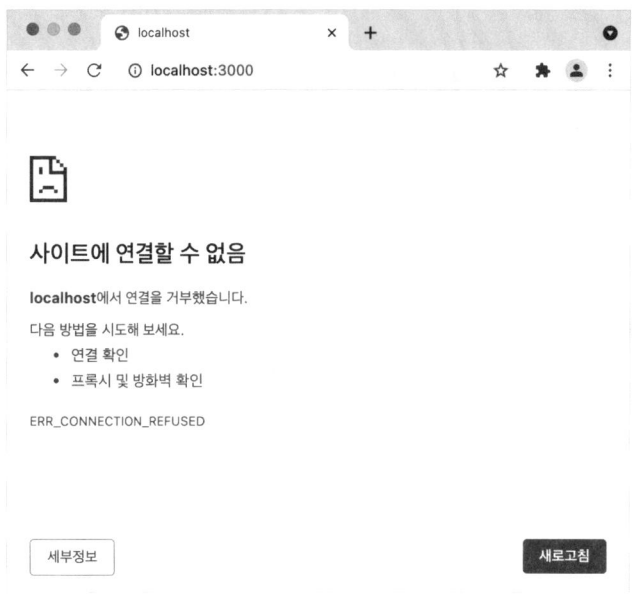

그림 6-14 리액트 애플리케이션에 접속했을 때 발생한 에러

3000번 포트로 접속했지만 그림 6-14와 같이 에러가 발생하는 것을 볼 수 있습니다. 이유는 앞서 4장에서 살펴봤던 것처럼 포트 매핑을 하지 않았기 때문에 컨테이너 안에서 실행되고 있는 리액트 애플리케이션에 도달하지 못한 것입니다.

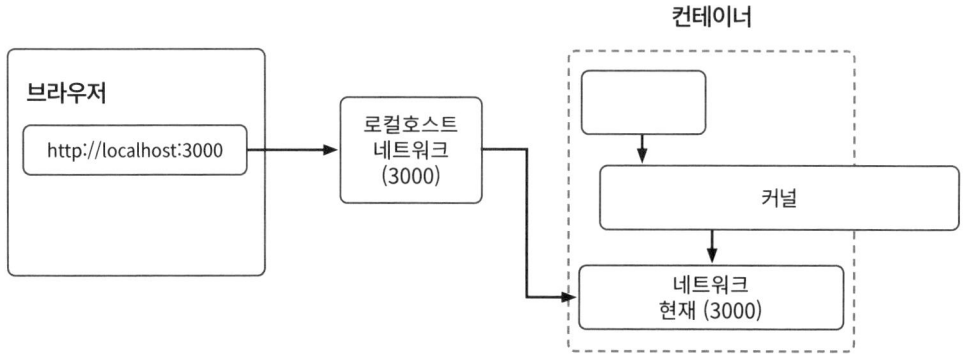

그림 6-15 포트 매핑을 이용해 컨테이너에 접근하는 방법

04. 따라서 다음과 같이 포트 매핑과 함께 도커 컨테이너를 실행해 보겠습니다.

-p 옵션과 함께 로컬 머신의 3000번 포트와 컨테이너 안의 3000번 포트를 매핑했습니다.

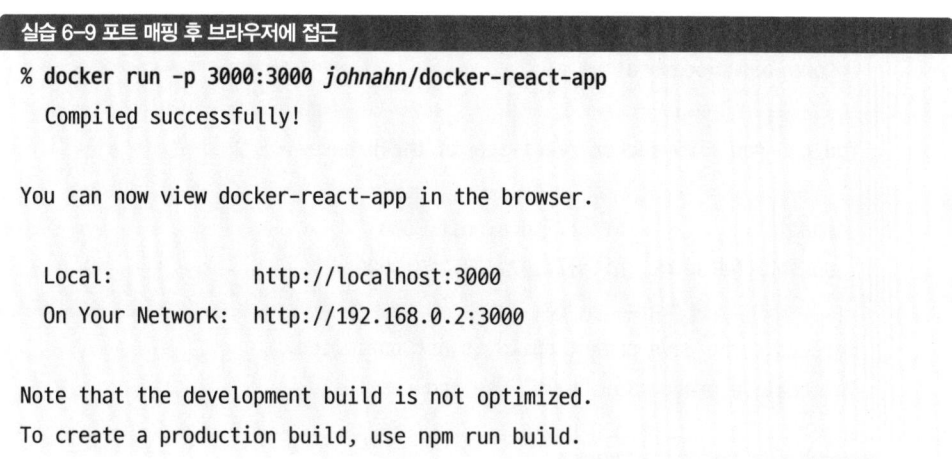

실습 6-9 포트 매핑 후 브라우저에 접근

```
% docker run -p 3000:3000 johnahn/docker-react-app
  Compiled successfully!

You can now view docker-react-app in the browser.

  Local:            http://localhost:3000
  On Your Network:  http://192.168.0.2:3000

Note that the development build is not optimized.
To create a production build, use npm run build.
```

05. 포트 매핑을 했으니 다시 브라우저에서 리액트 애플리케이션으로 접속해 보겠습니다(localhost:3000).

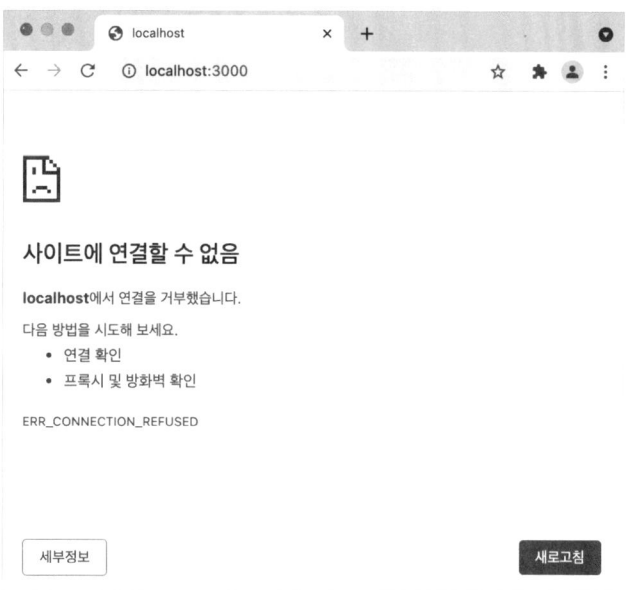

그림 6-16 포트 매핑을 했지만 여전히 발생하는 에러

하지만 이렇게 포트 매핑을 한 후에도 여전히 에러가 발생하는 모습을 볼 수 있습니다. 원래는 정상적으로 동작해야 하지만, 리액트를 실행할 때는 예외적으로 -it 옵션을 추가해야만 정상적으로 동작합니다.

06. 이번에는 -it 옵션을 추가한 후에 다시 도커 컨테이너를 실행해 보겠습니다.

> **실습 6-10** -it 옵션과 함께 애플리케이션을 실행한 후 브라우저에 접근
>
> ```
> % docker run -it -p 3000:3000 johnahn/docker-react-app
>   Compiled successfully!
>
> You can now view docker-react-app in the browser.
>
>   Local:            http://localhost:3000
>   On Your Network:  http://192.168.0.2:3000
>
> Note that the development build is not optimized.
> To create a production build, use npm run build.
> ```

그림 6-17 브라우저에서 리액트 애플리케이션에 접근

-it 옵션과 함께 도커 컨테이너를 실행한 후에는 브라우저에서 리액트 애플리케이션에 성공적으로 접근한 모습을 볼 수 있습니다.

6.4 도커 볼륨을 이용한 소스 코드 변경

앞서 4장에서 COPY 지시자 대신 도커 볼륨을 이용하면 소스 코드를 변경했을 때 이미지를 다시 빌드하지 않아도 변경한 소스 코드를 애플리케이션에 반영할 수 있다는 것을 살펴봤습니다. 이번 리액트 애플리케이션에서도 소스 코드를 변경했을 때 이미지를 새로 빌드하지 않아도 변경한 소스 코드가 애플리케이션에 반영되도록 도커 볼륨을 적용해 보겠습니다.

COPY와 도커 볼륨의 차이점 복습

COPY는 로컬에 있는 파일을 컨테이너로 복사하는 지시자입니다.

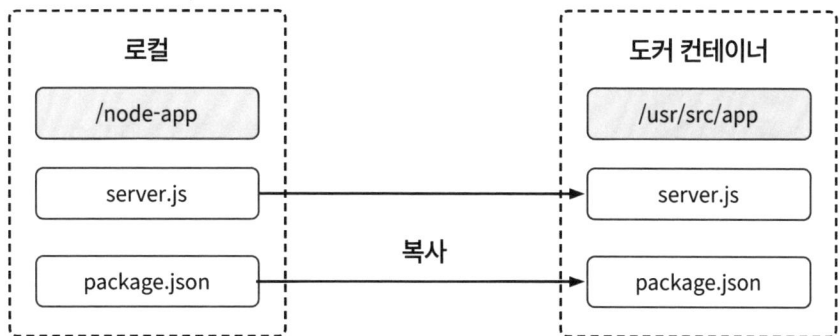

그림 6-18 COPY를 이용해 로컬에서 컨테이너로 파일 복사

도커 볼륨은 도커 컨테이너에서 로컬에 있는 파일을 참조하는 방법입니다.

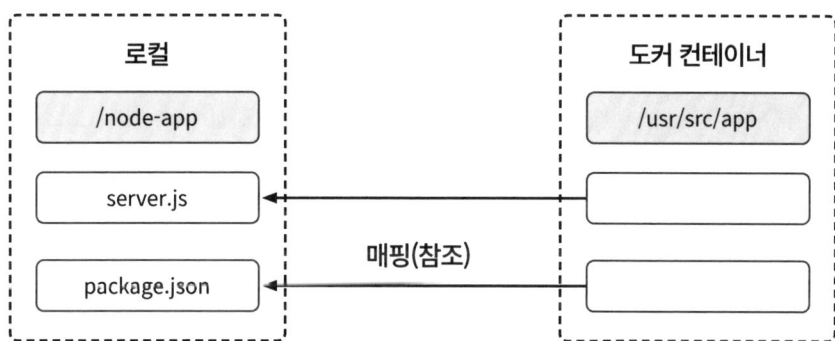

그림 6-19 도커 볼륨을 이용해 컨테이너에 파일 제공

도커 볼륨을 사용해 애플리케이션 실행하기

COPY 명령어를 이용해 파일을 복사하는 것이 아닌 도커 볼륨을 이용하려면 -v 옵션을 이용해 애플리케이션을 실행합니다.

```
docker run -p 3000:3000 -v /usr/src/app/node_modules -v $(pwd):/usr/src/app <이미지 아이디> -t johnahn/node-app ./
```

※ 윈도우에서는 $(pwd)가 아닌 %cd% 명령어를 사용합니다.

명령어를 보면 두 개의 -v 옵션이 있습니다. 그중에서 첫 번째 -v 옵션은 호스트 디렉터리에 node_modules가 없기 때문에 컨테이너에서 매핑하지 말라고 명시한 것입니다. 그리고 두 번째 -v 옵션은 현재 디렉터리의 경로(pwd)에 있는 폴더 또는 파일들을 도커 컨테이너 안의 /usr/src/app 경로에서 참조할 수 있게 하는 것입니다.

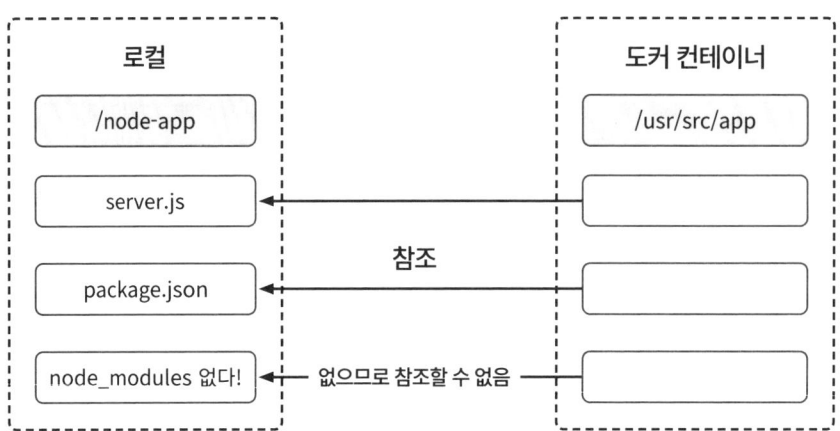

그림 6-20 node_modules 폴더는 로컬 호스트에 없어서 참조할 수 없으므로 -v 옵션에 지정

이제 도커 볼륨을 이용해 애플리케이션을 실행한 후에 소스 코드를 변경해서 변경된 소스 코드가 바로 반영되는지 확인해 보겠습니다.

01. 다음과 같이 도커 볼륨을 이용해 애플리케이션을 실행합니다.

실습 6-11 도커 볼륨을 이용해서 애플리케이션 실행하기

```
% docker run -it -p 3000:3000 -v /usr/src/app/node_modules -v $(pwd):/usr/src/app johnahn/docker-react-app
  Compiled successfully!

You can now view docker-react-app in the browser.

  Local:            http://localhost:3000
  On Your Network:  http://192.168.0.2:3000

Note that the development build is not optimized.
To create a production build, use npm run build.
```

02. 도커 볼륨을 이용해 애플리케이션을 실행했다면 브라우저에서 리액트 애플리케이션으로 접속해 보겠습니다. 브라우저에서 localhost:3000으로 접속하면 다음과 같이 리액트 애플리케이션이 보입니다.

이번에는 소스 코드를 변경해서 실시간으로 소스 코드를 반영해주는 도커 볼륨이 잘 작동하는지 보겠습니다.

그림 6-21 브라우저에서 리액트 애플리케이션으로 접근

03. App.js의 소스 코드를 다음과 같이 변경합니다.

예제 6-2 App.js의 소스 코드 변경　　　　　　　　　　　DOCKER-REACT-APP/src/App.js

```
import logo from './logo.svg';
import './App.css';

function App() {
  return (
    <div className="App">
      <header className="App-header">
        <img src={logo} className="App-logo" alt="logo" />
        <p>
          Edit <code>src/App.js</code> and save to reload....
        </p>
        <a
          className="App-link"
          href="https://reactjs.org"
          target="_blank"
          rel="noopener noreferrer"
        >
          반갑습니다.
        </a>
      </header>
    </div>
  );
}

export default App;
```

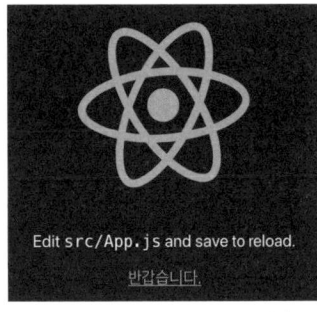

그림 6-22 소스 코드 변경 시 이미지를 다시 빌드하지 않아도 소스 코드가 반영됨

페이지를 새로 고침 하지 않아도 'Learn React'에서 '반갑습니다'로 바로 바뀌는 모습을 볼 수 있습니다. 이렇게 도커 볼륨을 이용하면 도커 이미지를 새로 빌드하지 않아도 소스 코드를 변경하면 바로 애플리케이션에 바뀐 소스 코드가 반영되는 모습을 볼 수 있습니다.

6.5 도커 컴포즈로 좀 더 간단하게 애플리케이션 실행하기

앞서 리액트 앱을 실행할 때 너무나 긴 명령어를 입력해야 했습니다. 명령어가 길면 입력하기에도 불편하고, 실수가 생기기도 쉽습니다.

```
% docker run -it -p 3000:3000 -v /usr/src/app/node_modules -v
$(pwd):/usr/src/app johnahn/docker-react-app
```

이러한 불편을 해소하기 위해 도커 컴포즈를 이용해 리액트 애플리케이션을 다시 실행해 보겠습니다.

도커 컴포즈를 이용해 애플리케이션 실행하기

01. 먼저 docker-compose-dev.yml 파일을 생성합니다.(이 도커 컴포즈 파일은 개발 환경에서만 사용할 것이므로 'dev'를 붙여줍니다. 이후에 운영 환경을 위한 도커 컴포즈 파일은 docker-compose.yml로 만들겠습니다.)

    - docker-compose-dev.yml
    - Dockerfile.dev

    그림 6-23 개발 환경 버전 도커 컴포즈 파일 생성

02. 생성된 docker-compose-dev.yml 파일에 소스 코드를 작성합니다.

예제 6-3 docker-compose-dev.yml 파일 작성   DOCKER-REACT-APP/docker-compose-dev.yml

```yaml
# 도커 컴포즈의 버전
version: "3"
# 실행하는 컨테이너들을 정의
services:
  # 서비스 이름
  react:
    # 현 디렉터리에 있는 Dockerfile 사용
    build:
      # 도커 이미지를 구성하기 위한 파일과 폴더들이 있는 위치
      context: .
      # 도커 파일 어떤 것인지 지정
      dockerfile: Dockerfile.dev
    # 포트 매핑 로컬 포트 : 컨테이너 포트
    ports:
      - "3000:3000"
    # 로컬 머신에 있는 파일들을 매핑
    volumes:
      - /usr/src/app/node_modules
      - ./:/usr/src/app
    stdin_open: true
```

작성한 도커 컴포즈 파일의 구조를 그림으로 나타내면 다음과 같습니다.

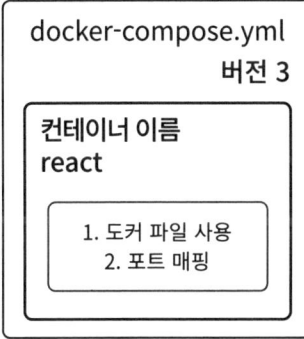

그림 6-24 도커 컴포즈 파일의 구조

도커 컴포즈는 항상 버전을 지정해야 하며, 이 책에서는 버전 3을 이용했습니다.

```
# 도커 컴포즈의 버전
version: "3"
```

그리고 컨테이너들을 서비스로 감싸줍니다. 먼저 서비스의 이름을 지정해야 하는데, 이 책에서는 react로 지정하겠습니다.

```
# 실행하는 컨테이너들을 정의
services:
  # 서비스 이름
  react:
```

그리고 이 서비스 안에 어떠한 도커 파일을 사용해서 이미지를 빌드할 것인지 context에 지정합니다. 도커 이미지를 구성하기 위한 파일들과 docker-compose-dev.yml 파일이 같은 디렉터리에 있으므로 context 항목의 값은 도커 컴포즈 파일과 같은 디렉터리를 의미하는 .으로 지정합니다.

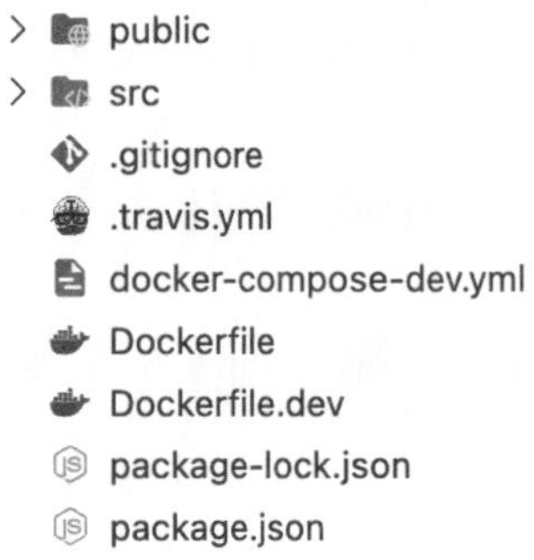

```
> public
> src
  .gitignore
  .travis.yml
  docker-compose-dev.yml
  Dockerfile
  Dockerfile.dev
  package-lock.json
  package.json
```

그림 6-25 도커 컴포즈 파일의 위치

그리고 도커 파일이 어떤 것인지 도커 파일 이름(Dockerfile.dev)을 지정합니다.

```
    # 현 디렉터리에 있는 Dockerfile 사용
    build:
      # 도커 이미지를 구성하기 위한 파일과 폴더들이 있는 위치
      context: .
      # 도커 파일 어떤 것인지 지정
      dockerfile: Dockerfile.dev
```

이어서 그 아래에 포트 매핑과 도커 볼륨을 설정합니다.

```
# 포트 매핑 로컬 포트 : 컨테이너 포트
ports:
  - "3000:3000"
# 로컬 머신에 있는 파일들을 매핑
volumes:
  - /usr/src/app/node_modules
  - ./:/usr/src/app
```

마지막으로 stdin_open은 리액트의 버그를 수정하기 위해 작성한 코드입니다.

```
stdin_open: true
```

03. 도커 컴포즈 파일을 모두 작성했으면 도커 컴포즈를 이용해 애플리케이션을 실행합니다. 이때 도커 컴포즈 파일이 개발 환경 버전이기 때문에 'docker-compose -up' 명령어에 옵션을 추가해 실행해야 합니다. 그 옵션은 docker-compose.yml 파일이 아닌 파일명이 docker-compose-dev.yml인 도커 컴포즈 파일을 이용해 도커 컨테이너를 실행할 수 있게 도커 컴포즈 파일의 이름(docker-compose-dev.yml)을 알려주는 옵션입니다.

실습 6-12 도커 컴포즈로 리액트 애플리케이션 실행

```
//운영 환경 버전을 위한 도커 컴포즈 실행 명령어(docker-compose.yml)
//% docker-compose up --build

//개발 환경 버전을 위한 도커 컴포즈 실행 명령어(docker-compose-dev.yml)
% docker-compose -f docker-compose-dev.yml up --build

Creating network "docker-react-app-master_default" with the default driver
Building react
Step 1/6 : FROM node:10
 ---> 7e5086278377
Step 2/6 : WORKDIR /usr/src/app
 ---> Using cache
 ---> e9941a7b5fe0
Step 3/6 : COPY package.json ./
 ---> 557f34a08dcf
```

```
...
react_1  | Compiled successfully!
react_1  |
react_1  | You can now view docker-react-app in the browser.
react_1  |
react_1  |   Local:            http://localhost:3000
react_1  |   On Your Network:  http://172.19.0.2:3000
react_1  |
react_1  | Note that the development build is not optimized.
react_1  | To create a production build, use yarn build.
react_1  |
```

마찬가지로 도커 컴포즈로 컨테이너를 종료할 때는 'docker-compose down' 명령어가 아닌 'docker-compose -f docker-compose-dev.yml down' 명령어를 이용합니다.

04. 애플리케이션을 실행하고 나서 브라우저에서 3000번 포트를 이용해 애플리케이션 접속합니다.

그림 6-26 브라우저에서 리액트 애플리케이션에 접근

애플리케이션이 문제없이 잘 실행되는 모습을 볼 수 있습니다. 그리고 도커 컴포즈를 이용했을 때도 도커 볼륨이 잘 적용됐는지 확인하기 위해 소스 코드를 변경해 보겠습니다.

05. App.js의 소스 코드를 다음과 같이 변경합니다.

예제 6-4 App.js의 소스 코드 수정   DOCKER-REACT-APP/src/App.js

```
import logo from './logo.svg';
import './App.css';
```

```
function App() {
  return (
    <div className="App">
      <header className="App-header">
        <img src={logo} className="App-logo" alt="logo" />
        <p>
          Edit <code>src/App.js</code> and save to reload....
        </p>
        <a
          className="App-link"
          href="https://reactjs.org"
          target="_blank"
          rel="noopener noreferrer"
        >
          안녕하세요.
        </a>
      </header>
    </div>
  );
}

export default App;
```

다음과 같이 '반갑습니다.'에서 '안녕하세요.'로 소스 코드가 바로 반영되며, 도커 볼륨까지 잘 적용된 걸 볼 수 있습니다.

그림 6-27 소스 코드 변경 시 이미지를 다시 빌드하지 않아도 소스 코드가 반영됨

이렇게 해서 더는 복잡한 명령어를 이용하지 않아도 도커 컴포즈를 이용해 애플리케이션을 더 쉽게 실행할 수 있게 됐습니다.

6.6 리액트 애플리케이션 테스트하기

6장의 앞부분에서 리액트의 설치 방법과 리액트를 실행하는 방법, 리액트를 테스트하는 방법, 리액트 빌드 파일을 만드는 방법을 알아봤습니다. 그중에서 리액트를 테스트할 때는 'npm run test' 명령어를 사용한다고 했습니다. 먼저 이 명령어를 이용해 테스트를 진행해 보겠습니다.

실습 6-13 리액트 애플리케이션을 테스트 할 때 발생하는 에러

```
% npm run test
Test Suites: 1 failed, 1 total
Tests:       0 total
Snapshots:   0 total
Time:        2.528s
Ran all test suites.
```

리액트 애플리케이션을 테스트하면 에러가 발생하는데 이는 리액트를 설치할 때 create-react-app으로 만든 기본 소스 코드를 임의로 변경한 다음 테스트했기 때문에 발생한 에러입니다. 그래서 소스 코드를 다시 처음 상태로 되돌려 보겠습니다. '안녕하세요.'로 변경했던 문구를 다시 'Learn React'로 바꿔줍니다.

예제 6-5 App.js의 소스 코드 원래대로 되돌리기　　　　　　　　　　　DOCKER-REACT-APP/src/App.js

```
function App() {
  return (
    <div className="App">
      <header className="App-header">
        <img src={logo} className="App-logo" alt="logo" />
        <p>
          Edit <code>src/App.js</code> and save to reload....
        </p>
        <a
          className="App-link"
```

```
        href="https://reactjs.org"
        target="_blank"
        rel="noopener noreferrer"
      >
        Learn React
      </a>
    </header>
  </div>
  );
}
```

소스 코드를 되돌린 다음 다시 'npm run test' 명령어로 테스트를 진행해 보겠습니다.

실습 6-14 리액트 애플리케이션을 테스트할 때 발생하는 에러

```
% npm run test
FAIL  src/App.test.js
  ● Test suite failed to run

    Cannot find module '@testing-library/jest-dom/extend-expect' from 'setupTests.js'

      3 | // expect(element).toHaveTextContent(/react/i)
      4 | // learn more: https://github.com/testing-library/jest-dom
    > 5 | import '@testing-library/jest-dom/extend-expect';
        | ^
      6 |

      at Resolver.resolveModule (../../../../../../../usr/local/lib/node_modules/
react-scripts/node_modules/jest-resolve/build/index.js:259:17)
      at Object.<anonymous> (src/setupTests.js:5:1)

Test Suites: 1 failed, 1 total
Tests:       0 total
Snapshots:   0 total
Time:        1.334s, estimated 2s
Ran all test suites.
```

이번에는 실습 6-13과는 다른 에러 메시지가 나옵니다. 이 에러는 현재 로컬에 node_modules 폴더가 없어서 발생한 에러입니다. 따라서 로컬에서 'npm install' 명령어로 node_modules 폴더를 생성하거나 도커 환경에서 테스트를 실행해 해결할 수 있습니다.

도커를 이용한 리액트 애플리케이션에서 테스트를 진행하려면

도커를 이용한 리액트 애플리케이션에서 테스트를 진행하려면 항상 해왔던 것처럼 도커 파일을 이용해 이미지를 생성하고, 생성한 이미지를 이용해 컨테이너와 애플리케이션을 실행할 때 이미지 이름 뒤에 'npm run test' 명령어를 붙여주면 됩니다. 리액트 애플리케이션을 테스트하는 명령어는 'npm run test'이지만, 도커 환경에서는 'docker run' 명령어로 먼저 컨테이너를 실행하고, 그다음에 'npm run test' 명령어를 실행해야 합니다.

실습 6-15 도커 환경에서 리액트 애플리케이션 테스트하기

```
//도커 이미지 생성
% docker build -f Dockerfile.dev ./

//애플리케이션 테스트
% docker run -it johnahn/docker-react-app npm run test
  PASS  src/App.test.js
   ✓ renders learn react link (27ms)

Test Suites: 1 passed, 1 total
Tests:       1 passed, 1 total
Snapshots:   0 total
Time:        2.511s
Ran all test suites.
```

위와 같이 명령어를 입력하면 테스트가 잘 진행되는 모습을 볼 수 있습니다.

이번에는 소스 코드를 변경하면 변경된 소스 코드가 자동으로 화면에 반영되는 것처럼 테스트 소스 코드를 추가하면 바로 반영되게 만들어 보겠습니다. 지금 상태에서는 App.test.js에 테스트 코드를 하나 더 추가해도 아무런 변화가 없습니다.

예제 6-6 App.test.js에 테스트 케이스 추가 DOCKER-REACT-APP/src/App.test.js

```
import React from 'react';
import { render } from '@testing-library/react';
import App from './App';

test('renders learn react link', () => {
  const { getByText } = render(<App />);
  const linkElement = getByText(/learn react/i);
  expect(linkElement).toBeInTheDocument();
});

test('renders learn react link', () => {
  const { getByText } = render(<App />);
  const linkElement = getByText(/learn react/i);
  expect(linkElement).toBeInTheDocument();
});
```

도커 컨테이너와 애플리케이션을 종료했다가 다시 시작해도 하나의 테스트만 실행됩니다.

실습 6-16 테스트 케이스를 하나 더 추가한 다음 리액트 애플리케이션 테스트

```
% npm run test
PASS  src/App.test.js
  ✓ renders learn react link (27ms)


Test Suites: 1 passed, 1 total
Tests:       1 passed, 1 total
Snapshots:   0 total
Time:        2.511s
Ran all test suites.
```

테스트를 하나 더 추가했을 때 바로 반영되게 하려면 소스 코드를 실시간으로 변경하기 위해 도커 볼륨을 이용했던 것처럼 이번에도 도커 볼륨(Volume)을 이용해야 합니다. 다음과 같이 도커 컴포즈 파일에 tests 서비스를 만들고, 테스트를 위한 컨테이너를 추가합니다.

예제 6-7 도커 컴포즈 파일에 테스트 서비스 추가　　　　DOCKER-REACT-APP/docker-compose-dev.yml

```yaml
# 도커 컴포즈의 버전
version: "3"
# 실행하는 컨테이너들을 정의
services:
  # 서비스 이름
  react:
    ... 생략 ...
    stdin_open: true

  # 서비스 이름
  tests:
    # 현 디렉터리에 있는 Dockerfile 사용
    build:
      # 도커 이미지를 구성하기 위한 파일들이 있는 위치
      context: .
      # 도커 파일이 어떤 것인지 지정
      dockerfile: Dockerfile.dev
    # 로컬 머신에 있는 파일을 매핑
    volumes:
      - /usr/src/app/node_modules
      - ./:/usr/src/app
    #  테스트 컨테이너가 시작될 때 실행되는 명령어
    command: ["npm", "run", "test"]
```

이렇게 도커 컴포즈 파일을 구성하면 컨테이너를 실행할 때 두 개의 컨테이너가 실행됩니다. 먼저 리액트 애플리케이션을 실행하는 컨테이너가 실행되고, 이어서 애플리케이션을 테스트하는 컨테이너가 실행됩니다. 도커 컴포즈를 실행해 두 개의 컨테이너를 모두 실행해 보겠습니다.

실습 6-17 리액트 애플리케이션과 리액트 애플리케이션 테스트를 위한 컨테이너 실행

```
% docker-compose -f docker-compose-dev.yml up --build


tests_1  | PASS src/App.test.js
tests_1  |   ✓ renders learn react link (54ms)
tests_1  |   ✓ renders learn react link (5ms)
```

```
tests_1    |   ✓ renders learn react link (3ms)
tests_1    |
tests_1    | Test Suites: 1 passed, 1 total
tests_1    | Tests:       3 passed, 3 total
tests_1    | Snapshots:   0 total
tests_1    | Time:        3.125s
tests_1    | Ran all test suites.
tests_1    |
react_1    | Compiled successfully!
react_1    |
react_1    | You can now view docker-react-app in the browser.
react_1    |
react_1    |   Local:            http://localhost:3000
react_1    |   On Your Network:  http://172.19.0.2:3000
react_1    |
react_1    | Note that the development build is not optimized.
react_1    | To create a production build, use yarn build.
react_1    |
```

두 개의 컨테이너가 모두 실행됐다면 테스트 부분의 소스 코드를 변경해 보겠습니다. App.test.js에서 테스트 케이스를 하나 더 추가합니다.

예제 6-8 App.test.js에 테스트 케이스 추가   DOCKER-REACT-APP/src/App.test.js

```javascript
import React from 'react';
import { render } from '@testing-library/react';
import App from './App';

test('renders learn react link', () => {
  const { getByText } = render(<App />);
  const linkElement = getByText(/learn react/i);
  expect(linkElement).toBeInTheDocument();
});

test('renders learn react link', () => {
  const { getByText } = render(<App />);
  const linkElement = getByText(/learn react/i);
```

```
    expect(linkElement).toBeInTheDocument();
});

test('renders learn react link', () => {
    const { getByText } = render(<App />);
    const linkElement = getByText(/learn react/i);
    expect(linkElement).toBeInTheDocument();
});
```

그러면 자동으로 변경된 부분이 반영돼서 3개의 테스트가 진행되는 모습을 볼 수 있습니다. 이렇게 리액트의 소스 코드뿐만 아니라 테스트 케이스까지 실시간으로 반영되도록 구현했습니다.

6.7 운영 환경을 위한 엔진엑스

지금까지 개발 환경에서 리액트 애플리케이션을 다뤄봤습니다. 이제부터는 배포 후 운영 환경을 위한 부분을 하나씩 다뤄보겠습니다. 먼저 운영 환경에 필요한 엔진엑스(Nginx)를 살펴볼 텐데, 엔진엑스가 왜 필요한지부터 알아보겠습니다.

개발 환경에서 리액트 애플리케이션이 실행되는 구조

개발 환경에서 리액트 애플리케이션이 실행되는 구조를 살펴보겠습니다. 리액트 컨테이너 안에는 개발 서버와 정적인 파일들이 있습니다. 브라우저에서 리액트 애플리케이션에 접속해 요청이 들어오면 리액트 컨테이너에 있는 개발 서버에서 요청에 알맞게 처리해 정적 파일을 전달합니다.

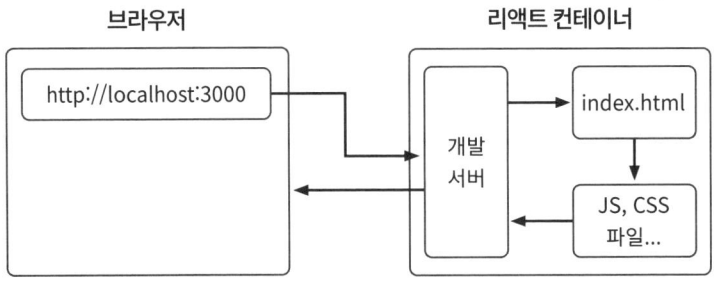

그림 6-28 개발 환경에서 리액트 애플리케이션이 실행되는 구조

운영 환경에서 리액트 애플리케이션이 실행되는 구조

운영 환경에는 개발 환경과 달리 개발 서버가 없습니다. 개발 서버가 없다면 어떻게 브라우저의 요청에 맞게 정적 파일들을 제공할 수 있을까요? 운영 환경에서 개발 서버 대신에 정적 파일을 제공해주는 역할을 하는 게 바로 엔진엑스 웹 서버입니다.

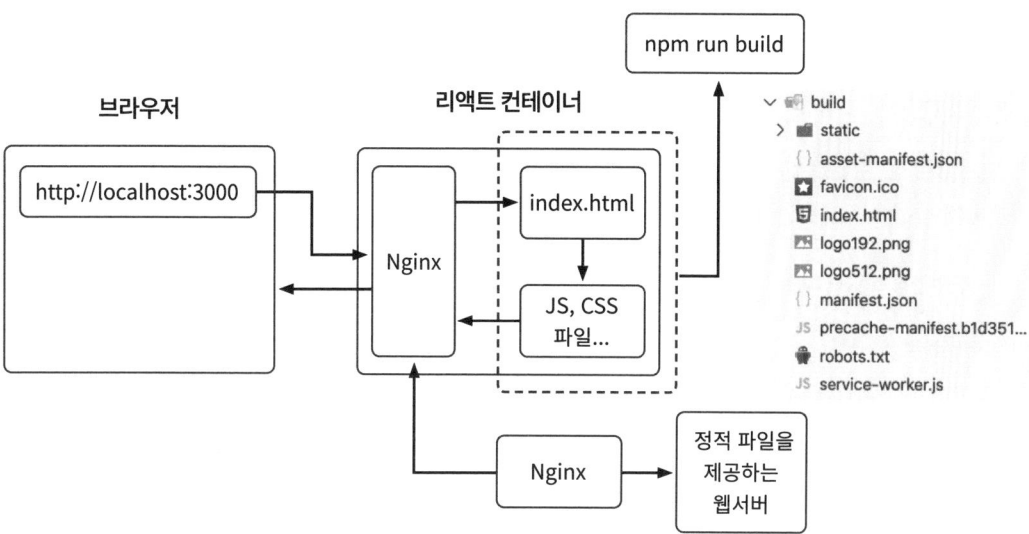

그림 6-29 운영 환경에서 리액트 애플리케이션이 실행되는 구조

운영 환경에서는 'npm run build' 명령어를 이용해 빌드 파일을 생성합니다. 그리고 생성된 빌드 파일을 이용해 리액트 애플리케이션을 실행합니다. 그리고 빌드 파일 안에 있는 index.html 파일, 자바스크립트 파일, CSS 파일 등의 정적 파일은 개발 서버 대신 엔진엑스라는 웹 서버가 브라우저의 요청에 알맞게 제공합니다.

왜 개발 환경의 서버와 운영 환경의 서버가 다른가요?

개발에서 사용하는 서버는 소스 코드를 변경하면 자동으로 전체 애플리케이션을 다시 빌드해서 변경된 소스 코드를 반영하는 것처럼 개발 환경에 특화된 기능이 있습니다. 따라서 개발 중에는 이러한 기능이 없는 엔진엑스 서버보다 개발 서버가 더욱 적합합니다. 반대로 운영 환경에서는 소스 코드를 변경할 때 다시 반영할 필요가 없으므로 엔진엑스처럼 더 깔끔하고 빠른 서버를 웹 서버로 사용합니다.

6.8 운영 환경의 도커 이미지를 위한 도커 파일 작성하기

이전 절에서는 운영 환경에서 개발 서버 대신에 정적 파일을 제공하기 위해 엔진엑스 웹 서버가 필요하다는 것을 알아봤습니다. 이번 절에서는 엔진엑스를 포함한 리액트 운영 환경의 이미지를 생성해 보겠습니다. 먼저 도커 이미지를 생성하기 위해 도커 파일을 작성하겠습니다. 이때 개발 환경을 위한 도커 파일과 운영 환경을 위한 도커 파일을 모두 작성해 보겠습니다.

개발 환경의 도커 파일과 운영 환경의 도커 파일 비교

개발 환경과 운영 환경의 도커 파일이 어떻게 다른지 그림을 통해 살펴보겠습니다. 그림 6-30을 보면 아랫쪽에 점선으로 표시한 부분에만 차이가 있습니다.

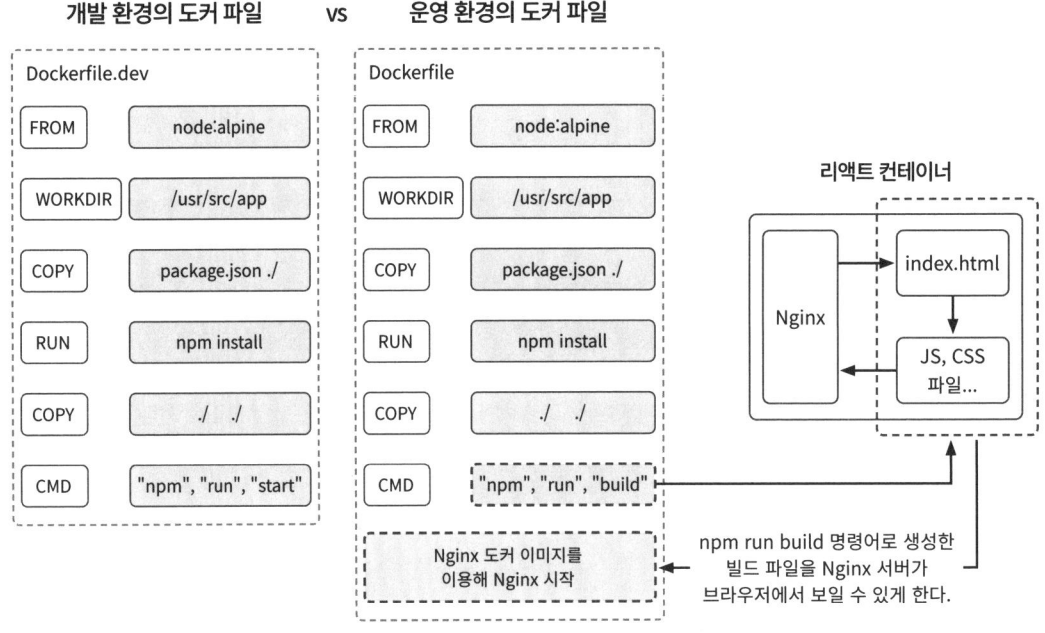

그림 6-30 개발 환경의 도커 파일과 운영 환경의 도커 파일 비교

개발 환경에서는 빌드 명령어를 입력하는 과정 없이 애플리케이션을 실행할 수 있지만, 운영 환경에서는 빌드를 해야 합니다. 따라서 CMD에 'npm run build' 명령어를 추가해 운영 환경에서 배포할 빌드 파일을 생성합니다. 그다음 엔진엑스를 실행하고, 빌드된 파일들을 엔진엑스가 처리하도록 합니다.

운영 환경을 위한 도커 파일에서 FROM부터 CMD까지는 빌드 파일을 생성하기 위한 부분입니다. 그 이후에 나오는 명령어는 엔진엑스를 이용해 웹브라우저에서 오는 요청에 따라서 정적 파일을 제공하는 부분입니다. 따라서 이러한 형식으로 운영 환경을 위한 도커 파일을 작성하면 됩니다.

운영 환경의 도커 파일 자세히 보기

운영 환경을 위한 도커 파일을 요약하자면 크게 두 단계로 이뤄져 있습니다.

첫 번째 단계에서는 빌드 파일을 생성합니다. 다음 그림에 보이는 것처럼 build 폴더 안에 있는 파일을 생성하는 단계입니다(Builder Stage).

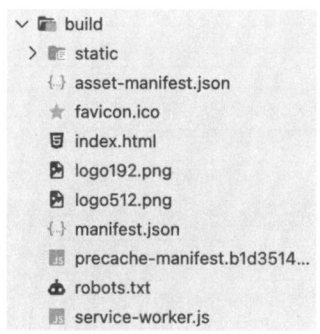

그림 6-31 리액트 애플리케이션을 배포하기 위한 빌드 파일 생성

두 번째 단계는 엔진엑스를 가동하고, 첫 번째 단계에서 생성된 빌드 폴더의 파일들을 웹 브라우저의 요청에 따라 제공합니다(Run Stage).

이 부분을 소스 코드로 작성하기 전에 다시 한 번 그림을 통해 하나씩 살펴보겠습니다.

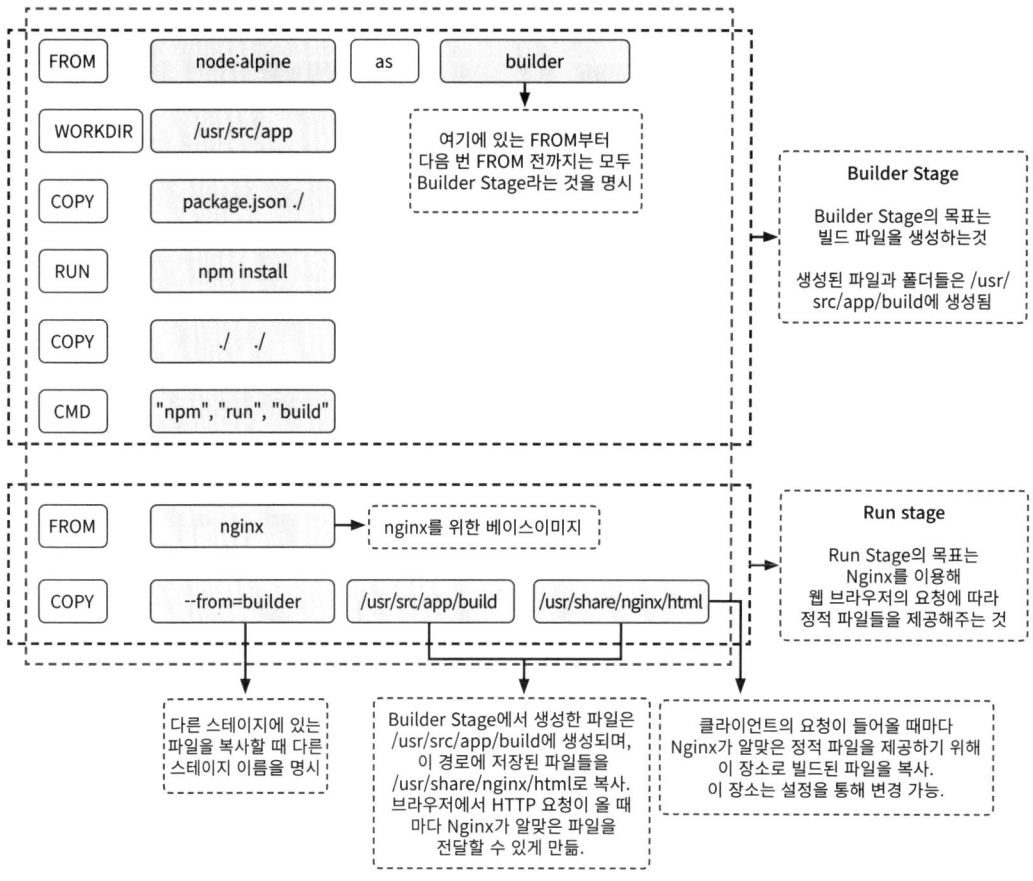

그림 6-32 도커 파일 정리

BUILDER STAGE

FROM

먼저 FROM에 있는 AS는 현재 FROM부터 다음 FROM 전까지는 모두 빌드(builder) 단계라는 것을 명시합니다. 그리고 이 builder 단계에서는 빌드 파일을 생성합니다.

WORKDIR

builder 단계에서 생성된 파일과 폴더들은 컨테이너에 있는 /usr/src/app/build 디렉터리로 들어갑니다. /usr/src/app/build 경로로 빌드 파일들이 들어가는 이유는 작업 디렉터리를 /usr/src/app으로 정했기 때문입니다.

RUN

RUN 단계에서는 먼저 엔진엑스를 가동하고, 클라이언트에서 정적 파일을 요청하면 엔진엑스를 이용해 builder 단계에서 생성한 빌드 파일을 제공하면 됩니다.

COPY

FROM을 이용해 엔진엑스를 가동하고, 엔진엑스가 빌드 파일들을 제공할 수 있게 엔진엑스가 제어할 수 있는 디렉터리로 빌드 파일을 복사합니다.

CMD

CMD는 Command의 약자로 'npm run build' 명령어를 입력해서 리액트 애플리케이션의 빌드 파일을 생성합니다.

RUN STAGE

FROM

FROM을 이용해 도커 허브에서 엔진엑스 이미지를 가져와서 엔진엑스를 실행합니다.

COPY

다른 스테이지에 있는 파일을 복사하기 위해 ――from=builder와 같이 스테이지를 명시합니다. 즉 builder 단계에서 빌드된 파일을 가져오는 것임을 명시합니다.

그리고 이 빌드 파일을 컨테이너의 /usr/share/nginx/html 디렉터리로 복합니다. 이 경로는 엔진엑스가 정적 파일을 브라우저에 제공할 수 있게 기본적으로 설정된 장소입니다. 즉 모든 빌드 파일을 엔진엑스가 제어할 수 있는 경로인 /usr/share/nginx/html로 복사하는 것입니다. 이 경로는 다른 디렉터리로 변경할 수 있지만 그러할 필요가 없기 때문에 기본으로 설정된 경로를 그대로 사용하겠습니다.

지금까지 설명한 내용을 토대로 운영 환경의 도커 파일을 생성하고, 운영 환경에서 리액트 애플리케이션을 실행해 보겠습니다.

운영 환경에서 리액트 애플리케이션 실행하기

01. 먼저 도커 파일을 생성합니다.

그림 6-33 도커 파일 생성

02. 도커 파일에 다음과 같이 소스 코드를 작성합니다.

예제 6-9 도커 파일 작성하기 　　　　　　　　　　　　　　　　DOCKER-REACT-APP/Dockerfile
```
FROM node:alpine as builder
WORKDIR '/usr/src/app'
COPY package.json .
RUN npm install
COPY ./ ./
RUN npm run build

FROM nginx
COPY --from=builder /usr/src/app/build /usr/share/nginx/html
```

03. 작성한 도커 파일로 이미지를 생성합니다.

실습 6-18 운영 환경의 도커 파일로 도커 이미지 생성하기
```
% docker build -t johnahn/docker-react-app ./
```

04. 이미지를 생성했다면 생성된 이미지를 이용해 애플리케이션을 실행합니다.

실습 6-19 도커 이미지를 이용해 애플리케이션 실행하기
```
% docker run -p 8080:80 johnahn/docker-react-app
 Compiled successfully!


You can now view docker-react-app in the browser.
```

```
Local:              http://localhost:3000
On Your Network:    http://192.168.0.2:3000

Note that the development build is not optimized.
To create a production build, use npm run build.
```

05. 웹 브라우저로 이동한 다음 리액트 애플리케이션으로 접속해(localhost:8080) 리액트 애플리케이션에 접근합니다.

그림 6-34 브라우저에서 리액트 애플리케이션에 접근

이렇게 해서 운영 환경에서도 애플리케이션이 잘 실행되는 모습을 볼 수 있습니다.

6.9 운영 환경의 도커 컴포즈 파일 작성하기

이번 절에서는 운영 환경에서 이용할 도커 컴포즈 파일을 작성해 보겠습니다. 도커 컴포즈 파일을 개발 환경의 파일과 운영 환경의 파일로 나누는 이유는 애플리케이션을 배포할 때 AWS의 일래스틱 빈스톡이라는 환경을 이용하는데 그 환경이 컨테이너를 실행할 때 도커 컴포즈 파일(docker-compose.yml)을 보고 이미지를 빌드한 후에 컨테이너를 실행하기 때문입니다. 개발 환경을 위한 도커 컴포즈 파일만 있다면 운영 환경을 위한 컨테이너를 실행할 때 에러가 발생하기 때문에 운영 환경을 위한 도커 컴포즈 파일을 따로 만들어 주겠습니다.

운영 환경의 도커 컴포즈 파일 작성

01. 프로젝트의 최상위 디렉터리에 docker-compose.yml 파일을 생성합니다.

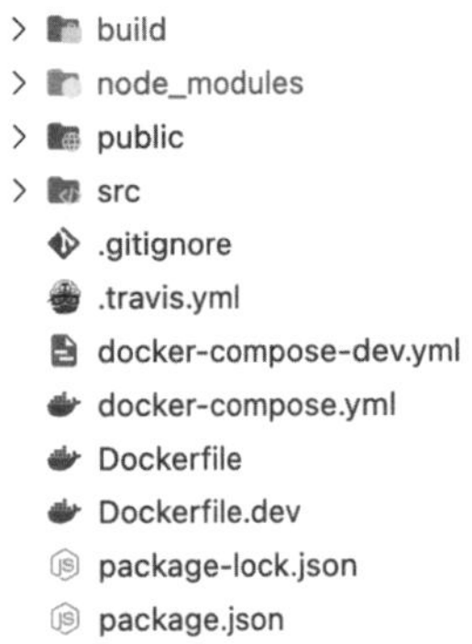

```
> build
> node_modules
> public
> src
  .gitignore
  .travis.yml
  docker-compose-dev.yml
  docker-compose.yml
  Dockerfile
  Dockerfile.dev
  package-lock.json
  package.json
```

그림 6-35 도커 컴포즈 파일 생성

02. 운영 환경의 도커 컴포즈 파일은 개발 환경의 도커 컴포즈 파일과 거의 흡사하기 때문에 개발 환경의 도커 컴포즈 파일에 있는 소스 코드를 복사해서 운영 환경의 도커 컴포즈 파일에 붙여 넣겠습니다.

예제 6-10 개발 환경의 도커 컴포즈 파일을 운영 환경의 도커 컴포즈 파일로 붙여넣기

DOCKER-REACT-APP/docker-compose.yml

```yml
version: "3"
services:
  react:
    build:
      context: .
      dockerfile: Dockerfile.dev
    ports:
      - '3000:3000'
    volumes:
      - /usr/src/app/node_modules
      - ./:/usr/src/app
    stdin_open: true
  tests:
    build:
      context: .
      dockerfile: Dockerfile.dev
    volumes:
```

```
      - /usr/src/app/node_modules
      - ./:/usr/src/app
    command: ["npm", "run", "test"]
```

03. 이 상태에서 우선 tests 서비스 부분을 제거합니다. 리액트 애플리케이션을 테스트하는 부분은 개발 환경에서만 필요하기 때문에 테스트를 위한 컨테이너는 필요하지 않습니다.

예제 6-11 tests 서비스를 제거한 도커 컴포즈 파일　　DOCKER-REACT-APP/docker-compose.yml
```
version: "3"
services:
  react:
    build:
      context: .
      dockerfile: Dockerfile.dev
    ports:
      - '3000:3000'
    volumes:
      - /usr/src/app/node_modules
      - ./:/usr/src/app
    stdin_open: true
```

04. react 컨테이너를 빌드하려면 개발 환경의 도커 파일(Dockerfile.dev)이 아닌 운영 환경 도커 파일(Dockerfile)이 필요합니다. 따라서 dockerfile 부분에 운영 환경의 도커 파일을 지정합니다.

예제 6-12 이미지를 빌드할 운영 환경의 도커 파일로 지정　　DOCKER-REACT-APP/docker-compose.yml
```
version: "3"
services:
  react:
    build:
      context: .
      dockerfile: Dockerfile
    ports:
      - '3000:3000'
    volumes:
      - /usr/src/app/node_modules
      - ./:/usr/src/app
    stdin_open: true
```

05. 마지막으로 포트(ports)를 변경합니다. 리액트는 운영 환경에서 웹 서버로 엔진엑스를 사용하기 때문에 개발 환경의 기본 포트인 3000번이 아닌 엔진엑스의 기본 포트인 80번에서 실행됩니다. 따라서 컨테이너 안에서 리액트가 실행되는 80번 포트와 외부에서 접속하는 80번 포트를 매핑합니다.

예제 6-13 운영 환경을 위한 포트 번호로 수정   DOCKER-REACT-APP/docker-compose.yml

```
version: "3"
services:
  react:
    build:
      context: .
      dockerfile: Dockerfile
    ports:
      - '80:80'
    volumes:
      - /usr/src/app/node_modules
      - ./:/usr/src/app
    stdin_open: true
```

이렇게 해서 운영 환경의 도커 컴포즈 파일까지 완성했습니다.

07

단일 컨테이너를 활용한 애플리케이션의 테스트와 배포

이번 장에서는 6장에서 작성한 소스 코드를 깃허브에 올리고, 깃허브에 올린 소스 코드를 Travis CI로 가져가 Travis CI에서 소스 코드가 문제없이 동작하는지 테스트하겠습니다. 그리고 테스트 케이스에 성공하면 AWS에 소스 코드를 보내서 배포하는 과정까지 살펴보겠습니다. 즉 7장에서는 그림 7-1에서 음영으로 강조한 부분을 실습해 보겠습니다.

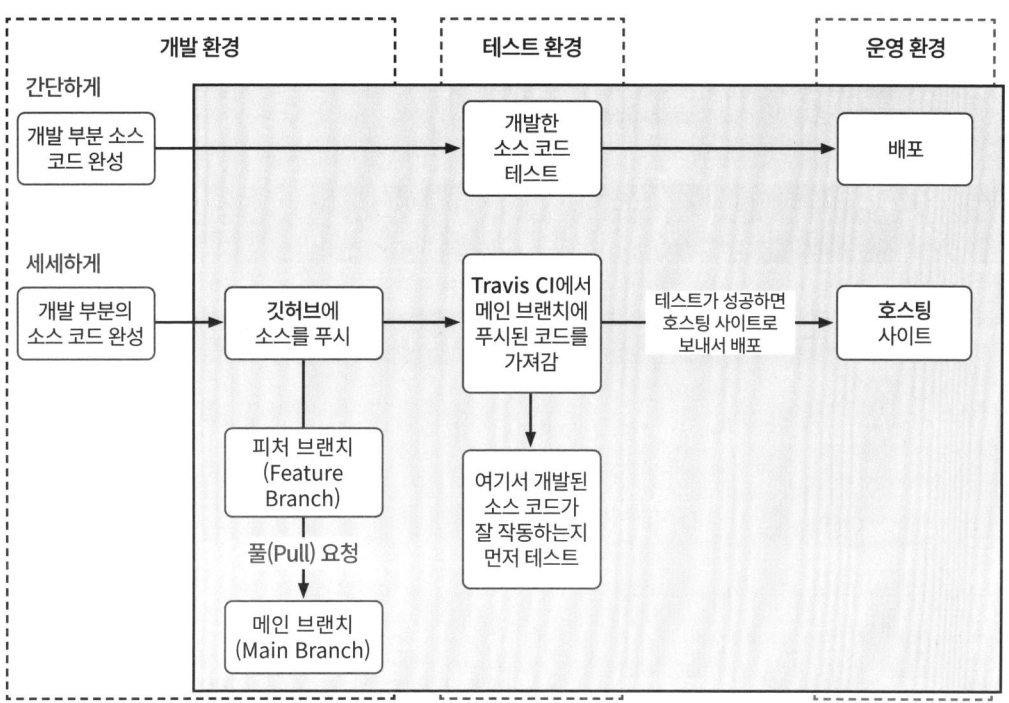

그림 7-1 리액트 애플리케이션의 개발부터 배포까지의 과정

7.1 깃허브에 소스 코드 올리기

01. 브라우저에서 깃허브 홈페이지(https://github.com/)로 이동한 다음 [Sign in] 버튼을 클릭해 로그인합니다.

만약 깃허브 아이디가 없다면 [Sign up] 버튼을 클릭해 회원 가입한 후에 로그인합니다.

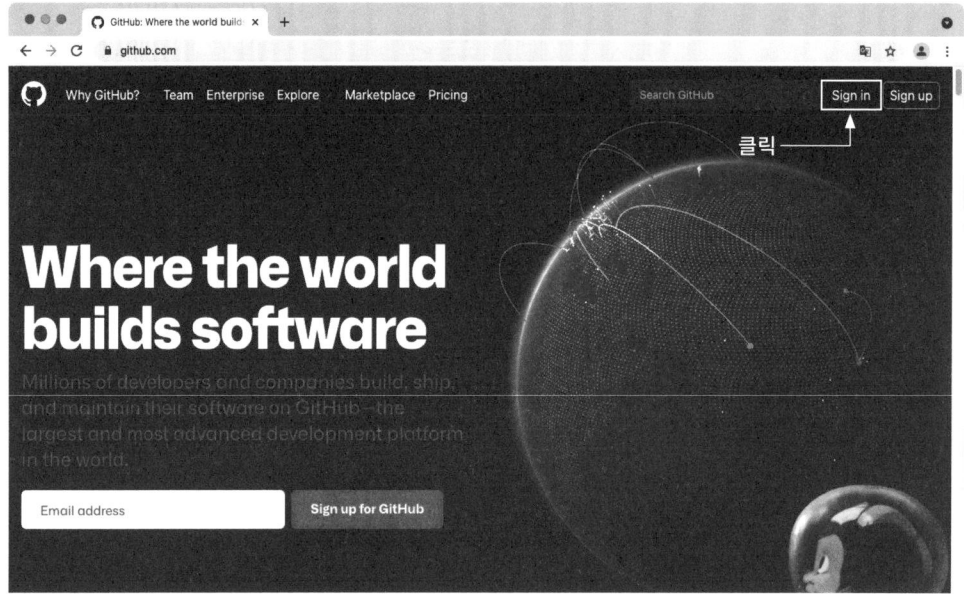

그림 7-2 깃허브 홈페이지(https://github.com/)

02. 현재 만들고 있는 애플리케이션을 담을 새로운 저장소를 만듭니다.

오른쪽 상단에서 [+] 아이콘을 클릭한 다음 [New repository]를 선택합니다.

그림 7-3 새로운 저장소 생성

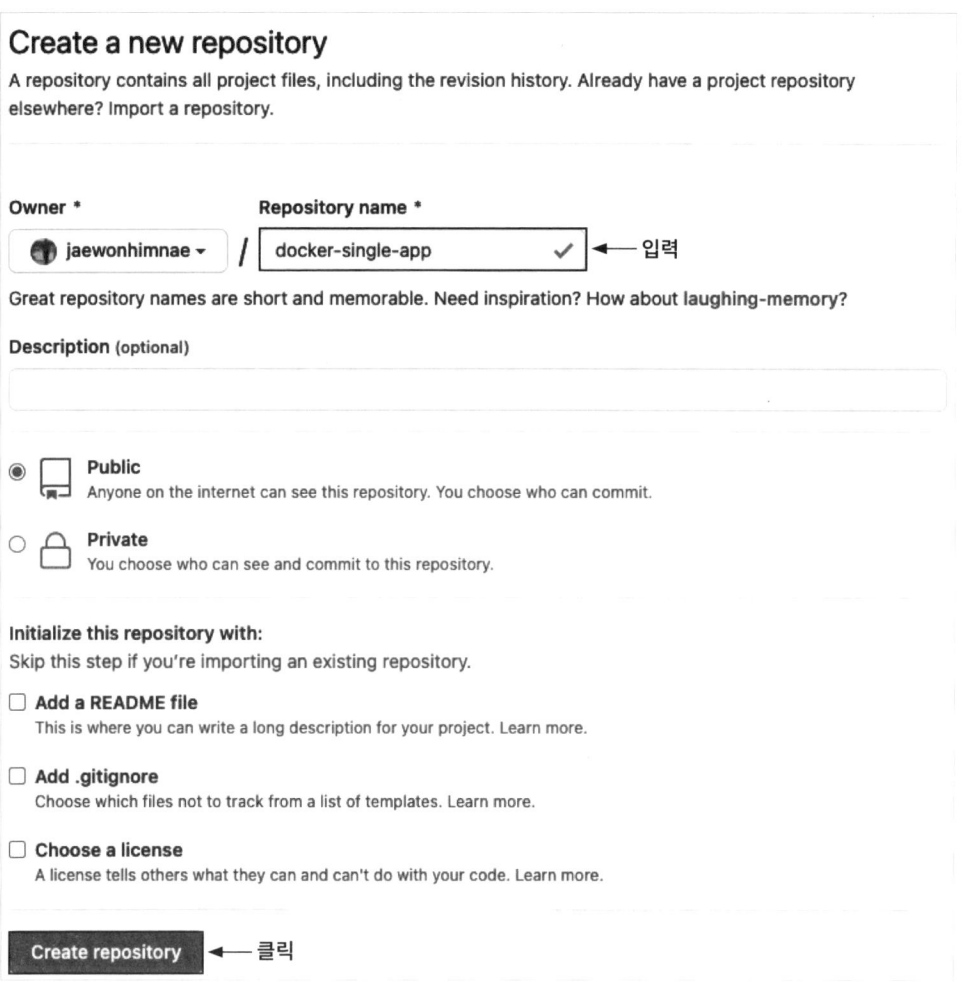

그림 7-4 새로운 저장소 생성

- Repository name: 저장소의 이름을 설정합니다. 이 책에서는 docker-single-app으로 지정했습니다.

- Description: 저장소의 설명을 설정합니다.

- Public: 모든 사용자가 이 저장소를 볼 수 있게 설정합니다.

- Private: 선택된 사람만 이 저장소를 볼 수 있게 설정합니다.

- Add a README file: 프로젝트에 대한 설명을 작성할 수 있는 파일을 생성합니다.

- Add .gitignore: 저장소에 올리지 않을 파일을 나열하는 파일을 생성합니다.

- Choose a license: 라이선스를 명시할 파일을 생성합니다.

03. 터미널을 열고 6장의 프로젝트 폴더인 docker-react-app으로 이동한 다음 로컬 깃 저장소를 만듭니다.

로컬 깃 저장소를 만들 때는 해당 프로젝트의 최상위 디렉터리에서 명령어를 작성해야 합니다. 비주얼 스튜디오 코드에서 터미널을 열고 사용하면 바로 해당 디렉터리에서 시작하게 됩니다.

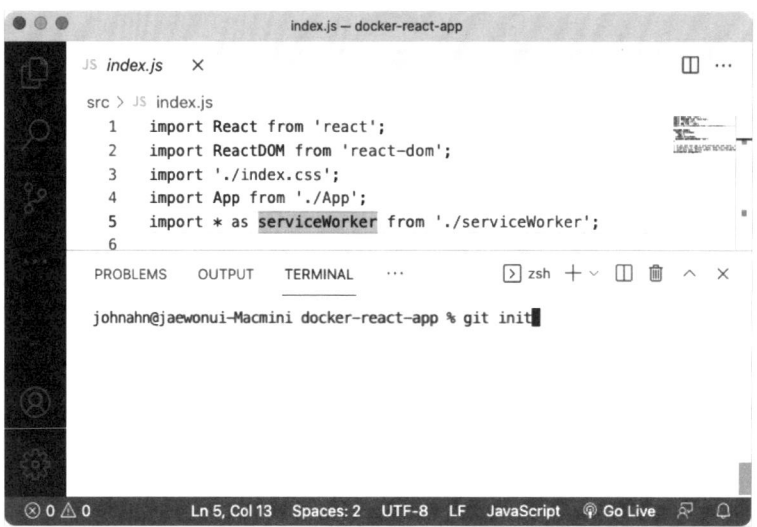

그림 7-5 비주얼 스튜디오 코드에서 터미널 실행

로컬 깃 저장소는 'git init' 명령어로 만들 수 있습니다.

실습 7-1 로컬 깃 저장소 만들기

```
% git init
Initialized empty Git repository in /Users/jaewon/Desktop/docker-react-app/.git/
```

04. 6장에서 작성한 소스 코드를 로컬 깃 저장소에 저장합니다.

'git add .' 명령어는 작업 디렉터리의 변경 내용을 스테이징 영역에 추가합니다. 그리고 'git commit -m "initial commit"' 명령어로 스테이징 영역에 있는 소스 코드를 간단한 메시지와 함께 로컬 저장소에 저장합니다.

실습 7-2 소스 코드를 로컬 깃 저장소에 저장

```
// 작업 디렉터리상의 모든 변경 내용을 스테이징 영역에 추가
% git add .

// 스테이징 영역에 있는 소스 코드를 로컬 저장소에 간단한 메시지와 함께 저장
% git commit -m "initial commit"
```

```
[master (root-commit) 177b6a4] initial commit
 1 file changed, 12 insertions(+)
 create mode 100644 package.json
```

05. 기본 브랜치를 설정합니다.

원래는 자동으로 master 브랜치가 설정되지만, 따로 main 브랜치를 설정해 이용하겠습니다[1].

실습 7-3 기본 브랜치 설정

```
% git branch -M main
```

06. 로컬 깃 저장소와 깃허브의 리모트 저장소를 연결합니다.

깃허브 리모트 저장소는 사용자마다 다르게 설정해야 합니다. 이 주소는 앞서 생성한 리모트 저장소 페이지에 들어가면 찾을 수 있습니다.

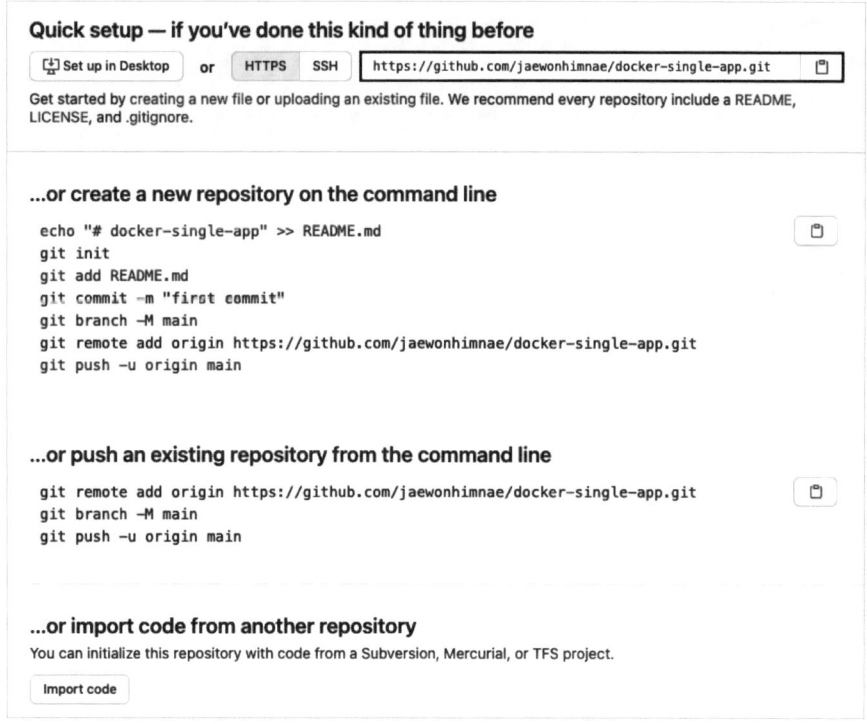

그림 7-6 깃허브 저장소 연결 주소

---

[1] 미국에서 일어난 Black Lives Matter 시위로 시작된 용어의 문제로, master/slaves 용어의 사용을 피하기 위해 main으로 변경됐습니다.

> **실습 7-4 로컬 깃 저장소와 깃허브의 리모트 저장소 연결**
> ```
> % git remote add origin https://github.com/jaewonhimnae/docker-single-app.git
> ```
> ※ 이탤릭체로 표시한 주소 부분에는 자신의 깃허브 주소를 작성해주세요.

07. 로컬 깃 저장소에 있는 소스 코드를 깃허브 저장소로 푸시합니다.

> **실습 7-5 로컬 깃 저장소의 소스 코드를 깃허브 저장소로 푸시**
> ```
> % git push -u origin main
> Enumerating objects: 3, done.
> Counting objects: 100% (3/3), done.
> Delta compression using up to 12 threads
> Compressing objects: 100% (2/2), done.
> Writing objects: 100% (3/3), 378 bytes | 378.00 KiB/s, done.
> Total 3 (delta 0), reused 0 (delta 0)
> To https://github.com/jaewonhimnae/docker-lecture.git
>  * [new branch]      main -> main
> Branch 'main' set up to track remote branch 'main' from 'origin'.
> ```

지금까지 소스 코드를 깃허브에 올리는 방법을 살펴봤습니다. 이제 이 소스 코드가 잘 작성된 코드인지 테스트해야 합니다. 이는 다음 절에서 Travis CI를 이용해 구현해 보겠습니다.

7.2 Travis CI에서 테스트하기

이번 절에서는 Travis CI에 대해서 알아보겠습니다.

Travis CI란?

Travis CI는 깃허브 및 비트버킷(Bitbucket)에서 호스팅되는 소프트웨어 프로젝트를 빌드하고 테스트할 수 있는 호스팅 통합 서비스입니다. Travis CI를 이용하면 깃허브 저장소에 있는 프로젝트를 특정 이벤트에 따라 자동으로 테스트 및 빌드하거나 배포할 수 있습니다. Public 저장소는 무료로 사용할 수 있으며, Private 저장소는 일정 금액을 지불하고 사용할 수 있습니다.

Travis CI의 역할

Travis CI를 사용하기 전에 Travis CI가 개발 환경에 있는 소스 코드를 운영 환경에 배포하기까지의 과정에서 어떻게 사용되는지 간단하게 알아보겠습니다.

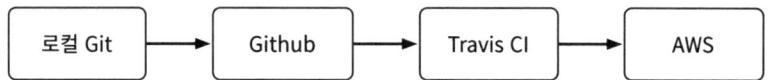

그림 7-7 개발 환경에 있는 소스 코드를 운영 환경에 배포하기까지의 과정

01. 로컬 깃 저장소에 있는 소스 코드를 깃허브 저장소에 푸시(Push)합니다.
02. 깃허브의 메인 저장소에 소스 코드가 푸시되면 Travis CI가 자동으로 깃허브 저장소에 푸시된 소스 코드를 가져옵니다.
03. 깃허브에서 가져온 소스 코드 중에서 테스트 코드를 실행합니다.
04. 테스트 코드를 실행한 후 테스트에 성공하면 AWS 같은 호스팅 사이트로 소스 코드를 배포합니다.

이렇게 깃허브에 소스 코드를 푸시하기만 하면 자동으로 테스트와 배포까지 진행되도록 하는 게 Travis CI의 역할입니다.

Travis CI와 깃허브 연동

깃허브에 소스 코드를 푸시하면 Travis CI에서 그 소스 코드를 가져가야 하므로 깃허브와 Travis CI가 연동돼 있어야 합니다. 먼저 이 둘을 연동하는 순서를 알아보겠습니다.

01. 브라우저에서 Travis CI 홈페이지(https://travis-ci.com)로 이동합니다[2].

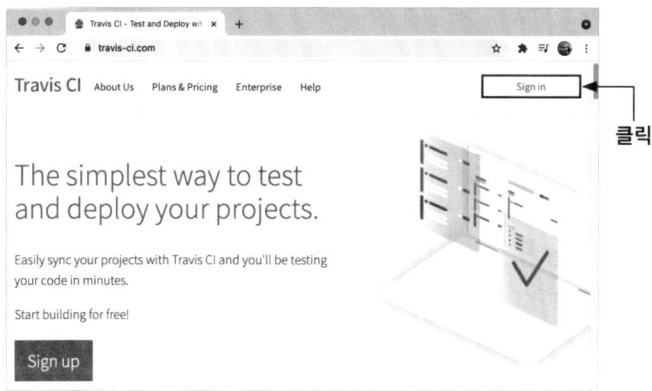

그림 7-8 Travis CI 홈페이지

---

2   브라우저에서 검색해서 들어갈 때 https://travis-ci.org가 아닌 https://travis-ci.com으로 접속해주세요.

02. Travis CI에 로그인합니다.

오른쪽 상단에 있는 [Sign in] 버튼을 클릭해 로그인 페이지로 이동합니다. 소셜 로그인 방법 중에서 깃허브 계정을 이용해 로그인하기 위해 [SIGN IN WITH GITHUB] 버튼을 클릭합니다.

그림 7-9 Travis CI 로그인 페이지에서 깃허브 계정으로 로그인

03. Travis CI가 깃허브에 접근하기 위한 권한을 요청하는 페이지가 나오면 [Authorize Travis CI] 버튼을 클릭합니다.

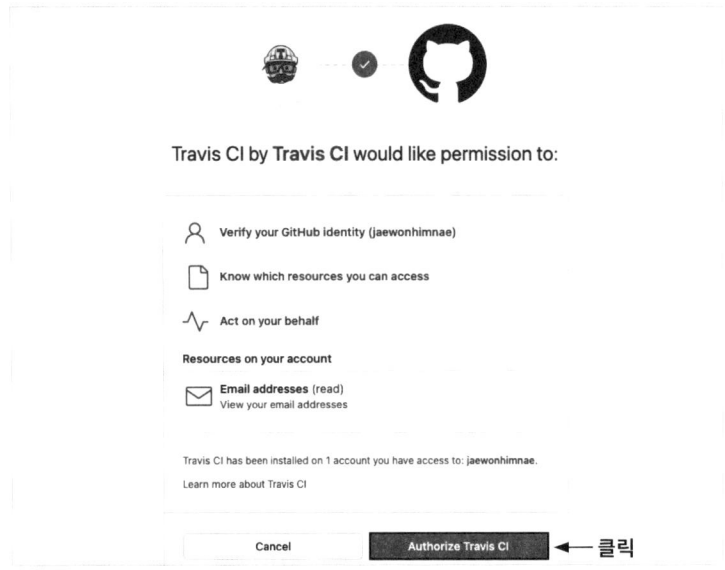

그림 7-10 Travis CI에서 깃허브에 접근하기 위한 권한 요청 페이지

04. 만약 다음과 같이 'Please check your email and confirm your account'라는 메시지가 나오면 자신의 이메일로 들어가서 Travis CI에서 보내준 이메일을 확인해주세요.

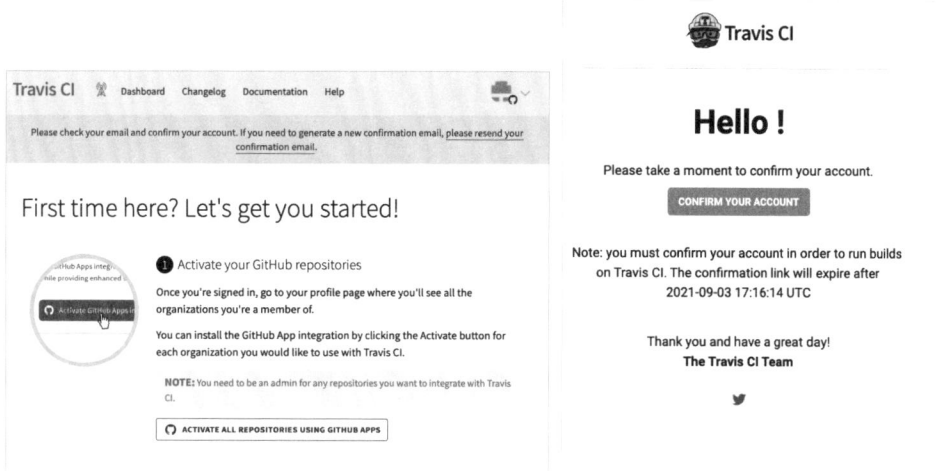

그림 7-11 이메일 확인 요청

05. Travis CI에서 테스트 및 배포를 시작하려면 깃허브 앱 통합을 활성화해야 합니다. GitHub Apps Integration 아래에 있는 [Activate] 버튼을 클릭해 활성화합니다.

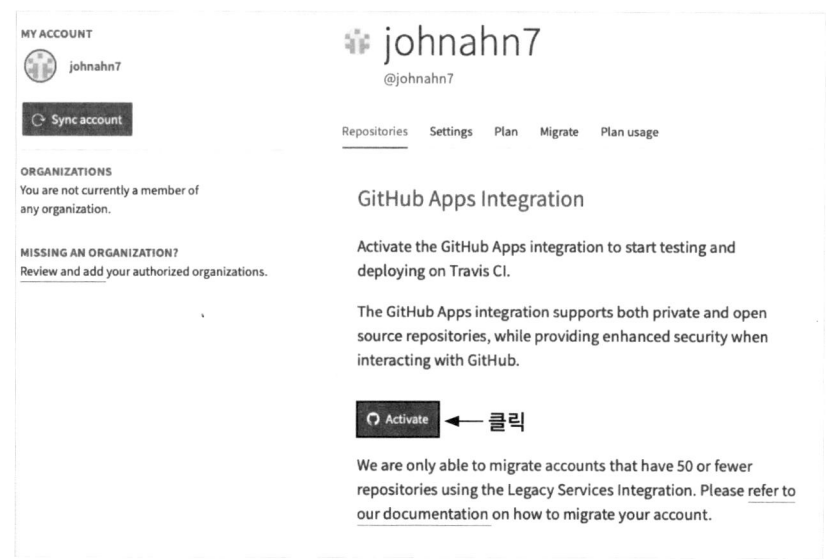

그림 7-12 Travis CI와 깃허브 통합 활성화 페이지

06. 깃허브 아이디에 있는 모든 저장소를 Travis CI와 통합하려면 [All repositories]를 선택하고, 특정 저장소만 통합하려면 [Only select repositories]를 선택합니다. 이 책에서는 [All repositories]를 선택하겠습니다. 선택한 후에 [Approve & Install] 버튼을 클릭합니다.

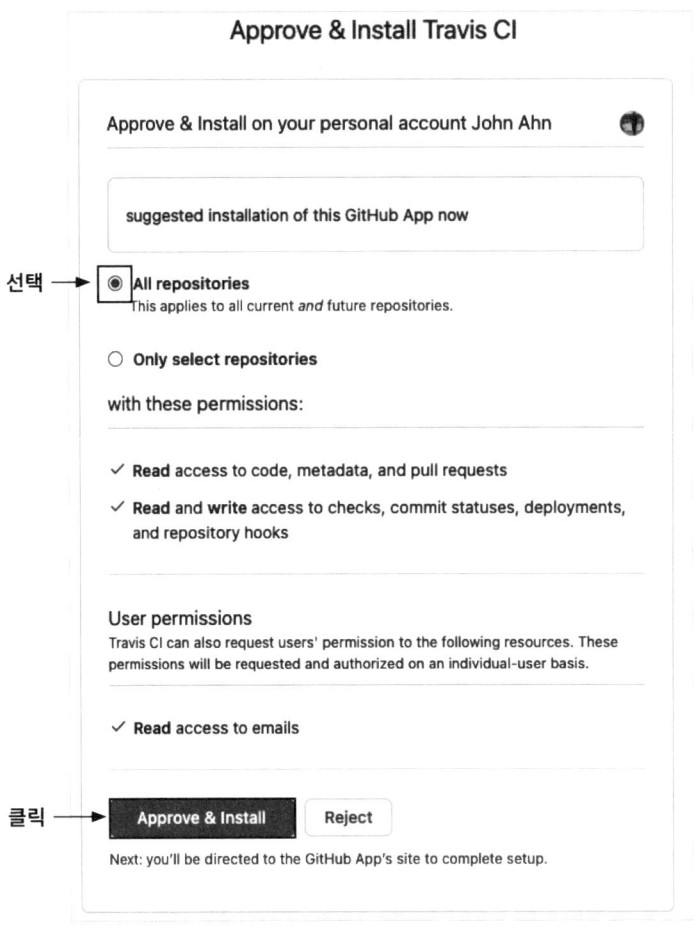

그림 7-13 Travis CI와 깃허브 통합 활성화 페이지

07. 설정 페이지로 이동합니다.

오른쪽 상단에 있는 계정 아이콘을 클릭한 다음 [Settings]를 선택합니다.

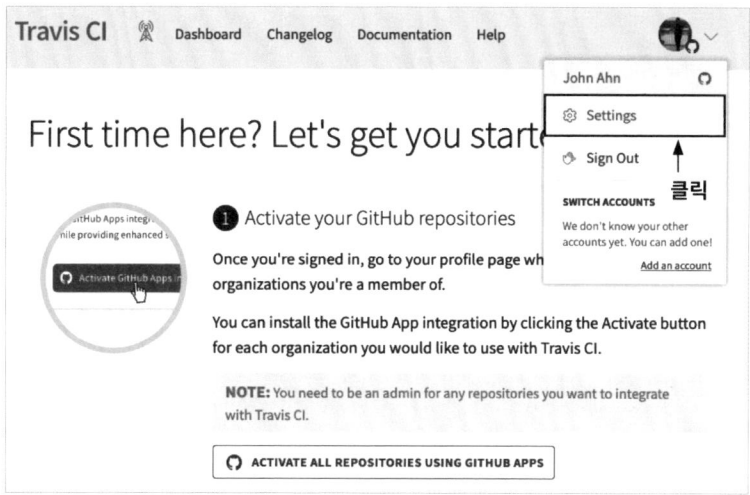

그림 7-14 Travis CI 설정 페이지로 이동

08. 깃허브에 올린 도커 리액트 애플리케이션 저장소를 찾습니다.

[Repositories] 탭에서 앞서 만든 저장소를 선택합니다. 만약 앞서 만든 저장소가 안 보인다면 왼쪽에 있는 [Sync account] 버튼을 클릭합니다.

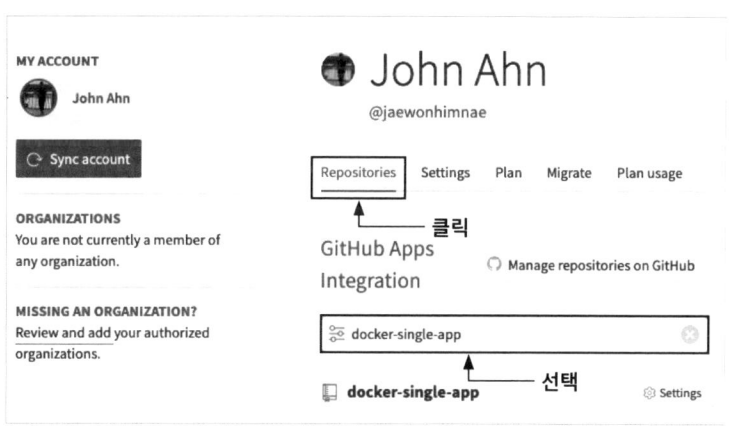

그림 7-15 깃허브에 올린 애플리케이션 저장소 찾기

지금까지 Travis CI에 가입하고 어떠한 프로젝트를 Travis CI에서 관리할 것인지 설정했습니다. 이제부터 깃허브에서 Travis CI로 소스를 어떻게 전달할지, 전달받은 소스 코드를 어떻게 테스트할지, 테스트에 성공했을 때 어떻게 AWS로 전달해서 배포할 것인지 설정해야 합니다.

도커에서는 이러한 설정을 위해서 도커 컴포즈 파일(docker-compose.yml)에 무엇을 할지 작성했다면, Travis CI에서는 .travise.yml 파일에 무엇을 할지 작성합니다.

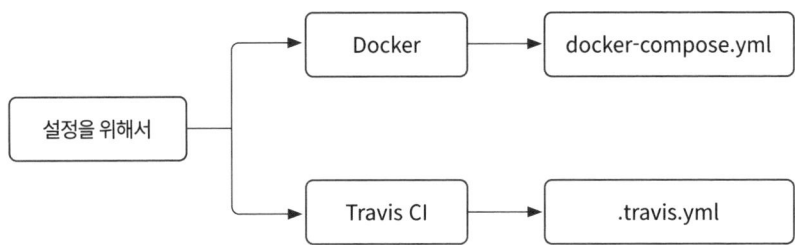

그림 7-16 Travis CI가 할 일을 설정하기 위한 .travis.yml 파일

테스트를 위한 Travis CI 설정 파일 작성하기 - travis.yml

이번 절에서는 Travis CI를 이용해 테스트 코드를 실행하고 애플리케이션을 배포하는 방법을 살펴보겠습니다. 그러기 위해서는 먼저 Travis CI의 설정 파일인 travis.yml 파일을 작성해야 합니다.

다음 그림을 통해 travis.yml 파일의 작성 방법을 살펴보겠습니다.

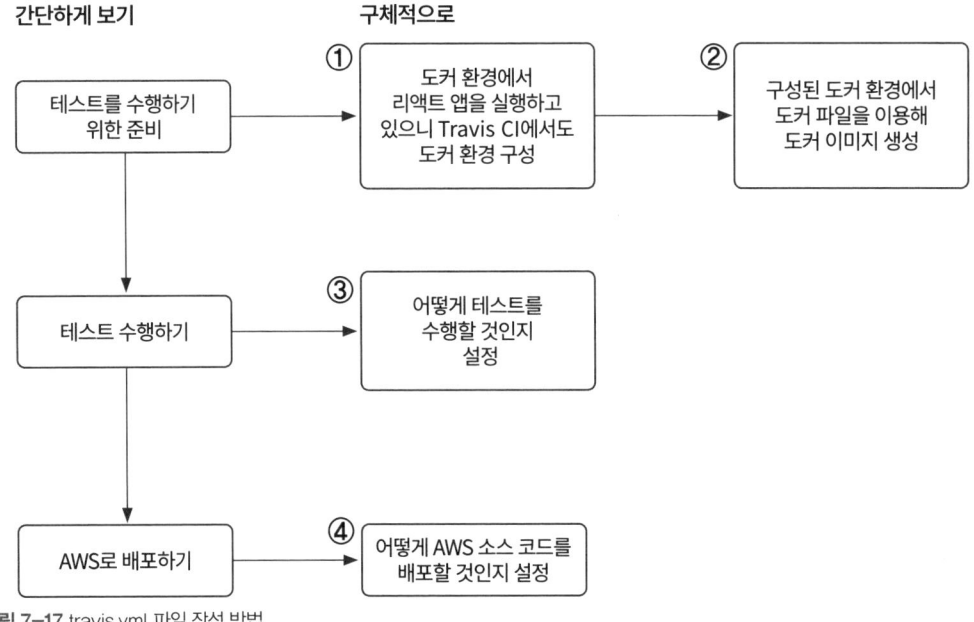

그림 7-17 travis.yml 파일 작성 방법

우선 간단하게 살펴보면 먼저 테스트를 수행하기 위한 준비를 합니다. 그리고 준비한 것을 이용해 테스트를 수행합니다. 그리고 테스트에 성공했다면 AWS에 애플리케이션을 배포합니다.

과정을 조금 더 구체적으로 살펴보겠습니다. 현재 리액트 애플리케이션을 도커 환경에서 실행하고 있으므로 Travis CI도 도커 환경에서 진행될 수 있게 도커 환경을 구성해야 합니다. 그다음 구성된 도커 환경에서 Dockerfile.dev를 이용해 도커 이미지를 생성하고, 리액트 애플리케이션을 Travis CI에서 어떠한 식으로 테스트할 것인지 설정합니다. 이렇게 해서 테스트에 성공하면 AWS에 소스 코드를 어떻게 배포할 것인지 설정합니다.

이어서 지금까지 살펴본 내용을 토대로 travis.yml 파일을 작성해 보겠습니다.

travis.yml 파일 자세히 살펴보기

먼저 환경을 구성하는 부분을 살펴보겠습니다.

```
# 관리자 권한 갖기
sudo: required

# 언어(플랫폼)를 선택
language: generic

# 도커 환경 구성
services:
  - docker

# 스크립트를 실행할 수 있는 환경 구성
before_install:
  - echo "start creating an image with dockerfile"
  - docker build -t johnahn/docker-react-app -f Dockerfile.dev .
```

sudo: required

Travis CI에서 애플리케이션 테스트를 진행할 환경을 Travis CI를 제어할 때 관리자 권한으로 제어하기 위해 'sudo:required' 코드를 추가합니다.

language

language 항목은 언어의 플랫폼을 선택하는 부분입니다. Node.js나 파이썬 등 다양한 언어를 사용할 수 있지만, 이 책에서는 generic이라는 보편적인 언어 플랫폼을 사용하겠습니다.

services

리액트 애플리케이션을 도커 환경에서 실행하기 위해 services 항목을 'docker'로 지정합니다.

before_install

before_install 항목은 스크립트를 실행할 수 있는 환경을 구성하는 부분입니다.

앞서 Travis CI에서 애플리케이션을 테스트할 환경을 만들었다면 이어서 테스트를 진행하는 소스 코드를 작성합니다.

```
# 실행할 스크립트(테스트 실행)
script:
  - docker run -e CI=true johnahn/docker-react-app npm run test -- --coverage

# 테스트 성공 후에 할 일
after_success:
  - echo "Test Success"
```

script

script 항목이 바로 리액트 애플리케이션을 테스트하는 부분입니다. 그래서 before_install 항목에서 애플리케이션을 테스트하기 전에 도커 이미지를 생성하는 것입니다. 미리 도커 이미지를 이용해 컨테이너를 생성해야 리액트 애플리케이션을 실행할 수 있습니다. 그리고 script 항목에서 리액트 애플리케이션의 테스트를 진행합니다.

'-e CI=true' 부분이 없으면 에러가 발생하므로 추가로 명시합니다. '-- --coverage' 부분은 테스트한 결과를 더욱 상세하게 보기 위해서 추가한 옵션입니다.

after_success

마지막으로 after_success 항목에는 테스트가 성공한 이후에 어떠한 일을 할 것인지 지정합니다.

.travis.yml 파일 작성하기

01. 먼저 .travis.yml 파일을 생성합니다. (파일 이름이 . 으로 시작하는 점에 주의해주세요).

02. .travis.yml 파일에 다음과 같이 소스 코드를 작성합니다.

예제 7-1 .travis.yml 파일 작성   DOCKER-REACT-APP/.travis.yml

```yaml
sudo: required

language: generic

services:
  - docker

before_install:
  - echo "start creating an image with dockerfile"
  - docker build -t johnahn/docker-react-app -f Dockerfile.dev .

script:
  - docker run -e CI=true johnahn/docker-react-app npm run test -- --coverage

after_success:
  - echo "Test Success"
```

travis.yml 파일을 모두 작성했다면 리액트 애플리케이션 소스 코드를 깃허브에 다시 배포해서 Travis CI가 잘 처리하는지 확인해 보겠습니다.

01. 변경된 소스 코드를 깃허브로 푸시합니다.

실습 7-6 깃허브에 소스 코드 푸시하기

```
% git add .

% git commit -m "travis.yml file added"
[master 3f45123]
  1 file changed, 16 insertions(+)
  create mode 100644 .travis.yml

% git push origin main
```

02. 소스 코드를 깃허브로 푸시하고 브라우저에서 깃허브 저장소에 접속해 보면 소스 코드가 업데이트된 것을 볼 수 있습니다.

그림 7-18 깃허브 저장소에서 소스 코드가 업데이트됐는지 확인

03. 이번에는 브라우저에서 Travis CI 사이트에 접속해 보겠습니다.

자동으로 깃허브에서 소스 코드를 가져오고, travis.yml 파일에 설정한 대로 실행되는 모습을 볼 수 있습니다.

그림 7-19 travis.yml 파일에 설정한 대로 작동하는 Travis CI

이중 '-- --coverage' 옵션을 설정해서 출력되는 부분이 바로 다음 부분입니다.

```
-------------------|---------|----------|---------|---------|-------------------
File               | % Stmts | % Branch | % Funcs | % Lines | Uncovered Line #s
-------------------|---------|----------|---------|---------|-------------------
All files          |    9.09 |        0 |   33.33 |    9.09 |
 App.js            |     100 |      100 |     100 |     100 |
 index.js          |       0 |      100 |     100 |       0 | 7-17
 reportWebVitals.js|       0 |        0 |       0 |       0 | 1-8
-------------------|---------|----------|---------|---------|-------------------
```

그리고 테스트에 성공했기 때문에 마지막 부분에 'echo "test success"'가 출력된 모습을 볼 수 있습니다. 이렇게 해서 Travis CI 실습까지 마쳤습니다. 다음 절에서는 AWS에 애플리케이션을 배포하는 방법을 살펴보겠습니다.

7.3 AWS 알아보기

AWS에서 애플리케이션을 배포하기에 앞서 AWS의 서비스들과 AWS에 애플리케이션을 배포하는 순서를 살펴보겠습니다.

AWS의 서비스들

AWS의 수많은 서비스 중에서 이 책에서 사용할 서비스는 EC2와 EB(Elastic Beanstalk)입니다. 우선 이 두 서비스가 어떤 서비스인지 알아보겠습니다.

EC2란 무엇인가? (Elastic Compute Cloud)

Amazon EC2(Amazon Elastic Compute Cloud)는 아마존 웹 서비스의 클라우드에서 제공하는 확장식 컴퓨팅 서비스입니다. Amazon EC2를 사용하면 하드웨어에 먼저 투자할 필요가 없어서 더 빠르게 애플리케이션을 개발하고 배포할 수 있습니다. 또한 원하는 만큼 가상 서버를 구축하고 보안 및 네트워크 구성과 스토리지 관리를 할 수 있고, 요구 사항이나 갑작스러운 변동 사항에 따라 신속하게 규모를 확장하거나 축소할 수 있어 트래픽 예측의 필요성이 줄어듭니다.

조금 더 간단히 생각하면 한 대의 컴퓨터를 임대한다고 생각하면 됩니다. 그리고 임대한 컴퓨터에 운영체제를 설치하고 웹 서비스를 위한 프로그램(웹 서버, DB)을 설치해서 사용하는 것입니다. 이때 한 대의 컴퓨터를 하나의 EC2 인스턴스라고 부릅니다. 그래서 한 대의 컴퓨터인 EC2 인스턴스에 사용하고자 하는 Node.js나 데이터베이스 등을 설치해 사용하면 됩니다.

일래스틱 빈스톡이란 무엇인가? (Elastic Beanstalk)

일래스틱 빈스톡(Elastic Beanstalk, EB) 서비스는 아파치, 엔진엑스 같은 서버에서 자바, .NET, PHP, Node.js, 파이썬, 루비, Go 및 도커와 함께 개발된 웹 애플리케이션이나 서비스를 쉽게 배포하고 확장할 수 있도록 돕는 서비스입니다.

일래스틱 빈스톡은 다음 그림과 같이 EC2 인스턴스나 데이터베이스 같이 다양한 서비스를 포함한 환경을 구성하며, 만들고 있는 소프트웨어를 업데이트할 때마다 자동으로 이러한 환경을 관리해줍니다.

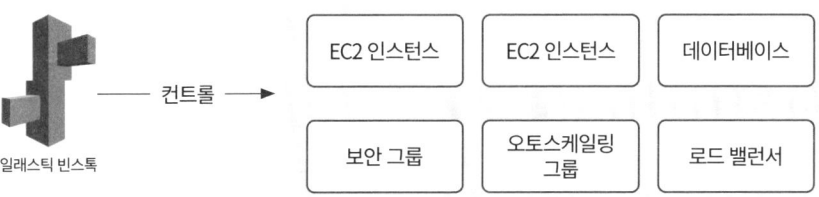

그림 7-20 일래스틱 빈스톡 환경에서 다루는 서비스들

일래스틱 빈스톡 환경에는 EC2 인스턴스를 원하는 만큼 여러 개 넣을 수도 있고, 그 안에 데이터베이스나 보안 그룹, 로드 밸런서 등을 추가할 수 있습니다. 즉 다양한 서비스를 포함한 환경을 구성하고, 이를 관리해주는 환경이라고 생각하면 됩니다. 그래서 리액트 애플리케이션을 배포할 때 EC2만 사용해도 되지만 이 책에서는 일래스틱 빈스톡 환경을 사용해 배포하겠습니다.

7.4 일래스틱 빈스톡 환경과 애플리케이션 만들기

앞서 살펴본 서비스들을 사용해 애플리케이션을 배포하려면 가장 먼저 일래스틱 빈스톡 환경을 만들어야 합니다.

01. AWS 사이트(https://aws.amazon.com/ko)로 이동합니다.

그림 7-21 AWS 웹 사이트(https://aws.amazon.com/ko)

02. 오른쪽 상단에 있는 [콘솔에 로그인] 버튼을 클릭해 로그인합니다.

아직 아이디가 아직 없다면 [AWS 계정 새로 만들기] 버튼을 클릭해 회원가입을 한 후에 로그인합니다. 회원 가입 할 때는 신용 카드도 등록해야 합니다. 클라우드(Cloud) 서비스는 사용한 만큼 비용이 청구되므로 결제 수단을 등록해야 가입이 진행됩니다.

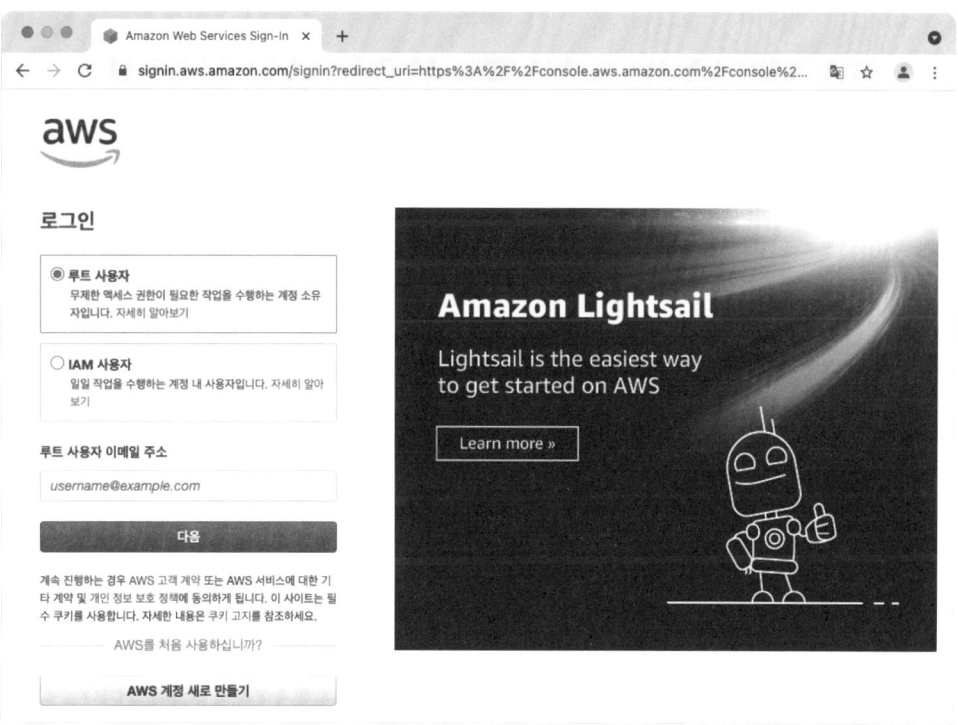

그림 7-22 AWS 로그인 페이지

> Tip
>
> ┌─ **AWS의 요금** ─┐
>
> 이 책에서는 일래스틱 빈스톡 서비스를 사용하며, 일래스틱 빈스톡 서비스 중에서 요금이 발생하는 서비스는 EC2 서비스와 S3 서비스입니다.
>
> 두 서비스 모두 사용한 만큼만 비용을 지불하며, 최소 요금은 없습니다. EC2는 AWS 프리 티어에서 1년간 매달 750시간, 마이크로 인스턴스 사용 시 무료로 사용할 수 있습니다.
>
> 참조: https://aws.amazon.com/ko/elasticbeanstalk/pricing

03. 로그인하면 AWS 관리 콘솔(AWS Management Console) 페이지로 이동합니다.

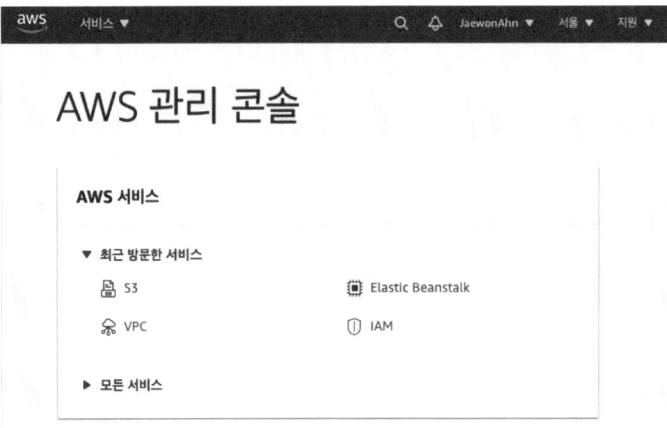

그림 7-23 AWS 관리 콘솔 페이지

04. 이 책에서는 일래스틱 빈스톡 서비스를 사용해서 애플리케이션을 배포할 것이므로 상단에 있는 검색창에 'Elastic Beanstalk'으로 검색합니다. 만약 검색창이 보이지 않는다면 돋보기 모양 아이콘을 클릭합니다.

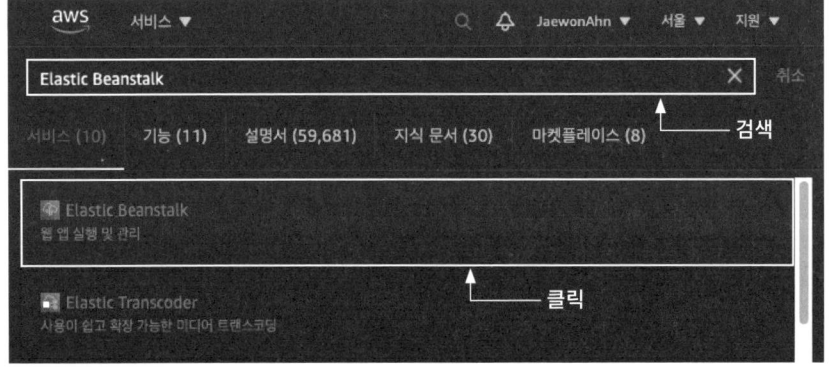

그림 7-24 AWS 검색창에 Elastic Beanstalk으로 검색

05. 검색된 항목을 클릭하면 다음과 같이 일래스틱 빈스톡 페이지로 이동합니다.

그림 7-25 일래스틱 빈스톡 페이지

이어서 애플리케이션 운영 버전을 배포하기 위해 일래스틱 빈스톡에서 새로운 환경을 만들고, 새로운 환경 안에 애플리케이션을 만드는 방법을 살펴보겠습니다.

새로운 일래스틱 빈스톡 환경 만들기

01. AWS 관리 콘솔의 검색창에서 'Elastic Beanstalk'으로 검색해 일래스틱 빈스톡 페이지로 이동합니다.

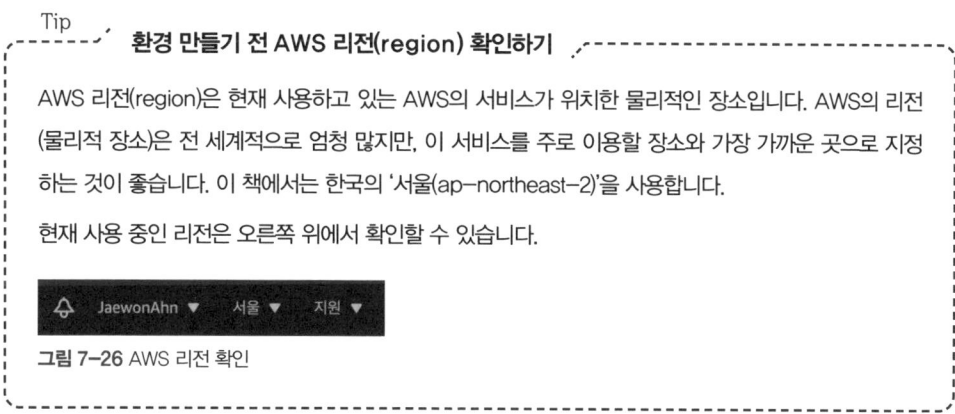

> **Tip** 환경 만들기 전 AWS 리전(region) 확인하기
>
> AWS 리전(region)은 현재 사용하고 있는 AWS의 서비스가 위치한 물리적인 장소입니다. AWS의 리전(물리적 장소)은 전 세계적으로 엄청 많지만, 이 서비스를 주로 이용할 장소와 가장 가까운 곳으로 지정하는 것이 좋습니다. 이 책에서는 한국의 '서울(ap-northeast-2)'을 사용합니다.
>
> 현재 사용 중인 리전은 오른쪽 위에서 확인할 수 있습니다.
>
> 그림 7-26 AWS 리전 확인

02. 새로운 환경을 생성하기 위해 [Create Application] 버튼을 클릭합니다.

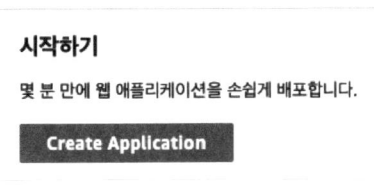

그림 7-27 일래스틱 빈스톡에서 새 환경 생성

03. 애플리케이션 정보에서 애플리케이션 이름을 지정합니다.

애플리케이션 이름은 원하는 대로 설정해도 되지만, 이후 코드를 작성할 때 헷갈리지 않도록 이 책에서 사용한 이름인 'docker-react-app'으로 설정해주세요.

그림 7-28 애플리케이션 정보에서 애플리케이션 이름 입력

04. 애플리케이션 플랫폼을 선택합니다.

도커 환경에서 애플리케이션을 실행할 것이므로 플랫폼은 'Docker'로 선택하고, 플랫폼 브랜치는 'Docker running on 64bit Amazon Linux 2'를 선택합니다.

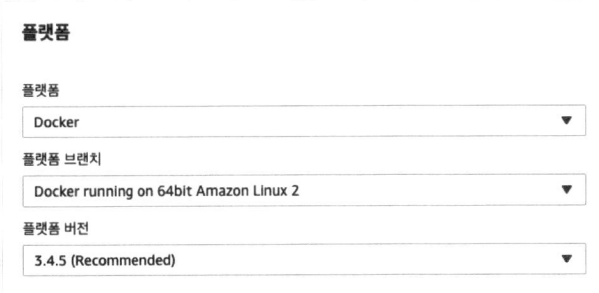

그림 7-29 애플리케이션 플랫폼 선택

05. 애플리케이션 코드를 선택합니다.

우선 샘플 애플리케이션을 선택해 시작하고, 나중에 리액트 애플리케이션의 소스 코드를 업로드하겠습니다.

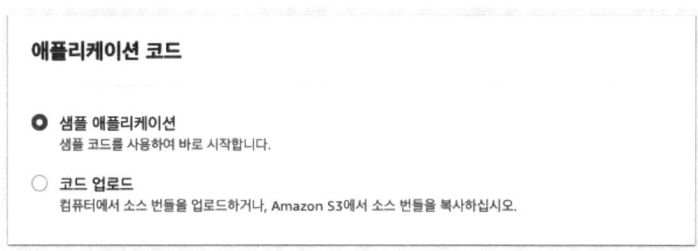

그림 7-30 애플리케이션 코드 선택

06. [애플리케이션 생성] 버튼을 클릭해 환경을 생성합니다.

그림 7-31 [애플리케이션 생성] 버튼을 클릭해 일래스틱 빈스톡 환경 생성

07. 환경을 생성하는 데 시간이 걸리므로 잠시 기다립니다.

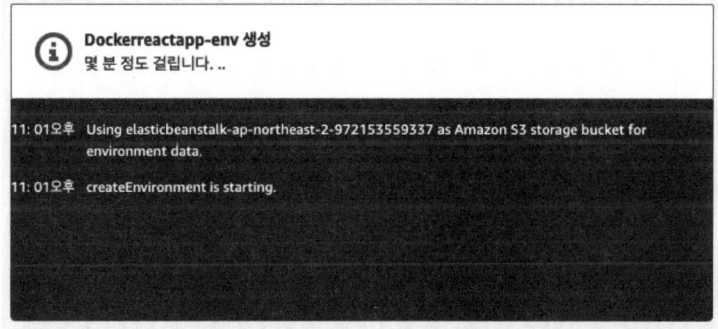

그림 7-32 일래스틱 빈스톡 환경 생성

08. 환경이 다 만들어지면 다음과 같은 화면을 볼 수 있습니다.

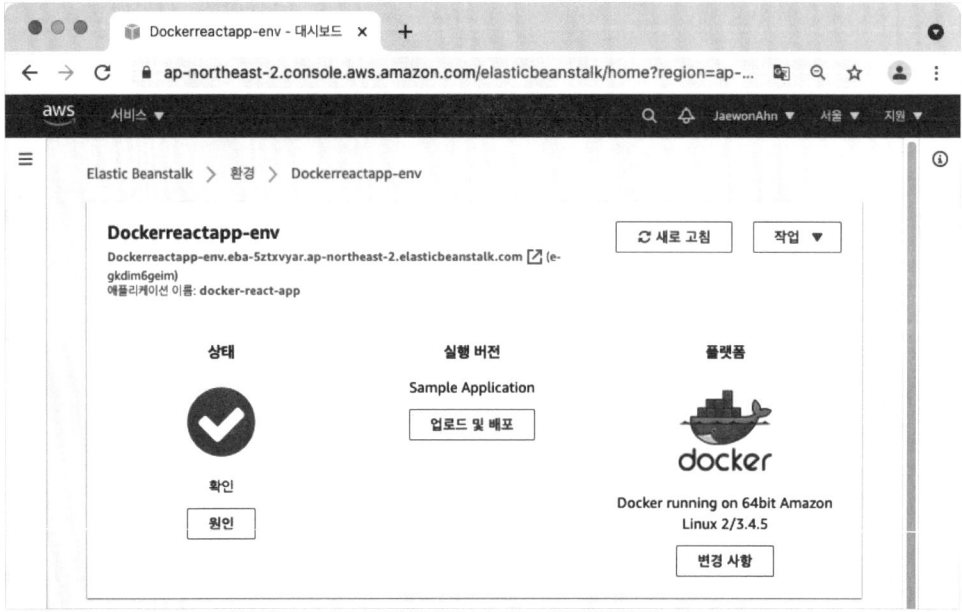

그림 7-33 일래스틱 빈스톡의 특정 환경 페이지

지금까지 일래스틱 빈스톡을 이용해 새로운 환경을 생성하는 방법을 살펴봤고, 환경 안에는 샘플 애플리케이션이 동작하고 있습니다. 이 상황을 도표와 함께 조금 더 자세히 살펴보겠습니다.

일래스틱 빈스톡은 여러 가지 서비스를 관리하는 환경입니다. 이 환경 안에는 EC2 인스턴스도 돌아가고 있으며, 데이터베이스, 보안 그룹, 오토 스케일링 그룹 등 여러 서비스가 관리되고 있습니다.

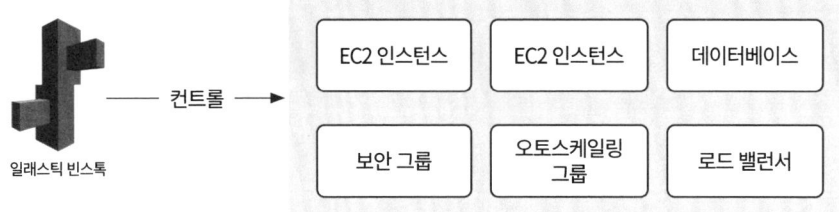

그림 7-34 일래스틱 빈스톡 환경의 구조

이러한 구조에서 클라이언트로부터 많은 요청이 들어오는 상황과 요청이 많지 않은 상황을 가정해 보겠습니다.

트래픽이 많지 않을 때

요청이 많지 않을 때는 EC2 인스턴스 하나로 모든 클라이언트의 요청을 감당할 수 있습니다. 그래서 하나의 EC2 인스턴스로 클라이언트에서 오는 요청을 모두 처리합니다.

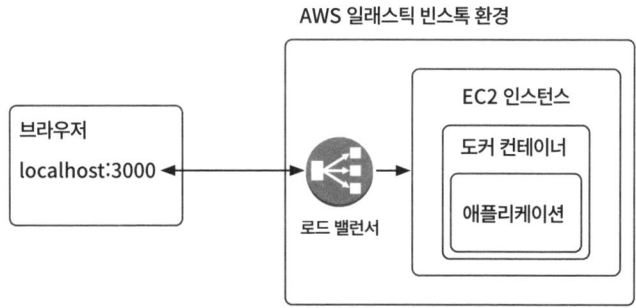

그림 7-35 요청이 많지 않아 EC2 인스턴스 하나로 처리되는 모습

트래픽이 많을 때

트래픽 요청이 많을 때는 EC2 인스턴스 하나(컴퓨터 한 대)로 모든 요청을 감당할 수 없으므로 컴퓨터를 하나 더 사용해야 합니다. 하지만 이렇게 EC2 인스턴스(컴퓨터)가 여러 개라면 어떻게 요청을 각 EC2 인스턴스에 할당할 수 있을까요? 즉 요청이 들어왔을 때 첫 번째 요청은 1번 컴퓨터에 할당하고, 다음 요청은 2번 컴퓨터에 할당해야 하는데, 이러한 역할을 해주는 게 바로 일래스틱 빈스톡 환경에서 작동 중인 로드 밸런서입니다.

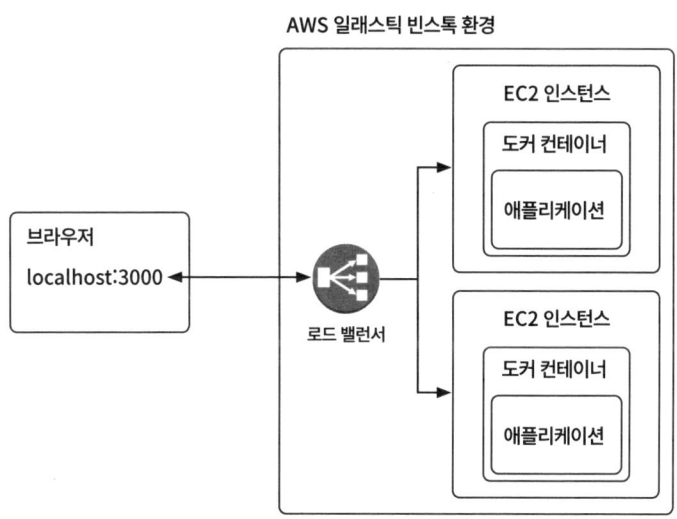

그림 7-36 요청이 많아지면 자동으로 EC2 인스턴스를 늘려서 요청을 처리하는 모습

요청이 많아지면 일래스틱 빈스톡이 자동으로 EC2를 하나 더 늘리고, 로드 밸런서를 이용해 클라이언트에서 오는 요청을 각각의 EC2 인스턴스에 할당합니다. 앞서 이 책에서 만든 환경도 일래스틱 빈스톡 환경에 로드 밸런서와 EC2 인스턴스가 있으며, EC2 인스턴스 안에 도커 컨테이너가 실행 중이고 그 컨테이너 안에 애플리케이션이 작동 중인 상황입니다.

7.5 애플리케이션을 배포하기 위한 Travis CI 설정 파일 작성하기

앞서 작성한 Travis CI 설정 파일인 travis.yml 파일을 보면 도커 환경을 구성하고, 구성한 도커 환경에서 이미지를 빌드한 다음 리액트 애플리케이션을 실행하고 테스트했습니다. 그리고 테스트에 성공하면 Test Success라고 텍스트를 출력하는 부분까지 설정했습니다.

```yaml
sudo: required

language: generic

services:
  - docker

before_install:
  - echo "start creating an image with dockerfile"
  - docker build -t johnahn/docker-react-app -f Dockerfile.dev .

script:
  - docker run -e CI=true johnahn/docker-react-app npm run test -- --coverage

after_success:
  - echo "Test Success"
```

이제 테스트에 성공한 소스 코드를 AWS의 일래스틱 빈스톡에 자동으로 배포하는 부분을 설정할 차례입니다. 배포와 관련된 부분 역시 앞서 작성한 travis.yml 파일에 추가해야 합니다.

배포와 관련된 Travis CI 설정 코드

배포와 관련된 설정 코드는 다음과 같습니다.

```
deploy:
  edge: true
  provider: elasticbeanstalk
  region: ap-northeast-2
  app: docker-react-app
  env: DockerReactApp-env
  bucket_name: elasticbeanstalk-ap-northeast-2-972153559337
  bucket_path: docker-react-app
  on:
    branch: master
```

배포와 관련된 설정 코드를 한 줄씩 자세히 살펴보겠습니다.

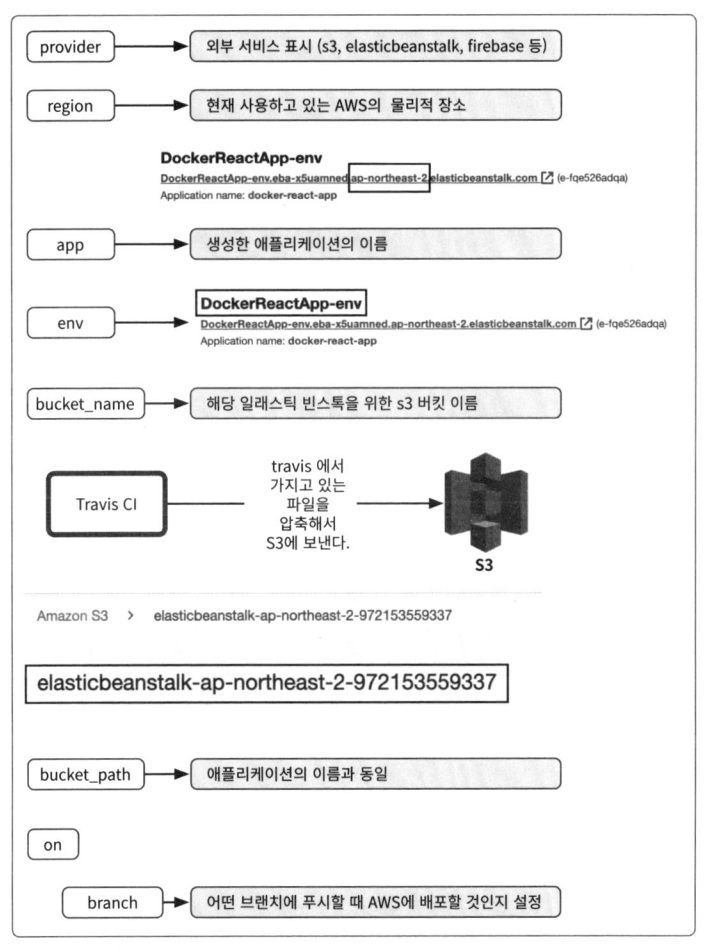

그림 7-37 배포와 관련된 설정 코드(deploy)

provider

provider 항목은 외부 서비스에 대한 표시입니다. Travis CI에서 어떠한 서비스에 배포할 것인지 설정합니다. 이 책에서는 일래스틱 빈스톡 서비스를 이용해 배포하므로 'elasticbeanstalk'으로 설정합니다. 만약 파이어베이스나 S3 같은 다른 서비스를 이용할 때는 그에 맞는 서비스를 명시해야 합니다.

region

region 항목은 현재 사용하고 있는 AWS의 서비스가 위치한 물리적인 장소입니다. AWS의 리전(물리적 장소)은 전 세계적으로 엄청 많지만, 이 서비스를 주로 이용할 장소와 가장 가까운 곳으로 지정하는 것이 좋습니다. 그리고 여기에서는 일래스틱 빈스톡이 생성된 리전을 선택해야 합니다. 이 책에서는 일래스틱 빈스톡을 한국에서 가장 가까운 '서울(ap-northeast-2)'에서 생성했기 때문에 'ap-northeast-2'로 지정합니다.

app

app 항목에는 앞서 생성한 애플리케이션의 이름을 지정합니다. 이 책에서는 애플리케이션을 생성할 때 'docker-react-app'으로 설정했기 때문에 'docker-react-app'으로 지정합니다.

env

env 항목에는 환경의 이름을 지정합니다. 일래스틱 빈스톡 환경을 만들 때 이름을 'docker-react-app'으로 지정했다면 'DockerReactApp-env'가 환경의 이름이 됩니다. 만약 애플리케이션 이름을 다르게 설정했다면 해당 이름으로 지정합니다.

bucket_name

bucket_name 항목에는 앞서 생성한 일래스틱 빈스톡 환경을 위한 S3 버킷 이름을 지정합니다. S3는 AWS 서비스 중 하나로, 간단하게 파일 저장소라고 생각하면 됩니다. bucker_name을 travis.yml에 지정해야 하는 이유는 Travis CI에서 가지고 있는 파일을 AWS의 일래스틱 빈스톡에 전달해줘야 하는데 이때 Travis CI에서 바로 일래스틱 빈스톡에 보내는 게 아닌 먼저 압축을 하고 S3 저장소로 보내야 하기 때문입니다. 따라서 설정 파일에 bucket_name을 명시해야 합니다.

그렇다면 지금까지 AWS에서 S3 서비스를 이용한 적이 없는데 어떻게 bucket_name을 가지고 있을까요? 앞서 일래스틱 빈스톡 환경을 생성했는데, 환경을 생성할 때 환경을 위한 S3 버킷이 같이 생성되므로 이 버킷을 이용하면 됩니다. AWS로 접속해 S3 버킷이 잘 생성돼 있는지 직접 확인해 보겠습니다.

01. 먼저 AWS 관리 콘솔로 이동하고, 검색창에 'S3'를 입력해 S3 페이지로 이동합니다.

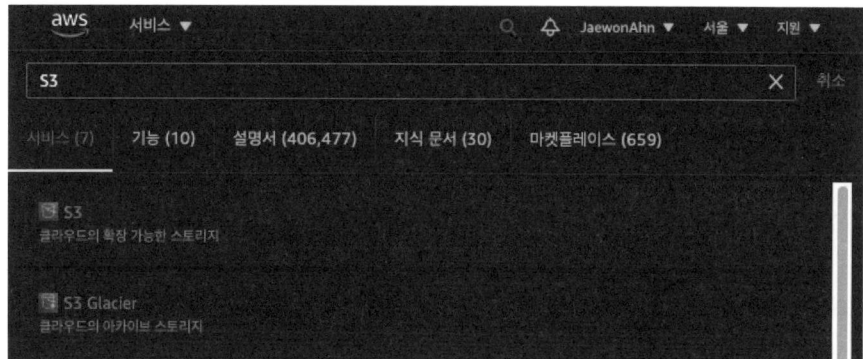

그림 7-38 AWS 관리 콘솔의 검색창에서 s3로 검색

02. 버킷 리스트를 보면 'elasticbeanstalk'이란 이름으로 시작하는 버킷을 볼 수 있습니다.

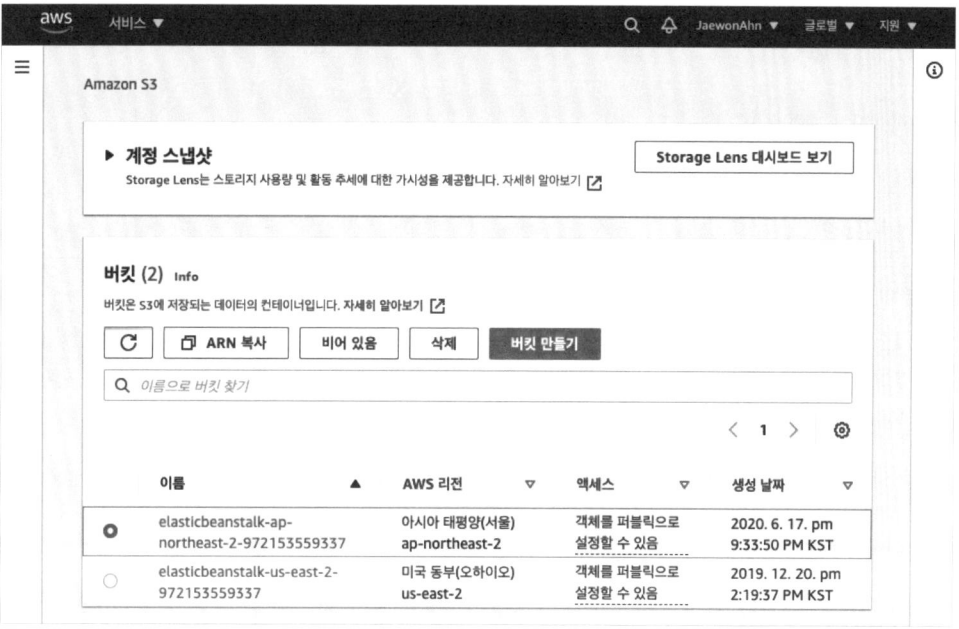

그림 7-39 일래스틱 빈스톡 환경 생성 시 함께 생성된 S3 버킷

Travis CI에서 파일을 보내면 이 버킷에 파일이 저장됩니다. 그리고 travis.yml 파일의 bucket_name 항목에는 버킷 리스트에 있는 버킷 이름을 그대로 넣어주면 됩니다. 그리고 bucket_path 항목은 애플리케이션의 이름과 동일하게 지정합니다.

on branch

마지막 항목인 on branch는 깃허브에 소스 코드를 푸시할 때마다 AWS에 배포하는 것이 아닌, 여기에 설정한 특정 브랜치에 푸시했을 때만 AWS에 배포하도록 지정하는 항목입니다. main 브랜치에 소스 코드를 푸시했을 때만 배포하는 것이 일반적이므로 이 책에서도 on branch 항목을 main으로 지정했습니다.

이렇게 한줄 한줄 어떠한 역할을 하는지 그리고 어떻게 작성해야 하는지 알아봤으므로 실제로 파일에 코드를 작성하겠습니다.

01. 비주얼 스튜디오 코드에서 .travis.yml 파일을 엽니다.

02. 기존에 작성한 코드 중에서 after_success 부분은 지워줍니다.

03. 배포와 관련된 소스 코드를 추가합니다.

예제 7-2 travis.yml에 배포와 관련된 소스 코드 추가   DOCKER-REACT-APP/.travis.yml

```yaml
sudo: required

language: generic

services:
  - docker

before_install:
  - echo "start creating an image with dockerfile"
  - docker build -t johnahn/docker-react-app -f Dockerfile.dev .

script:
  - docker run -e CI=true johnahn/docker-react-app npm run test -- --coverage

deploy:
  edge: true
  provider: elasticbeanstalk
  region: ap-northeast-2
  app: docker-react-app
  env: DockerReactApp-env
  bucket_name: elasticbeanstalk-ap-northeast-2-<버킷 이름>
  bucket_path: docker-react-app
  on:
    branch: main
```

이렇게 AWS에 애플리케이션을 배포하기 위한 대부분의 설정이 끝났습니다. 하지만 아무런 인증 없이는 Travis CI에서 AWS로 마음대로 파일을 전송할 수 없습니다. 이어서 다음 절에서는 Travis CI가 AWS에 접근할 수 있게 권한을 부여하는 방법을 알아보겠습니다.

7.6 Travis CI에서 AWS에 접근하기 위한 API 생성

지금까지 Travis CI에서 AWS에 어떤 파일을 전송할 것인지, AWS에서 어떤 서비스를 이용할 것인지 등 부수적인 설정을 Travis CI 설정 파일에 명시했습니다. 하지만 Travis CI와 AWS가 실질적으로 소통할 수 있게 인증하는 부분은 설정하지 않은 상태입니다. 이번 절에서는 이러한 인증 방법을 살펴보겠습니다.

소스 코드를 전달하기 위한 접근 요건

우선 깃허브에서 Travis CI에 소스 코드를 전달할 때는 Travis CI에 로그인하는 과정에서 깃허브 아이디를 연동함으로써 인증을 진행했습니다. 하지만 AWS에 로그인하는 과정에서는 따로 Travis CI와 연동하지 않고 로그인했습니다. 그래서 Travis CI와 AWS 사이에 인증을 하려면 AWS에서 제공해주는 키(액세스 키와 비밀 액세스 키)를 Travis CI의 설정 파일에 작성해야 합니다.

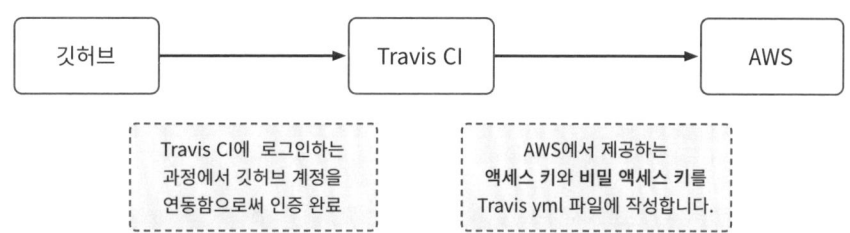

그림 7-40 소스 코드를 전달하기 위한 접근 요건

따라서 먼저 액세스 키와 비밀 액세스 키를 받아야 합니다. 그리고 액세스 키와 비밀 액세스 키를 받으려면 먼저 IAM User를 생성해야 합니다. IAM User를 생성하기에 앞서 IAM이 무엇인지부터 살펴보겠습니다.

IAM(Identity and Access Management)이란?

IAM이란 AWS 리소스에 접근할 때 안전하게 제어할 수 있도록 돕는 웹 서비스입니다. IAM을 사용해 리소스를 사용하도록 인증하거나 권한이 부여된 대상을 제어합니다. 이를 그림으로 살펴보겠습니다.

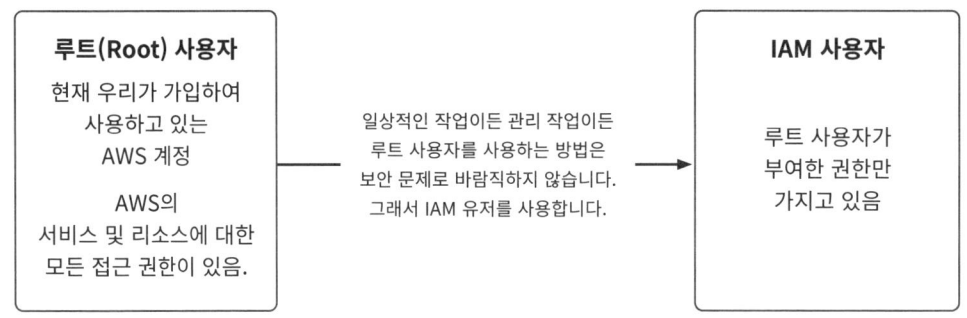

그림 7-41 IAM 사용자

처음에 AWS에 로그인할 때 사용한 계정이 루트(Root) 사용자입니다. 루트 사용자는 AWS 서비스 및 리소스에 대한 모든 접근 권한이 있는 사용자입니다. 하지만 이 루트 사용자를 이용하는 것은 모든 권한이 있기 때문에 보안상 좋지 않습니다. 따라서 특정한 서비스에 특정한 부분만 제어할 수 있는 IAM이라는 유저를 만들어서 사용합니다. IAM 사용자는 루트 사용자가 부여한 권한만 가질 수 있습니다.

이 책에서는 일래스틱 빈스톡을 사용하므로 IAM 유저에게 일래스틱 빈스톡만 제어할 수 있는 권한을 부여하겠습니다. 이 권한을 부여하고 나면 IAM 유저에서 액세스 키와 비밀 액세스 키를 제공해줍니다.

이어서 AWS에서 IAM 사용자를 생성하고, 권한을 부여해 액세스 키와 비밀 액세스 키를 생성하는 방법을 살펴보겠습니다.

IAM 사용자 생성하기

01. AWS 관리 콘솔의 검색창에 'IAM'을 입력해 IAM 페이지로 이동합니다.

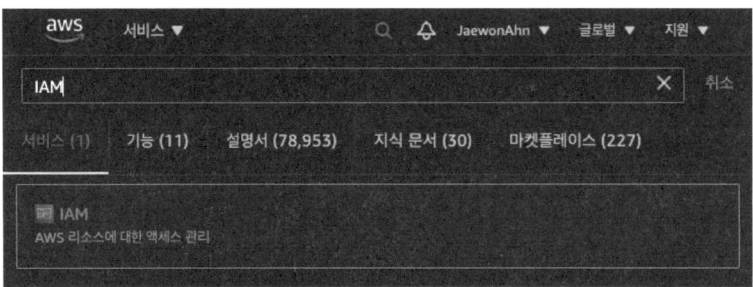

그림 7-42 AWS 관리 콘솔의 검색창에서 IAM 검색

02. 왼쪽 메뉴에서 [액세스 관리] – [사용자]를 선택합니다.

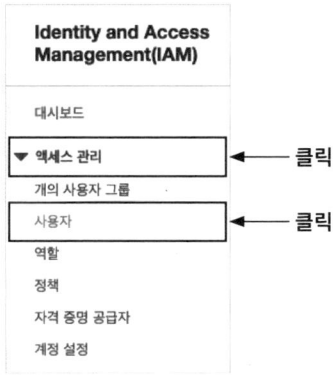

그림 7-43 [액세스 관리] – [사용자] 선택

03. 오른쪽에 있는 [사용자 추가] 버튼을 클릭합니다.

그림 7-44 [사용자 추가] 버튼 클릭

04. 사용자 세부 정보를 설정합니다.

원하는 사용자 이름과 액세스 유형을 선택합니다. 이 책에서는 사용자 이름은 docker-react-user로 지정하고, 액세스 유형은 '프로그래밍 방식 액세스'를 선택했습니다.

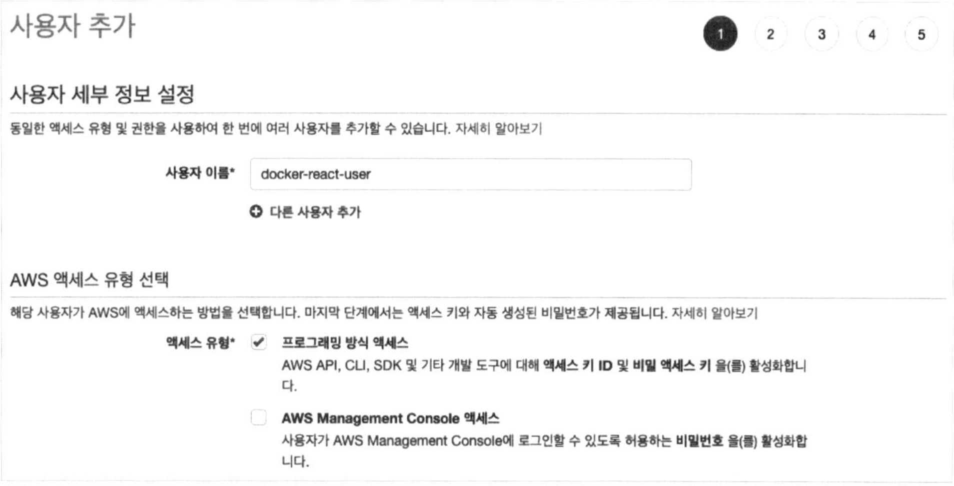

그림 7-45 사용자 세부 정보 설정

07 _ 단일 컨테이너를 활용한 애플리케이션의 테스트와 배포

05. 사용자 권한을 설정합니다.

IAM 유저에게 필요한 권한을 부여합니다. 이 책에서는 Travis CI가 일래스틱 빈스톡에 접근해야 하므로 'awselasticbeanstalk'으로 검색한 다음 권한을 부여하면 됩니다. [기존 정책 직접 연결]을 선택한 다음 검색창에서 awselasticbeanstalk으로 검색하면 여러 정책 이름이 나오는데, 이중에서 Administrator Access-AWSElasticBeanstalk을 선택합니다.

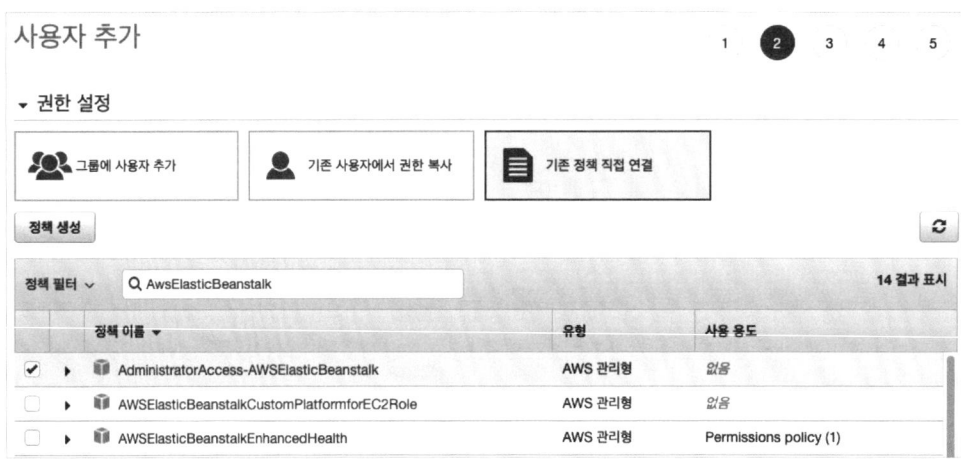

그림 7-46 IAM 사용자에게 일래스틱 빈스톡 권한 부여하기

06. IAM 사용자 추가에 성공하면 액세스 키와 비밀 액세스 키를 복사합니다.

IAM 사용자 추가에 성공하면 다음과 같이 사용자 추가 성공 페이지가 나옵니다. 그리고 이 페이지에서 액세스 키와 비밀 액세스키를 받을 수 있습니다. 이 API 키들은 한 번만 받을 수 있고, 잃어버리면 다시 생성해야 하므로 잘 보관합니다.

그림 7-47 액세스 키와 비밀 액세스 키 복사

이렇게 받은 액세스 키와 비밀 액세스 키를 Travis CI의 설정 파일인 travis.yml 파일에 명시해야 Travis CI에서 AWS로 파일을 전송할 수 있습니다. 하지만 travis.yml 파일에 비밀 액세스키를 직접 적어주면 다른 사람들이 볼 수 있기 때문에 보안상의 이유로 다른 방법을 사용해 넣어줘야 합니다.

API 키를 Travis CI 설정 파일에 작성하기

API 키를 Travis CI의 설정 파일인 travis.yml 파일에 직접 작성하면 키가 노출되기 때문에 다른 곳에 입력한 다음 가져와야 합니다(travis.yml 파일에 직접 액세스 키와 비밀 액세스 키를 작성하면 안 됩니다).

01. Travis CI 웹사이트에서 'docker-single-app' 저장소를 선택해 해당 저장소의 대시보드로 이동합니다.

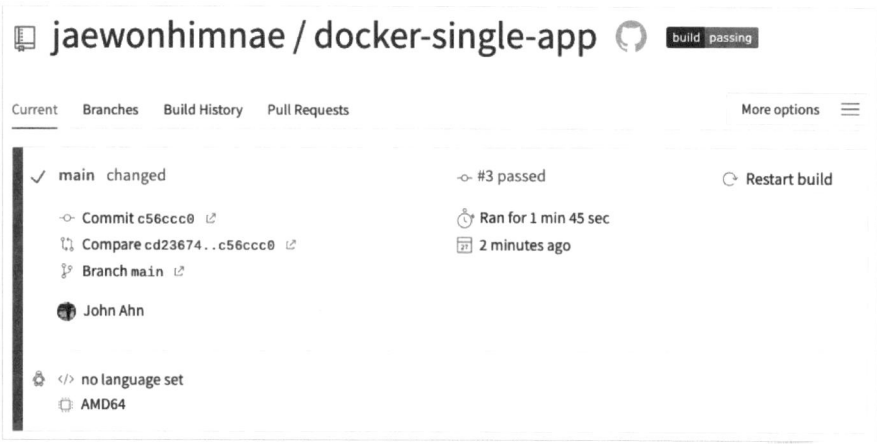

그림 7-48 Travis CI에서 해당 저장소의 대시보드에 접속

02. 오른쪽에서 [More options]를 클릭한 다음 [Settings]를 선택합니다.

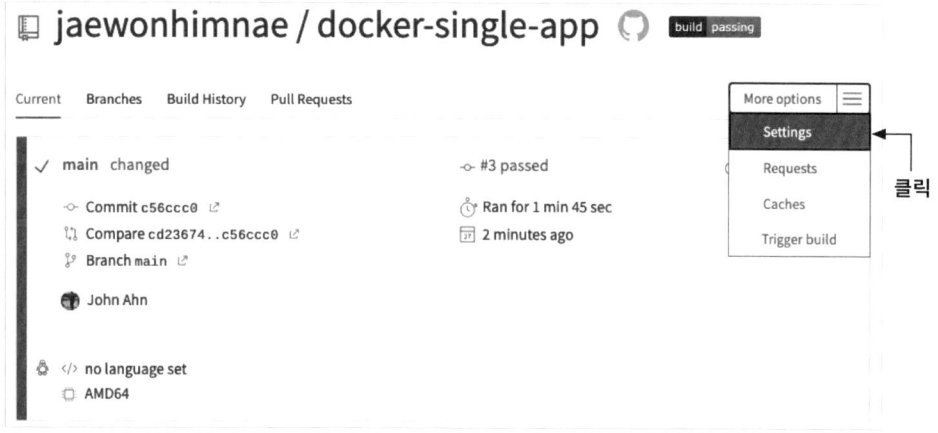

그림 7-49 환경 변수를 설정하기 위해 설정 페이지로 이동

03. 환경 변수 항목에 액세스 키와 비밀 액세스 키를 입력합니다.

설정 페이지에서 아래로 조금 내려가면 Environment Variables 항목이 있습니다. 이 부분이 바로 액세스 키와 비밀 액세스 키를 입력하는 부분입니다. 다음과 같이 AWS에서 받은 API 키를 입력합니다. 여기에 작성한 액세스 키와 비밀 액세스 키는 외부에서 접근할 수 없기 때문에 더욱 안전합니다.

이름(Name)	API 키(Value)
AWS_ACCESS_KEY	앞서 부여받은 액세스 키 ID
AWS_SECRET_ACCESS_KEY	앞서 부여받은 비밀 액세스 키

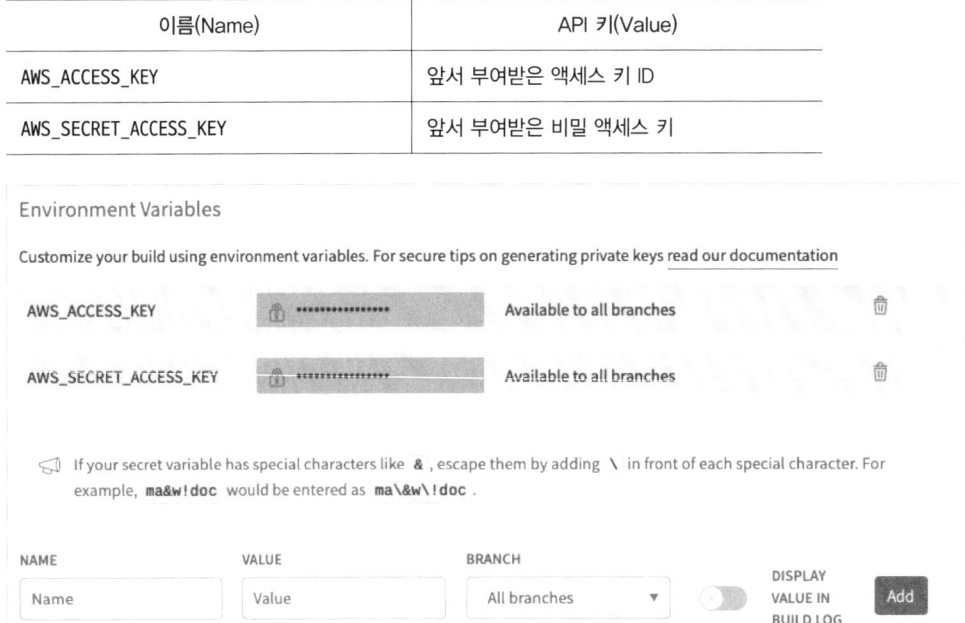

그림 7-50 환경 변수 설정 페이지

04. Travis CI 웹사이트에 작성한 키를 로컬 환경에서 가지고 올 수 있게 travis.yml 파일을 설정합니다.

예제 7-3 Travis CI 웹사이트에 작성한 키 가져오기   DOCKER-REACT-APP/.travis.yml

```
... 생략 ...

deploy:
  edge: true
  provider: elasticbeanstalk
  region: ap-northeast-2
  app: docker-react-app
  env: DockerReactApp-env
  bucket_name: <버킷 이름>
```

```
      bucket_path: docker-react-app
      on:
        branch: main
      access_key_id: $AWS_ACCESS_KEY
      secret_access_key: $AWS_SECRET_ACCESS_KEY
```

이렇게 Travics CI가 AWS에 접근할 수 있게 만들었습니다. 하지만 이 상태로 AWS에 배포하면 에러가 발생합니다. 앞서 도커를 이용해 리액트 애플리케이션을 실행할 때 'docker run -p 3000:3000 이미지 이름' 명령어로 포트 매핑을 해서 애플리케이션을 실행했습니다. 이렇게 포트 매핑을 함으로써 외부에서 컨테이너 안에서 실행되는 애플리케이션에 접근할 수 있었습니다.

일래스틱 빈스톡(Elastic Beanstalk)을 사용할 때도 외부에서 도커 컨테이너 안에서 실행되는 애플리케이션의 포트에 접근할 수 있게 설정해야 합니다. 애플리케이션이 엔진엑스의 기본 포트인 80번 포트에서 실행되는데, 이를 외부에서 접근할 수 있게 해주려면 도커 파일에 EXPOSE 80이라고 엔진엑스의 포트 번호를 명시합니다.

예제 7-4 도커 파일에 엔진엑스의 포트 명시   DOCKER-REACT-APP/.travis.yml

```
... 생략 ...

FROM node:alpine as builder
WORKDIR '/usr/src/app'
COPY package.json .
RUN npm install
COPY ./ ./
RUN npm run build

FROM nginx
EXPOSE 80
COPY --from=builder /usr/src/app/build /usr/share/nginx/html
```

이제 일래스틱 빈스톡이 컨테이너를 실행할 때 도커 파일에 명시된 EXPOSE 80을 보고 이 애플리케이션이 80번 포트에서 동작한다는 사실을 알 수 있습니다. 이렇게 해서 모든 배포 과정을 살펴봤습니다. 마지막으로 소스 코드를 깃허브에 푸시해서 AWS에서 애플리케이션이 잘 실행되는지 살펴보겠습니다.

01. 깃허브에 소스 코드를 푸시합니다.

> **실습 7-7 깃허브에 소스 코드 푸시하기**
>
> ```
> % git add .
>
> % git commit -m " travis ci deploy "
> [master 7154e5e]   travis ci deploy
>  1 file changed, 11 insertions(+), 2 deletions
>
> % git push origin main
> ```

02. 깃허브의 해당 저장소로 이동해 소스 코드가 잘 올라갔는지 확인합니다. 앞서 커밋(commit)할 때 'travis ci deploy'라는 메시지를 입력했는데, 다음 그림에서도 'travis ci deploy'라는 문구를 볼 수 있습니다. 이를 보고 소스 코드가 잘 올라왔는지 확인할 수 있습니다.

그림 7-51 깃허브 저장소에 소스 코드가 잘 푸시됐는지 확인

03. Travis CI의 대시보드로 이동한 다음 깃허브에 올라간 소스 코드를 가져와서 잘 실행하고 있는지 확인합니다. 아래와 같이 리액트 테스트 코드가 실행된다면 깃허브에 올라간 소스 코드를 가져와서 잘 실행하고 있는 것입니다.

```
----------------|---------|----------|---------|---------|-------------------
File            | % Stmts | % Branch | % Funcs | % Lines | Uncovered Line #s
----------------|---------|----------|---------|---------|-------------------
All files       |    9.09 |        0 |   33.33 |    9.09 |
 App.js         |     100 |      100 |     100 |     100 |
 index.js       |       0 |      100 |     100 |       0 | 7-17
 reportWebVitals.js |   0 |        0 |       0 |       0 | 1-8
----------------|---------|----------|---------|---------|-------------------
Test Suites: 1 passed, 1 total
Tests:       1 passed, 1 total
Snapshots:   0 total
Time:        2.534 s
Ran all test suites.
The command "docker run -e CI=true smileajw1004/docker-react-app npm run test -- --coverage"
exited with 0.

$ rvm $(travis_internal_ruby) --fuzzy do ruby -S gem uninstall -aIx dpl       dpl_0
                                                                              13.67s
Install deployment dependencies                                               dpl.1  3.00s
Authenticate deployment                                                       dpl.2  0.00s
Setup deployment                                                              dpl.3  0.00s
Prepare deployment                                                            dpl.4  0.00s
Run deployment                                                                dpl.5  9.00s
Done. Your build exited with 0.
```

그림 7-52 Travis CI의 대시보드에서 travis.yml 파일에 설정한 대로 작동하는지 확인

04. AWS의 일래스틱 빈스톡 환경으로 이동한 다음 애플리케이션이 잘 배포되고 있는지 확인합니다.

배포가 완료되면 실행 버전 아래에 있는 문구가 'Sample Application'이 아닌 Travis CI에서 전달된 버전으로 바뀝니다.

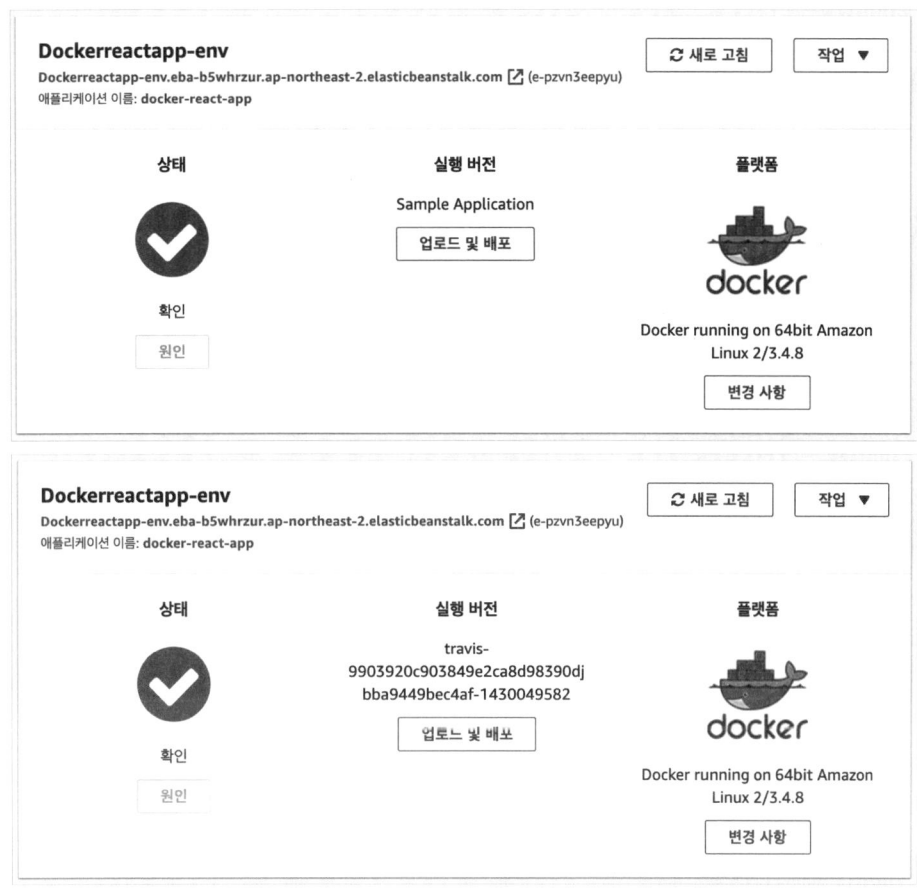

그림 7-53 AWS 일래스틱 빈스톡 환경 페이지 (위: 배포 전, 아래: 배포 후)

05. 마지막으로 해당 URL을 통해서 애플리케이션이 잘 배포됐는지 확인하기 위해 사이트에 들어가 보겠습니다.

URL 주소는 AWS의 일래스틱 빈스톡 환경 페이지의 URL 또는 그림 7-53의 환경 이름 아래에 나와 있습니다. (DockerReactApp-env.~.elasticbeanstalk.com)

그림 7-54 애플리케이션이 잘 배포됐는지 확인하기 위해 브라우저에서 접근

일래스틱 빈스톡 환경 종료하기

이렇게 애플리케이션이 잘 동작하는 모습을 확인했습니다. 이제 이 일래스틱 빈스톡 환경을 사용하지 않는다면 환경을 종료해야 추가 과금이 발생하지 않습니다. 마지막으로 환경을 종료시키는 방법을 살펴보겠습니다.

01. 일래스틱 빈스톡 환경 페이지에서 오른쪽에 있는 [작업] 버튼을 클릭합니다.

그림 7-55 일래스틱 빈스톡 환경을 종료하기 위한 작업 버튼

02. 작업 버튼을 클릭하면 나오는 목록 중에서 [환경 종료] 버튼을 클릭합니다.

그림 7-56 일래스틱 빈스톡 환경을 종료하기 위한 환경 종료 버튼

03. 마지막으로 환경의 이름을 입력하고 [종료] 버튼을 클릭합니다.

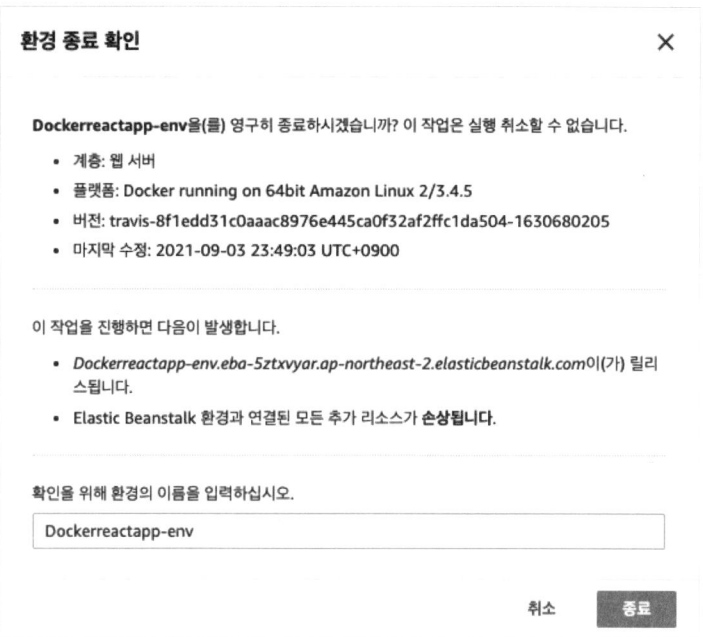

그림 7-57 일래스틱 빈스톡 환경 종료

이렇게 해서 리액트 애플리케이션을 도커 환경에서 개발하고 테스트한 다음 배포하는 과정까지 살펴봤습니다. 다음 장부터는 실무에서 사용할 수 있는 더 복잡한 애플리케이션을 만들어 보겠습니다.

08

다중 컨테이너를 활용한 애플리케이션의 개발 환경 구축

앞으로 8장과 9장에서는 현재까지 배운 내용을 토대로 실무에서 사용할 법한 애플리케이션을 도커 환경으로 구성해 보겠습니다. 1장에서는 도커의 기본적인 내용을 다뤘고, 2장에서는 도커 클라이언트 명령어를 다뤘습니다. 그리고 3장, 4장, 5장에 걸쳐 도커 이미지, 컨테이너, 도커 컴포즈에 대해 깊게 알아봤습니다. 이어서 이러한 지식을 토대로 6장과 7장에서는 리액트 애플리케이션을 도커 환경에서 실행하고, AWS 클라우드 서비스를 이용해 배포하는 방법까지 실습해 봤습니다.

마지막으로 이번 8장과 9장에서는 리액트 애플리케이션만을 이용하는 것이 아닌 백엔드 서버와 데이터베이스까지 연결한 애플리케이션을 도커 환경에서 실행하고 AWS에 배포해 보겠습니다.

8.1 다중 컨테이너를 활용해 만들 애플리케이션의 구조

6장과 7장에서 도커를 이용해 리액트 애플리케이션을 만들었습니다. 하지만 실무에서 애플리케이션 프로젝트를 진행하려면 프런트엔트뿐만 아니라 백엔드 서버와 데이터베이스 등 많은 요소가 필요합니다. 그래서 이번 장부터는 좀 더 많은 컨테이너를 사용하는 애플리케이션을 만들어 보겠습니다.

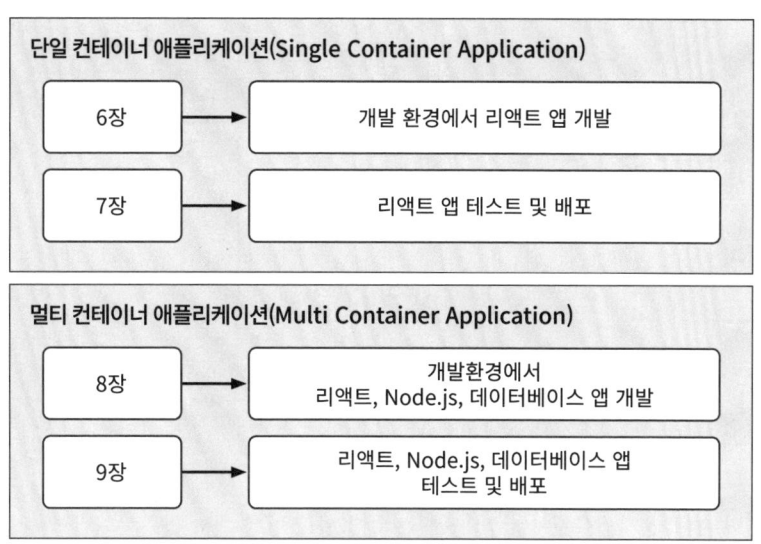

그림 8-1 6장, 7장에서 만든 애플리케이션과 8장, 9장에서 만들 애플리케이션 비교

조금 다른 관점에서 6장과 7장에서 만든 애플리케이션과 8장과 9장에서 만들 애플리케이션을 비교해 보겠습니다. 그림 8-2를 보면 6장과 7장에서 만든 애플리케이션은 리액트 애플리케이션을 실행할 하나의 컨테이너만 사용하는 것을 볼 수 있습니다. 그래서 단일 컨테이너 애플리케이션(Single Container Application)이라고 부릅니다.

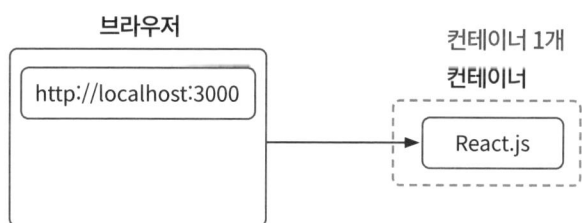

그림 8-2 단일 컨테이너 애플리케이션의 구조

그리고 이번 8장과 9장에 걸쳐 만들 애플리케이션은 리액트 애플리케이션 뿐만 아니라 Node.js, MySQL 엔진엑스까지 다양한 컨테이너가 필요한 애플리케이션을 만들겠습니다. 많은 컨테이너가 필요하기 때문에 멀티 컨테이너 애플리케이션이라고 부릅니다.

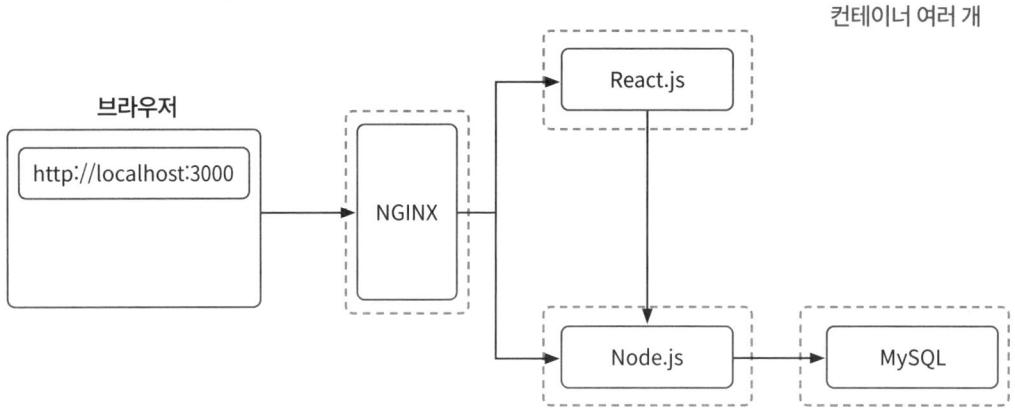

그림 8-3 멀티 컨테이너 애플리케이션의 구조

이렇게 여러 개의 컨테이너를 이용해 구현할 애플리케이션을 더 자세히 살펴보겠습니다.

그림 8-4 멀티 컨테이너 구조로 구현할 애플리케이션

그림 8-4와 같이 클라이언트에서 원하는 글을 입력하면 입력한 글이 리액트를 통해 노드로 전달되고, MySQL 데이터베이스에 저장한 후 이를 다시 화면에 보여주는 애플리케이션을 구현하겠습니다. 그리고 컨테이너를 삭제한 후에 다시 시작해도 DB에 저장된 데이터는 남아 있게 만들 것입니다.

멀티 컨테이너 애플리케이션을 위한 전체적인 설계

멀티 컨테이너 애플리케이션을 만들 때는 매우 다양한 방법으로 설계할 수 있습니다. 그중에서 두 가지 방법을 살펴보겠습니다. 엔진엑스(Nginx)를 사용하는 용도에 따라 두 가지 설계로 나눴습니다. 첫 번째 방법은 클라이언트에서 엔진엑스로 오는 요청을 백엔드 서버와 프런트엔드 서버로 나누는 구조입니다. 두 번째 방법은 엔진엑스는 프런트엔드 서버로만 사용해 클라이언트에서 정적 파일을 요구할 때 이를 제공하는 형식으로만 사용하는 구조입니다. 두 가지 방법 모두 장단점이 있는데, 이어서 각각의 설계를 더 상세히 보면서 두 가지 설계의 장단점을 알아보겠습니다.

엔진엑스의 프록시(Proxy) 기능을 이용한 설계

첫 번째 설계 방식은 엔진엑스를 두 가지 역할로 이용합니다. 엔진엑스에 있는 프록시 기능과 정적 파일을 제공하는 기능입니다. 클라이언트에서 요청을 보낼 때 요청이 프런트엔드 서버를 위한 것이면 프런트엔드 서버 쪽으로 보내고 백엔드 서버를 위한 요청이라면 백엔드 서버로 보냅니다. 그리고 정적 파일을 제공하는 기능은 프런트엔드 서버에 많은 정적 파일이 있는데, 클라이언트(브라우저)에서 이러한 파일들을 요청하면 전달하는 기능입니다.

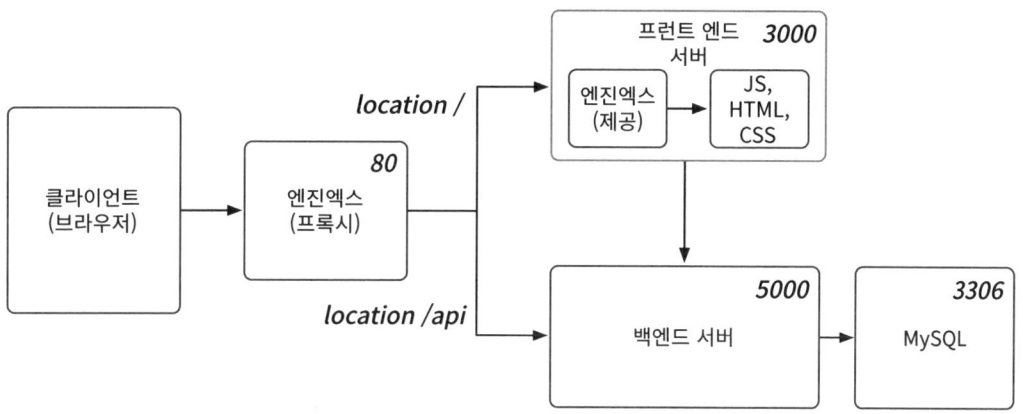

그림 8-5 엔진엑스의 프록시 기능을 이용한 설계

이러한 설계의 장점은 크게 두 가지가 있습니다. 요청을 보낼 때 호스트의 이름이 바뀌더라도 경로 부분(endpoint)을 변경하지 않아도 되는 점과 포트 자체를 넣지 않아도 되므로 요청을 보내는 경로의 포트(port)가 바뀌어도 포트를 바꿔주지 않아도 된다는 점입니다. 이렇게 요청을 보낼 때 경로 부분에서 호스트 부분과 포트를 넣지 않아도 되는 이유는 요청이 왔을 때 프런트엔드 서버로 보낼지 백엔드 서버로 보낼지를 엔진엑스에서 프록시 기능을 이용해 처리하기 때문입니다. 예를 들어 요청을 보낼 때 요청이 /api로 시작하면 엔진엑스가 알아서 백엔드 서버로 보내주고 /api로 시작하지 않으면 모두 다 프런트엔드 서버로 보내는 방식입니다.

이러한 장점에 반하는 단점으로는 엔진엑스로 하는 일이 많아지기 때문에 엔진엑스를 설정하는 부분이 다소 복잡하며 전체적인 설계도 다소 복잡하다는 점입니다.

```
axios.get('/api/values')
```

장점

01. 요청(Request)을 보낼 때 요청 경로에서 호스트(Host) 이름이 바뀌어도 호스트 이름을 변경하지 않아도 됩니다.
02. 요청(Request)을 보낼 때 요청 경로에서 포트(Port)가 바뀌어도 포트를 변경하지 않아도 됩니다.

단점

01. 엔진엑스 설정 부분이 다소 복잡하며, 전체적인 설계도 다소 복잡합니다.

엔진엑스는 정적 파일만 제공하는 설계

두 번째 설계 방식은 엔진엑스의 프록시 기능을 이용하지 않고 클라이언트에서 프런트엔드 서버에 요청하는 정적 파일만 제공하는 방식입니다.

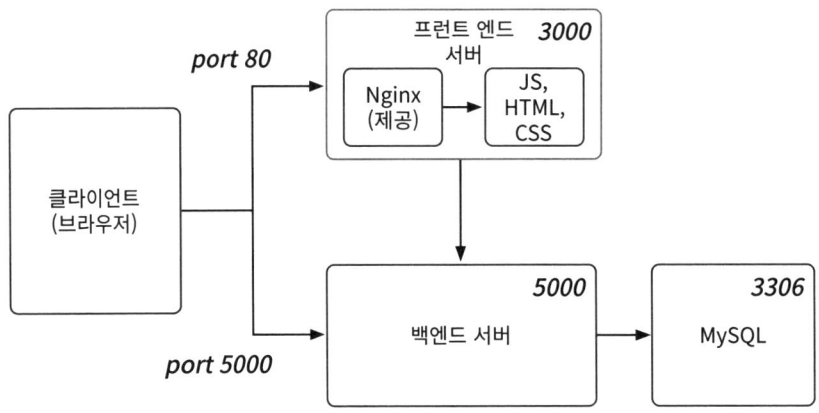

그림 8-6 엔진엑스는 정적 파일만 제공하는 설계

이 방식의 장점은 설계가 다소 간단해서 구현하기가 더 쉽다는 점입니다. 단점으로는 호스트 이름이나 포트 변경이 있을 때 모든 요청의 경로를 변경해야 한다는 점입니다. 이 방법에서는 엔진엑스가 프록시 기능을 제공하지 않기 때문에 요청을 보낼 때 호스트 이름과 포트를 정확히 명시하지 않으면 요청이 백엔드 서버로 가야 할지 프런트엔드 서버로 가야 할지 모르기 때문입니다. 예를 들어 호스트 이름이 abc.com이며, 포트가 5000인 경로로 요청을 보내야 한다면 http://abc.com:5000/api/values와 같이 모든 경로를 명시해야 하고, 만약 포트가 4000번으로 바뀌거나 호스트 이름이 cde.com으로 바뀐다면 http://cde.com:4000과 같이 많은 부분을 일일이 변경해야 하는 번거로움이 있습니다.

```
//운영환경의 호스트 이름이 abc.com이라면 서버에 요청을 보내는 경로 변경
axios.get('http://localhost:5000/api/values')
=> axios.get('https://abc.com:5000/api/values')
```

장점
01. 전체적인 설계가 간단하고 구현하기가 더 쉽습니다.

단점
01. 요청 경로에서 포트(Port)나 호스트 이름에 변경이 있다면 포트나 호스트 이름을 일일이 변경해야 합니다.

두 방법 모두 장단점이 있으며, 둘 다 좋은 방법입니다. 하지만 이번 장에서 만들 애플리케이션을 구성할 때는 첫 번째 방법인 엔진엑스의 프록시 기능을 이용한 설계 방식으로 구성해 보겠습니다.

애플리케이션의 구현 순서

8장과 9장에 걸쳐 애플리케이션을 구현할 텐데, 어떠한 순서로 구현해 나갈지 정리해 보겠습니다.

01. 애플리케이션의 소스 코드를 작성합니다.
    Node.js와 React.js를 이용해 애플리케이션의 소스 코드를 작성합니다.
02. 도커 파일을 작성합니다.
    여러 개의 이미지를 생성해야 하므로 각 이미지에 맞는 도커 파일을 작성합니다. 이때 개발 환경과 운영 환경에서 다른 작업을 해야 할 경우 개발 환경 도커 파일과 운영 환경의 도커 파일을 각각 만듭니다.
03. 도커 컴포즈 파일을 작성합니다.
    여러 컨테이너의 통신을 이어주며, 더 편하게 컨테이너를 실행하기 위해 도커 컴포즈 파일을 작성합니다.

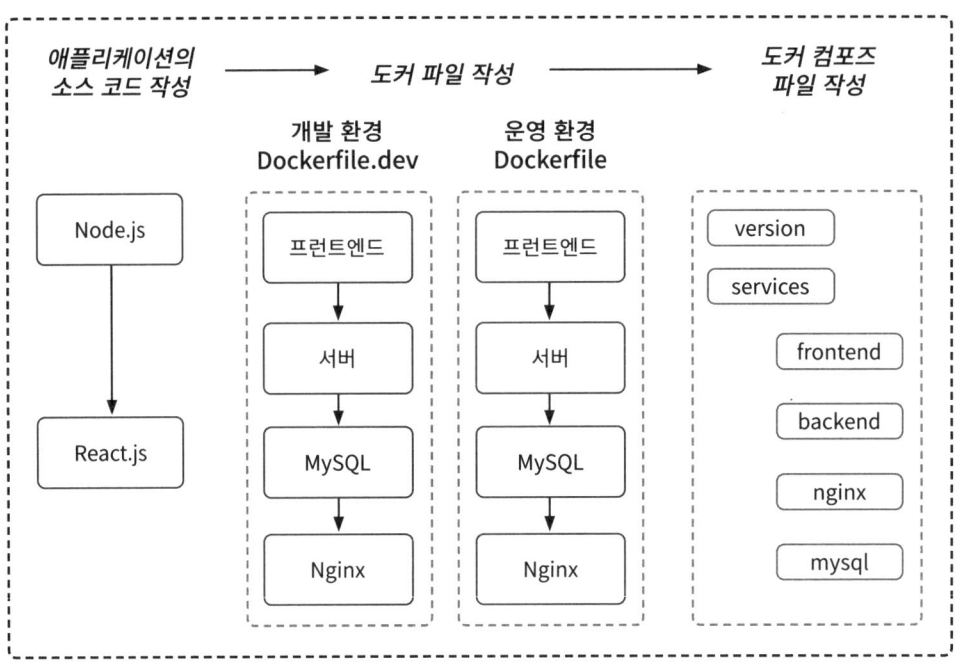

그림 8-7 멀티 컨테이너 애플리케이션의 소스 코드 작성 순서

04. 깃허브의 원격 저장소에 소스 코드를 푸시합니다.

실무에서는 먼저 임의의 브랜치에 소스 코드를 올린 후에 풀 리퀘스트를 통해 소스 코드를 점검받은 후 메인(마스터) 브랜치로 푸시합니다. 왜냐하면 메인(마스터) 브랜치에 올라온 소스 코드만 배포를 위해 다음 과정으로 진행되기 때문입니다.

05. Travis CI에서 테스트 및 빌드를 진행합니다.

깃허브의 메인(마스터) 브랜치에 소스 코드가 업데이트되면 Travis CI가 자동으로 업데이트된 소스 코드를 가져옵니다. 그다음 소스 코드 안에 있는 테스트 코드를 이용해 애플리케이션이 정상적으로 작동하는지 테스트합니다. 테스트에 성공하면 도커 이미지를 빌드한 후에 도커 허브에 전달합니다.

06. 도커 허브에서 빌드된 도커 이미지를 보관합니다.

Travis CI에서 빌드된 이미지를 보관하며, AWS 일래스틱 빈스톡에서 이미지를 필요로 할 때 전달합니다.

07. AWS 일래스틱 빈스톡을 이용해 애플리케이션을 배포합니다.

Travis CI에서 빌드하여 도커 허브로 전달한 운영 환경의 도커 이미지를 AWS 일래스틱 빈스톡으로 전달합니다. 일래스틱 빈스톡에서는 그 도커 이미지를 이용해 애플리케이션을 배포합니다.

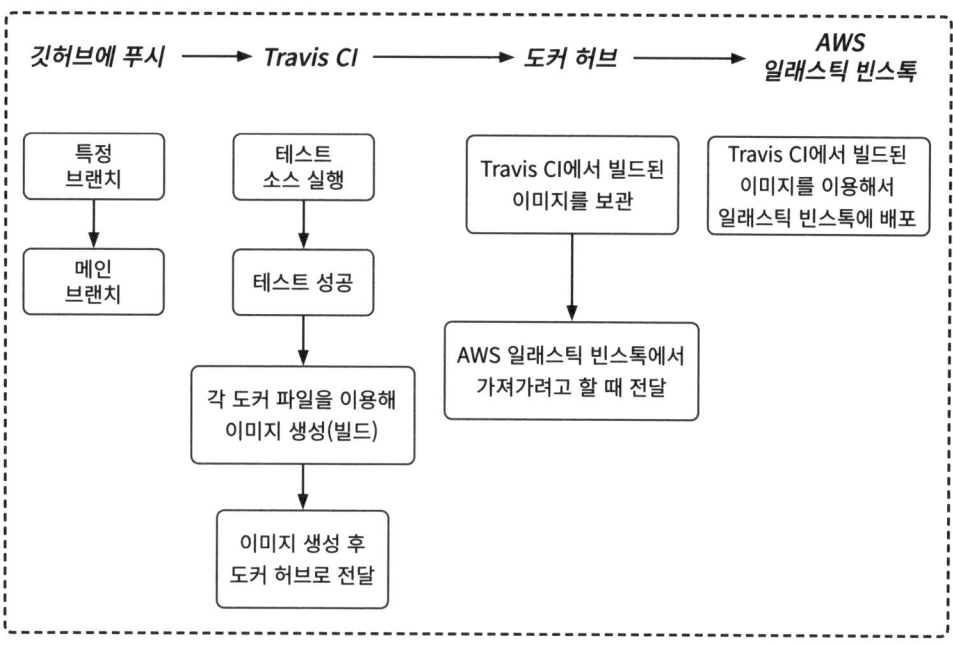

그림 8-8 멀티 컨테이너 애플리케이션 테스트 및 배포 순서

이러한 순서로 멀티 컨테이너 애플리케이션을 만들고 배포해 보겠습니다. 그래서 이번 8장에서는 우선 소스 코드 작성에 집중해 보겠습니다.

8.2 Node.js로 애플리케이션의 백엔드 서버 구현하기

앞서 Node.js 애플리케이션을 여러 번 만들어 봤기 때문에 부가적인 설명 없이 Node.js를 구성해 보겠습니다.

01. 먼저 이번 프로젝트를 진행할 폴더를 생성합니다. 이 책에서는 폴더 이름을 'docker-multi-app'으로 지정했습니다. 그리고 프로젝트의 최상위 위치에 backend라는 폴더를 만듭니다. (앞으로 프론트엔드, nginx, mysql을 위한 폴더도 같은 디렉터리에 위치하게 됩니다.) 이 backend 폴더는 Node.js와 관련된 소스 코드를 저장할 폴더입니다.

```
∨ DOCKER-MULTI-APP
    >  backend
```
그림 8-9 backend 폴더 생성

02. backend 폴더 아래에 package.json 파일을 생성합니다.

npm init 명령어를 이용해 만들어도 되고, 직접 package.json 파일을 만든 다음 필요한 소스 코드를 작성해도 됩니다.

03. package.json 파일에 스크립트와 사용할 모듈들을 명시합니다.

예제 8-1 package.json 파일에 스크립트와 사용할 모듈 명시

DOCKER-MULTI-APP/backend/package.json

```json
{
  "name": "backend",
  "version": "1.0.0",
  "description": "",
  "main": "server.js",
  "scripts": {
    "test": "",
    "start": "node server.js",
    "dev": "nodemon server.js"
  },
  "dependencies": {
    "express": "4.16.3",
    "mysql": "2.16.0",
    "nodemon": "1.18.3",
    "body-parser": "1.19.0"
  },
  "author": "",
  "license": "ISC"
}
```

scripts

scripts 항목에 있는 test는 테스트 코드를 실행할 때 사용합니다. start는 익스프레스 서버를 시작할 때 사용합니다. dev는 nodemon 모듈을 이용해 익스프레스 서버를 시작할 때 사용합니다.

dependencies

dependencies 항목에 있는 express는 웹 프레임워크 모듈입니다. mysql은 MySQL 데이터베이스를 사용하기 위한 모듈입니다. body-parser는 클라이언트에서 오는 요청의 본문을 해석하는 미들웨어 모듈입니다.

04. 시작점이 되는 server.js 파일을 만듭니다.

애플리케이션을 실행할 때 'node server.js' 명령어로 시작하므로 server.js 파일이 시작점이 됩니다.

05. 시작점인 server.js의 기본 구조를 작성합니다.

예제 8-2 server.js의 기본 구조 작성　　　　　　　　　　DOCKER-MULTI-APP/backend/server.js

```js
//필요한 모듈 가져오기
const express = require("express");

//익스프레스 서버 생성
const app = express();

//JSON 형태로 전달되는 요청의 본문을 해석할 수 있게 등록
app.use(express.json());

app.listen(5000, () => {
  console.log('애플리케이션이 5000번 포트에서 시작됐습니다.');
})
```

06. Node.js 애플리케이션과 Node.js 애플리케이션을 연결하기 위한 db.js 파일을 생성합니다.

07. 생성한 db.js 파일에 호스트, 유저 이름, 비밀번호, 데이터베이스 이름을 명시해 pool을 생성합니다. 그리고 생성한 pool을 다른 파일에서도 사용할 수 있게 익스포트합니다.

예제 8-3 Node.js 애플리케이션과 데이터베이스 연결　　　　　DOCKER-MULTI-APP/backend/db.js

```js
const mysql = require("mysql");
const pool = mysql.createPool({
  connectionLimit: 10,
  host: 'mysql',
  user: 'root',
  password: 'password',
  database: 'myapp',
  port: 3306
})
exports.pool = pool;
```

08. 익스포트한 pool을 server.js에서 불러옵니다. db.js 파일 안에 pool이 들어 있기 때문에 db.js 파일을 가져오면 pool을 가져오게 됩니다.

예제 8-4 앞서 익스포트한 pool을 server.js로 불러오기　　　DOCKER-MULTI-APP/backend/server.js

```
//필요한 모듈 가져오기
const express = require("express");

const db = require('./db');

//익스프레스 서버 생성
const app = express();

// JSON 형태로 전달되는 요청의 본문을 해석할 수 있게 등록
app.use(express.json());

app.listen(5000, () => {
  console.log('애플리케이션이 5000번 포트에서 시작됐습니다.');
})
```

09. 애플리케이션에서 필요한 두 가지 API를 구현합니다.

예제 8-5 애플리케이션에 필요한 API 구현　　　DOCKER-MULTI-APP/backend/server.js

```
... 생략 ...
app.listen(5000, () => {
  console.log('애플리케이션이 5000번 포트에서 시작됐습니다.');
})

//DB의 lists 테이블에 있는 모든 데이터를 프런트엔드 서버로 보내주기
app.get('/api/values', function (req, res) {
  //DB에서 모든 정보 가져오기
  db.pool.query('SELECT * FROM lists;',
    (err, results, fileds) => {
      if (err)
        return res.status(500).send(err);
      else
        // 프런트엔드에 DB에서 가져온 정보를 json 형식으로 보냅니다.
```

```
      return res.json(results);
    })
  })

  // 클라이언트에서 입력한 값을 DB의 lists 테이블에 넣어주기
  app.post('/api/value', function (req, res, next) {
    //데이터베이스에 값 넣어주기
    db.pool.query(`INSERT INTO lists (value) VALUES("${req.body.value}")`,
      (err, results, fileds) => {
        if (err)
          return res.status(500).send(err);
        else
          return res.json({ success: true, value: req.body.value });
      })
  })
```

> **Tip — GET 메서드와 POST 메서드**
>
> GET 메서드는 서버의 리소스에서 데이터를 요청할 때, POST 메서드는 서버의 리소스를 생성하거나 업데이트 할 때 사용합니다.
>
> **'/api/values'의 의미**
>
> '/api/values'는 요청의 경로에 해당합니다. 클라이언트에서 요청을 보낼 때 '/api/values' 경로로 요청을 보내면 그 경로에 맞는 요청을 처리하기 위해 서버의 API에서도 '/api/values'를 지정한 후 요청을 처리하면 됩니다. 즉 요청을 보내는 경로와 요청을 받아서 처리하는 경로가 같아야 합니다.

이렇게 백엔드 부분을 위한 소스 코드를 Node.js를 이용해 구현했습니다. 이제 프런트엔드 부분을 처리할 소스 코드를 React.js를 이용해 구현해 보겠습니다.

8.3 React.js로 애플리케이션의 프런트엔드 구현하기

리액트 역시 앞서 React.js를 활용한 애플리케이션을 만들어 봤기 때문에 부가적인 설명 없이 React.js를 구성해 보겠습니다.

01. create-react-app으로 리액트 애플리케이션을 생성합니다.

    터미널에서 다음과 같이 명령어를 입력해 리액트 애플리케이션을 생성합니다. 만약 터미널에서 현재 backend 디렉터리에 있다면 한 단계 상위 폴더로 이동한 다음에 리액트 애플리케이션을 생성해야 합니다. 한 단계 상위 폴더로 이동할 때는 'cd ..' 명령어를 사용합니다.

    실습 8-1 CRA로 리액트 애플리케이션 생성하기
    ```
    % npx create-react-app frontend
    ```

02. 위 명령어를 실행하면 다음과 같은 구조로 리액트 애플리케이션이 생성됩니다.

    ```
    ∨ 📁 frontend
      > 📁 nginx
      > 📁 node_modules
      > 📁 public
      > 📁 src
        ◆ .gitignore
        📄 package.json
    ```

    그림 8-10 리액트 애플리케이션의 폴더와 파일

03. 먼저 App.js 파일에 UI를 위한 소스 코드를 작성합니다.

    다음 그림과 같이 입력 상자와 버튼을 추가하겠습니다.

    그림 8-11 구현하고자 하는 애플리케이션의 UI

예제 8-6 App.js에 애플리케이션의 UI 구현　　　DOCKER-MULTI-APP/frontend/src/App.js

```javascript
import React from 'react';
import logo from './logo.svg';
import './App.css';

function App() {

  return (
    <div className="App">
      <header className="App-header">
        <img src={logo} className="App-logo" alt="logo" />
        <div className="container">
          <form className="example">
            <input
              type="text"
              placeholder="입력해주세요..."
            />
            <button type="submit">확인.</button>
          </form>
        </div>
      </header>
    </div>
  );
}

export default App;
```

04. UI에 CSS를 적용하기 위해 App.css 파일에 다음과 같이 CSS 코드를 추가합니다.

예제 8-7 App.css에 CSS 코드 추가　　　DOCKER-MULTI-APP/frontend/src/App.css

```css
... 생략 ...

@keyframes App-logo-spin {
  from {
    transform: rotate(0deg);
  }
```

```css
  to {
    transform: rotate(360deg);
  }
}

.container {
  width: 375px;
}

form.example input {
  padding: 10px;
  font-size: 17px;
  border: 1px solid grey;
  float: left;
  width: 74%;
  background: #f1f1f1;
}

form.example button {
  float: left;
  width: 20%;
  padding: 10px;
  background: #2196F3;
  color: white;
  font-size: 17px;
  border: 1px solid grey;
  border-left: none;
  cursor: pointer;
}

form.example button:hover {
  background: #0b7dda;
}

form.example::after {
  content: "";
  clear: both;
  display: table;
}
```

05. 데이터의 흐름을 위한 스테이트를 생성합니다.

이 애플리케이션에서는 입력 상자(Input 상자)에 글을 작성한 다음 Submit 버튼을 누르면 작성한 글이 데이터베이스에 저장됩니다. 따라서 이러한 데이터의 흐름을 프런트엔드에서 처리해야 합니다.

예제 8-8 App.js에 State 생성　　　　　　　　　　DOCKER-MULTI-APP/frontend/src/App.js

```javascript
// useState를 사용하기 위해서 react 라이브러리에서 가져옵니다.
import React, { useState } from 'react';
import logo from './logo.svg';
import './App.css';
// 백엔드 서버와 비동기 통신을 하기 위한 axios 라이브러리를 가져옵니다.
import axios from 'axios';

function App() {

  // DB에 저장된 값을 가져와서 화면에 보여주기 전에 이 lists State에 넣어줍니다.
  const [lists, setLists] = useState([]);

  // Input 박스에 입력한 값이 이 value State에 들어갑니다.
  const [value, setValue] = useState("");

… 생략 …
```

리액트에서는 State를 이용해 데이터의 흐름을 처리합니다. 그리고 State를 이용하려면 react 라이브러리에서 useState 훅을 불러와야 합니다. 이 useState 훅을 이용해 lists와 value State를 생성합니다. 그러고 나서 lists State를 배열 형식으로 입력하면 입력한 글들이 lists에 하나씩 들어갑니다. 그리고 value State는 문자열 형식으로 현재 입력하는 문자열이 들어갑니다.

06. App.js에서는 axios라는 브라우저와 Node.js를 위한 비동기 통신 라이브러리를 가져옵니다. 그러기 위해서는 package.json 파일에 axios 라이브러리를 명시해야합니다.

예제 8-9 package.json파일에 axios 라이브러리 명시　　　DOCKER-MULTI-APP/frontend/package.json

```json
… 생략 …
"dependencies" : {
  "react": "^16.13.1",
  "react-dom": "^16.13.1",
  "react-scripts": "3.4.1",
```

```
    "axios": "0.19.2"
  }
... 생략 ...
```

07. 데이터베이스에서 데이터를 가져오는 데 필요한 useEffect를 추가합니다.

예제 8-10 App.js에 useEffect 훅 추가   DOCKER-MULTI-APP/frontend/src/App.js

```
// useEffect를 사용하기 위해 react 라이브러리에서 가져옵니다.
import React, { useState, useEffect } from 'react';
import logo from './logo.svg';
import './App.css';
import axios from 'axios';

function App() {
  // DB에 저장된 값을 가져와서 화면에 보여주기 전에 이 lists State에 넣어줍니다.
  const [lists, setLists] = useState([]);

  // Input 박스에 입력한 값이 이 value State에 들어갑니다.
  const [value, setValue] = useState("");

  useEffect(() => {
    //여기서 데이터베이스에 있는 값을 가져옵니다.
  }, [])
```

만들고 있는 애플리케이션에 처음 들어왔을 때 이미 데이터베이스에 데이터가 들어있다면 그 데이터를 가져와 화면에 보여줘야 합니다. 이처럼 애플리케이션에 접속하자마자 데이터를 불러오는 데 useEffect 훅을 사용합니다. useEffect 훅 또한 react 라이브러리에서 불러옵니다.

08. 애플리케이션의 기능을 구현합니다.

예제 8-11 글을 입력하면 state에 저장하고 전송 버튼을 누르면 데이터베이스에 저장

         DOCKER-MULTI-APP/frontend/src/App.js

```
... 생략 ...

  // DB에 저장된 값을 가져와서 화면에 보여주기 전에 이 lists State에 넣어줍니다.
  const [lists, setLists] = useState([]);
```

```
// Input 박스에 입력한 값이 이 value State에 들어갑니다.
const [value, setValue] = useState("");

useEffect(() => {
  //여기서 데이터베이스에 있는 값을 가져옵니다.
  axios.get('/api/values')
    .then(response => {
      console.log('response', response);
      setLists(response.data);
    })
}, [])

// Input 박스에 값을 입력(onChange 이벤트가 발생)할 때마다
// value State를 변경합니다.
const changeHandler = (event) => {
  setValue(event.currentTarget.value);
}

// Input 박스에 값을 입력하고 확인 버튼을 누르면
// 입력한 값이 데이터베이스에 저장되고
// 화면에 값을 보여줍니다.
const submitHandler = (event) => {
  event.preventDefault();

  axios.post('/api/value', { value: value })
    .then(response => {
      if (response.data.success) {
        console.log('response', response);
        setLists([...lists, response.data]);
        setValue("");
      } else {
        alert('DB에 값을 넣는데 실패했습니다.');
      }
    })
}

… 생략 …
```

애플리케이션에 접속하자마자 데이터베이스에 들어 있는 lists 데이터를 가져와야 합니다. 이때는 useEffect 훅을 이용해 데이터베이스에 있는 데이터를 불러올 수 있습니다. 그리고 데이터를 불러올 때는 axios 모듈을 이용해 백엔드 서버에 데이터를 가져오기 위한 요청을 보냅니다. 요청에 따른 결과로 데이터를 받으면 전달받은 데이터로 lists State를 업데이트합니다.

```
useEffect(() => {
  //여기서 데이터베이스에 있는 값을 가져옵니다.
  axios.get('/api/values')
    .then(response => {
      console.log('response', response);
      setLists(response.data);
    })
}, [])
```

데이터베이스에 있는 글을 가져와 보여주는 것과 별개로 입력 상자에 글을 입력할 때마다 value State를 업데이트해야 입력한 값을 데이터베이스에 저장할 수 있습니다. 따라서 키보드로 값을 입력할 때마다 특정 함수를 호출하기 위해 changeHandler라는 함수를 생성합니다. 그리고 changeHandler 함수에서는 setValue를 이용해 value State를 업데이트합니다.

```
// Input 박스에 값을 입력(onChange 이벤트가 발생)할 때마다
// value State를 변경합니다.
const changeHandler = (event) => {
  setValue(event.currentTarget.value);
}
```

value State에 값이 들어오면 그 값을 데이터베이스에 저장해야 합니다. 그리고 전송 버튼을 클릭할 때마다, 즉 onSubmit 이벤트가 발생할 때마다 함수를 호출하기 위해 submitHandler 함수를 생성합니다. submitHandler 함수에서는 axios 모듈을 이용해 입력한 value 값을 백엔드 서버로 전달합니다. 그리고 백엔드 서버에서 value 값을 받아서 잘 저장했다면 저장한 값을 lists State에 넣어줍니다.

```
// Input 박스에 값을 입력하고 확인 버튼을 누르면
// 입력한 값이 데이터베이스에 저장되고
// 화면에 값을 보여줍니다.
const submitHandler = (event) => {
```

```
      event.preventDefault();

      axios.post('/api/value', { value: value })
        .then(response => {
          if (response.data.success) {
            console.log('response', response);
            setLists([...lists, response.data]);
            setValue("");
          } else {
            alert('DB에 값을 넣는데 실패했습니다.')
          }
        })
    }
```

이어서 데이터베이스에서 가져온 데이터를 화면에 보여줘야 합니다. 우선 데이터베이스에 있는 글을 보여주려면 lists State 배열을 이용해야 합니다. lists State 배열에 있는 데이터를 하나씩 보여주는 데에는 map 메서드를 활용합니다.

예제 8-12 데이터베이스에 저장된 데이터를 화면에 출력   DOCKER-MULTI-APP/frontend/src/App.js

```
… 생략 …

  return (
    <div className="App">
      <header className="App-header">
        <img src={logo} className="App-logo" alt="logo" />
        <div className="container">

          {lists && lists.map((list, index) => (
            <li key={index}>{list.value} </li>
          ))}
          <br />
            안녕하세요.

          // 확인 버튼을 누르면 onSubmit 이벤트가 발생하고
          // submitHandler 함수를 호출합니다.
```

```
          <form className="example" onSubmit={submitHandler}>
            <input
              type="text"
              placeholder="입력해주세요..."
              //값을 입력할 때마다 onChange 이벤트가 발생하고
              //changeHandler 함수를 호출합니다.
              onChange={changeHandler}
              //Input 박스의 value를 state의 value로 컨트롤합니다.
              value={value}
            />
            <button type="submit">확인.</button>
          </form>
        </div>
      </header>
    </div>
  );

… 생략 …
```

이렇게 해서 리액트 부분까지 구현을 마쳤습니다. App.js의 전체 소스 코드는 다음과 같습니다.

예제 8-13 App.js 전체 소스 코드 DOCKER-MULTI-APP/frontend/src/App.js

```
import React, { useState, useEffect } from 'react';
import logo from './logo.svg';
import './App.css';
import axios from 'axios';

function App() {
  // DB에 저장된 값을 가져와서 화면에 보여주기 전에 이 lists State에 넣어줍니다.
  const [lists, setLists] = useState([]);

  // Input 박스에 입력한 값이 이 value State에 들어갑니다.
  const [value, setValue] = useState("");

  useEffect(() => {
```

```
    //여기서 데이터베이스에 있는 값을 가져옵니다.
    axios.get('/api/values')
      .then(response => {
        console.log('response', response);
        setLists(response.data);
      })
}, [])

// Input 박스에 값을 입력(onChange 이벤트가 발생)할 때마다
// value State를 변경합니다.
const changeHandler = (event) => {
  setValue(event.currentTarget.value);
}

// Input 박스에 값을 입력하고 확인 버튼을 누르면
// 입력한 값이 데이터베이스에 저장되고
// 화면에 값을 보여줍니다.
const submitHandler = (event) => {
  event.preventDefault();

  axios.post('/api/value', { value: value })
    .then(response => {
      if (response.data.success) {
        console.log('response', response);
        setLists([...lists, response.data]);
        setValue("");
      } else {
        alert('DB에 값을 넣는데 실패했습니다.');
      }
    })
}


return (
  <div className="App">
    <header className="App-header">
```

```
        <img src={logo} className="App-logo" alt="logo" />
        <div className="container">
          {lists && lists.map((list, index) => (
            <li key={index}>{list.value} </li>
          ))}
          <br />
          안녕하세요.

          // 확인 버튼을 누르면 onSubmit 이벤트가 발생하고
          // submitHandler 함수를 호출합니다.
          <form className="example" onSubmit={submitHandler}>
            <input
              type="text"
              placeholder="입력해주세요..."
              //값을 입력할 때마다 onChange 이벤트가 발생하고
              //changeHandler 함수를 호출합니다.
              onChange={changeHandler}
              //Input 박스의 value를 state의 value로 컨트롤합니다.
              value={value}
            />
            <button type="submit">확인.</button>
          </form>
        </div>
      </header>
    </div>
  );
}

export default App;
```

이어서 다음 절에서는 지금까지 작성한 소스 코드를 도커 환경에서 실행할 수 있게 도커 파일을 작성해 보겠습니다. 도커 파일은 개발 환경과 운영 환경을 다르게 구성하는 게 좋기 때문에 먼저 개발 환경을 위한 도커 파일을 만들고 그 후에 운영 환경을 위한 도커 파일을 만들겠습니다.

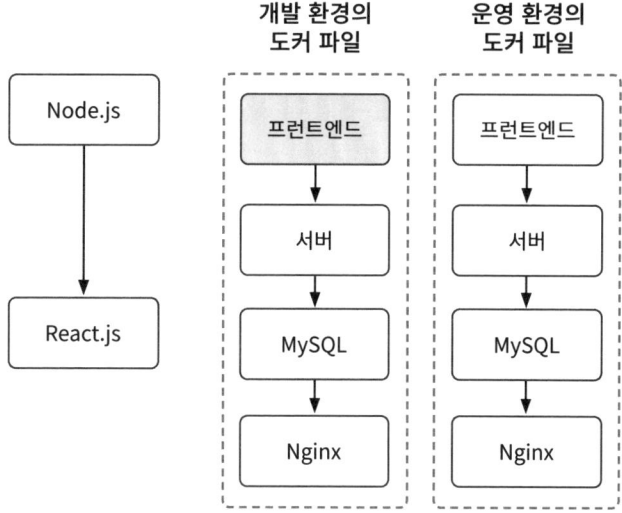

그림 8-12 도커 파일 작성 순서

8.4 리액트 애플리케이션을 위한 도커 파일 만들기

먼저 프런트엔드 부분인 리액트 애플리케이션을 위한 도커 파일을 작성하겠습니다. 이 부분은 앞서 6장에서 리액트 애플리케이션을 위한 도커 파일을 작성해봤기 때문에 복습하는 느낌으로 도커 파일을 작성해 보겠습니다.

01. frontend 폴더에 두 개의 도커 파일을 생성합니다. 하나는 개발 환경을 위한 도커 파일인 Dockerfile.dev이고, 다른 하나는 운영 환경을 위한 도커 파일 Dockerfile입니다.

```
v  frontend
>    nginx
>    node_modules
>    public
>    src
     .gitignore
     Dockerfile
     Dockerfile.dev
```

그림 8-13 frontend 폴더에 도커 파일 생성

02. 개발 환경을 위한 도커 파일을 작성합니다.

> **예제 8-14 개발 환경을 위한 도커 파일인 Dockerfile.dev 작성**
>
> DOCKER-MULTI-APP/frontend/Dockerfile.dev
>
> ```
> # 베이스 이미지를 도커 허브에서 가져옵니다.
> FROM node:alpine
> 
> # 해당 애플리케이션의 소스 코드가 이 디렉터리로 들어갑니다.
> WORKDIR /app
> 
> # 소스 코드가 바뀔 때마다 종속성까지 다시 복사하지 않도록
> # 먼저 종속성 목록을 담고 있는 package.json을 복사합니다.
> COPY package.json ./
> 
> # package.json에 명시된 종속성을 설치합니다.
> RUN npm install
> 
> # 로컬에 있는 모든 소스 코드를 WORKDIR로 복사합니다.
> COPY ./ ./
> 
> # 컨테이너가 시작되면 실행할 명령어를 명시합니다.
> CMD [ "npm", "run", "start" ]
> ```

FROM

베이스 이미지로 node:alpine 이미지를 사용합니다.

WORKDIR

컨테이너 안의 /app 디렉터리로 Node.js 소스 코드가 들어가게 작업 디렉터리를 지정합니다.

COPY

소스 코드가 수정될 때마다 종속성까지 다시 복사하지 않도록 먼저 종속성 목록을 담고 있는 package.json을 복사합니다.

RUN

그리고 컨테이너 안에도 종속성들이 있어야 하므로 'npm install' 명령어로 package.json에 명시된 종속성을 컨테이너에 설치합니다.

COPY

이어서 모든 소스 코드를 컨테이너에 복사하기 위해 다시 COPY를 이용합니다.

CMD

마지막으로 컨테이너가 실행될 때 애플리케이션도 함께 실행하기 위해 CMD 부분에 'npm run start' 명령어를 작성합니다.

03. 운영 환경을 위한 도커 파일을 작성합니다.

예제 8-15 운영 환경을 위한 도커 파일인 Dockerfile 작성　　　DOCKER-MULTI-APP/frontend/Dockerfile

```
# 엔진엑스에 제공할 빌드 파일을 생성하는 단계
FROM node:alpine as builder
WORKDIR /app
COPY ./package.json ./
RUN npm install
COPY . .
RUN npm run build

# 엔진엑스를 가동하고 앞서 생성한 빌드 파일을 제공합니다.
# default.conf에 해준 설정을 엔진엑스 컨테이너 안으로 복사합니다.
FROM nginx
EXPOSE 3000
COPY ./nginx/default.conf /etc/nginx/conf.d/default.conf
COPY --from=builder /app/build /usr/share/nginx/html
```

리액트 애플리케이션을 배포하려면 빌드 파일을 이용해야 하므로 먼저 빌드 파일을 생성합니다. 그리고 이 단계를 빌더 단계라고 명시합니다. 빌드 파일을 생성했다면 엔진엑스 웹 서버를 이용해서 빌드 파일을 제공해야 합니다.

04. 엔진엑스 설정 파일을 작성합니다.

리액트의 빌드 파일을 엔진엑스 웹 서버를 이용해 제공하므로 엔진엑스에서 수정해야 하는 설정이 있습니다.

엔진엑스 설정 변경하기

여기에서 엔진엑스는 프록시 역할은 하지 않고, 프런트엔드 서버에서 정적 파일을 제공하는 역할을 합니다.

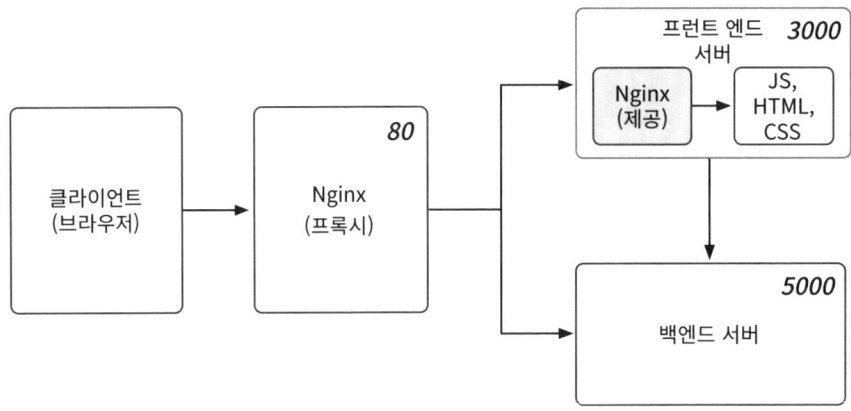

그림 8-14 엔진엑스를 이용해서 정적 파일 제공

01. 엔진엑스 설정을 작성할 파일을 생성합니다.

    frontend 폴더 안에 nginx 폴더를 생성하고 default.conf 파일을 생성합니다.

    > frontend
    ∨ nginx
        default.conf

    그림 8-15 엔진엑스 설정 생성

02. 생성한 default.conf 파일에 엔진엑스를 위한 설정을 작성합니다.

    예제 8-16 엔진엑스를 위한 설정 작성　　　　DOCKER-MULTI-APP/frontend/nginx/default.conf
    ```
    server {
      listen 3000;

      location / {
        # HTML 파일이 위치할 루트 경로를 설정합니다.
        root /usr/share/nginx/html;
        # index 페이지의 파일명을 설정합니다.
        index index.html index.htm;
    ```

```
        # 리액트 라우터를 사용해 페이지를 이동할 때
        # 이 부분이 필요합니다.
        try_files $uri  $uri/ /index.html;

    }
}
```

listen

listen 지시자는 엔진엑스로 들어오는 요청 중 3000번 포트로 들어오는 요청이 있다면 해당 서버 블록의 내용에 따라 처리한다는 뜻입니다.

location

location 블럭은 요청이 '/api'로 시작하지 않고 '/'로 시작할 때는 이 location 블럭 안에 있는 대로 처리한다는 뜻입니다.

root

root에는 HTML 파일이 위치할 루트 경로를 설정하며, 기본 경로는 /usr/share/nginx/html입니다. 그래서 이 경로에 리액트 빌드 파일을 보관합니다. 그러면 브라우저에서 정적 파일을 요청했을 때 엔진엑스가 그 요청에 따른 정적 파일을 제공할 수 있습니다.

index

index에는 사이트의 인덱스 페이지(시작 페이지)로 설정할 파일명을 명시합니다. 리액트를 보면 index.html 파일이 있는데 이 파일을 인덱스 페이지로 지정합니다.

try_files

리액트에서 페이지 간 이동을 할 때 사용하는 리액트 라우터를 사용하려면 try_files 부분이 필요합니다.

리액트는 싱글 페이지 애플리케이션(Single Page Application)입니다. 따라서 하나의 정적 파일(index.html)만 가지고 있고, '{URL}/home'으로 접속할 때에도 index.html 파일에 접근해서 라우팅해야 합니다. 그런데 이를 엔진엑스에서는 자동으로 처리할 수 없습니다. 따라서 /home에 접속하려고 할 때 /home과 매칭되는 정적 파일이 없다면 대안으로 index.html을 제공해서 /home으로 라우팅할 수 있게 추가로 설정하는 것입니다.

8.5 노드 애플리케이션을 위한 도커 파일 만들기

앞서 리액트 애플리케이션을 위한 도커 파일을 만든 것과 비슷하게 노드 애플리케이션을 위한 도커 파일을 작성해보겠습니다.

01. backend 폴더에 두 개의 도커 파일을 생성합니다. 하나는 개발 환경을 위한 도커 파일인 Dockerfile.dev이고, 다른 하나는 운영 환경을 위한 도커 파일 Dockerfile입니다.

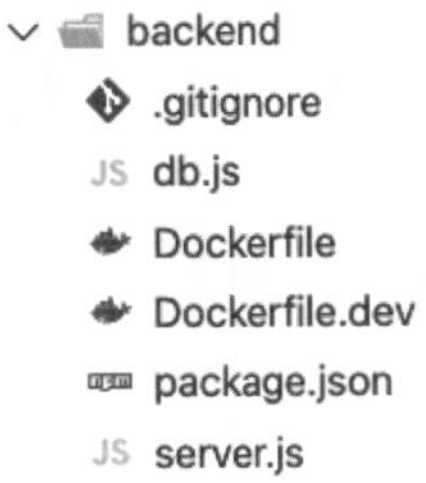

```
∨ 📁 backend
    ◆ .gitignore
    JS db.js
    🐳 Dockerfile
    🐳 Dockerfile.dev
    📄 package.json
    JS server.js
```

그림 8-16 backend 폴더에 도커 파일 생성

02. 개발 환경을 위한 도커 파일을 작성합니다.

예제 8-17 개발 환경을 위한 도커 파일인 Dockerfile.dev 작성

DOCKER-MULTI-APP/backend/Dockerfile.dev

```
FROM node:alpine

WORKDIR /app

COPY package.json ./

RUN npm install

COPY ./ ./

CMD [ "npm", "run", "dev" ]
```

FROM

베이스 이미지로 node:alpine 이미지를 사용합니다.

WORKDIR

컨테이너 안의 /app 디렉터리로 Node.js 소스 코드가 들어가게 작업 디렉터리를 지정합니다.

COPY

소스 코드가 수정될 때마다 종속성까지 다시 복사하지 않도록 먼저 종속성 목록을 담고 있는 package.json을 복사합니다.

RUN

컨테이너 안에도 종속성들이 있어야 하므로 'npm install' 명령어로 package.json에 명시된 종속성을 컨테이너에 설치합니다.

COPY

이어서 모든 소스 코드를 컨테이너에 복사하기 위해 다시 COPY를 이용합니다.

CMD

마지막으로 컨테이너가 실행될 때 애플리케이션도 함께 실행하기 위해 CMD 부분에 'npm run dev' 명령어를 작성합니다. 여기서 'npm run start' 대신 dev를 사용한 이유는 package.json 파일에서 script 부분에 dev라는 스크립트를 넣어주었기 때문입니다. 노드 애플리케이션을 실행할 때 nodemon이라는 모듈을 이용해서 백엔드 부분의 소스가 변경될 때 자동으로 서버를 재시작해 변경된 소스가 자동으로 반영되게 합니다.

03. 운영 환경을 위한 도커 파일을 작성합니다.

예제 8-18 운영 환경을 위한 도커 파일인 Dockerfile 작성 DOCKER-MULTI-APP/backend/Dockerfile

```
FROM node:alpine

WORKDIR /app

COPY package.json ./

RUN npm install

COPY ./ ./

CMD [ "npm", "run", "start" ]
```

운영 환경을 위한 도커 파일은 마지막 줄인 CMD에서 dev와 start 부분만 차이가 있습니다. 이렇게 해서 노드 애플리케이션을 위한 도커 파일까지 작성했습니다.

8.6 개발 환경과 운영 환경의 데이터베이스 구성

이제 MySQL 데이터베이스를 위한 도커 파일을 만들 차례입니다. 하지만 바로 도커 파일을 작성하기에 앞서 개발 환경과 운영환경에서 데이터베이스 구성을 어떻게 할지 잠시 살펴보겠습니다.

도커 파일을 작성할 때 개발 환경과 운영 환경을 나눠서 작성했던 것처럼 데이터베이스도 나눠서 구성할 수 있습니다. 그래서 개발 환경에서는 도커 환경에서 데이터베이스를 구현하고, 운영 환경에서는 AWS RDS 서비스를 이용해 구현하겠습니다.

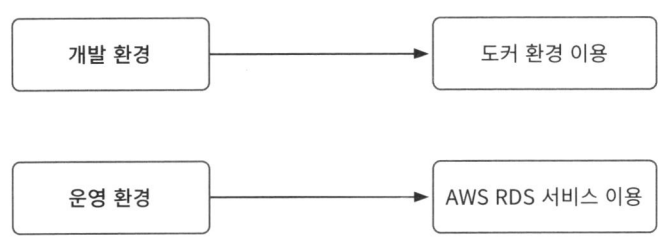

그림 8-17 개발 환경과 운영 환경에서의 데이터베이스 구성

개발 환경과 운영 환경의 데이터베이스를 나누는 이유는?

데이터베이스에는 중요한 데이터를 보관하기 때문에 조금의 실수로도 안 좋은 결과가 생길 수 있습니다. 따라서 실제 중요한 데이터를 다루는 운영 환경에서는 더욱 안정적인 AWS RDS 서비스를 이용해 구성하는 것이 더 보편적으로 사용하는 방법입니다. 따라서 이 책에서도 개발 환경과 운영 환경으로 나눠서 진행하겠습니다.

데이터베이스의 구조 자세히 살펴보기

개발 환경과 운영 환경에서 데이터베이스를 어떤 식으로 다르게 구성할 것인지 그림으로 살펴보겠습니다.

개발 환경에서는 MySQL 데이터베이스도 일래스틱 빈스톡 서비스를 이용한 도커 컨테이너 안에서 실행됩니다.

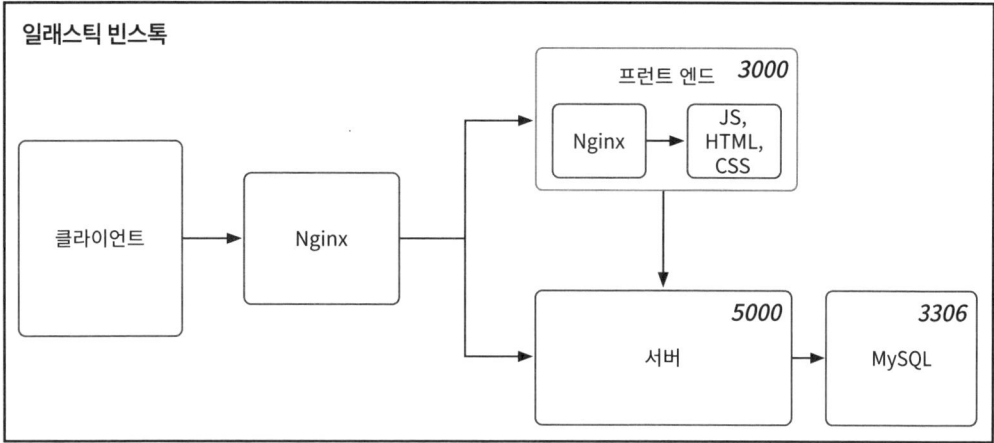

그림 8-18 개발 환경에서의 데이터베이스 구성

운영 환경에서는 일래스틱 빈스톡 서비스의 데이터베이스를 이용하는 것이 아닌 AWS RDS(Relational Database Service)를 이용합니다.

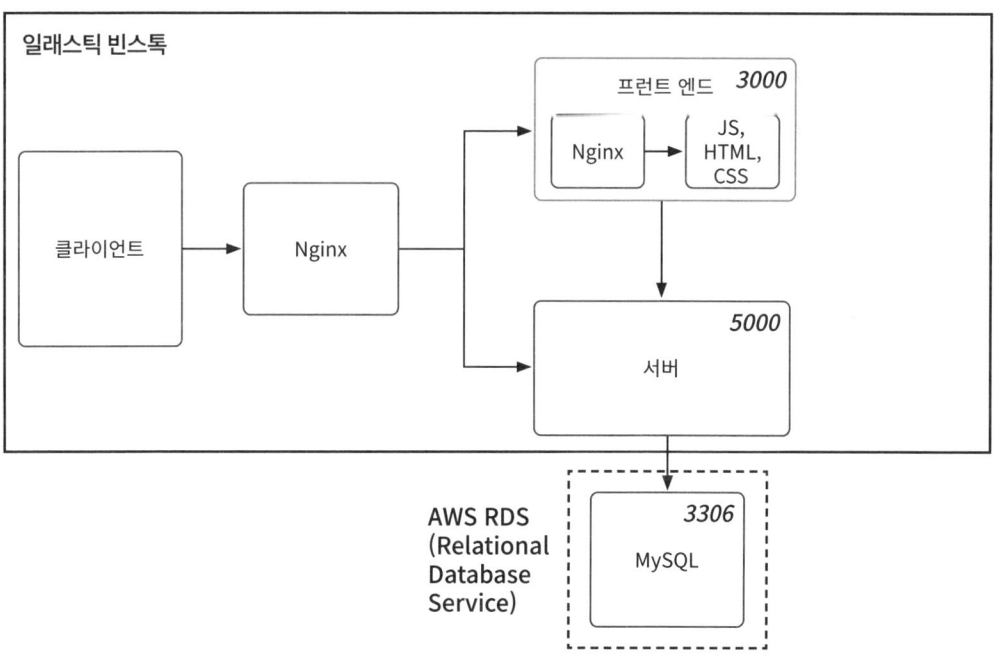

그림 8-19 운영 환경에서의 데이터베이스 구성

08 _ 다중 컨테이너를 활용한 애플리케이션의 개발 환경 구축 | 249

이러한 구조를 이용해 다음 절에서는 도커 환경에서 MySQL을 실행할 수 있게 MySQL을 위한 도커 파일을 작성하겠습니다.

8.7 MySQL을 위한 도커 파일 만들기

데이터베이스를 사용하려면 먼저 데이터베이스 설치 파일을 내려받고 설치 파일을 이용해 데이터베이스를 설치한 다음 노드 애플리케이션에 연결해야 합니다.

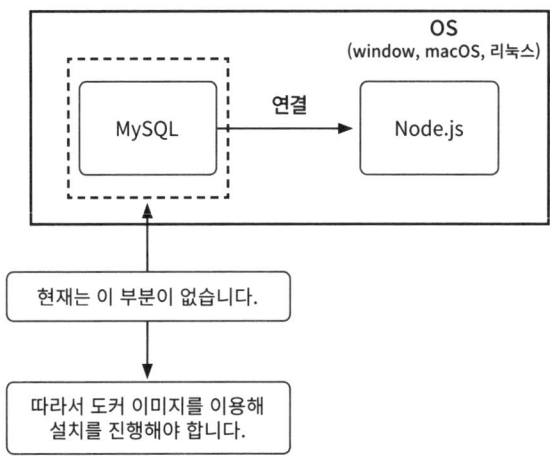

그림 8-20 애플리케이션에 데이터베이스를 연결하는 방법

하지만 현재는 데이터베이스를 설치는 하지 않고 노드 애플리케이션에 연결만 해둔 상태입니다.

```
const mysql = require("mysql");
const pool = mysql.createPool({
  connectionLimit: 10,
  host: 'mysql',
  user: 'root',
  password: 'password',
  database: 'myapp',
  port: 3306
});
exports.pool = pool;
```

MySQL을 위한 도커 파일 작성

01. 프로젝트 내 최상위 디렉터리에 mysql 폴더를 생성하고 그 안에 도커 파일을 생성합니다.

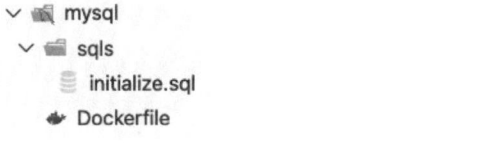

그림 8-21 도커 파일 생성

02. 생성한 도커 파일에 소스 코드를 작성합니다.

예제 8-19 MySQL을 위한 도커 파일인 Dockerfile 작성   DOCKER-MULTI-APP/mysql/Dockerfile
```
# mysql 베이스 이미지를 도커 허브에서 가져옵니다.
FROM mysql:5.7
```

소스 코드에 MySQL을 베이스 이미지로 사용한다는 것을 명시합니다. 버전은 다른 버전을 사용해도 상관없지만, 이 책에서는 5.7 버전을 사용하겠습니다.

03. MySQL을 시작할 때 데이터베이스와 테이블이 필요하므로 이를 작성할 파일을 만듭니다.

이름이 sqls인 폴더를 만든 다음 initialize.sql 파일을 생성합니다.

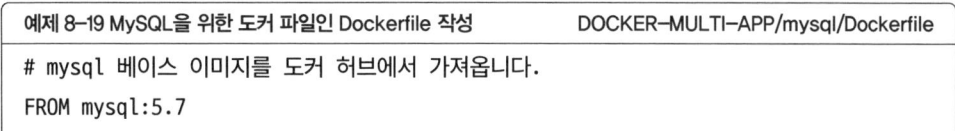

그림 8-22 데이터베이스와 테이블을 추가할 initialize.sql 파일 생성

04. initialize.sql 파일에 데이터베이스와 테이블을 생성하는 코드를 작성합니다.

예제 8-20 데이터베이스와 테이블을 생성하는 코드 작성   DOCKER-MULTI-APP/mysql/sqls/initialize.sql
```sql
DROP DATABASE IF EXISTS myapp;

CREATE DATABASE myapp;
USE myapp;

CREATE TABLE lists (
  id INTEGER AUTO_INCREMENT,
```

```
    value TEXT,
    PRIMARY KEY (id)
);
```

05. 현재 상태에서 데이터베이스에 글을 추가하면 한글이 깨지는 문제가 발생하고, 저장할 때 오류가 발생합니다. 마지막으로 한글도 저장할 수 있게 설정하겠습니다.

mysql 폴더 아래에 my.cnf 파일을 생성합니다. 엔진엑스 설정은 default.conf 파일에 작성하며, MySQL을 위한 설정은 my.cnf 파일에 작성합니다.

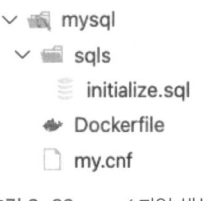

그림 8-23 my.cnf 파일 생성

06. 한글이 깨지는 현상을 막기 위해 my.cnf 파일에 인코딩을 설정합니다.

예제 8-21 utf8로 인코딩 할 수 있게 설정   DOCKER-MULTI-APP/mysql/my.cnf
```
[mysqld]
character-set-server=utf8

[mysql]
default-character-set=utf8

[client]
default-character-set=utf8
```

07. 실제 컨테이너 안에서 MySQL 설정을 하는 my.cnf 파일을 앞서 작성한 파일로 덮어씁니다.

mysql 폴더에 있는 도커 파일에서 my.conf 파일을 덮어쓰도록 설정합니다. ADD 명령어와 함께 방금 생성한 my.cnf 파일과 컨테이너 안에 있는 my.cnf 파일의 경로를 나열하면 기존 파일을 방금 작성한 파일로 덮어쓸 수 있습니다.

```
예제 8-22 컨테이너 안에서 MySQL 설정을 하는 my.conf 파일 덮어쓰기
                                          DOCKER-MULTI-APP/mysql/Dockerfile
FROM mysql:5.7

ADD ./my.cnf /etc/mysql/conf.d/my.cnf
```

> **Tip 만약 애플 M1 칩이 내장된 맥북을 사용한다면**
>
> 애플 M1 칩이 내장된 맥북을 사용 중이라면 예제 8-22와 같이 소스 코드를 작성하면 베이스 이미지를 가져오는 과정에서 에러가 발생합니다. 다음과 같이 소스 코드를 작성해 해결합니다.
>
> FROM —platform=linux/x86_64 mysql:5.7

08. 설정이 잘 됐는지는 8.9절에서 도커 컴포즈를 작성한 후에 도커 컴포즈로 MySQL 컨테이너를 실행해 확인해 보겠습니다.

MySQL을 위한 도커 파일은 개발 환경의 도커 파일과 운영 환경의 도커 파일을 특별히 다르게 설정할 이유가 없다면 같은 내용이 들어가므로 Dockerfile 하나만 작성한 다음 개발 환경과 운영 환경에서 함께 사용합니다.

8.8 엔진엑스를 위한 설정 파일과 도커 파일 만들기

이제 엔진엑스를 위한 도커 파일을 만들겠습니다. 그 전에 현재 만들고 있는 애플리케이션의 전체 설계를 다시 한번 살펴보겠습니다.

현재 엔진엑스가 쓰이는 곳은 두 군데이며 서로 다른 이유로 사용하고 있습니다. 하나는 프록시 역할을, 다른 하나는 정적 파일을 제공하는 역할을 합니다. 현재 만들고자 하는 엔진엑스 도커 파일은 프록시 기능을 하는 엔진엑스 부분을 위한 도커 파일입니다. 그래서 어떠한 식으로 엔진엑스가 프록시 기능을 하는지 알아보겠습니다.

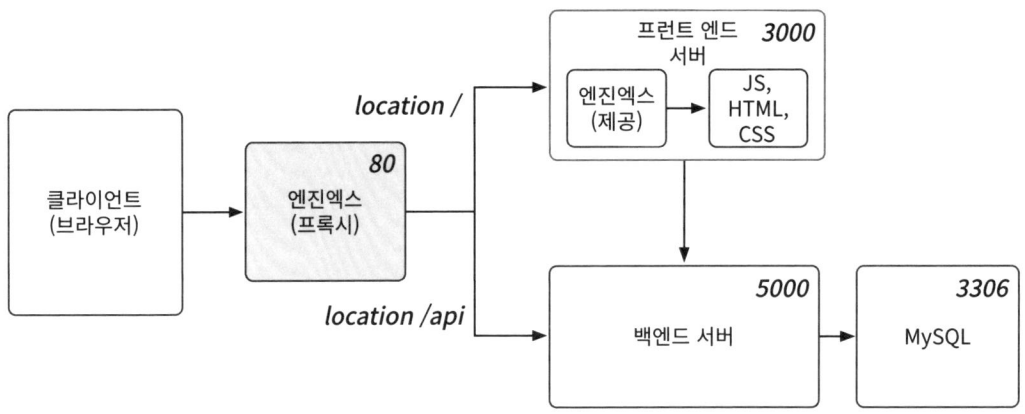

그림 8-24 엔진엑스의 프록시를 이용한 설계

클라이언트에서 보낸 요청이 정적 파일을 원할 때는 엔진엑스의 설정에 따라 자동으로 React.js로 요청을 전달하며, API 요청일 때는 마찬가지로 자동으로 Node.js로 요청을 전달합니다.

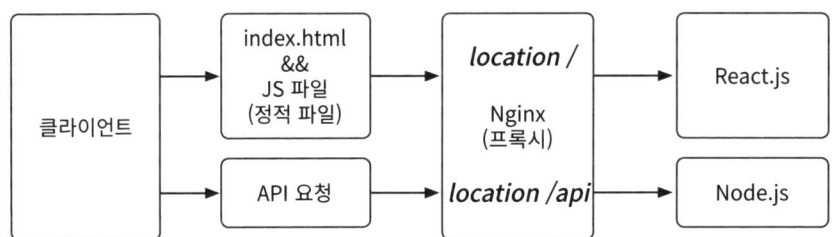

그림 8-25 엔진엑스의 프록시 기능

이때 location이 /로 시작하는지, /api로 시작하는지에 따라 엔진엑스가 요청을 나눠줍니다. /로 시작하면 React.js로 전달하고, /api로 시작하면 Node.js로 전달합니다. 이러한 방식으로 엔진엑스의 프록시 기능이 이뤄집니다. 실제 URL로 요청을 보내면 아래와 같이 전달됩니다.

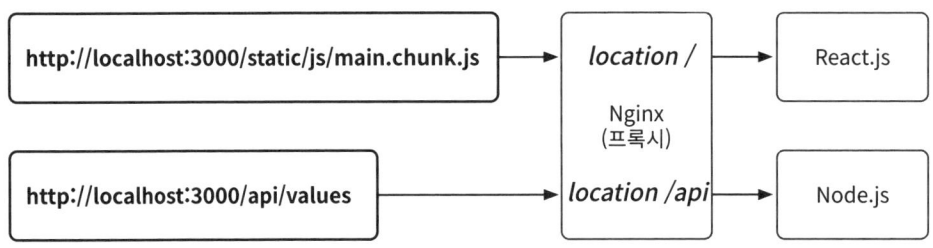

그림 8-26 엔진엑스의 프록시가 요청을 나누는 기준

이러한 엔진엑스에서 제공하는 프록시 기능을 위해 먼저 엔진엑스 설정을 하겠습니다.

프록시 기능을 위한 엔진엑스 설정

01. 프로젝트 내 최상위 디렉터리에 nginx 폴더를 생성하고, nginx 폴더에 설정 파일과 도커 파일을 생성합니다.

이때 설정 파일의 파일명은 default.conf로 지정하고, 도커 파일의 파일명은 Dockerfile로 지정합니다. 개발 환경을 위한 도커 파일과 운영 환경을 위한 도커 파일을 따로 생성해도 되지만 특별히 다르게 설정해야 하는 부분이 없기 때문에 하나의 도커 파일만 생성하겠습니다.

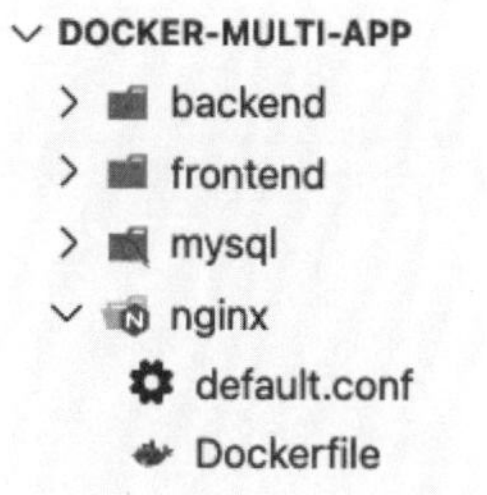

```
∨ DOCKER-MULTI-APP
  > ▦ backend
  > ▦ frontend
  > ▦ mysql
  ∨ ▦ nginx
      ✿ default.conf
      ◆ Dockerfile
```

그림 8-27 엔진엑스 설정 파일과 도커 파일 생성

02. default.conf 파일에 프록시 기능을 구현하기 위한 코드를 작성합니다.

예제 8-23 엔진엑스 설정 파일에 프록시 기능을 구현하기 위한 코드 작성

DOCKER-MULTI-APP/nginx/default.conf

```
# 3000번 포트에서 프런트엔드가 작동하고 있다는 것을 명시
upstream frontend {
  server frontend:3000;
}

# 5000번 포트에서 백엔드가 작동하고 있다는 것을 명시
upstream backend {
  server backend:5000;
}

server {
  listen 80;

  # '/' 경로로 시작하는 요청은 http://frontend로 보냅니다.
  location / {
    proxy_pass http://frontend;
```

08 _ 다중 컨테이너를 활용한 애플리케이션의 개발 환경 구축

```
    }

    # '/api' 경로로 시작하는 요청은 http://backend로 보냅니다.
    location /api {
      proxy_pass http://backend;
    }

    # 이 부분이 없다면 개발 환경에서 에러가 발생합니다.
    location /sockjs-node {
      proxy_pass http://frontend;
      proxy_http_version 1.1;
      proxy_set_header Upgrade $http_upgrade;
      proxy_set_header Connection "Upgrade";
    }
  }
```

upstream frontend

3000번 포트에서 프런트엔드가 작동하고 있다는 것을 명시합니다. 여기서 처음에 나오는 frontend는 proxy_pass에 있는 http://frontend와 같은 이름이어야 합니다. 결론적으로 '/'경로로 오는 요청은 server frontend:3000으로 보냅니다.

그렇다면 server frontend:3000은 어디일까요? 도커 환경이 아니라면 이 부분에 server abc.com:3000과 같이 실제 호스트 이름을 작성합니다. 하지만 이 책에서는 도커 환경에서 구성하므로 직접 호스트 이름을 작성하지 않고 도커 컴포즈 파일에 명시한 서비스 이름을 작성합니다.

하지만 frontend라는 서비스 이름을 아직 어디에도 명시하지 않았습니다(아직 도커 컴포즈 파일을 작성하지 않았기 때문입니다). frontend 서비스의 이름은 나중에 작성할 도커 컴포즈 파일에서 프런트엔드가 실행되는 도커 컨테이너 부분에 명시하겠습니다.

다시 한번 정리하자면 만약 '/' 경로로 요청이 오면 location / 블록을 통해서 proxy_pass http://frontend로 요청을 전달합니다. http://frontend는 위에 명시한 upstream frontend를 말합니다. upstream frontend는 server frontend:3000번이며 여기에 있는 frontend는 도커 컴포즈 파일에 명시한 서비스 이름입니다. 그래서 '/' 경로의 요청은 도커 컴포즈 파일에서 frontend라고 서비스 이름을 명시한 컨테이너의 3000번 포트로 전송됩니다.

upstream backend

upstream frontend와 마찬가지로 backend라는 서비스의 5000번 포트에서 백엔드 서비스가 작동하고 있다는 것을 명시합니다. 그리고 '/api' 경로로 요청이 들어오면 http://backend를 통해서 upstream backend로 요청을 전달합니다. 이때 server backend:5000에서 backend는 도커 컴포즈 파일에 명시한 서비스 이름입니다.

Location /sockjs-node

리액트 개발 환경에서 꼭 작성해야 하는 부분입니다. 따라서 운영 환경만을 위한 설정 파일에서는 이 부분을 작성하지 않아도 됩니다.

03. 엔진엑스를 위한 도커 파일을 작성합니다.

```
예제 8-24 엔진엑스를 위한 도커 파일 작성                    DOCKER-MULTI-APP/nginx/Dockerfile
# 엔진엑스 베이스 이미지를 가져옵니다.
FROM nginx


# default.conf에 작성된 것을 컨테이너에서 실행될 nginx에도
# 적용될 수 있게 COPY 명령어로 복사합니다.
COPY ./default.conf   /etc/nginx/conf.d/default.conf
```

엔진엑스의 베이스 이미지를 가져오고, 앞서 작성한 엔진엑스 설정 파일을 컨테이너 안에 있는 엔진엑스 설정 파일로 복사해야 합니다. 엔진엑스 베이스 이미지를 도커 허브에서 가져오기 위해 'FROM nginx'를 명시합니다. 그리고 앞서 작성한 엔진엑스 설정 파일을 컨테이너 안에 있는 엔진엑스 설정 파일로 넣어주기 위해 COPY 명령어를 이용합니다.

이렇게 엔진엑스를 위한 도커 파일까지 완성했습니다.

8.9 개발환경을 위한 도커 컴포즈 파일 작성하기

각 컨테이너를 위한 도커 파일을 모두 작성했습니다. 하지만 이 컨테이너들을 다 작동시킨다고 해도 컨테이너 특성상 서로 격리돼 있기 때문에 아무런 조치 없이는 서로 통신을 할 수 없습니다. 이번에는 컨테이너들을 서로 연결하기 위해 도커 컴포즈 파일을 작성하겠습니다.

01. 최상위 디렉터리에 도커 컴포즈 파일인 docker-compose-dev.yml을 생성합니다.

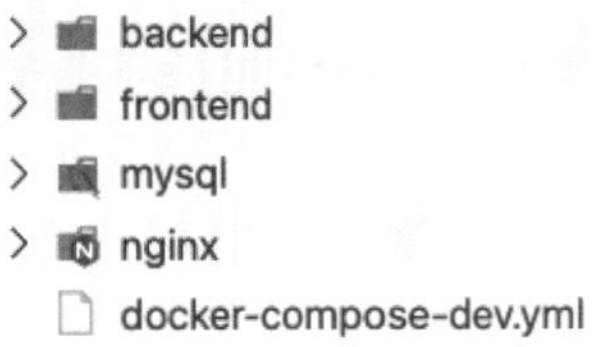

```
> backend
> frontend
> mysql
> nginx
  docker-compose-dev.yml
```

그림 8-28 도커 컴포즈 파일 생성

02. 각 서비스를 위한 기본 구조를 작성합니다.

예제 8-25 도커 컴포즈 파일 작성　　　　　　　DOCKER-MULTI-APP/docker-compose-dev.yml
```
version: "3"
services:
  frontend:

  nginx:

  backend:

  mysql:
```

version

먼저 도커 컴포즈 파일은 버전을 지정해야 합니다. 이 책에서는 도커 컴포즈 버전 3을 이용하겠습니다.

services

이어서 4개의 컨테이너가 필요하므로 4개의 서비스를 명시하고 서비스의 이름을 정합니다. 리액트 컨테이너가 실행될 서비스는 frontend로, 엔진엑스 컨테이너가 실행될 서비스는 nginx로, Node.js 컨테이너가 실행될 서비스는 backend로, MySQL 컨테이너가 실행될 서비스는 mysql로 이름을 지정합니다.

03. 먼저 frontend 서비스를 위한 설정을 작성합니다.

예제 8-26 frontend 서비스를 위한 설정 작성　　　　DOCKER-MULTI-APP/docker-compose-dev.yml
```
version: "3"

services:
  frontend:
      # 개발 환경을 위한 도커 파일이 위치한 경로를 알려줍니다.
```

```
    build:
      dockerfile: Dockerfile.dev
      context: ./frontend
    # 볼륨을 설정합니다.
    volumes:
      - /app/node_modules
      - ./frontend:/app
    # 리액트 애플리케이션에서 발생하는 버그를 해결합니다.
    stdin_open: true

  nginx:
    ... 생략 ...
```

build

frontend 서비스를 위한 개발 환경의 도커 파일이 어디에 있는지 명시합니다. 현재 frontend 폴더 안에 Dockerfile.dev가 있기 때문에 'dockerfile: Dockerfile.dev'라고 명시합니다.

volumes

소스 코드를 수정한 후 이미지를 다시 빌드하지 않아도 수정된 코드가 반영될 수 있게 볼륨을 설정합니다. 하지만 node_module 폴더는 컨테이너 쪽에서 참조하지 않도록 '/app/node_modules'라고 작성합니다.

stdin_open

마지막으로 stdin_open은 리액트 애플리케이션에 한정된 내용입니다. 리액트 애플리케이션을 종료할 때 발생하는 버그를 해결하기 위해 작성합니다.

04. nginx 서비스를 위한 설정을 작성합니다.

예제 8-27 nginx 서비스를 위한 설정 작성   DOCKER-MULTI-APP/docker-compose-dev.yml

```
version: "3"

services:
  frontend:
    ... 생략 ...

  nginx:
    restart: always
```

```
      build:
        dockerfile: Dockerfile
        context: ./nginx
      ports:
        - "3000:80"

    backend:
    … 생략 …
```

restart always

컨테이너가 멈추면 항상 다시 시작하도록 작성합니다. 엔진엑스가 멈추면 어떠한 요청도 서버에 도달하지 않으므로 엔진엑스 컨테이너는 항상 살아있어야 합니다.

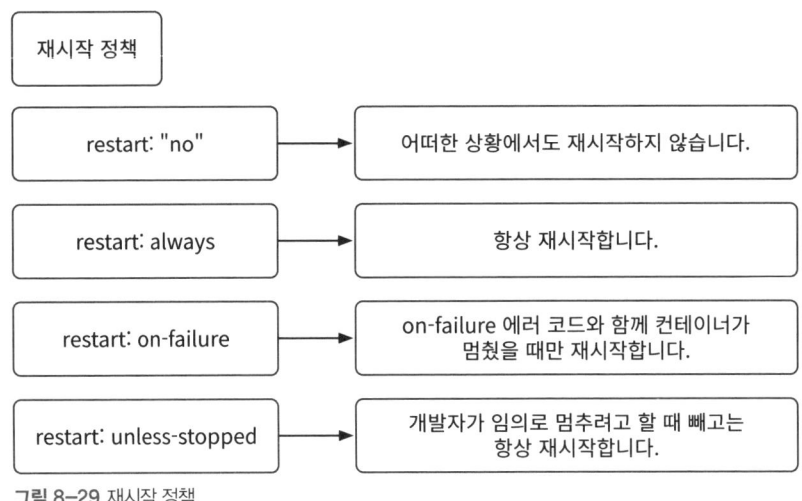

그림 8-29 재시작 정책

build

엔진엑스 서비스를 위한 개발 환경의 도커 파일이 어디에 있는지 명시합니다. 현재 nginx 폴더 안에 도커 파일이 있기 때문에 'dockerfile: Dockerfile'과 같이 작성합니다.

ports

포트 매핑을 하는 부분입니다. 로컬의 3000번 포트와 컨테이너 안의 80번 포트를 매핑합니다.

05. backend 서비스를 위한 설정을 작성합니다.

| 예제 8-28 backend 서비스를 위한 작성 | DOCKER-MULTI-APP/docker-compose-dev.yml |

```
version: "3"

services:
  frontend:
    … 생략 …

  backend:
    build:
      dockerfile: Dockerfile.dev
      context: ./backend
    container_name: app_backend
    volumes:
      - /app/node_modules
      - ./backend:/app

  mysql:
    … 생략 …
```

build

백엔드 서비스를 위한 개발 환경의 도커 파일이 어디에 있는지 명시합니다. 현재 backend 폴더 안에 도커 파일이 있기 때문에 'dockerfile: Dockerfile.dev'와 같이 작성합니다.

container_name

말 그대로 컨테이너의 이름을 정하는 부분입니다.

volumes

소스 코드를 수정한 후 이미지를 다시 빌드하지 않아도 수정된 코드가 반영될 수 있게 볼륨을 설정합니다.

06. MySQL 서비스를 위한 설정을 작성합니다.

> 예제 8-29 docker-compose-dev.yml mysql 서비스 설정
> DOCKER-MULTI-APP/docker-compose-dev.yml
>
> ```yaml
> version: "3"
>
> services:
>   frontend:
>     … 생략 …
>
>   mysql:
>     build: ./mysql
>     restart: unless-stopped
>     container_name: app_mysql
>     ports:
>       - "3306:3306"
>     # 다음에 좀 더 자세히 설명하겠습니다.
>     volumes:
>       - ./mysql/mysql_data:/var/lib/mysql
>       - ./mysql/sqls/:/docker-entrypoint-initdb.d/
>     # MySQL의 루트 계정 비밀번호와 데이터베이스의 이름을 지정합니다.
>     environment:
>       MYSQL_ROOT_PASSWORD: password
>       MYSQL_DATABASE: myapp
> ```

build

MySQL을 위한 도커 파일은 운영 환경과 개발 환경이 같아서 하나의 파일밖에 없습니다. 그래서 다른 서비스에서 해왔던 것처럼 도커 파일의 이름(dockerfile)과 경로(context)를 둘 다 지정할 필요 없이 도커 파일이 있는 경로만 작성하면 됩니다.

restart

MySQL 서비스를 위한 재시작 정책은 개발자가 임의로 멈추려고 할 때 빼고는 항상 재시작 할 수 있게 unless-stopped로 설정합니다.

ports

그리고 로컬의 3306번 포트와 컨테이너의 3306번 포트를 매핑합니다.

volumes

개발 환경에서의 데이터베이스는 도커 환경에서 실행하기 때문에 볼륨을 이용해야 합니다. 이 부분은 살펴봐야 할 부분이 많기 때문에 뒤에서 더 자세히 보겠습니다.

environment

마지막으로 MySQL을 위한 환경변수를 지정합니다. MySQL의 루트 계정 비밀번호와 데이터베이스 이름을 지정합니다.

07. 모든 설정이 끝났다면 도커 컴포즈로 애플리케이션을 시작합니다.

실습 8-2 도커 컴포즈로 애플리케이션 실행하기

```
% docker-compose -f docker-compose-dev.yml up
Creating network "docker-full-stack-app-master_default" with the default driver
Building frontend
Step 1/6 : FROM node:alpine
 ---> 6a9367b2c744
Step 2/6 : WORKDIR /app
 ---> Running in 709438f53cd0
Removing intermediate container 709438f53cd0
 ---> 784310025dfd
Step 3/6 : COPY package.json ./
 ---> 7d1e96fc00c9
Step 4/6 : RUN npm install
 ---> Running in 12dc5cac358e
...
```

이렇게 시작한 후에 브라우저에서 localhost:3000으로 가서 애플리케이션이 잘 실행되고 있는지 확인해 보겠습니다.

그림 8-30 애플리케이션이 잘 실행됐는지 확인

08. 마지막으로 8.7절에서 MySQL 인코딩을 위한 설정을 해줬는데 잘 적용됐는지 확인해 보겠습니다.

인코딩 설정을 확인하려면 MySQL 도커 컨테이너에 셸 환경으로 접속해야 합니다. 셸 환경으로 접속할 때는 'docker exec -it 컨테이너 이름 sh' 명령어를 이용합니다. 컨테이너 이름은 도커 컴포즈 파일에서 CONTAINER_NAME 항목에 적어준 이름을 사용합니다.

그리고 'mysql -uroot -p' 명령어로 MySQL에 접속합니다. 이때 MYSQL_ROOT_PASSWORD를 입력해야 합니다. 이 부분도 도커 컴포즈 파일에서 MySQL 컨테이너에 명시한 MYSQL_ROOT_PASSWORD를 입력합니다. MySQL에 접속했다면 status 명령어로 MySQL의 상태를 확인합니다.

실습 8-3 MySQL의 상태 확인

```
% docker exec -t <컨테이너 이름> sh

% mysql -uroot -p
//여기서 MYSQL_ROOT_PASSWORD 입력 요청이 나오면 도커 컴포즈 파일에 명시해준 비밀번호를
입력해주면 됩니다.

% mysql> status
mysql  Ver 14.14 Distrib 5.7.32, for Linux (x86_64) using  EditLine

Connection id:          5
Current database:
Current user:           root@localhost
SSL:                    Not in use
Current pager:          stdout
Using outfile:          ''
Using delimiter:        ;
Server version:         5.7.32 MySQL Community Server (GPL)
Protocol version:       10
Connection:             Localhost via UNIX socket
Server characterset:    utf8
Db     characterset:    utf8
Client characterset:    utf8
Conn.  characterset:    utf8
UNIX socket:            /var/run/mysqld/mysqld.sock
Uptime:                 1 min 54 sec
```

Server, Db, Client, Conn의 characterset이 기존에는 latine1이었는데, utf8로 바뀐 모습을 볼 수 있습니다.

8.10 볼륨을 이용한 데이터베이스의 데이터 유지하기

앞에서 도커 컴포즈 파일을 작성할 때 mysql 서비스 부분에서 볼륨(volumes)을 이용했습니다. 이 부분을 조금 더 자세히 살펴보겠습니다.

```
mysql:
  build: ./mysql
  restart: unless-stopped
  container_name: app_mysql
  ports:
    - "3306:3306"
  volumes:
    - ./mysql/mysql_data:/var/lib/mysql
    - ./mysql/sqls/:/docker-entrypoint-initdb.d/
  environment:
    MYSQL_ROOT_PASSWORD: password
    MYSQL_DATABASE: myapp
```

지금까지는 리액트 애플리케이션이나 노드 애플리케이션을 만들면서 소스 코드를 업데이트할 때 업데이트한 소스 코드를 바로 애플리케이션에 적용하는 용도로 도커 볼륨을 사용했습니다. 이번에는 컨테이너를 지우더라도 데이터베이스에 저장된 자료가 지워지지 않도록 볼륨을 사용해 보겠습니다.

원래는 컨테이너를 지우면 컨테이너에 저장된 데이터가 지워집니다. 도커 이미지로 컨테이너를 생성하면 도커 이미지는 읽기 전용으로 변합니다. 그리고 컨테이너 안에서 소스 코드나 어떠한 변화가 일어나면 그 변화가 컨테이너 안에 저장됩니다. 마찬가지로 컨테이너 안에 들어 있는 데이터베이스의 데이터 변화도 컨테이너 안에 저장됩니다. 따라서 컨테이너를 삭제하면 컨테이너 안에 저장된 데이터들도 함께 삭제됩니다.

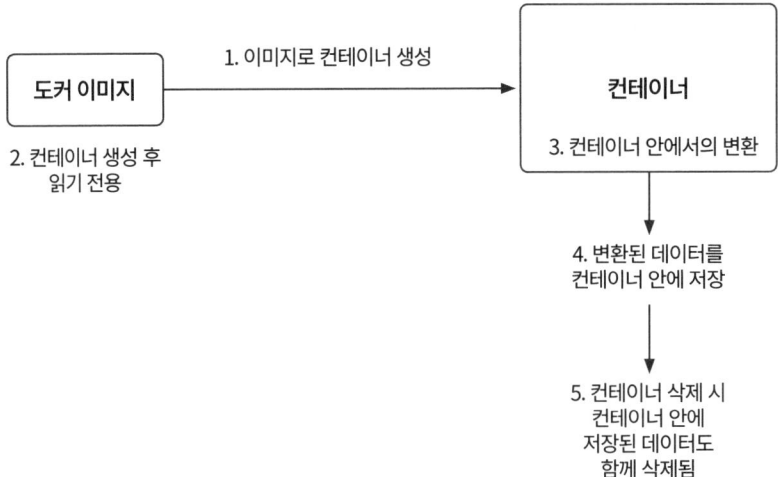

그림 8-31 컨테이너 속의 데이터는 컨테이너를 삭제하면 함께 삭제됨

이렇게 컨테이너를 삭제할 때 컨테이너 안에 저장된 데이터까지 삭제된다면 영속성이 필요한 데이터는 어떻게 처리해야 할까요? 이러한 문제를 해결하기 위해 사용하는 부분이 볼륨입니다.

도커 볼륨을 이용한 데이터 영속성 구조

도커 볼륨은 도커 컨테이너에 의해 생성되고 사용되는 지속적인 데이터를 위한 메커니즘입니다.

컨테이너에서 변화가 일어난 데이터를 컨테이너 안에 저장하는 것이 아닌 호스트 파일 시스템에 저장하고, 그중에서도 도커에 의해서만 통제가 되는 도커 Area에 저장하므로 컨테이너를 삭제해도 변화된 데이터가 사라지지 않습니다.

만약 컨테이너에서 1이라는 데이터를 2로 변환한 후 컨테이너에 저장하면 컨테이너를 삭제했을 때 2로 변환된 데이터가 사라집니다. 하지만 2로 변환된 데이터를 컨테이너가 아닌 도커 Area에 저장한다면 컨테이너를 삭제해도 도커 Area에는 영향이 가지 않기 때문에 2라는 데이터에도 영향이 가지 않습니다.

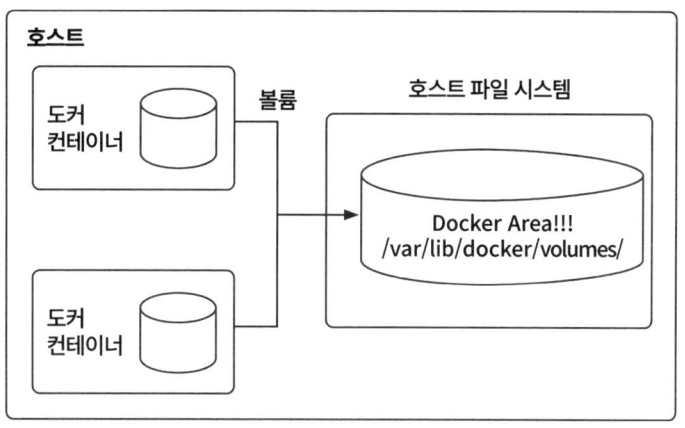

그림 8-32 볼륨을 이용할 때 데이터가 저장되는 장소

이렇게 해서 개발 환경에서 애플리케이션을 실행하고 컨테이너를 지워도 데이터가 남아 있을 수 있도록 볼륨까지 설정했습니다. 이제 이 애플리케이션을 AWS에 배포하는 과정을 알아보겠습니다.

09

다중 컨테이너를 활용한 애플리케이션의 배포

8장에서는 애플리케이션을 위한 소스 코드를 작성하고 여러 이미지를 위한 도커 파일을 작성했으며 여러 개의 컨테이너를 연결하고 간단하게 모든 컨테이너는 한 번에 실행할 수 있도록 도커 컴포즈 파일을 작성했습니다. 이번 9장에서는 지금까지 작성한 소스 코드를 깃허브에 올리고, 깃허브에 올라간 소스 코드를 Travis CI로 가져가 소스 코드에 에러가 없는지 테스트하겠습니다. 그리고 Travis CI에서 테스트에 성공하면 AWS에 배포하는 과정을 살펴보겠습니다.

9.1 테스트 및 배포 순서 살펴보기

1. 깃허브 원격 저장소에 소스 코드를 푸시합니다.

실무에서는 먼저 자신이 생성한 특정 브랜치에 소스 코드를 푸시하고, 풀 리퀘스트(Pull Request)를 통해 소스 코드를 점검받은 다음 메인(마스터) 브랜치로 푸시합니다. 메인 브랜치에 올라온 소스 코드만 배포를 위해 다음 과정으로 진행되기 때문입니다.

2. Travis CI에서 깃허브에 푸시한 소스 코드를 가져와 테스트합니다.

깃허브 메인 브랜치에 소스 코드가 푸시되면 Travis CI가 자동으로 소스 코드를 가져옵니다. 그리고 소스 코드 안에 있는 테스트 코드를 이용해 애플리케이션이 정상적으로 작동하는지 테스트합니다. 만약 테스트에 성공하면 도커 이미지를 빌드한 다음 도커 허브에 전달합니다.

3. 빌드된 도커 이미지를 도커 허브로 푸시합니다.

도커 허브에서는 Travis CI에서 빌드된 이미지를 보관하며, AWS 일래스틱 빈스톡에서 이미지를 필요로 할 때 전달합니다.

4. AWS 일래스틱 빈스톡에 애플리케이션을 배포합니다.

도커 허브에서 가져온 운영 환경의 도커 이미지를 이용해 애플리케이션을 배포합니다.

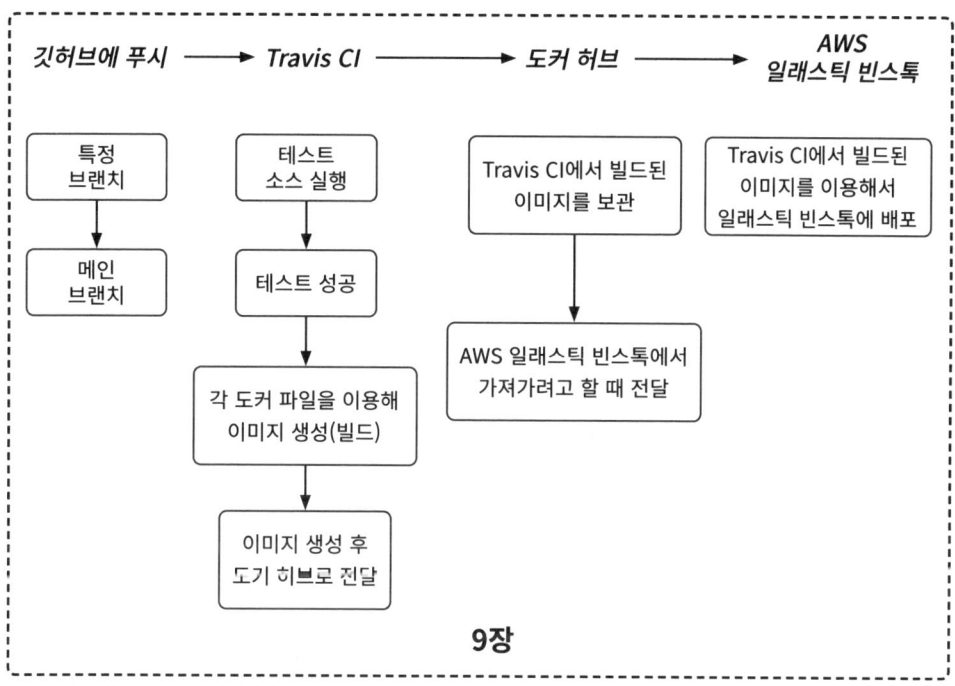

그림 9-1 멀티 컨테이너 애플리케이션의 테스트부터 배포까지의 과정

운영 환경에서는 도커의 데이터베이스를 이용하지 않고, AWS RDS를 이용합니다. 따라서 8장에서 도커를 이용해 MySQL을 이용했던 부분을 AWS RDS에 맞게 먼저 정리하겠습니다.

9.2 도커 환경의 MYSQL 정리하기

운영 환경에서는 도커 환경에 있는 데이터베이스를 이용하지 않고, AWS에서 동작하는 데이터베이스를 우리가 만들고 있는 애플리케이션에 연결할 것이므로 MySQL을 애플리케이션에 연결하는 부분 빼고는 모두 지우겠습니다.

01. 도커 컴포즈 파일(docker-compose-dev.yml)에서 mysql 서비스 부분을 모두 주석 처리합니다.

예제 9-1 도커 컴포즈 파일에서 mysql 부분 주석 처리   DOCKER-MULTI-APP/docker-compose-dev.yml

```
… 생략 …
  backend:
    … 생략 …

  # mysql:
  #   build: ./mysql
  #   restart: unless-stopped
  #   container_name: app_mysql
  #   ports:
  #     - "3306:3306"
  #   volumes:
  #     - ./mysql/mysql_data:/var/lib/mysql
  #     - ./mysql/sqls/:/docker-entrypoint-initdb.d/
  #   environment:
  #     MYSQL_ROOT_PASSWORD: password
  #     MYSQL_DATABASE: myapp
```

02. mysql 폴더를 삭제합니다.

하지만 이미 docker-compose-dev.yml에서 mysql 부분을 주석 처리했기 때문에 지우지 않아도 작동하지 않습니다.

```
∨ 📁 mysql
  > 📁 mysql_data
  > 📁 sqls
    ◆ .gitignore
    🐳 Dockerfile
    📄 my.cnf
```

그림 9-2 mysql 폴더 삭제

03. backend 폴더 아래에 있는 db.js에서 데이터베이스 정보를 수정합니다.

이제부터는 로컬에 있는 데이터베이스를 이용하는 것이 아닌 AWS RDS 서비스를 이용할 것이기 때문에 데이터베이스 pool을 생성하는 데 필요한 정보를 AWS RDS 서비스에서 가져와야 합니다. 현재는 소스 코드에 이러한 정보가 적혀 있는데, AWS RDS 서비스에서 가져올 수 있게 바꿔줘야 합니다. 이 부분은 AWS에서 데이터베이스를 생성한 후에 수정하겠습니다.

```js
const mysql = require("mysql");
const pool = mysql.createPool({
  connectionLimit: 10,
  host: 'mysql',
  user: 'root',
  password: 'password',
  database: 'myapp',
  port: 3306
});
exports.pool = pool;
```

04. 데이터베이스 테이블을 생성합니다. 개발 환경에서 테이블을 생성할 때는 mysql/sqls/initialize.sql 파일을 이용해 테이블을 생성했습니다.

```sql
DROP DATABASE IF EXISTS myapp;

CREATE DATABASE myapp;
USE myapp;

CREATE TABLE lists (
  id INTEGER AUTO_INCREMENT,
  value TEXT,
  PRIMARY KEY (id)
);
```

하지만 운영 환경에서는 initialize.sql 파일을 이용해 테이블을 생성하지 않기 때문에 따로 테이블을 생성하겠습니다. 테이블은 Node.js 애플리케이션을 시작할 때 생성하겠습니다. 그래서 Node.js 시작점인 server.js 파일에 소스 코드를 추가합니다.

예제 9-2 데이터베이스 테이블 생성　　　　　　　　　　DOCKER-MULTI-APP/backend/server.js

```js
//필요한 모듈들을 가져오기
const express = require("express");
const bodyParser = require('body-parser');

const db = require('./db');

//Express 서버를 생성
const app = express();

// json 형태로 오는 요청의 본문을 해석할 수 있게 등록
app.use(bodyParser.json());

// 테이블 생성하기
db.pool.query(`CREATE TABLE lists (
  id INTEGER AUTO_INCREMENT,
  value TEXT,
  PRIMARY KEY (id)
)`, (err, results, fileds) => {
  console.log('results', results);
})

… 생략 …
```

이렇게 운영 환경을 위한 데이터베이스 부분에서 불필요한 부분을 제거하고 필요한 부분은 추가했습니다. 그럼 우선 소스 코드를 깃허브에 푸시해서 배포하는 방법부터 하나씩 살펴보겠습니다.

9.3 깃허브에 소스 코드 올리기

먼저 리액트 애플리케이션을 배포했을 때처럼 깃허브에 소스 코드를 배포하겠습니다.

01. 브라우저에서 깃허브 홈페이지(https://github.com/)로 이동한 다음 [Sign in] 버튼을 클릭해 로그인합니다.

　　 만약 깃허브 아이디가 없다면 [Sign up] 버튼을 클릭해 회원 가입한 후에 로그인합니다.

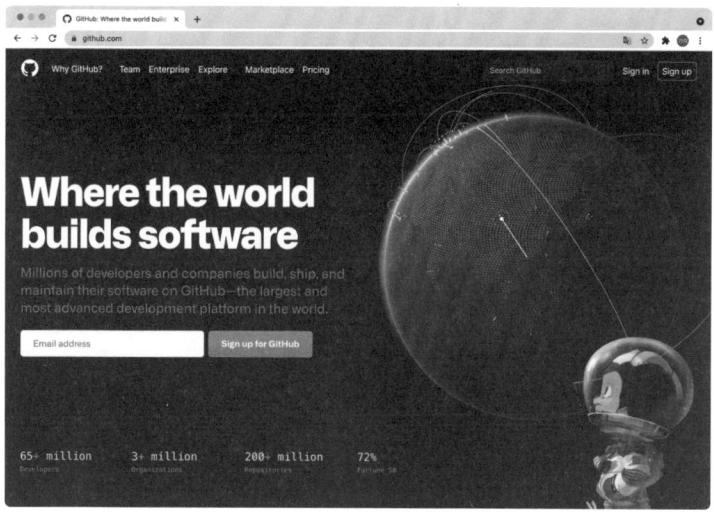

그림 9-3 깃허브 홈페이지(https://github.com/)

02. 현재 만들고 있는 애플리케이션을 담을 새로운 저장소 만듭니다.

오른쪽 상단에서 [+] 아이콘을 클릭한 다음 [New repository]를 선택합니다.

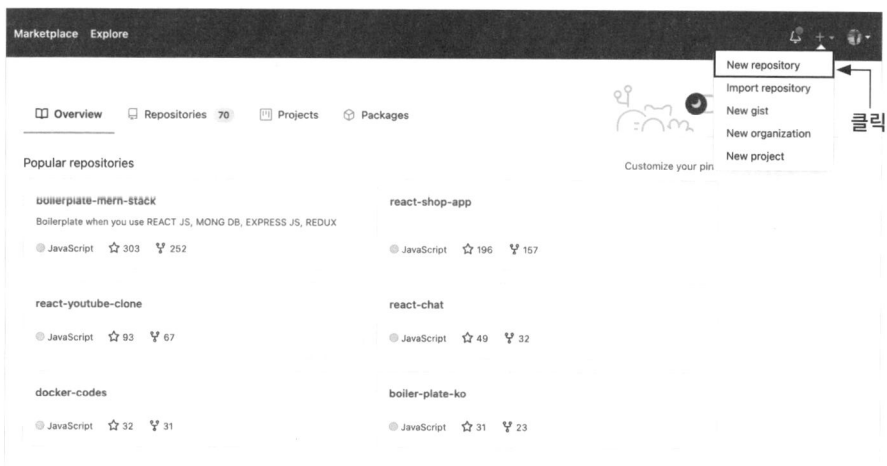

그림 9-4 새로운 저장소 생성

03. 이 책에서는 저장소(리파지토리) 이름을 'docker-multi-app'으로 지정했습니다. 저장소 이름을 지정한 다음 [Create repository] 버튼을 클릭해 저장소를 생성합니다.

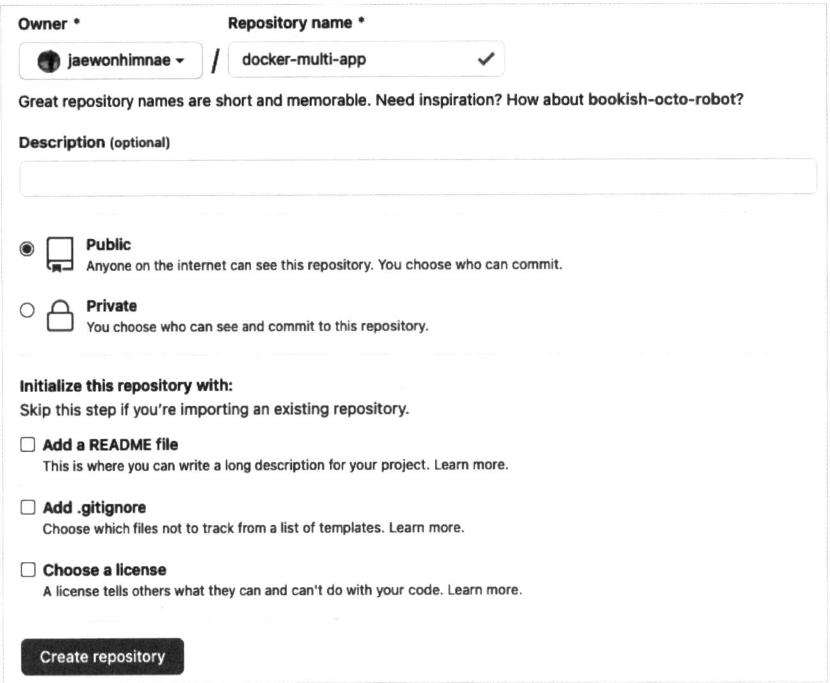

그림 9-5 새로운 저장소 생성

04. 터미널을 열고 프로젝트의 루트 디렉터리로 이동한 다음 로컬 깃 저장소를 만듭니다.

로컬 깃 저장소는 'git init' 명령어로 만들 수 있습니다.

실습 9-1 로컬 깃 저장소 만들기

```
% git init
Initialized empty Git repository in /Users/jaewon/Desktop/docker-multi-app/.git/
```

05. 8장에서 작성한 소스 코드를 로컬 깃 저장소에 저장합니다.

'git add .' 명령어는 작업 디렉터리의 변경 내용을 스테이징 영역에 추가합니다. 그리고 'git commit -m "initial commit"' 명령어로 스테이징 영역에 있는 소스 코드를 간단한 메시지와 함께 로컬 저장소에 저장합니다.

실습 9-2 소스 코드를 로컬 깃 저장소에 저장

```
// 작업 디렉터리 상의 모든 변경 내용을 스테이징 영역에 추가
% git add .

// 스테이징 영역에 있는 소스 코드를 로컬 저장소에 간단한 메시지와 함께 저장
```

```
% git commit -m "initial commit"
[master (root-commit) 177b6a4] initial commit
 1 file changed, 12 insertions(+)
 create mode 100644 package.json
```

06. 기본 브랜치를 설정합니다.

    원래는 자동으로 master 브랜치가 설정되지만, 따로 main 브랜치를 설정해 이용하겠습니다.[1]

    실습 9-3 기본 브랜치 설정
    ```
    % git branch -M main
    ```

07. 로컬 깃 저장소와 깃허브의 리모트 저장소를 연결합니다.

    깃허브 리모트 저장소는 사용자마다 다르게 설정해야 합니다. 이 주소는 앞서 생성한 리모트 저장소 페이지에 들어가면 찾을 수 있습니다.

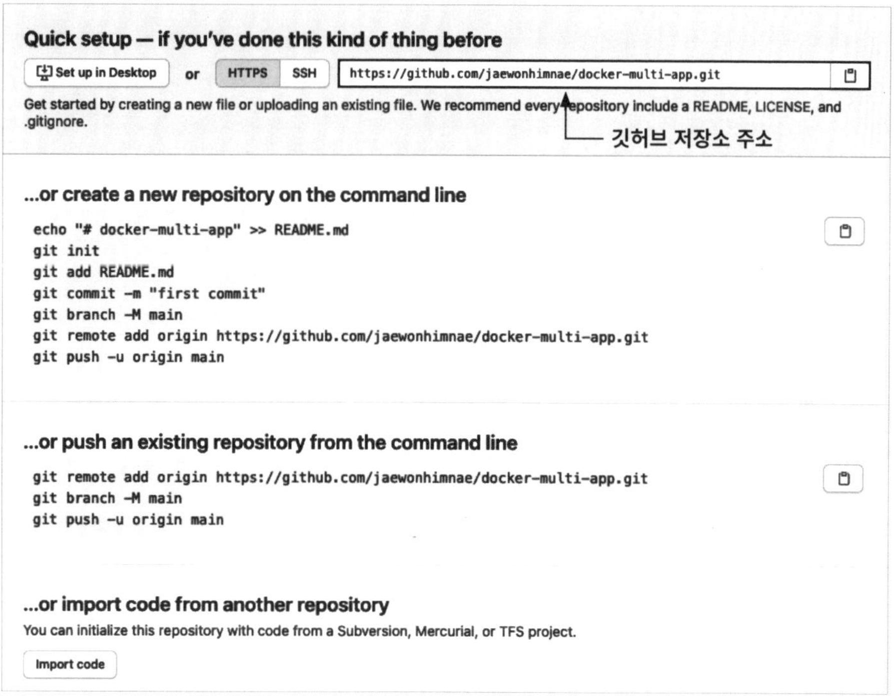

    그림 9-6 깃허브 저장소 연결 주소

---

[1] 미국에서 일어난 Black Lives Matter 시위로 시작된 용어의 문제로, master/slaves 용어의 사용을 피하기 위해 main으로 변경됐습니다.

실습 9-4 로컬 깃 저장소와 깃허브의 리모트 저장소 연결

```
% git remote add origin http://gitbub.com/jaewonhimnae/docker-multi-app.git
```

※ 이탤릭체로 표시한 주소 부분에는 자신의 깃허브 주소를 작성해주세요.

08. 로컬 깃 저장소에 있는 소스를 깃허브 저장소로 푸시합니다.

실습 9-5 로컬 깃 저장소의 소스 코드를 깃허브 저장소로 푸시

```
% git push -u origin main
Enumerating objects: 3, done.
Counting objects: 100% (3/3), done.
Delta compression using up to 12 threads
Compressing objects: 100% (2/2), done.
Writing objects: 100% (3/3), 378 bytes | 378.00 KiB/s, done.
Total 3 (delta 0), reused 0 (delta 0)
To https://github.com/jaewonhimnae/docker-multi-app.git
 * [new branch]      main -> main
Branch 'main' set up to track remote branch 'main' from 'origin'.
```

지금까지 소스 코드를 깃허브에 올리는 방법을 살펴봤습니다. 이제 이 소스 코드가 잘 작성된 코드인지 테스트해야 합니다. 이는 다음 절에서 Travis CI를 이용해 구현해 보겠습니다.

9.4 Travis CI에서 테스트하기

깃허브의 메인 브랜치에 새로 소스 코드가 올라오면 새로 올라온 소스 코드를 Travis CI에서 가져와야 합니다.

Travis CI에서 할 일들

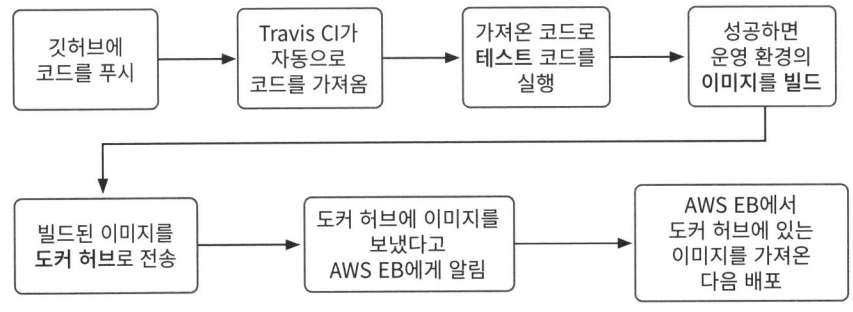

그림 9-7 Travis CI가 할 일들

01. 로컬 깃 저장소에 있는 소스 코드를 깃허브 저장소에 푸시합니다.
02. 깃허브의 메인 저장소에 소스 코드가 푸시되면 Travis CI가 자동으로 깃허브 저장소에 푸시된 소스 코드를 가져옵니다.
03. 깃허브에서 가져온 소스 코드 중에서 테스트 코드를 실행합니다.
04. 테스트 코드를 실행한 후 테스트에 성공하면 운영 환경을 위한 도커 이미지를 빌드합니다.
05. 빌드된 이미지를 도커 허브(Docker Hub)로 푸시합니다.

    도커 허브에 빌드된 이미지를 푸시하고 AWS에서 그 이미지를 가져오면 EB에서 다시 이미지를 빌드하지 않아도 됩니다. (6장과 7장에서 만든 프로젝트에서는 EB에서 이미지를 직접 빌드해 사용했습니다.) 도커 허브에서는 유명한 이미지들을 내려받을 수 있을 뿐 아니라, 자신이 만든 이미지를 업로드해 다른 사람과 공유할 수도 있습니다.

06. 도커 허브에 이미지를 푸시했다고 AWS EB에게 알립니다.
07. AWS EB에서 도커 허브에 있는 도커 이미지를 가져온 다음 배포합니다.

Travis CI와 깃허브 연동

01. 브라우저에서 Travis CI 홈페이지(https://travis-ci.com)로 이동합니다.

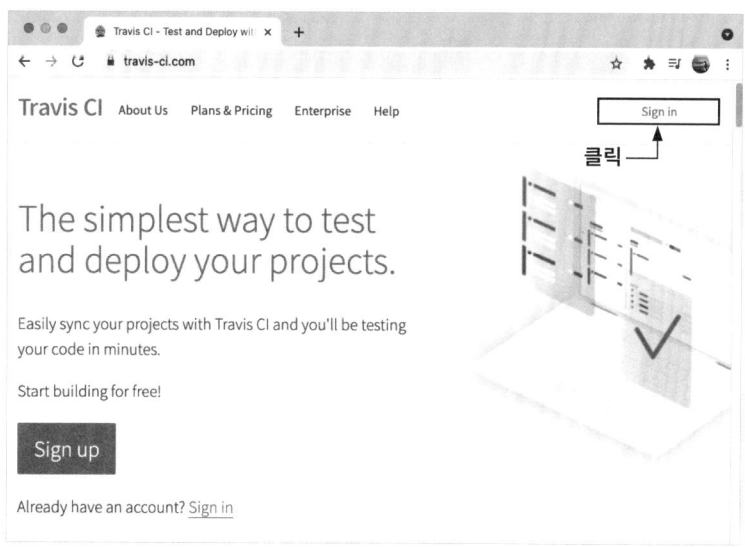

그림 9-8 Travis CI 홈페이지

02. Travis CI에 로그인합니다.

오른쪽 상단에 있는 [Sign in] 버튼을 클릭해 로그인 페이지로 이동합니다. 소셜 로그인 방법 중에서 깃허브 계정을 이용해 로그인하기 위해 [SIGN IN WITH GITHUB] 버튼을 클릭합니다.

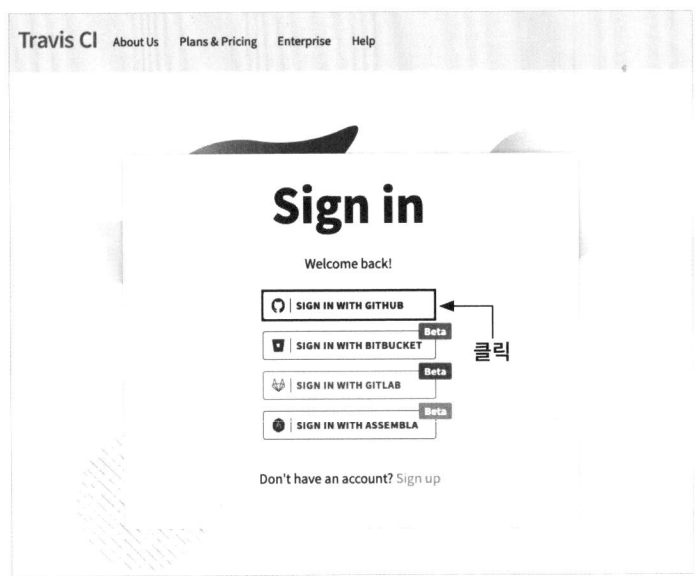

그림 9-9 Travis CI 로그인 페이지에서 깃허브 계정으로 로그인

03. 설정 페이지로 이동합니다.

오른쪽 상단에 있는 계정 아이콘을 클릭한 다음 [Settings]를 선택합니다.

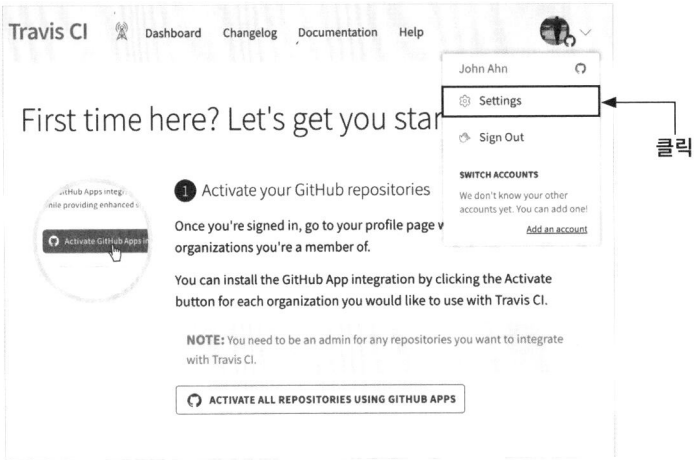

그림 9-10 Travis CI 설정 페이지로 이동

04. 앞서 깃허브에 올린 저장소를 찾습니다.

[Repositories] 탭에서 앞서 만든 저장소를 선택합니다. 만약 앞서 만든 저장소가 안 보인다면 왼쪽에 있는 [Sync account] 버튼을 클릭합니다.

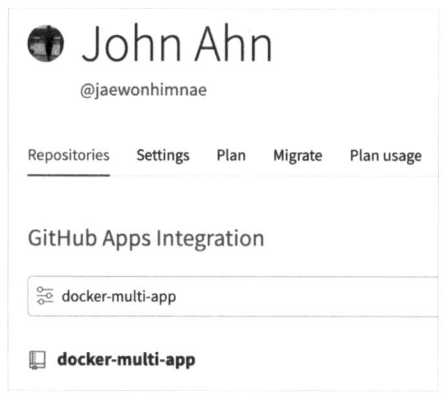

그림 9-11 깃허브 저장소에 올린 애플리케이션 저장소 찾기

지금까지 Travis CI에 가입하고 어떠한 프로젝트를 Travis CI에서 관리할 것인지 설정했습니다. 이제 깃허브에 소스 코드를 업로드하면 자동으로 Travis CI에서 해당 저장소에 소스 코드가 업로드됐는지 알 수 있습니다.

또한 업로드한 소스 코드를 어떠한 순서로 Travis CI에서 처리할지 살펴봤는데, Travis CI의 설정 파일인 travis.yml 파일을 작성하면서 Travis CI가 해야 할 일을 구현하겠습니다.

travis.yml 파일의 작성 순서

다음 그림을 통해 travis.yml 파일의 작성 순서를 살펴보겠습니다.

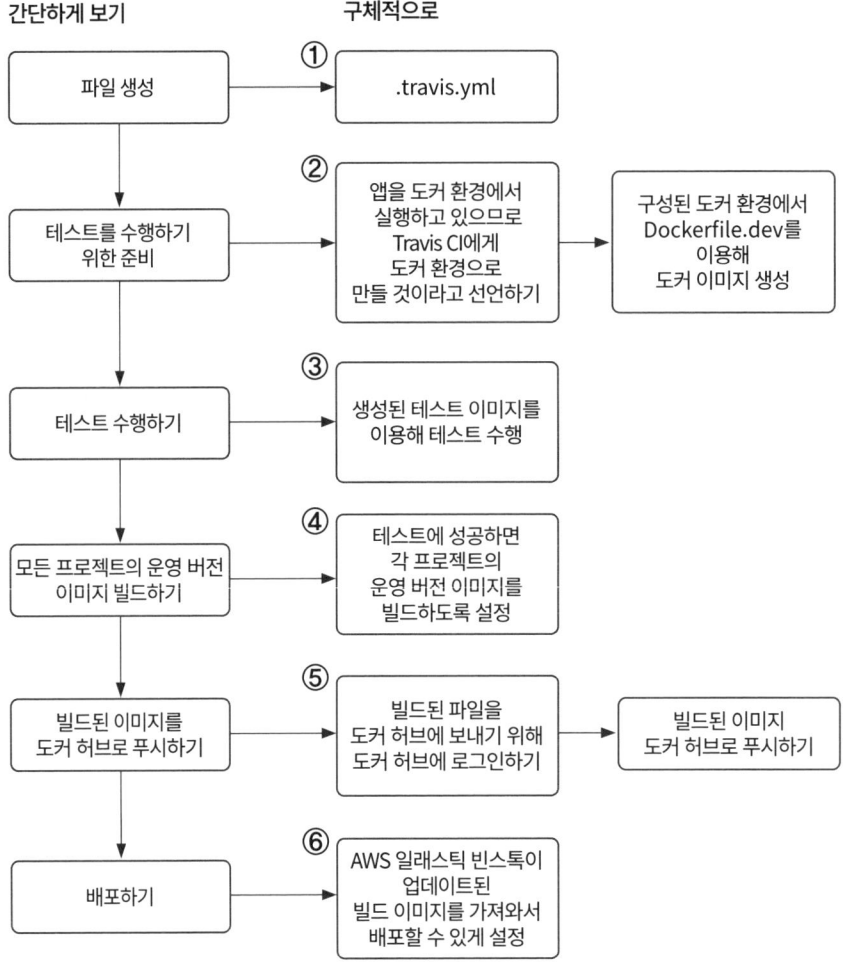

그림 9-12 travis.yml 파일 작성 순서

01. Travis CI 설정 파일을 생성합니다.

최상위 디렉터리에서 Travis CI 설정 파일을 생성합니다. 파일명은 .travis.yml로 합니다.

> 📁 backend
> 📁 frontend
> 📁 mysql
> 📁 nginx
>   🐙 .travis.yml
>   🐋 docker-compose.yml

그림 9-13 travis.yml 파일 작성 순서

02. Travis CI에서 리액트 애플리케이션을 테스트하기 위한 준비를 합니다.

　　애플리케이션을 도커 환경에서 실행할 것이므로 Travis CI가 도커 환경에서 애플리케이션을 실행할 수 있도록 소스 코드를 설정합니다. 소스 코드를 설정하면 Travis CI가 도커 환경을 구축합니다. 그리고 구축된 도커 환경에서 개발 환경 도커 파일인 Dockerfile.dev를 이용해 도커 이미지를 생성합니다.

03. 애플리케이션을 테스트합니다.

　　생성된 테스트 이미지를 이용해 리액트 애플리케이션의 테스트를 수행합니다.

04. 모든 프로젝트의 운영 버전 이미지를 빌드합니다.

　　애플리케이션 테스트에 모두 성공했다면 각 프로젝트의 운영 버전 이미지를 빌드하도록 설정합니다.

05. 빌드된 이미지를 도커 허브에 푸시합니다.

　　도커 허브에 빌드된 파일을 푸시하기 위해 도커 허브에 로그인합니다. 이어서 빌드된 이미지를 도커 허브로 푸시합니다.

06. AWS 일래스틱 빈스톡이 업데이트된 빌드 이미지를 가져와서 배포할 수 있게 설정합니다.

.travis.yml 파일 작성하기

지금까지 살펴본 .travis.yml 파일의 작성 과정을 직접 소스 코드로 작성해 보겠습니다.

예제 9-3 테스트를 위한 Travis CI 설정 파일 작성 - 테스트 수행 전　　　DOCKER-MULTI-APP/.travis.yml

```
# 언어(플랫폼) 선택
language: generic

# 관리자 권한 갖기
sudo: required

# 도커 환경 구성
services:
  - docker

# 스크립트를 실행할 수 있는 환경 구성
before_install:
  - docker build -t johnahn/react-test-app -f ./frontend/Dockerfile.dev ./frontend
```

```
# docker build -t <도커 아이디> / <프로젝트 이름> -f <도커 파일 경로> 빌드할 파일들이 있는 경로

# 실행할 스크립트(테스트 실행)
script:
  - docker run -e CI=true johnahn/react-test-app npm test
```

※ 코드에서 이탤릭체로 쓰여 있는 johnahn에는 자신의 도커 ID를 작성해주세요.

language
언어 플랫폼을 선택합니다. 파이썬, Node.js 등 여러 가지 언어를 선택할 수 있지만, 이 책에서는 generic을 사용하겠습니다. generic은 Go, Node.js 등 대부분의 언어를 포함하고 있습니다.

sudo: required
Travis CI에서 도커를 이용할 때 관리자 권한이 필요합니다. 이 권한이 있어야 도커 환경에서 이미지를 빌드할 수 있습니다.

services: docker
Travis CI에게 도커 환경에서 테스트, 빌드, 배포를 진행할 것임을 알려줌으로써 Travis CI에서 자동으로 도커 환경을 구성합니다.

before_install
리액트 애플리케이션을 테스트하기에 앞서 개발 환경 도커 파일로 이미지를 생성하는 과정입니다. (스크립트를 실행할 수 있는 환경을 구성합니다.) johnahn 부분에는 자신의 도커 아이디를 입력해주세요.

script
실제로 리액트 애플리케이션을 테스트하는 부분입니다.

예제 9-4 테스트를 위한 Travis CI 설정 파일 작성 - 테스트 수행   DOCKER-MULTI-APP/.travis.yml
```
# 실행할 스크립트(테스트 실행)
script:
  - docker run -e CI=true johnahn/react-test-app npm test

after_success:
  # 각각의 이미지 빌드하기
  - docker build -t johnahn/docker-frontend ./frontend
  - docker build -t johnahn/docker-backend ./backend
  - docker build -t johnahn/docker-nginx ./nginx

  # 도커 허브에 로그인
```

```
    - echo "$DOCKER_HUB_PASSWORD" | docker login -u "$DOCKER_HUB_ID" --password-stdin

    # 빌드된 이미지들을 도커 허브에 푸시하기
    - docker push johnahn/docker-frontend
    - docker push johnahn/docker-backend
    - docker push johnahn/docker-nginx
```

※ 코드에서 이탤릭체로 쓰여 있는 johnahn에는 자신의 도커 ID를 작성해주세요.

after_success

애플리케이션을 테스트한 후 모든 테스트에 성공하면 after_success에서 각 이미지를 빌드합니다. 그리고 도커 허브에 빌드된 운영 환경의 이미지를 푸시하기 위해 도커 허브에 로그인하는 작업이 필요합니다. 그래서 도커 허브의 아이디와 비밀번호를 명시합니다. 하지만 travis.yml 파일에 직접 작성하면 비밀번호가 노출되기 때문에 $DOCKER_HUB_PASSWORD와 같이 환경 변수를 이용해 작성합니다.

도커 허브 로그인까지 했다면 빌드된 모든 도커 이미지들을 도커 허브에 하나씩 푸시합니다. 도커 허브에 로그인할 때 보안상의 이유로 도커 아이디와 비밀번호를 직접 travis.yml 파일에 작성하지 않았기 때문에 그 부분을 따로 처리해야 합니다. 이어서 Travis CI 사이트에서 환경 변수를 만드는 방법을 살펴보겠습니다.

Travis CI 사이트에서 환경 변수 만들기

01. Travis CI 웹사이트에서 'docker-multi-app' 저장소를 선택해 해당 저장소의 대시보드로 이동합니다.

02. 오른쪽 위에 있는 [More options] 버튼을 클릭한 다음 [Settings]를 선택합니다.

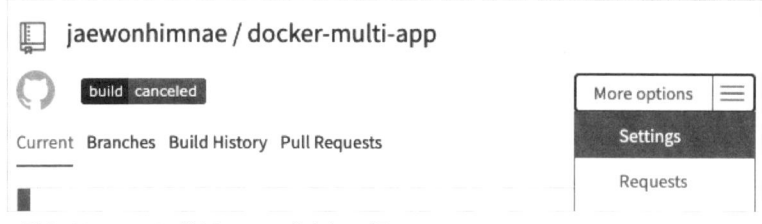

그림 9-14 Travis CI에서 Settings 페이지로 이동

03. Travis CI의 Setting 페이지에서 환경 변수를 설정합니다.

Setting 페이지에서 아래로 내려가면 Environment Variables 항목이 있습니다. 여기에 travis.yml 파일에 작성했던 환경 변수와 같은 환경 변수를 적고, 그에 맞는 도커 허브 아이디와 비밀번호를 입력합니다. (도커 허브 계정은 앞서 1장에서 생성했습니다).

이름(Name)	API 키(Value)
DOCKER_HUB_ID	도커 허브 ID
DOCKER_HUB_PASSWORD	도커 허브 비밀번호

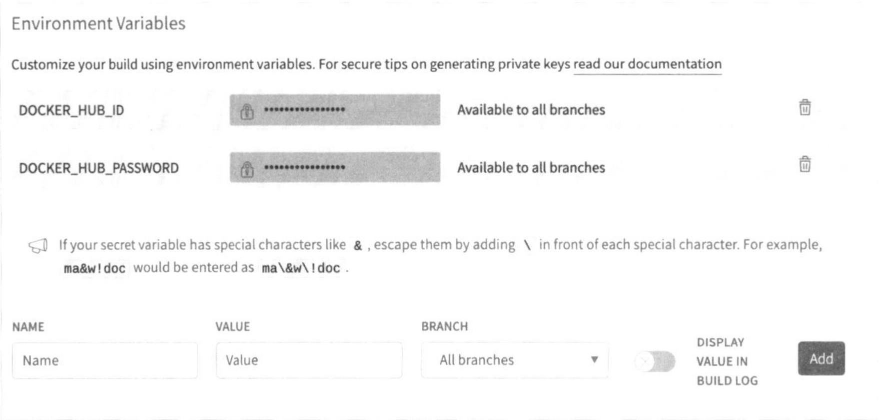

그림 9-15 환경 변수 설정 페이지

이렇게 환경 변수까지 작성하면 Travis CI가 앞서 작성한 코드에서 이 변수를 읽을 때 자동으로 해당하는 값을 가져와서 로그인을 할 수 있습니다.

Travis CI가 잘 작동하는지 확인

지금까지 실습한 부분이 잘 실행되는지 살펴보기 위해 우선 깃허브에 새롭게 수정한 코드를 푸시해 보겠습니다. 깃허브에 소스 코드를 푸시한 다음 Travis CI에서 빌드한 도커 이미지가 도커 허브에 잘 올라가는지 확인해 보겠습니다.

실습 9-6 깃허브에 소스 코드 푸시하기

```
% git add .

% git commit -m " travis file added "
[master 7154e5e] travis ci deploy
1 file changed, 11 insertions(+), 2deletions(-)

% git push origin main
```

깃허브에 새로운 소스 코드로 업데이트하면 Travis CI에서 바로 업데이트된 코드를 가져와서 다음과 같이 테스트를 진행합니다.

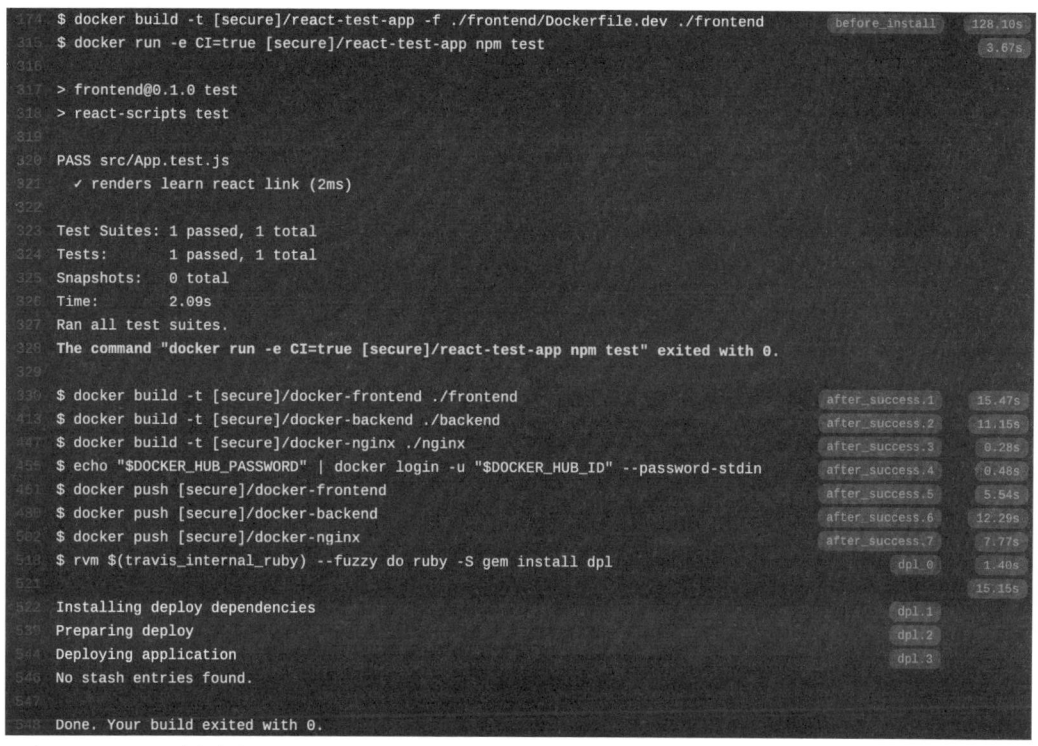

그림 9-16 Travis CI에서 업데이트된 코드를 가져와 테스트를 진행

그림 9-16과 같이 테스트에 성공하고 운영 이미지를 빌드한 다음 이미지들을 성공적으로 도커 허브로 푸시했습니다. 도커 허브 사이트에 접속해보면 Travis CI에서 빌드한 모든 이미지가 잘 업로드된 모습을 볼 수 있습니다.

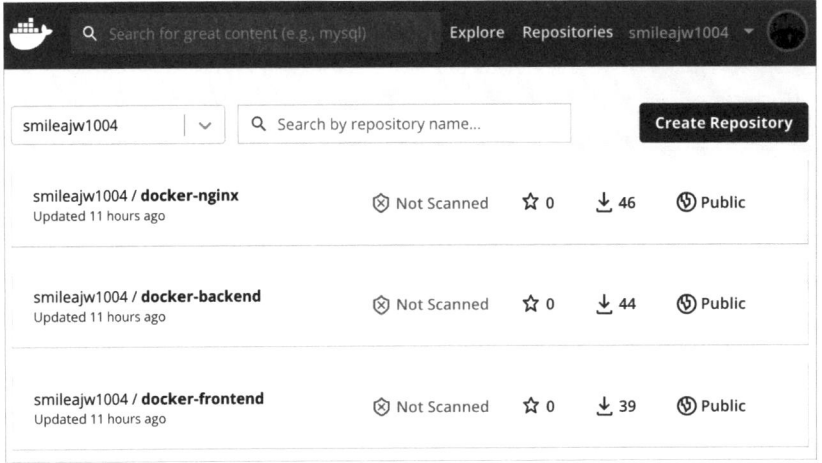

그림 9-17 도커 허브에 저장된 도커 이미지들

> **Tip** 테스트를 통과하지 못하고 에러가 발생한다면
>
> 리액트 애플리케이션을 테스트하다가 에러가 발생한다면 frontend/src/App.test.js에서 소스 코드를 확인해 주세요.
>
> ```
> import React from 'react';
> import { render } from '@testing-library/react';
> import App from './App';
>
> test('renders learn react link', () => {
>   const { getByText } = render(<App />);
>   const linkElement = getByText(/안녕하세요/i);
>   expect(linkElement).toBeInTheDocument();
> });
> ```
>
> 위와 같이 소스 코드가 '안녕하세요' 또는 'learn react'로 돼 있다면 다음과 같이 test 함수 안의 내용을 비워주세요.
>
> ```
> import React from 'react';
> import { render } from '@testing-library/react';
> import App from './App';
>
> test('renders learn react link', () => {
>
> });
> ```

9-5 운영 환경을 위한 도커 컴포즈 파일 생성

이번 절에서는 운영 환경을 위한 도커 컴포즈 파일(docker-compose.yml)을 생성해보겠습니다. 일래스틱 빈스톡 환경을 생성할 때 플랫폼 브랜치로 Amazon Linux 2를 이용합니다. 이 플랫폼이 도커 컨테이너를 실행하려면 먼저 도커 컴포즈 파일을 보고 도커 컴포즈 파일에 쓰여진 대로 도커 컨테이너를 실행합니다. 하지만 현재는 개발 환경을 위한 도커 컴포즈 파일 밖에 없기 때문에 운영 환경을 위한 도커 컴포즈 파일을 생성하겠습니다.

도커 컴포즈 파일 생성

01. 프로젝트의 최상위 디렉터리에 도커 컴포즈 파일(docker-compose.yml)을 생성합니다.

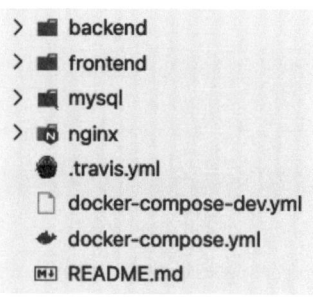

그림 9-18 도커 컴포즈 파일 생성

02. 개발 환경을 위한 도커 컴포즈 파일의 소스 코드와 운영 환경을 위한 도커 컴포즈 파일의 소스 코드가 비슷하기 때문에 먼저 개발 환경을 위해 작성한 소스 코드를 복사해 운영 환경의 도커 컴포즈 파일에 그대로 붙여넣겠습니다.

예제 9-5 개발 환경의 도커 파일을 운영 환경 도커 파일에 붙여넣기

DOCKER-MULTI-APP/docker-compose.yml

```
version: "3"
services:
  frontend:
    build:
      dockerfile: Dockerfile.dev
      context: ./frontend
    volumes:
      - /app/node_modules
```

```
      - ./frontend:/app
    stdin_open: true

  nginx:
    restart: always
    build:
      dockerfile: Dockerfile
      context: ./nginx
    ports:
      - "3000:80"

  backend:
    build:
      dockerfile: Dockerfile.dev
      context: ./backend
    container_name: app_backend
    volumes:
      - /app/node_modules
      - ./backend:/app
```

03. 현재 frontend, nginx, backend 서비스를 위한 운영 환경의 도커 이미지는 Travis CI를 통해서 도커 허브에 저장돼 있습니다. 따라서 도커 허브에 저장된 도커 이미지들을 이용해 도커 컨테이너를 생성하도록 해야 합니다. build 항목을 image로 바꾼후 〈도커 아이디〉/〈도커 이미지 이름〉을 적어줍니다. 이렇게 함으로써 도커 이미지를 실제로 빌드하는 것이 아닌 도커 허브에 빌드된 도커 이미지를 사용하게 됩니다.

예제 9-6 이미지를 빌드하지 않고 도커 허브에 빌드된 이미지를 사용하도록 수정

DOCKER-MULTI-APP/docker-compose.yml

```
version: "3"
services:
  frontend:
    image: johnahn/docker-frontend
    volumes:
      - /app/node_modules
      - ./frontend:/app
    stdin_open: true
```

```
  nginx:
    restart: always
    image: johnahn/docker-nginx
    ports:
      - "3000:80"

  backend:
    image: johnahn/docker-backend
    container_name: app_backend
    volumes:
      - /app/node_modules
      - ./backend:/app
```

04. nginx 서비스에서 포트 매핑을 할 때, 개발 환경에서는 리액트를 3000번 포트에서 실행하기 때문에 port: "3000:80"으로 매핑했습니다. 하지만 운영 환경에서는 엔진엑스를 이용해 리액트를 실행하기 때문에 엔진엑스의 기본 포트인 80번 포트에서 실행됩니다. 그래서 포트 매핑을 "80:80"으로 합니다.

예제 9-7 개발환경 도커 파일 소스코드를 운영 환경 도커 파일에 붙여넣기

DOCKER-MULTI-APP/docker-compose.yml

```
version: "3"
services:
  frontend:
    image: johnahn/docker-frontend
    volumes:
      - /app/node_modules
      - ./frontend:/app
    stdin_open: true

  nginx:
    restart: always
    image: johnahn/docker-nginx
    ports:
      - "80:80"

  backend:
    image: johnahn/docker-backend
```

```
        container_name: app_backend
      volumes:
        - /app/node_modules
        - ./backend:/app
```

이렇게 해서 운영 환경을 위한 도커 컴포즈 파일을 작성했습니다.

9.6 다중 컨테이너 애플리케이션을 위한 일래스틱 빈스톡 환경 생성

이번 절에서는 일래스틱 빈스톡의 새 환경을 만들고, 그 안에 애플리케이션을 만들어 보겠습니다. 이 부분은 리액트 애플리케이션의 일래스틱 빈스톡 환경을 만들 때와 비슷합니다.

애플리케이션 생성

01. 먼저 AWS 관리 콘솔의 검색창에서 'Elastic Beanstalk'으로 검색해 일래스틱 빈스톡 페이지로 이동합니다.

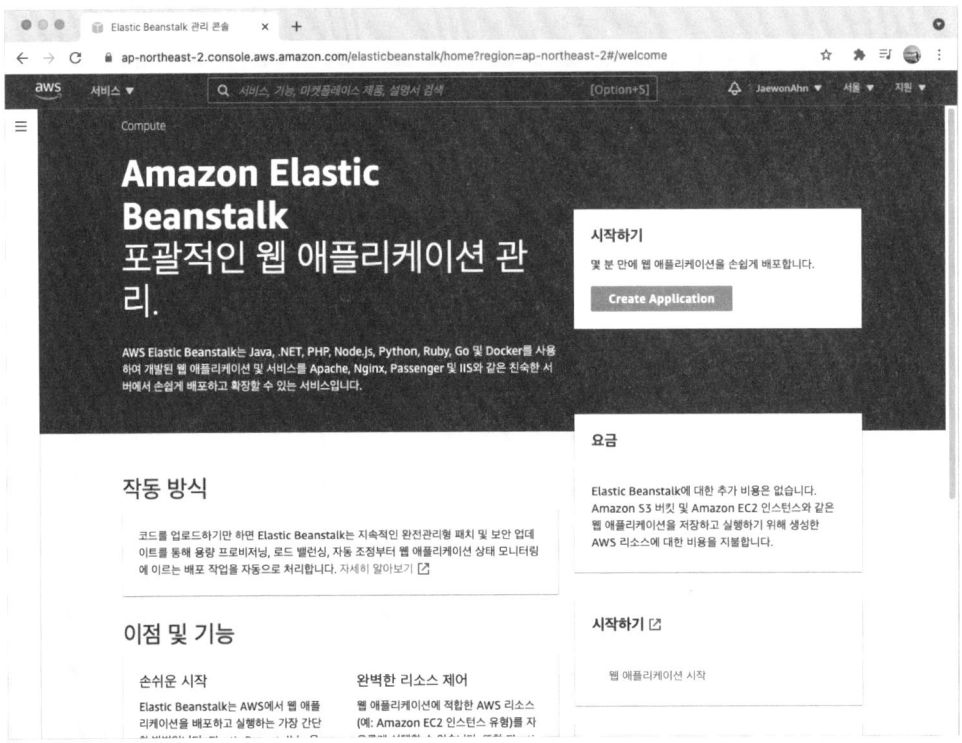

그림 9-19 AWS 일래스틱 빈스톡 페이지

02. 애플리케이션을 생성하기 위해 [Create Application] 버튼을 클릭합니다.

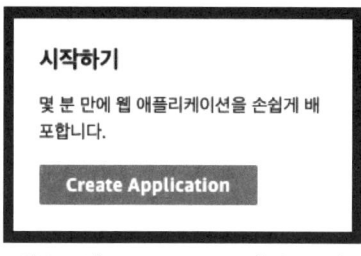

그림 9-20 [Create Application] 버튼 클릭

03. 애플리케이션 정보에서 애플리케이션 이름을 지정합니다.

애플리케이션 이름은 원하는 대로 설정해도 되지만, 이후 코드를 작성할 때 헷갈리지 않도록 이 책에서 사용한 이름인 'docker-multi-app'으로 설정해주세요.

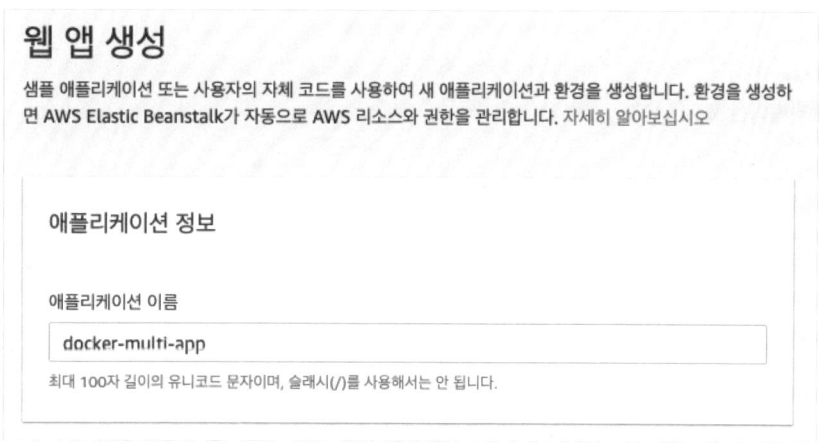

그림 9-21 애플리케이션 정보에서 애플리케이션 이름 입력

04. 애플리케이션 플랫폼을 선택합니다.

도커 환경에서 애플리케이션을 실행할 것이기에 플랫폼을 'Docker'로 선택하고, 플랫폼 브랜치는 'Docker running on 64bit Amazon Linux 2'를 선택합니다.

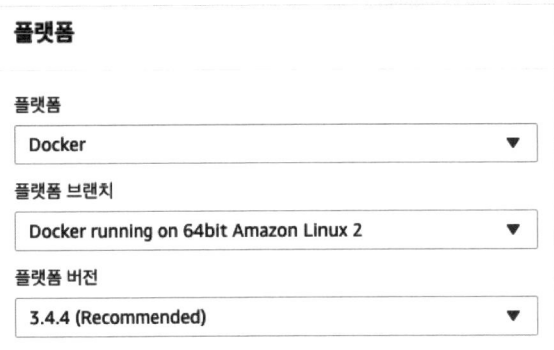

그림 9-22 애플리케이션 플랫폼 선택

05. 애플리케이션 코드를 선택합니다.

우선 샘플 애플리케이션 코드를 선택해 시작하고, 나중에 우리가 작성한 애플리케이션의 소스 코드를 업로드 하겠습니다.

그림 9-23 애플리케이션 코드 선택

06. [애플리케이션 생성] 버튼을 눌러 애플리케이션을 생성합니다.

그림 9-24 [애플리케이션 생성] 버튼을 클릭

07. 환경을 생성하는 데 시간이 걸리므로 잠시 기다립니다.

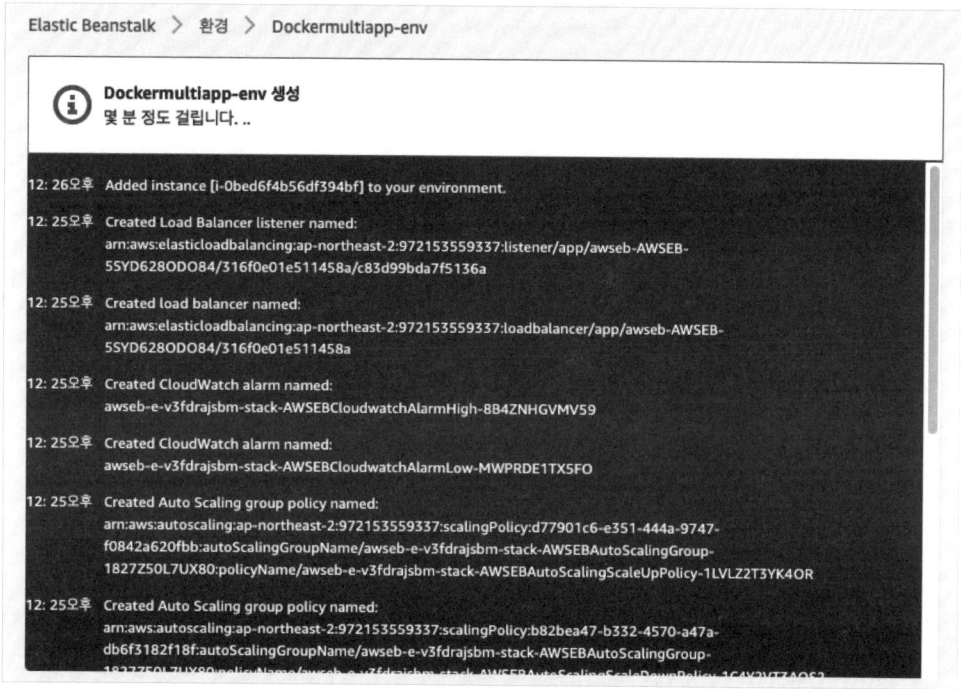

그림 9-25 애플리케이션 생성 중

08. 환경이 다 만들어지면 다음과 같은 화면을 볼 수 있습니다.

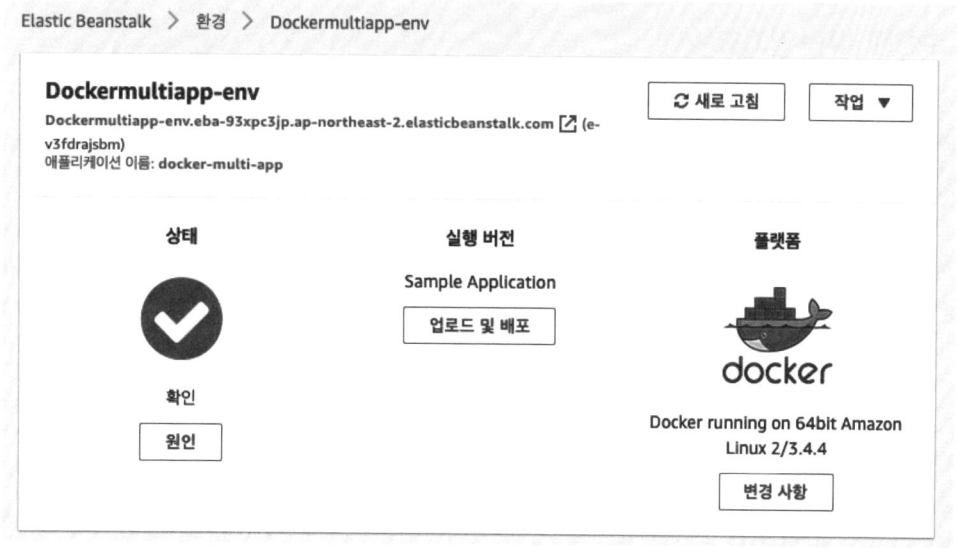

그림 9-26 애플리케이션 생성 완료

9.7 VPC와 보안 그룹 설정하기

지금까지 운영 환경에서의 데이터베이스를 위한 설정은 아무것도 하지 않았습니다. 그래서 AWS의 RDS 서비스를 이용해 MySQL을 애플리케이션과 연결해야 하는데 이를 위해 VPC(Virtual Private Cloud)와 보안 그룹을 설정해야 합니다.

왜 VPC와 보안 그룹을 설정해야 하나요?

일래스틱 빈스톡의 인스턴스에는 많은 컨테이너가 실행되고 있습니다. 이 컨테이너들이 결국 RDS 서비스와 통신할 수 있어야 데이터베이스 작업을 할 수 있습니다. 하지만 AWS에서는 기본적으로 일래스틱 빈스톡과 RDS 서비스가 연결돼 있지 않아서 일래스틱 빈스톡 인스턴스 안에 있는 컨테이너들이 데이터베이스에 접근할 수 없습니다. 이러한 문제를 해결하기 위해서 따로 VPC와 보안 그룹을 설정해 데이터베이스와 통신할 수 있게 해야 합니다.

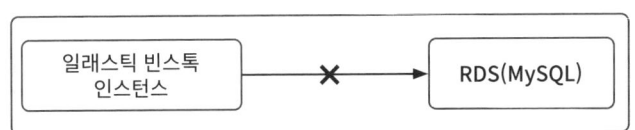

그림 9-27 일래스틱 빈스톡 인스턴스와 RDS 서비스를 연결해야 하는 이유

VPC란 무엇인가요?

VPC를 사용하면 AWS 클라우드에서 논리적으로 격리된 공간을 프로비저닝하여 고객이 정의하는 가상 네트워크에서 AWS 리소스를 시작할 수 있습니다. AWS 사이트에서도 위와 같이 VPC를 정의하고 있습니다.

이를 간단하게 설명하자면 AWS에서 만든 EC2 인스턴스나 EB 인스턴스 혹은 RDS 데이터베이스와 같은 인스턴스에 내 계정(Account)에서만 접근할 수 있도록 논리적으로 격리된 네트워크에서 생성되게 하는 것입니다. 따라서 다른 계정에서는 내가 만든 EC2 인스턴스에 접근하는 것은 물론 보는 것도 불가능합니다. 이러한 VPC는 일래스틱 빈스톡 인스턴스나 RDS를 생성하면 자동으로 기본 VPC(Default VPC)가 할당됩니다. 그리고 VPC는 리전별로 다르게 할당됩니다.

일래스틱 빈스톡 환경을 생성할 때 할당되는 기본 VPC 찾아보기

01. AWS의 관리 콘솔의 검색창에서 'VPC'로 검색해 VPC 페이지로 이동합니다.

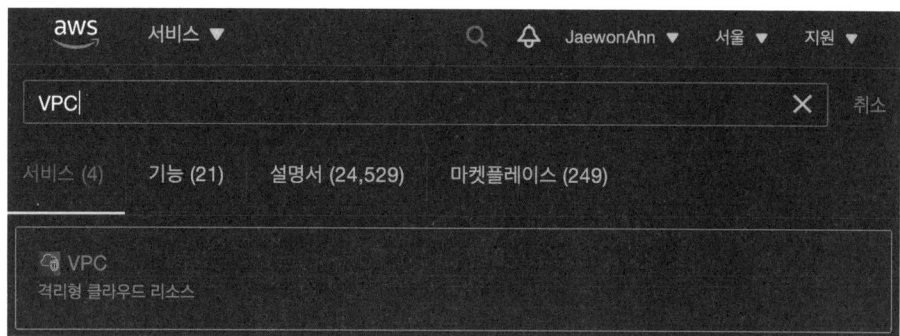

그림 9-28 AWS 관리 콘솔의 검색창에서 VPC 검색

02. 왼쪽 목록의 [가상 프라이빗 클라우드] 아래에 있는 [VPC]를 클릭합니다.

그림 9-29 가상 프라이빗 클라우드에서 VPC 클릭

03. VPC를 선택하면 다음과 같이 VPC 페이지로 이동합니다.

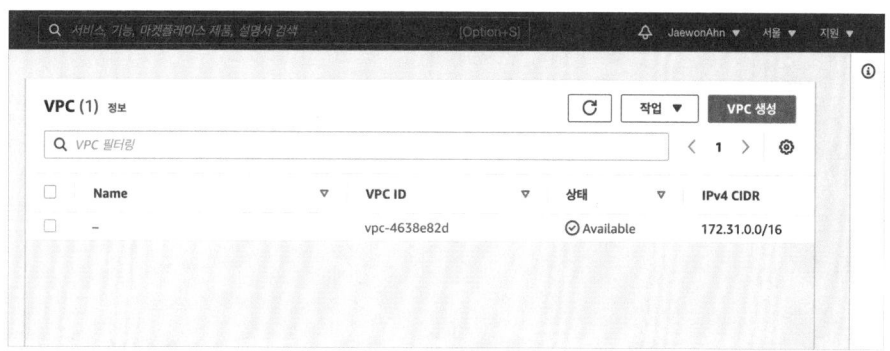

그림 9-30 VPC 페이지

04. VPC 목록 중에서 '기본 VPC' 항목이 '예'인 VPC가 일래스틱 빈스톡 인스턴스를 생성할 때 기본적으로 할당되는 VPC입니다.

그림 9-31 일래스틱 빈스톡 인스턴스 생성 시 기본적으로 할당되는 VPC

05. 앞서 VPC는 리전별로 다르게 할당된다고 했는데, 다른 리전으로 이동해서 기본 VPC를 한 번 살펴 보겠습니다. 오른쪽 위에 있는 리전을 변경하는 버튼을 클릭한 다음 '프랑크푸르트' 리전을 선택합니다.

그림 9-32 서울에서 프랑크푸르트로 리전을 변경

06. 리전을 프랑크푸르트로 변경한 다음 기본 VPC의 VPC ID를 보면 서울에 할당된 VPC ID와 다른 것을 확인할 수 있습니다.

서울의 VPC ID는 vpc-4638e82d였으며, 프랑크푸르트의 VPC ID는 vpc-265f9f4c로 서로 다릅니다.

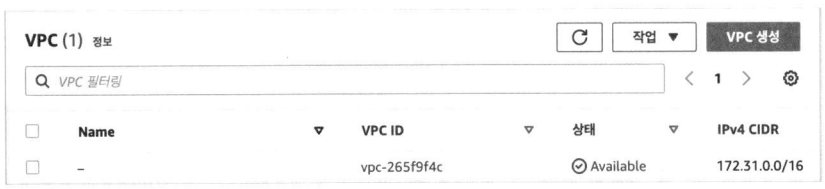

그림 9-33 서울 리전 프랑크푸르트 리전의 VPC ID

즉, 서울 리전에서 일래스틱 빈스톡 인스턴스를 생성하면 서울에 있는 기본 VPC 안에 일래스틱 빈스톡 인스턴스가 들어갑니다.

보안 그룹이란 무엇인가요?

보안 그룹(Security Group)은 수신 및 발신 트래픽을 제어하기 위한 EC2 인스턴스의 가상 방화벽 역할을 합니다. 다음 그림을 보면서 더 자세히 살펴보겠습니다.

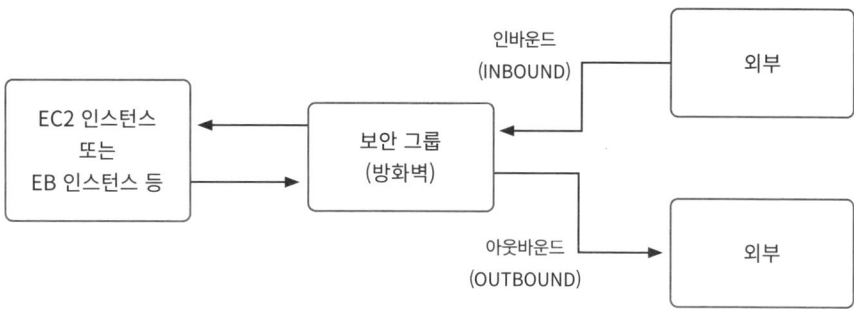

그림 9-34 보안 그룹

EC2 인스턴스나 EB 인스턴스에 보안 그룹(방화벽)을 통해서 외부로 요청이 나가기도 하고, 다시 들어오기도 합니다. 그래서 보안 그룹은 인바운드(Inbound)와 아웃바인드(Outbound)를 통제해 트래픽을 열 수도 있고 닫을 수도 있습니다.

인바운드(INBOUND)

외부에서 EC2 인스턴스나 EB 인스턴스로 요청을 보내는 트래픽입니다. HTTP, HTTPS, SSH 등이 있습니다.

아웃바운드(OUTBOUND)

EC2 인스턴스나 EB 인스턴스 등에서 외부로 나가는 트래픽입니다. 파일을 내려받거나 인바운드로 들어온 트래픽을 처리해 응답하는 경우도 포함됩니다.

VPC와 보안 그룹을 이용해 EB 인스턴스와 RDS 통신 문제를 해결하는 방법은?

EB 인스턴스와 RDS 간에 통신 문제를 해결하는 방법은 VPC 안에 있는 AWS 서비스 간에는 트래픽을 모두 허용할 수 있게 보안 그룹을 설정하는 것입니다. 아래 그림을 보면 AP-Northeast-2 지역에 할당된 기본 VPC가 있습니다. 그리고 VPC 안에 EB도 있으며 RDS도 있습니다. 그래서 같은 VPC에 있는 서비스끼리의 트래픽은 모두 허용하면 됩니다.

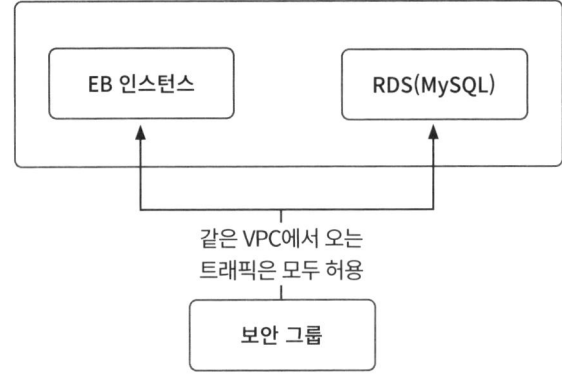

그림 9-35 EB 인스턴스와 RDS 통신 문제를 해결하는 방법

이제 어떠한 방식으로 EB 인스턴스와 RDS가 서로 통신하게 할 수 있는지 알았으니 이를 실제로 구현해 보겠습니다. 그 전에 아직 데이터베이스를 생성하지 않았으므로 먼저 AWS RDS 서비스를 이용해 데이터베이스를 생성하겠습니다.

9.8 AWS RDS를 이용한 데이터베이스 생성하기

이제 RDS를 생성할 차례입니다. 하지만 그전에 도커 컴포즈 파일에 데이터베이스를 위한 환경 변수를 설정하겠습니다. 현재 backend 폴더에 있는 db.js 파일을 보면 데이터베이스 풀을 생성할 때 여러 정보를 직접 입력해 명시한 것을 볼 수 있습니다.

```
const mysql = require("mysql");
const pool = mysql.createPool({
  connectionLimit: 10,
  host: 'mysql',
  user: 'root',
  password: 'password',
  database: 'myapp',
  port: 3306
});
exports.pool = pool;
```

하지만 이번에는 이렇게 직접 명시하지 않고 도커 컴포즈 파일의 backend 부분에 데이터베이스를 위한 환경 변수들을 넣어주겠습니다. 환경 변수로는 HOST, USER, ROOT PASSWORD, DATABASE, PORT 를 정의하겠습니다.

예제 9-8 도커 컴포즈 파일에 데이터베이스를 위한 환경 변수 정의　　　DOCKER-MULTI-APP/docker-compose.yml

```yaml
… 생략 …

  backend:
    image: johnahn/docker-backend
    container_name: app_backend
    volumes:
      - /app/node_modules
      - ./backend:/app
    environment:
      MYSQL_HOST: mysql
      MYSQL_USER: root
      MYSQL_ROOT_PASSWORD: password
      MYSQL_DATABASE: myapp
      MYSQL_PORT: 3306

… 생략 …
```

이제 backend 폴더의 db.js에서는 도커 컴포즈 파일에서 정의한 환경 변수들을 가져와 넣어주겠습니다. 다음과 같이 'process.env.환경 변수 이름'과 같은 형태로 작성합니다.

예제 9-9 db.js에 데이터베이스의 환경 변수 정의　　　DOCKER-MULTI-APP/backend/db.js

```js
const mysql = require("mysql");
const pool = mysql.createPool({
  connectionLimit: 10,
  host: process.env.MYSQL_HOST,
  user: process.env.MYSQL_USER,
  password: process.env.MYSQL_ROOT_PASSWORD,
  database: process.env.MYSQL_DATABASE,
  port: process.env.MYSQL_PORT
});
exports.pool = pool;
```

이렇게 하면 도커 컴포즈로 컨테이너들을 실행할 때 도커 컴포즈에 정의한 환경 변수를 이용해 데이터베이스 풀을 생성할 수 있습니다. 이어서 RDS를 생성하는 방법을 살펴보겠습니다.

RDS를 이용한 데이터베이스 생성하기

01. AWS 관리 콘솔의 검색창에서 'RDS'를 검색해 RDS 페이지로 이동합니다.

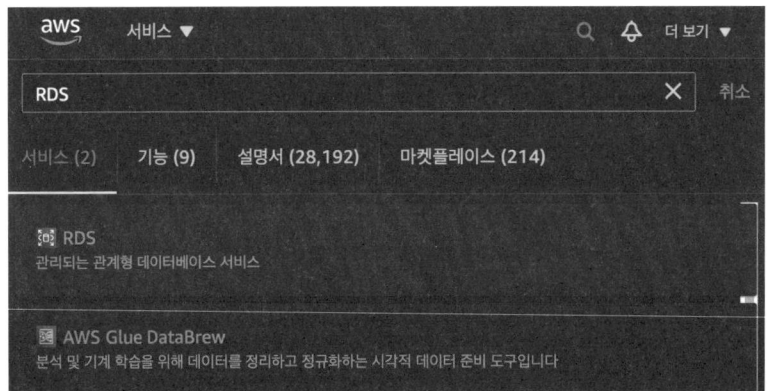

그림 9-36 AWS 관리 콘솔의 검색창에서 RDS 검색

02. [데이터베이스 생성] 버튼을 클릭합니다.

그림 9-37 [데이터베이스 생성] 버튼 클릭

03. 엔진 옵션에서 'MySQL'을 선택합니다. (버전은 8버전을 사용해도 됩니다.)

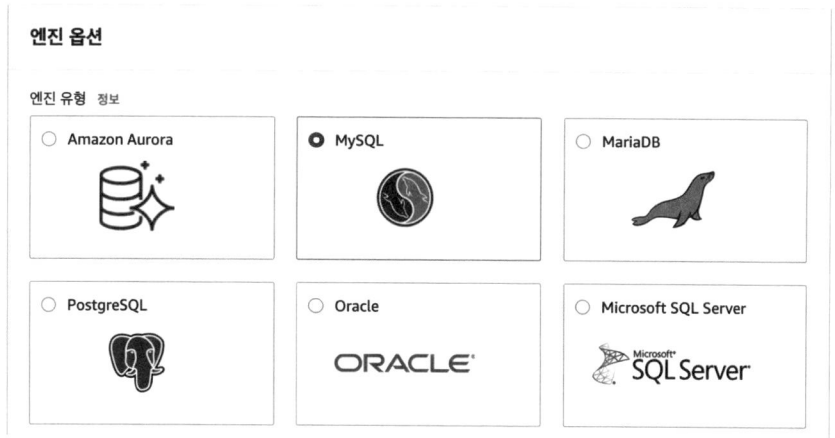

그림 9-38 엔진 옵션 선택

04. 템플릿에서 '프리 티어' 템플릿을 선택합니다.

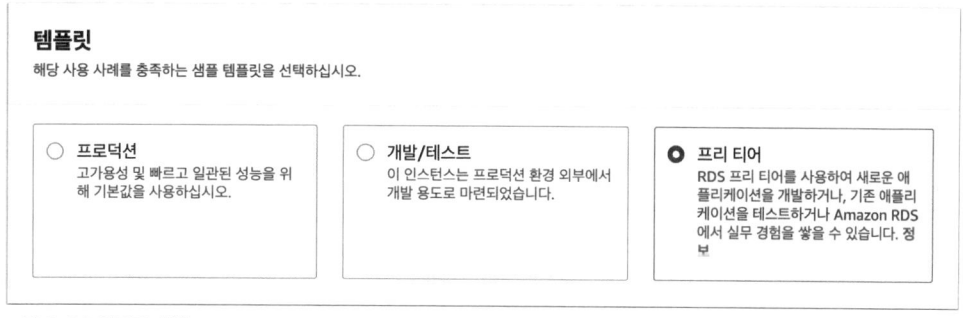

그림 9-39 템플릿 선택

05. 생성할 데이터베이스를 설정합니다.

이 책에서는 다음 표와 같이 설정했습니다. 마스터 사용자 이름과 마스터 암호는 도커 컴포즈 파일에 입력한 값과 같은 값으로 설정합니다.

설정	값
DB 인스턴스 식별자	docker-multi-app-mysql
마스터 사용자 이름	root
마스터 암호	**password** (도커 컴포즈 파일에 설정한 환경 변수와 동일하게 설정)

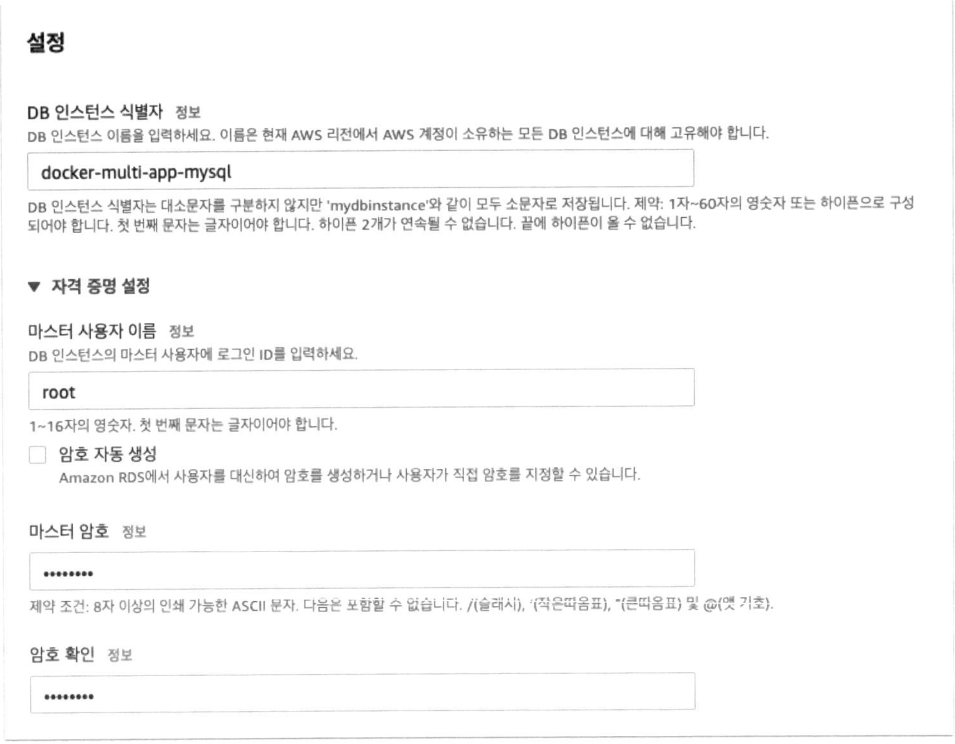

그림 9-40 데이터베이스 설정

06. 추가 구성 탭에서 데이터베이스 옵션에 초기 데이터베이스 이름을 설정합니다.

초기 데이터베이스 이름 또한 도커 컴포즈 파일에서 MYSQL_DATABASE에 설정한 값과 같은 이름으로 설정합니다.

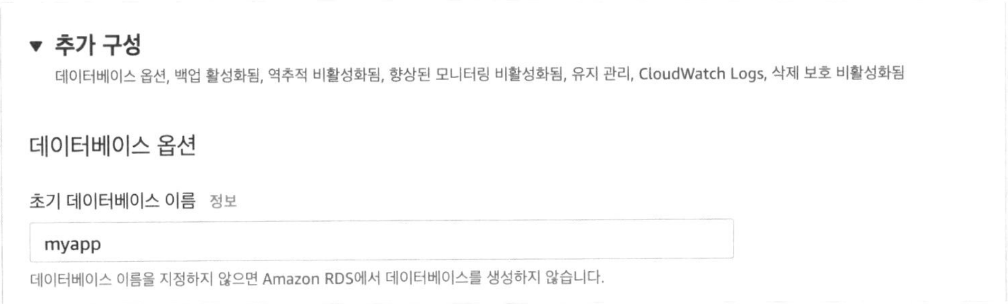

그림 9-41 데이터베이스 추가 구성에서 초기 데이터베이스 이름 설정

07. [데이터베이스 생성] 버튼을 클릭해 데이터베이스를 생성합니다.

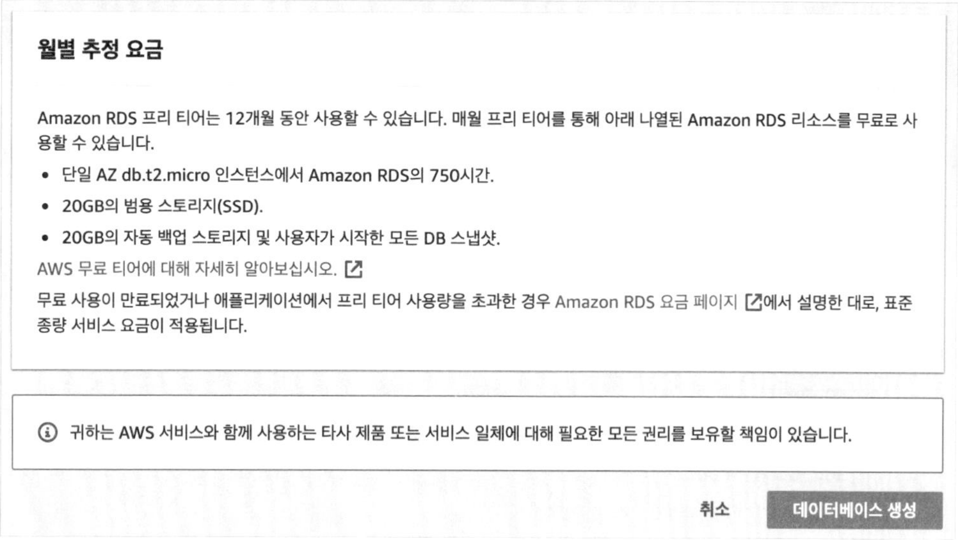

그림 9-42 [데이터베이스 생성] 버튼 클릭

08. 데이터베이스 생성 버튼을 클릭하면 다음과 같이 '생성 중'으로 상태가 나오면서 데이터베이스가 생성됩니다.

그림 9-43 데이터베이스 생성 중

이렇게 해서 AWS RDS서비스를 이용해 데이터베이스 생성을 마쳤습니다.

9.9 데이터베이스 정보를 도커 컴포즈 파일에 명시해주기

RDS 서비스를 이용해 데이터베이스를 생성할 때 사용한 정보들을 도커 컴포즈 파일에 작성해야 합니다. 그래야 일래스틱 빈스톡이 도커 컴포즈 파일을 이용해 컨테이너들을 실행하고, 컨테이너 안에 있는 애플리케이션을 실행할 때 도커 컴포즈 파일에 정의해 놓은 환경 변수 값을 이용해 데이터베이스와 애플리케이션의 노드 서버를 연결할 수 있습니다. 현재 도커 컴포즈 파일에 데이터베이스 연결을 위한 환경 변수를 보겠습니다.

```
… 생략 …
backend:
  image: johnahn/docker-backend
  container_name: app_backend
  volumes:
    - /app/node_modules
    - ./backend:/app
  environment:
    MYSQL_HOST: mysql
    MYSQL_USER: root
    MYSQL_ROOT_PASSWORD: password
    MYSQL_DATABASE: myapp
    MYSQL_PORT: 3306

… 생략 …
```

환경 변수(environment) 부분을 보면 MYSQL_HOST만 빼고 다른 환경 변수들을 RDS 서비스를 이용한 데이터베이스를 생성할 때 같은 값을 이용했기 때문에 MYSQL_HOST의 값만 변경하면 됩니다. MYSQL_HOST의 값으로는 이전 절에서 생성한 데이터베이스의 엔드포인트를 넣어줍니다.

데이터베이스의 엔드포인트 정보 확인하기

01. AWS 관리 콘솔의 검색 창에서 'RDS'로 검색한 다음 RDS 페이지로 이동합니다.

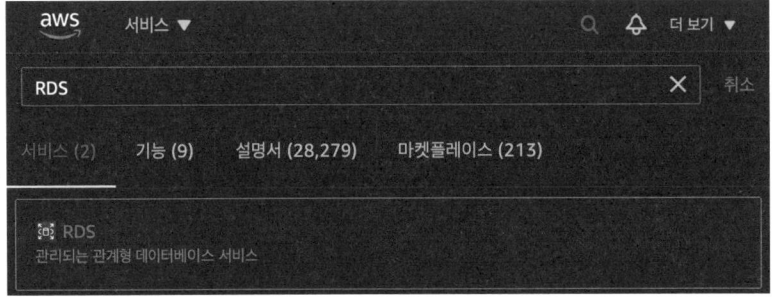

그림 9-44 AWS 관리 콘솔의 검색창에서 RDS 검색

02. 왼쪽 메뉴에서 [데이터베이스]를 클릭합니다.

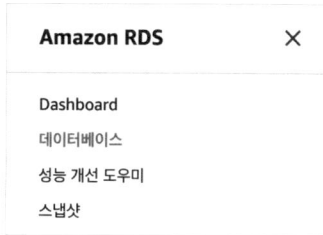

그림 9-45 데이터베이스 클릭

03. 데이터베이스(docker-multi-app-mysql)를 선택합니다.

그림 9-46 데이터베이스를 선택

04. 데이터베이스 페이지에서 스크롤을 내리면 [연결 & 보안] 탭의 엔드포인트 및 포트 항목에서 엔드포인트 정보를 볼 수 있습니다. 이 엔드포인트를 복사해둡니다.

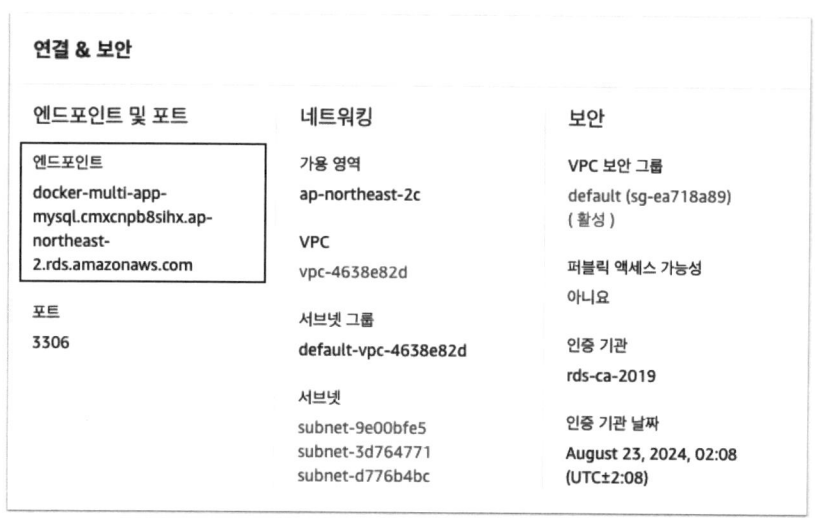

그림 9-47 데이터베이스의 엔드포인트 확인

09 _ 다중 컨테이너를 활용한 애플리케이션의 배포 | 305

이렇게 엔드포인트를 확인했으면 도커 컴포즈 파일에 있는 MYSQL_HOST의 환경 변수 값으로 넣어주겠습니다.

예제 9-10 RDS 서비스에서 생성한 데이터베이스의 MYSQL_HOST 값 명시
DOCKER-MULTI-APP/docker-compose.yml

```
… 생략 …

  backend:
    build:
      dockerfile: Dockerfile.dev
      context: ./backend
    container_name: app_backend
    volumes:
      - /app/node_modules
      - ./backend:/app
    environment:
      MYSQL_HOST: docker-multiapp-mysql.cmcnpbBsihx.ap-northeast2.rds.amazonaws.com
      MYSQL_USER: root
      MYSQL_ROOT_PASSWORD: password
      MYSQL_DATABASE: myapp
      MYSQL_PORT: 3306

… 생략 …
```

이제 알맞은 MYSQL_HOST의 값까지 넣어줬기 때문에 데이터베이스를 애플리케이션에 연결하는 데 문제가 없습니다. 하지만 도커 컴포즈 파일에 데이터베이스의 비밀번호 등 주요 정보를 적어 놓는 것은 보안상 바람직하지 않습니다. 따라서 중요한 정보는 다른 곳에 작성하고 작성해둔 정보를 도커 컴포즈 파일로 가져와 사용해 보겠습니다.

일래스틱 빈스톡의 환경 속성 설정하기

01. AWS 관리 콘솔의 검색 창에서 'Elastic Beanstalk'으로 검색해 일래스틱 빈스톡 페이지로 이동합니다.

그림 9-48 AWS 관리 콘솔의 검색 창에서 Elastic Beanstalk 검색

02. 환경(Dockermultiapp-env)을 클릭해 환경 페이지로 이동합니다.

그림 9-49 환경의 이름을 클릭해 환경 페이지로 이동

03. 왼쪽 목록에서 [구성]을 클릭합니다.

그림 9-50 왼쪽 목록에서 구성 클릭

04. 구성 페이지에서 아래쪽을 보면 소프트웨어 항목이 있습니다. 소프트웨어 항목 오른쪽에 있는 [편집] 버튼을 클릭합니다.

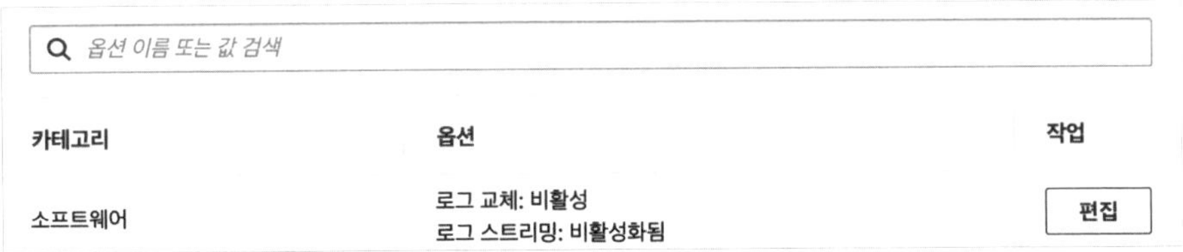

그림 9-51 소프트웨어 항목 오른쪽에 있는 [편집] 버튼 클릭

05. 소프트웨어 수정 페이지에서 일래스틱 빈스톡의 환경 속성을 설정합니다.

스크롤을 내리면 아래쪽에 환경 속성 탭이 있습니다. 여기에 데이터베이스와 관련된 환경 변수를 다음과 같이 설정합니다.

이름	값
MYSQL_HOST	앞서 복사한 엔드포인트 정보 붙여넣기
MYSQL_USER	root
MYSQL_ROOT_PASSWORD	password
MYSQL_DATABASE	myapp
MYSQL_PORT	3306

MYSQL_HOST는 앞서 복사해둔 RDS의 엔드포인트 정보를 붙여 넣습니다. 그리고 MYSQL_USER, MYSQL_ROOT_PASSWORD, MYSQL_DATABASE, MYSQL_PORT는 앞서 RDS를 이용한 데이터베이스를 생성할 때 입력한 값을 그대로 입력합니다.

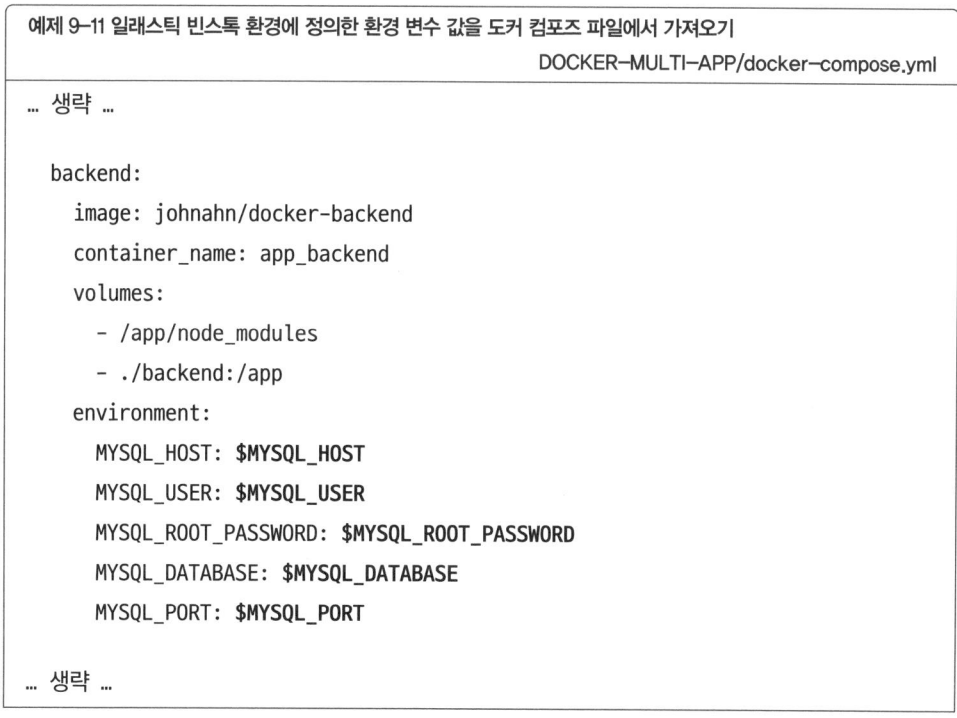

그림 9-52 데이터베이스 정보를 환경 속성에 입력

여기에 정의한 환경 변수들을 도커 컴포즈 환경 변수에서 가져와 사용하면 됩니다.

예제 9-11 일래스틱 빈스톡 환경에 정의한 환경 변수 값을 도커 컴포즈 파일에서 가져오기
DOCKER-MULTI-APP/docker-compose.yml

```
... 생략 ...

  backend:
    image: johnahn/docker-backend
    container_name: app_backend
    volumes:
      - /app/node_modules
      - ./backend:/app
    environment:
      MYSQL_HOST: $MYSQL_HOST
      MYSQL_USER: $MYSQL_USER
      MYSQL_ROOT_PASSWORD: $MYSQL_ROOT_PASSWORD
      MYSQL_DATABASE: $MYSQL_DATABASE
      MYSQL_PORT: $MYSQL_PORT

... 생략 ...
```

일래스틱 빈스톡 환경에 정의한 환경 변수들을 $MYSQL_HOST와 같은 형태로 '$'와 일래스틱 빈스톡에 정의한 환경 변수의 이름을 이용해 가져옵니다.

9.10 보안 그룹의 생성과 적용

EB 인스턴스와 RDS가 서로 요청을 보낼 수 있게 보안 그룹을 적용해야 합니다. 하지만 보안 그룹을 적용하려면 먼저 보안 그룹을 생성해야 합니다.

이번 절에서는 보안 그룹을 생성하기 전에 어떤 식으로 해야 EB 인스턴스와 RDS에서 생성한 데이터베이스가 서로 통신할 수 있는지 다시 한번 복습하고 넘어가겠습니다. EB 인스턴스와 RDS에서 생성한 데이터베이스가 통신하려면 같은 VPC 안에 있는 서비스끼리의 트래픽은 모두 허용하도록 보안 그룹을 설정해야 합니다. 즉, 다음 그림과 같은 상황에서 AP-Northeaset-2에 할당된 기본 VPC 안에 있는 모든 서비스 간의 트래픽을 모두 허용하는 보안 그룹을 설정해야 합니다.

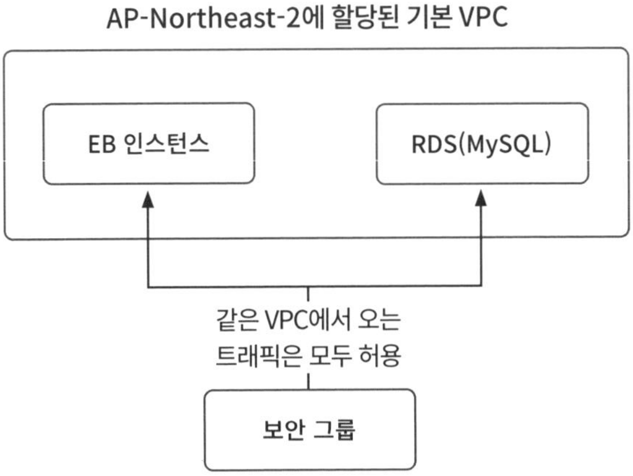

그림 9-53 같은 VPC에서 오는 트래픽은 모두 허용할 수 있게 보안 그룹 생성

보안 그룹 생성하기

01. AWS 관리 콘솔에서 'VPC'로 검색해 VPC 페이지로 이동합니다.

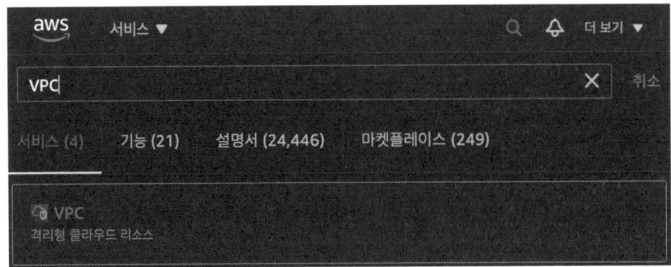

그림 9-54 AWS 관리 콘솔의 검색창에서 VPC 검색

02. 왼쪽 목록에서 [보안] 아래에 있는 [보안 그룹]을 클릭합니다.

그림 9-55 [보안] - [보안 그룹] 클릭

03. 오른쪽 상단에 있는 [보안 그룹 생성] 버튼을 클릭합니다.

그림 9-56 [보안 그룹 생성] 버튼 클릭

04. 기본 세부 정보를 입력합니다.

보안 그룹 이름과 이 보안 그룹에 대한 설명, 그리고 어떠한 VPC를 위한 보안 그룹인지 선택합니다. 현재 선택한 VPC는 기본으로 할당된 VPC이며 여기에는 앞서 생성한 일래스틱 빈스톡 인스턴스와 RDS를 이용해 생성한 데이터베이스가 들어있습니다.

이 책에서는 보안 그룹의 이름은 'DockerSecurityGroup'으로 설정했고, 설명은 적당하게 입력합니다.

그림 9-57 보안 그룹 생성을 위한 기본 세부 정보 작성

05. [보안 그룹 생성] 버튼을 클릭해 보안 그룹을 생성합니다.

나머지 인바운드 규칙이나 아웃바운드 규칙 등은 뒤에서 다시 설정하겠습니다.

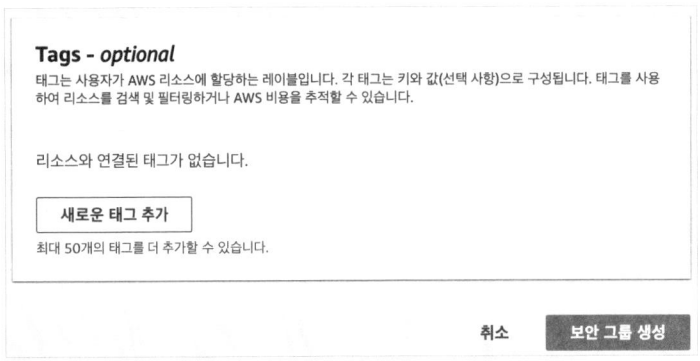

그림 9-58 [보안 그룹 생성] 버튼 클릭

06. 보안 그룹을 생성하고 나면 다음과 같이 보안 그룹 페이지로 이동합니다.

그림 9-59 보안 그룹 페이지

이어서 인바운드와 아웃바운드가 무엇인지 다시 한번 복습하고, 인바운드 규칙과 아웃바운드 규칙을 설정하겠습니다.

인바운드(INBOUND)

외부에서 EC2 인스턴스나 EB 인스턴스로 요청을 보내는 트래픽입니다. HTTP, HTTPS, SSH 등이 있습니다.

아웃바운드(OUTBOUND)

EC2 인스턴스나 EB 인스턴스 등에서 외부로 나가는 트래픽입니다. 파일을 내려받거나 인바운드로 들어온 트래픽을 처리해 응답하는 경우도 포함됩니다.

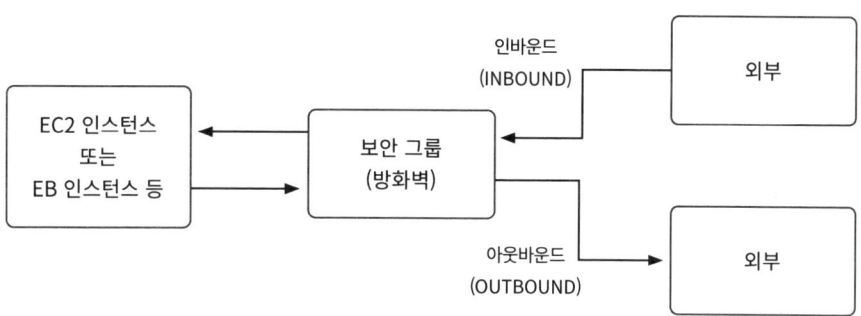

그림 9-60 보안 그룹

이렇게 인바운드와 아웃바운드에 대해서 다시 알아봤으니, 본격적으로 인바운드 규칙을 설정하겠습니다.

07. 보안 그룹 페이지에서 [인바운드 규칙] 탭을 선택한 다음 [인바운드 규칙 편집] 버튼을 클릭합니다.

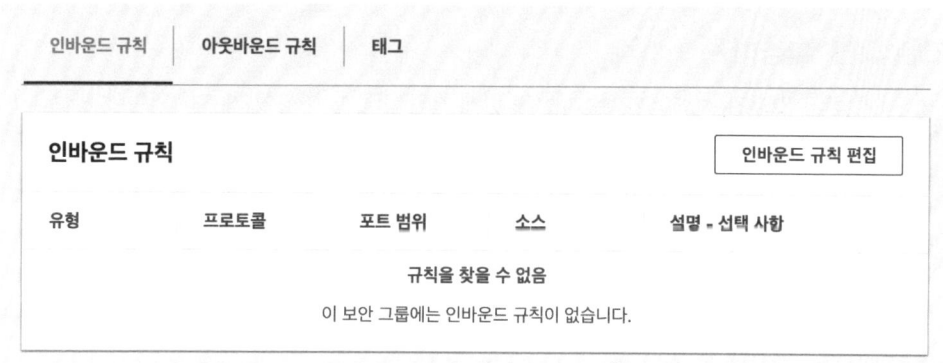

그림 9-61 보안 그룹 페이지에서 [인바운드 규칙 편집] 버튼 클릭

08. 인바운드 규칙 페이지에서 다음과 같이 규칙을 작성한 다음 [규칙 저장] 버튼을 클릭해 인바운드 규칙을 추가합니다.

포트 범위

[규칙 추가] 버튼을 클릭한 다음 포트 범위에 3306을 입력합니다. 3306으로 지정한 이유는 MySQL과 소통해야 하는데, MySQL이 실행되고 있는 포트가 3306이기 때문입니다.

소스

이어서 소스에서 돋보기 모양 아이콘을 클릭하면 여러 가지 선택사항이 나오고, 앞서 생성한 보안 그룹의 이름을 볼 수 있습니다. 앞서 생성한 보안 그룹인 'DockerSecurityGroup'을 선택합니다.

설명

'Open a port for MySQL in the same VPC'와 같이 간략하게 설명을 추가합니다.

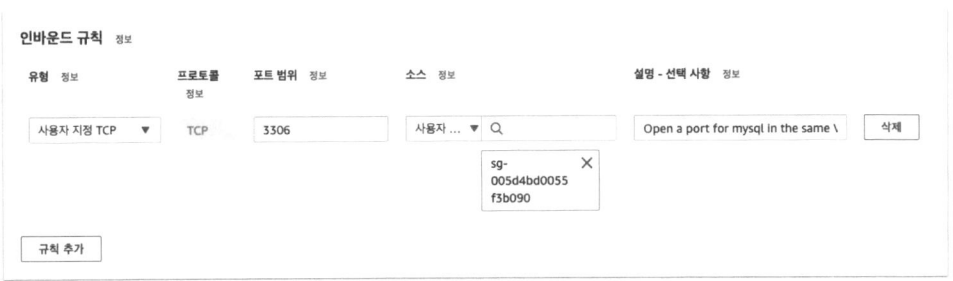

그림 9-62 인바운드 규칙 편집

보안 그룹 적용하기

EB 인스턴스와 RDS가 서로 요청을 보낼 수 있게 보안 그룹을 생성했습니다. 이어서 생성한 보안 그룹을 사용할 수 있게 EB 인스턴스와 RDS에 적용해 보겠습니다. 보안 그룹을 적용할 때는 다음 그림과 같이 EB 인스턴스와 RDS에 하나씩 적용해야 합니다. 따라서 먼저 데이터베이스에 보안 그룹을 적용하고, 이어서 EB 인스턴스에 적용해 보겠습니다.

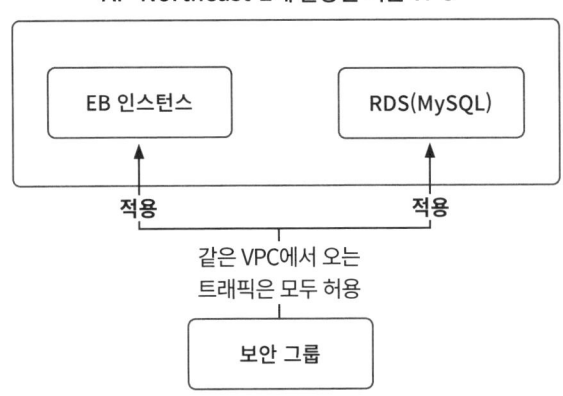

그림 9-63 보안 그룹 적용 방법

MySQL 인스턴스에 새로 생성한 보안 그룹 적용하기

01. AWS 관리 콘솔에 있는 검색창에서 'RDS'로 검색해 RDS 페이지로 이동합니다.

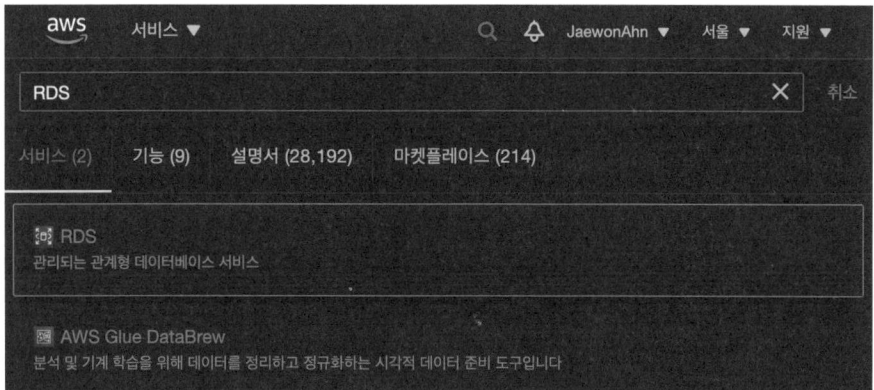

그림 9-64 AWS 관리 콘솔의 검색창에서 RDS 검색

02. 왼쪽 목록에서 [데이터베이스]를 클릭합니다.

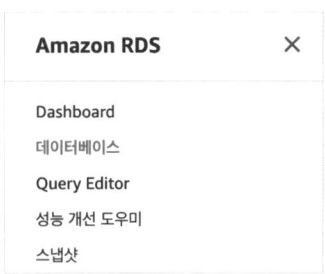

그림 9-65 데이터베이스 클릭

03. MySQL 인스턴스(docker-multi-app-mysql)를 클릭합니다.

그림 9-66 MySQL 인스턴스 클릭

04. 오른쪽 상단에 있는 [수정] 버튼을 클릭합니다.

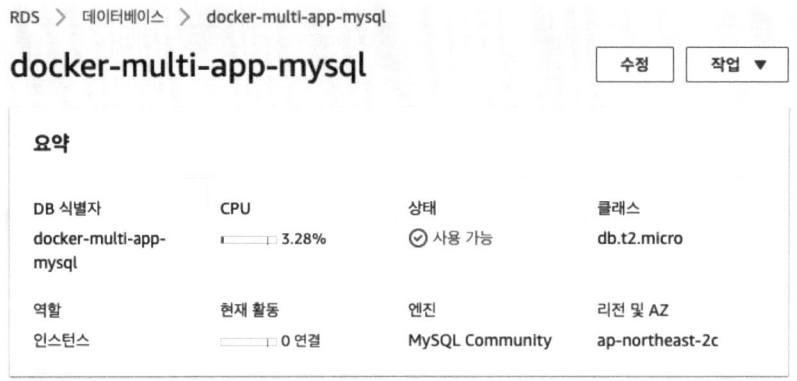

그림 9-67 데이터베이스 [수정] 버튼 클릭

05. 연결 항목에서 네트워크 및 보안을 위해 새로 생성한 보안 그룹을 적용합니다.

앞서 생성한 'DockerSecurityGroup'을 찾아 클릭합니다.

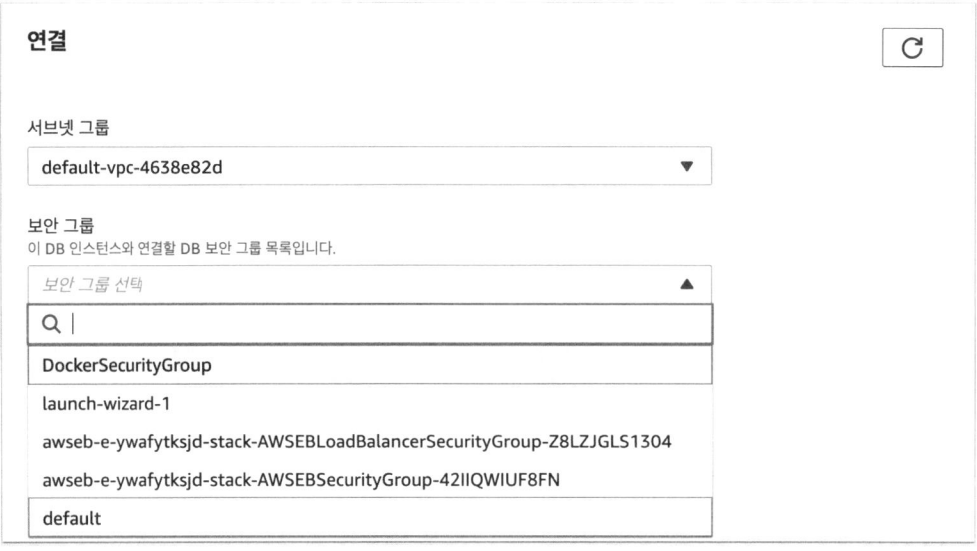

그림 9-68 데이터베이스 인스턴스에 보안 그룹 연결

06. [계속] 버튼을 클릭합니다.

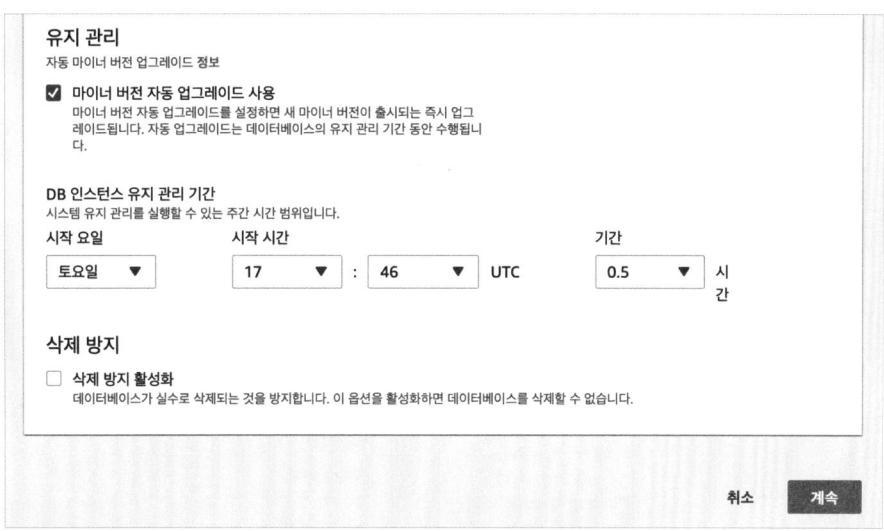

그림 9-69 데이터베이스 인스턴스에 보안 그룹을 연결하기 위해 [계속] 버튼 클릭

07. '즉시 적용'을 선택하고 [DB 인스턴스 수정] 버튼을 클릭합니다.

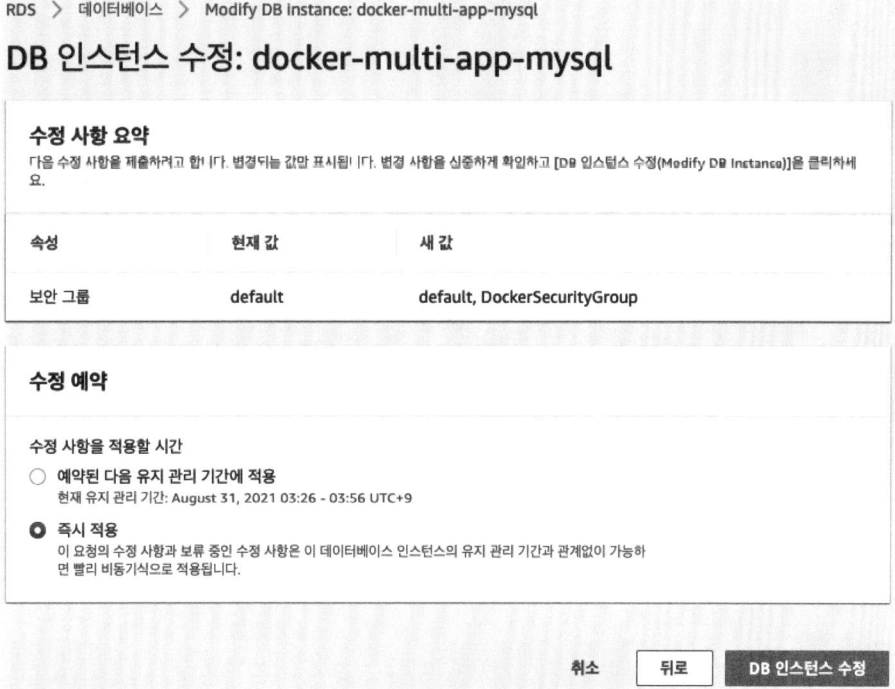

그림 9-70 데이터베이스 인스턴스를 연결하기 위해 [DB 인스턴스 수정] 버튼 클릭

08. 이렇게 DB 인스턴스를 수정하고 나면 자동으로 해당 데이터베이스 페이지로 이동합니다. 그리고 아래에 있는 연결 & 보안 영역에서 보안 아래쪽을 보면 VPC 보안 그룹이 '추가 중'인 상태를 볼 수 있습니다.

그림 9-71 데이터베이스 인스턴스에 보안 그룹 추가 중

지금까지 데이터베이스를 위한 보안 그룹을 적용했습니다. 이어서 일래스틱 빈스톡 인스턴스를 위한 보안 그룹을 적용해 보겠습니다.

일래스틱 빈스톡 인스턴스에 새로 생성한 보안 그룹 적용하기

01. AWS 관리 콘솔에 있는 검색창에서 'Elastic Beanstalk'으로 검색해 일래스틱 빈스톡 페이지로 이동합니다.

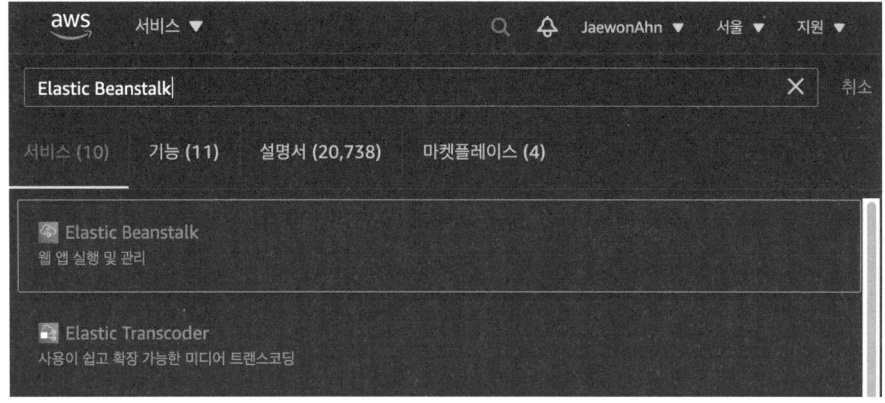

그림 9-72 AWS 관리 콘솔의 검색창에서 Elastic Beanstalk 검색

02. 환경(Dockermultiapp-env)을 선택합니다.

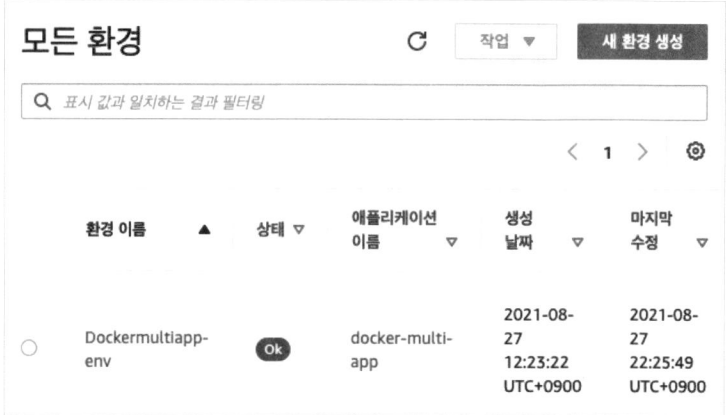

그림 9-73 환경을 선택

03. 왼쪽 목록에서 [구성]을 클릭합니다.

▼ Dockermultiapp-env
　　환경으로 이동 [↗]
　　구성
　　로그
　　상태
　　모니터링

그림 9-74 [구성] 클릭

04. 인스턴스 항목의 오른쪽에 있는 [편집] 버튼을 클릭합니다.

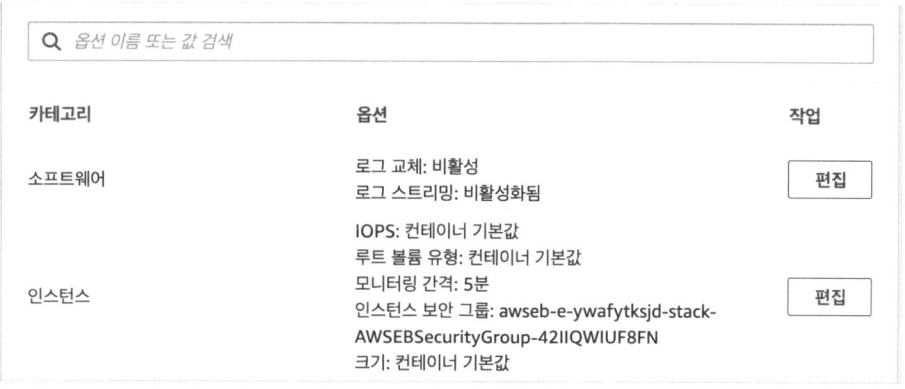

그림 9-75 인스턴스 항목에서 [편집] 버튼 클릭

09 _ 다중 컨테이너를 활용한 애플리케이션의 배포　319

05. 인스턴스 보안 그룹에서 새로 생성한 보안 그룹을 추가합니다.

앞서 생성한 보안 그룹인 'DockerSecurityGroup'에 체크합니다.

인스턴스 보안 그룹		
그룹 이름	그룹 ID입니다.	이름
☑ DockerSecurityGroup	sg-005d4bd0055f3b090	
☑ awseb-e-ywafytksjd-stack-AWSEBLoadBalancerSecurityGroup-Z8LZJGLS1304	sg-055c92d73ab1c76a2	DockerFullstackApp-env
☐ awseb-e-ywafytksjd-stack-AWSEBSecurityGroup-42IIQWIUF8FN	sg-09bbce7f0f056020e	DockerFullstackApp-env
☐ default	sg-ea718a89	
☐ launch-wizard-1	sg-03b75865da33a3633	

그림 9-76 인스턴스 보안 그룹에서 새로 생성한 보안 그룹 적용

06. [적용] 버튼을 클릭합니다.

그림 9-77 인스턴스 보안 그룹의 [적용] 버튼 클릭

07. 마지막으로 [확인] 버튼을 클릭합니다.

서비스 메시지에 경고 메시지가 나오는데, 이 부분은 적용 사항이 바로 적용되는 것이 아니라 기존의 EC2 인스턴스가 먼저 교체된 후에 새로운 설정이 적용된다는 메시지입니다. 따라서 [확인] 버튼을 눌러주면 됩니다.

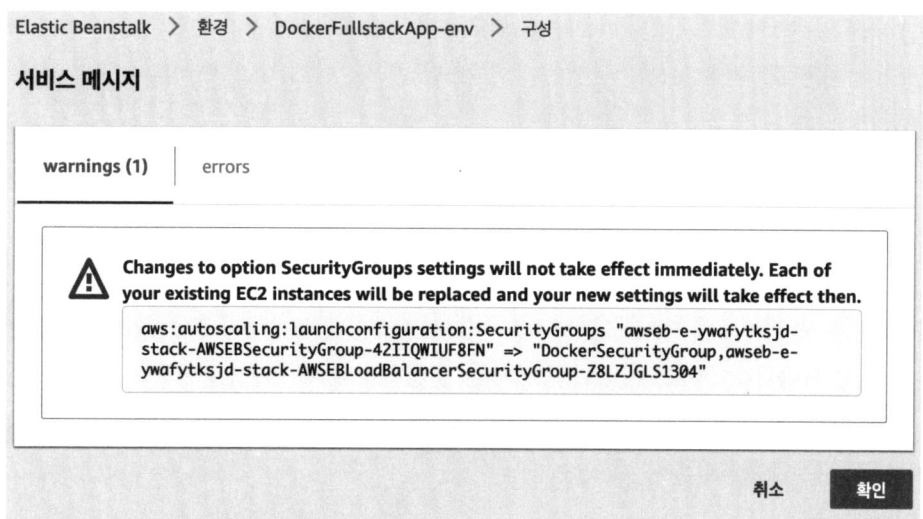

그림 9-78 인스턴스 보안 그룹의 경고 메시지 확인

08. 모든 설정을 적용하면 다음과 같이 일래스틱 빈스톡 인스턴스가 새로운 설정을 위해 업데이트하는 모습을 볼 수 있습니다.

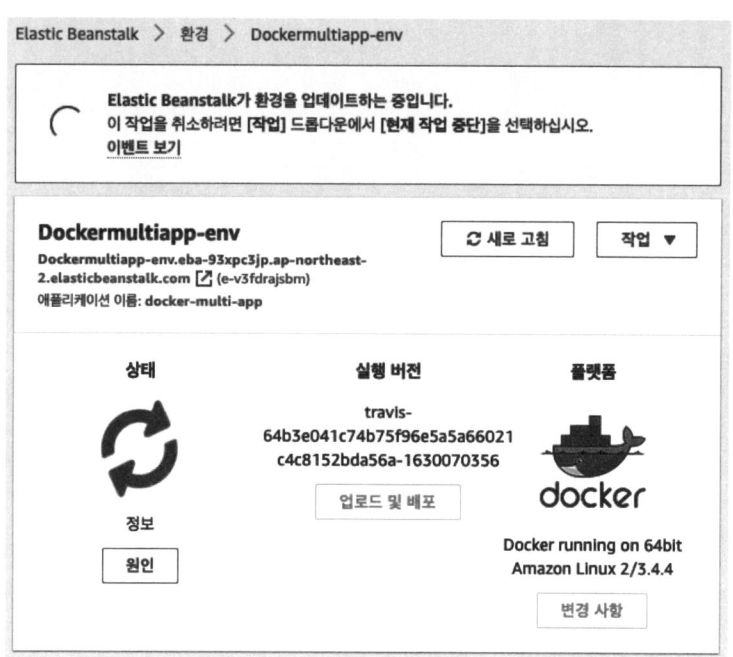

그림 9-79 일래스틱 빈스톡 인스턴스의 업데이트 상태 확인

이렇게 해서 일래스틱 빈스톡 인스턴스와 RDS 모두 보안 그룹을 적용했습니다. 이렇게 보안 그룹을 적용함으로써 기존에는 서로 통신할 수 없었던 일래스틱 빈스톡 인스턴스와 데이터베이스가 서로 통신할 수 있게 됐습니다.

9.11 애플리케이션을 배포하기 위한 Travis CI 설정 파일 작성하기

지금까지 개발 환경의 도커 파일을 이용해 도커 이미지를 생성한 다음 도커 컨테이너를 실행해 애플리케이션을 테스트했습니다. 그리고 테스트에 성공하면 운영 환경의 도커 파일을 이용해 운영 환경의 이미지들을 빌드한 다음 도커 허브에 전달하는 것까지 진행했습니다. 이제 마지막으로 AWS에 배포하는 데 필요한 설정을 작성할 차례입니다.

지금까지 작성한 Travis CI 설정 코드

먼저 지금까지 작성한 travis.yml 파일을 보면 도커 환경을 구성하고, 구성한 도커 환경에서 이미지를 빌드해 리액트 애플리케이션을 실행하고 테스트한 다음, 만약 테스트에 성공하면 운영 환경의 도커 파일을 이용해 운영 환경 이미지를 빌드했습니다. 그리고 빌드한 이미지들을 도커 허브로 푸시했습니다.

```
language: generic

sudo: required

services:
  - docker

before_install:
  - docker build -t johnahn/react-test-app -f ./frontend/Dockerfile.dev ./frontend

script:
  - docker run -e CI=true johnahn/react-test-app npm test

after_success:
  - docker build -t johnahn/docker-frontend ./frontend
  - docker build -t johnahn/docker-backend ./backend
  - docker build -t johnahn/docker-nginx ./nginx
```

```
    - echo "$DOCKER_HUB_PASSWORD" | docker login -u "$DOCKER_HUB_ID" --password-stdin

    - docker push johnahn/docker-frontend
    - docker push johnahn/docker-backend
    - docker push johnahn/docker-nginx
```

배포를 위해 추가할 Travis CI의 설정 코드

지금까지 작성한 코드에 배포와 관련된 코드를 추가해야 합니다. 다음과 같이 travis.yml 파일에 코드를 추가합니다.

예제 9-12 배포를 위한 Travis CI 설정 코드 추가   DOCKER-MULTI-APP/.travis.yml

```yaml
… 생략 …

after_success:
  … 생략 …

deploy:
  provider: elasticbeanstalk
  region: "ap-northeast-2"
  app: "docker-multi-app"
  env: "Dockermultiapp-env"
  bucket_name: elasticbeanstalk-ap-northeast-2-972153559337
  bucket_path: "docker-multi-app"
  on:
    branch: main
```

provider

provider 항목은 외부 서비스에 대한 표시입니다. Travis CI에서 어떠한 서비스에 배포할 것인지 설정합니다. 이 책에서는 일래스틱 빈스톡 서비스를 이용해 배포하므로 'elastic beanstalk'으로 설정합니다. 만약 파이어베이스나 S3 같은 다른 서비스를 이용할 때는 그에 맞는 서비스를 명시해야 합니다.

region

region 항목은 현재 사용하고 있는 AWS의 서비스가 위치한 물리적인 장소입니다. AWS의 리전(물리적 장소)은 전 세계적으로 엄청 많지만, 이 서비스를 주로 이용할 장소와 가장 가까운 곳으로 지정하는 것이 좋습니다. 이 책에서는 한국에서 가장 가까운 'ap-northease-2'로 지정했습니다.

app

app 항목에는 앞서 생성한 애플리케이션의 이름을 지정합니다. 이 책에서는 애플리케이션을 생성할 때 'docker-multi-app'으로 설정했기 때문에 'docker-multi-app'으로 지정합니다.

env

env 항목에는 환경의 이름을 지정합니다. 일래스틱 빈스톡 환경을 만들 때 이름을 'docker-multi-app'으로 지정했다면 'Dockermultiapp-env'가 환경의 이름이 됩니다. 만약 애플리케이션 이름을 다르게 설정했다면 해당 이름으로 지정합니다.

bucket_name

bucket_name 항목에는 앞서 생성한 일래스틱 빈스톡 환경을 위한 S3 버킷 이름을 지정합니다. S3는 AWS 서비스 중 하나로, 간단하게 파일 저장소라고 생각하면 됩니다. bucker_name을 travis.yml에 지정해야 하는 이유는 Travis CI에서 가지고 있는 파일을 AWS의 일래스틱 빈스톡에 전달해줘야 하는데 이때 Travis CI에서 바로 일래스틱 빈스톡에 보내는 게 아닌 먼저 압축을 하고 S3 저장소로 보내야 하기 때문입니다. 따라서 설정 파일에 bucket_name을 명시해야 합니다.

그렇다면 지금까지 AWS에서 S3 서비스를 이용한 적이 없는데 어떻게 bucket_name을 가지고 있을까요? 앞서 일래스틱 빈스톡 환경을 생성했는데, 환경을 생성할 때 환경을 위한 S3 버킷이 같이 생성되므로 이 버킷을 이용하면 됩니다. 그리고 bucket_name은 AWS의 S3페이지에 있는 버킷 리스트에 나와 있습니다.

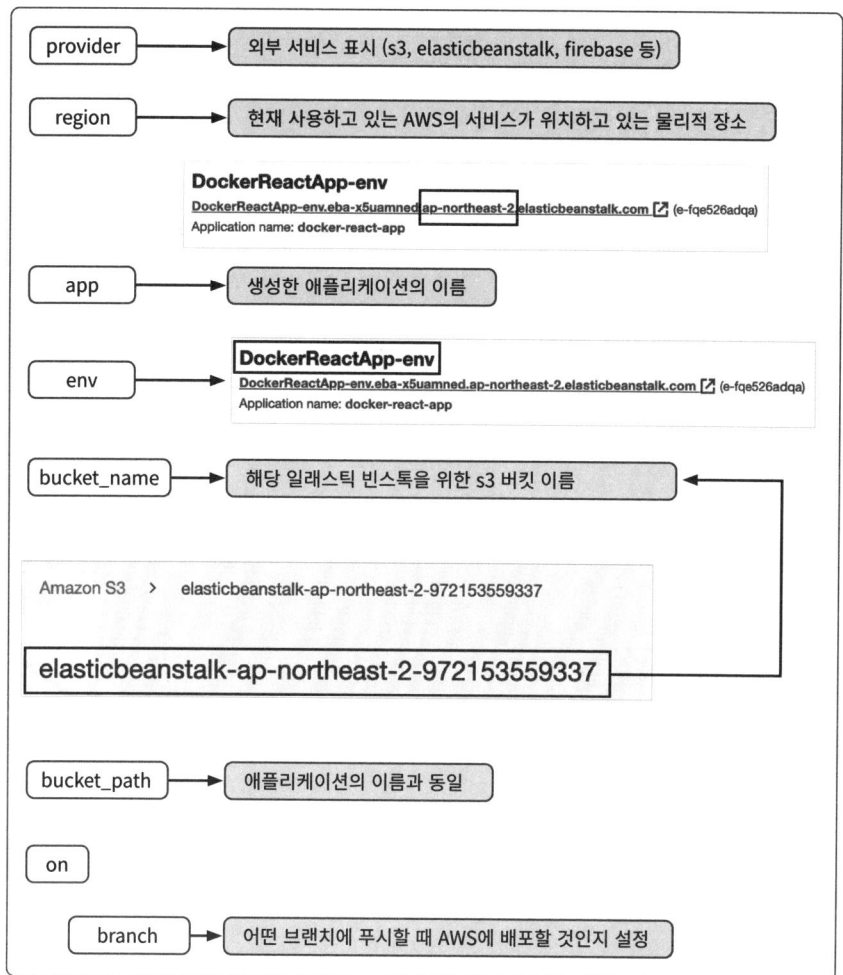

그림 9-80 배포를 위한 Travis CI 설정 코드

이렇게 AWS에 애플리케이션을 배포하기 위한 대부분의 설정이 끝났습니다. 하지만 이렇게 아무런 인증 없이는 Travis CI에서 마음대로 파일을 전송할 수는 없습니다. 이어서 다음 절에서는 Travis CI가 AWS에 접근할 수 있게 권한을 부여하는 방법을 알아보겠습니다.

9.12 Travis CI에서 AWS에 접근하기 위한 API 키 생성

지금까지 Travis CI에서 AWS에 어떤 파일을 전할 것인지, AWS에서 어떤 서비스를 이용할 것인지 등 부수적인 설정을 Travis CI 설정 파일에 명시했습니다. 하지만 Travis CI와 AWS가 실질적으로 소통할 수 있게 인증하는 부분은 설정하지 않은 상태입니다. 이번 절에서는 이러한 인증 방법을 살펴보겠습니다.

소스 코드를 전달하기 위한 접근 요건

우선 깃허브에서 Travis CI에 소스 코드를 전달할 때는 Travis CI에 로그인하는 과정에서 깃허브 아이디를 연동해 인증했습니다. 하지만 AWS에 로그인하는 과정에서는 따로 Travis CI와 연동 없이 로그인했습니다. 그래서 Travis CI와 AWS 사이에 인증을 하려면 AWS에서 제공해주는 키(액세스 키와 비밀 액세스 키)를 Travis CI의 설정 파일에 작성해야 합니다.

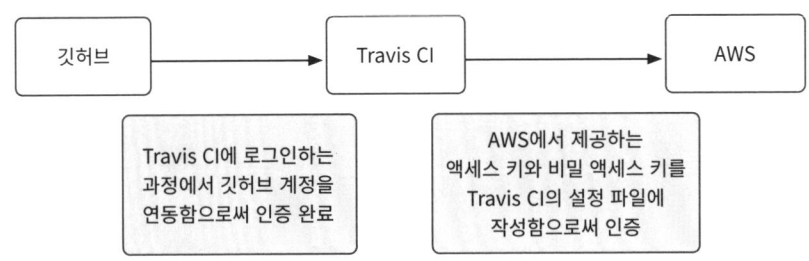

그림 9-81 소스 코드를 전달하기 위한 접근 요건

따라서 먼저 액세스 키와 비밀 액세스 키를 받아야 하는데, 이를 어떻게 받는지 알아보겠습니다.

IAM(Identity and Access Management)이란?

액세스 키와 비밀 액세스 키를 받으려면 먼저 IAM User를 생성해야 합니다. IAM User를 생성하기에 앞서 IAM이 무엇인지 살펴보겠습니다.

IAM이란 AWS 리소스에 접근할 때 안전하게 제어할 수 있도록 돕는 웹 서비스입니다. IAM을 사용해 리소스를 사용하도록 인증하거나 권한이 부여된 대상을 제어합니다. 이를 그림으로 살펴보겠습니다.

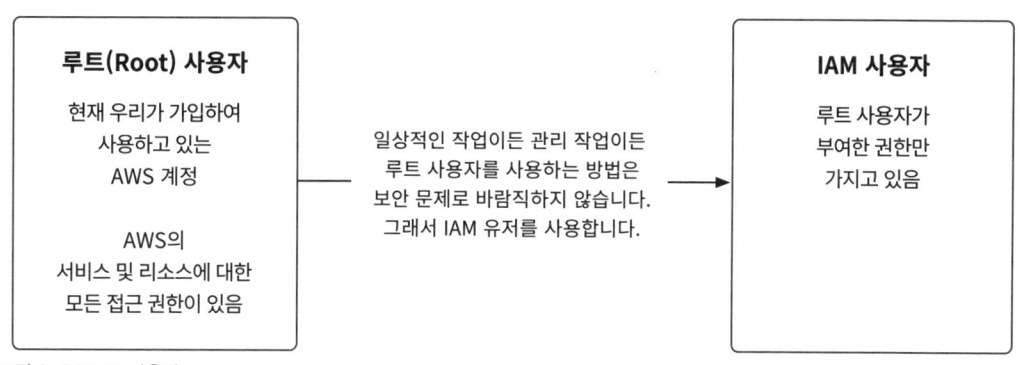

그림 9-82 IAM 사용자

처음에 AWS에 로그인할 때 사용한 계정이 루트(Root) 사용자입니다. 루트 사용자는 AWS 서비스 및 리소스에 대한 모든 접근 권한이 있는 사용자입니다. 하지만 이 루트 사용자를 이용하는 것은 모든 권한이 있기 때문에 보안상 좋지 않습니다. 따라서 특정한 서비스에 특정한 부분만 제어할 수 있는 IAM이라는 유저를 만들어서 사용합니다. IAM 사용자는 루트 사용자가 부여한 권한만 가질 수 있습니다.

이 책에서는 일래스틱 빈스톡을 사용하므로 IAM 유저에게 일래스틱 빈스톡만 제어할 수 있는 권한을 부여하겠습니다. 이 권한을 부여하고 나면 IAM 유저에서 액세스 키와 비밀 액세스 키를 제공해줍니다.

이어서 AWS에서 IAM 사용자를 생성하고, 권한을 부여해 액세스 키와 비밀 액세스 키를 생성하는 방법을 살펴보겠습니다.

IAM 사용자 생성하기

01. AWS 관리 콘솔의 검색창에서 'IAM'으로 검색해 IAM 페이지로 이동합니다.

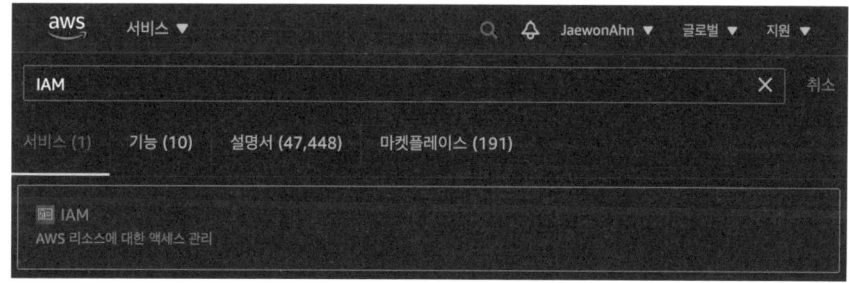

그림 9-83 AWS 관리 콘솔의 검색창에서 IAM 검색

02. 왼쪽 메뉴에서 [액세스 관리] – [사용자]를 선택합니다.

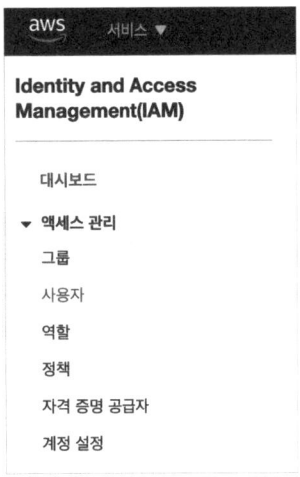

그림 9-84 [액세스 관리] – [사용자] 선택

03. 오른쪽에 있는 [사용자 추가] 버튼을 클릭합니다.

그림 9-85 [사용자 추가] 버튼 클릭

04. 사용자 세부 정보를 설정합니다.

원하는 사용자 이름과 액세스 유형을 선택합니다. 이 책에서는 사용자 이름은 'docker-multi-app-user'로 지정하고, 액세스 유형은 '프로그래밍 방식 액세스'를 선택했습니다. [다음: 권한] 버튼을 클릭해 권한 설정으로 넘어갑니다.

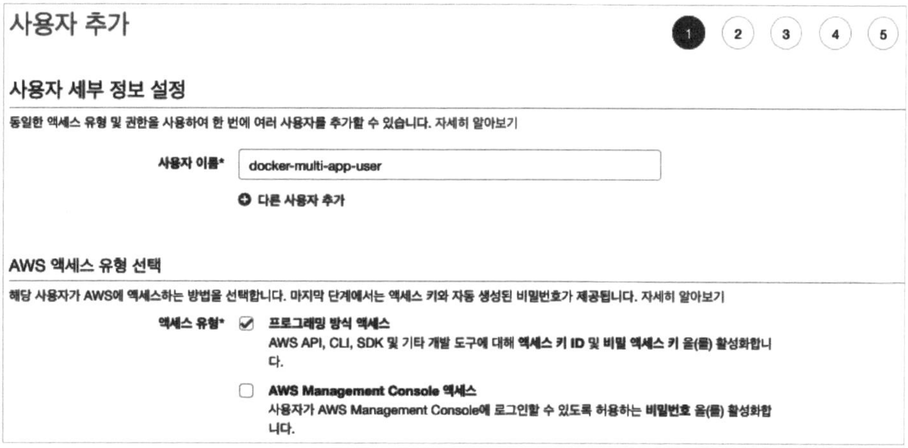

그림 9-86 사용자 세부 정보 설정

05. 사용자 권한을 설정합니다.

IAM 유저에게 필요한 권한을 부여합니다. 이 책에서는 Travis CI가 일래스틱 빈스톡에 접근해야 하므로 'awselasticbeanstalk'으로 검색한 다음 권한을 부여하면 됩니다. [기존 정책 직접 연결]을 선택한 다음 검색창에서 'awselasticbeanstalk'으로 검색하면 여러 정책 이름이 나오는데, 이중에서 AdministratorAccess-AWSElasticBeanstalk을 선택합니다.

그림 9-87 IAM 사용자에게 일래스틱 빈스톡 권한 부여하기

06. IAM 사용자 추가에 성공하면 액세스 키와 비밀 액세스 키를 복사합니다.

IAM 사용자 추가에 성공하면 다음과 같이 사용자 추가 성공 페이지가 나옵니다. 그리고 이 페이지에서 액세스 키와 비밀 액세스키를 받을 수 있습니다. 이 API 키들은 한 번만 받을 수 있고, 잃어버리면 다시 생성해야 하므로 잘 보관합니다.

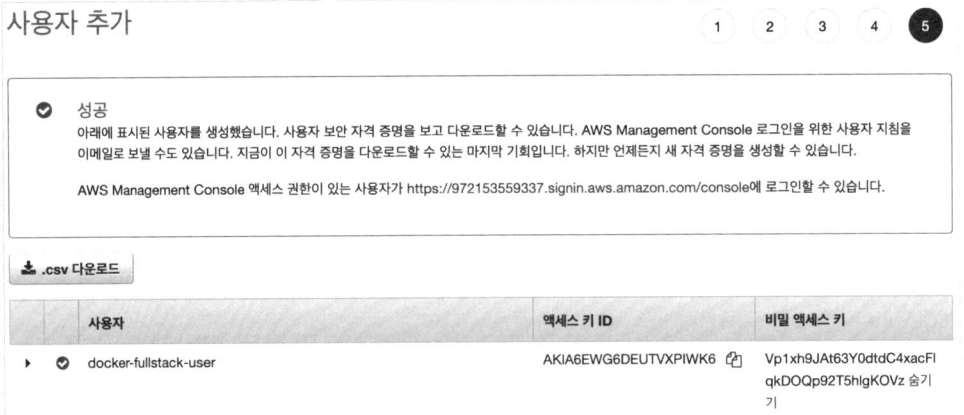

그림 9-88 IAM 사용자에게 일래스틱 빈스톡 권한 주기

이렇게 받은 액세스 키와 비밀 액세스 키를 Travis CI의 설정 파일인 travis.yml 파일에 명시해야 Travis CI에서 AWS로 파일을 전송할 수 있습니다. 하지만 travis.yml 파일에 비밀 액세스키를 직접 작성하면 다른 사람들이 볼 수 있기 때문에 보안상의 이유로 다른 방법으로 넣어줘야 합니다.

API 키를 Travis CI 설정 파일에 작성하기

API키를 Travis CI의 설정 파일인 travis.yml 파일에 직접 작성하면 키가 노출되기 때문에 다른 곳에 입력한 다음 가져와야 합니다.(travis.yml 파일에 직접 액세스 키와 비밀 액세스 키를 작성하면 안 됩니다.)

01. Travis CI 웹사이트에서 'docker-multi-app' 저장소를 선택해 해당 저장소의 대시보드로 이동합니다.

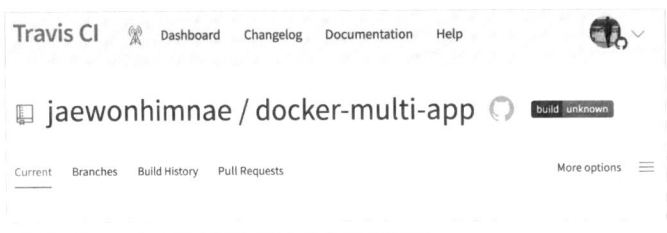

그림 9-89 Travis CI에서 해당 저장소의 대시보드에 접속

02. 오른쪽에서 [More Options]를 클릭한 다음 [Settings]를 선택합니다.

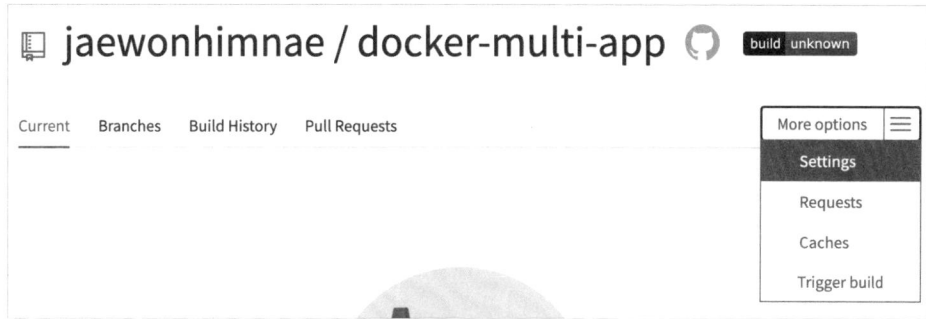

그림 9-90 환경 변수를 설정하기 위해 설정 페이지로 이동

03. 환경 변수 항목에 액세스 키와 비밀 액세스 키를 입력합니다.

설정 페이지에서 아래로 조금 내려가면 Environment Variables 항목이 있습니다. 이 부분이 바로 액세스 키와 비밀 액세스 키를 입력하는 부분입니다. 다음과 같이 AWS에서 받은 API 키를 입력합니다. 여기에 작성한 액세스 키와 비밀 액세스 키는 외부에서 접근할 수 없기 때문에 더욱 안전합니다.

이름(Name)	API 키(Value)
AWS_ACCESS_KEY	앞서 부여받은 액세스 키 ID
AWS_SECRET_ACCESS_KEY	앞서 부여받은 비밀 액세스 키

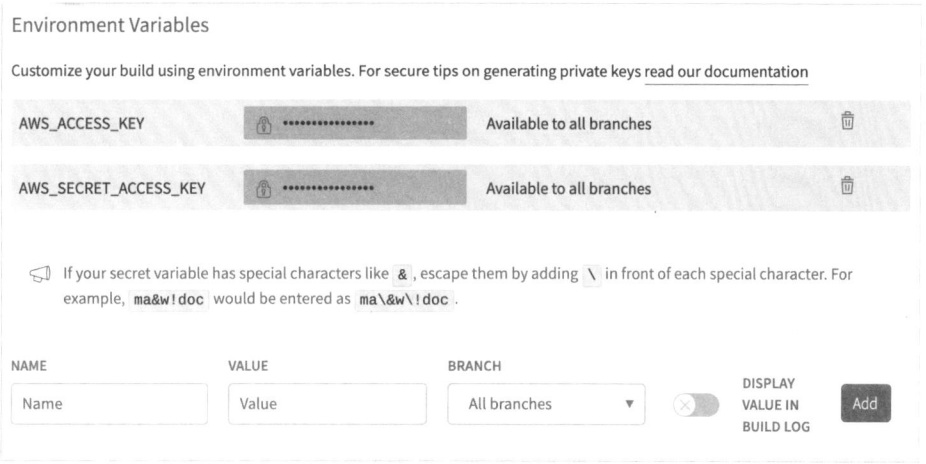

그림 9-91 환경 변수 설정 페이지

04. Travis CI 웹사이트에 작성한 키를 로컬 환경에서 가지고 올 수 있게 travis.yml 파일을 설정합니다.

예제 9-13 Travis CI 웹사이트에 작성한 키 가져오기　　　　DOCKER-MULTI-APP/.travis.yml

```
… 생략 …

deploy:
  provider: elasticbeanstalk
  region: ap-northeast-2
  app: docker-multi-app
  env: Dockermultiapp-env
  bucket_name: elasticbeanstalk-ap-northeast-2-972153559337
  bucket_path: docker-multi-app
  on:
    branch: main
  access_key_id: $AWS_ACCESS_KEY
  secret_access_key: $AWS_SECRET_ACCESS_KEY
```

9.13 애플리케이션이 잘 실행되는지 테스트하기

이렇게 Travics CI가 AWS에 접근할 수 있게 만들었습니다. 이렇게 해서 모든 배포 과정이 끝났습니다. 수정한 소스 코드를 깃허브에 푸시해서 애플리케이션이 잘 실행되는지 살펴보겠습니다.

01. 깃허브에 소스 코드를 푸시합니다.

실습 9-7 깃허브에 소스 코드 푸시하기

```
% git add .

% git commit -m " travis ci deploy "
[master 7154e5e] travis ci deploy
1 file changed, 11 insertions(+), 2deletions(-)

% git push origin main
```

02. 깃허브의 해당 저장소로 이동해 소스 코드가 잘 푸시됐는지 확인합니다.

그림 9-92 깃허브에 소스 코드가 잘 푸시됐는지 확인

03. Travis CI 대시보드로 이동한 다음 깃허브에 올라간 소스 코드를 가져와서 잘 실행하고 있는지 확인합니다.

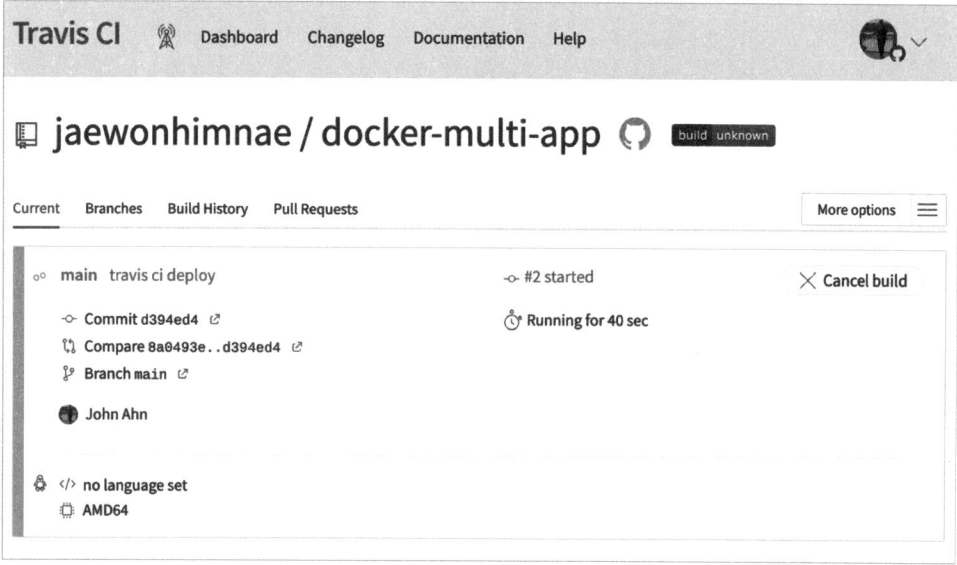

그림 9-93 Travis CI 대시 보드에서 소스 코드를 잘 가져와서 실행하는지 확인

04. AWS의 일래스틱 빈스톡 환경으로 이동한 다음 애플리케이션이 잘 배포되고 있는지 확인합니다. 배포가 완료되면 실행 버전 아래에 있는 문구가 'Sample Application'이 아닌 Travis CI에서 전달된 버전으로 변경된 모습을 볼 수 있습니다.

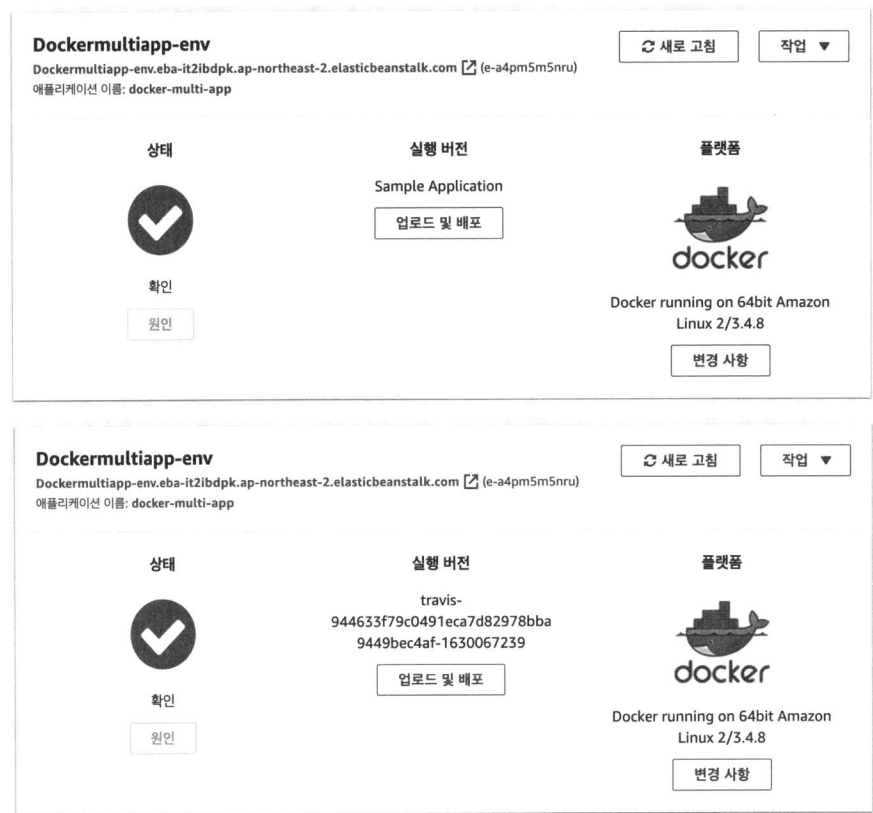

그림 9-94 AWS 일래스틱 빈스톡 환경 페이지 (위: 배포 전, 아래: 배포 후)

05. 마지막으로 해당 URL을 통해서 애플리케이션이 잘 배포됐는지 확인하기 위해 사이트에 들어가 보겠습니다.

URL 주소는 AWS의 일래스틱 빈스톡 환경 페이지의 URL 또는 그림 9-94의 환경 이름 아래에 나와 있습니다.

그림 9-95 애플리케이션이 잘 배포됐는지 확인하기 위해 브라우저에서 접근

환경 종료하기

이렇게 애플리케이션이 잘 동작하는 모습을 확인했습니다. 이제 이 일래스틱 빈스톡 환경을 사용하지 않는다면 환경을 종료시켜야 추가 과금이 발생하지 않습니다. 마지막으로 환경을 종료시키는 방법을 살펴보겠습니다.

01. 일래스틱 빈스톡 환경 페이지에서 오른쪽에 있는 [작업] 버튼을 클릭합니다.

그림 9-96 일래스틱 빈스톡 환경을 종료하기 위한 작업 버튼

02. 작업 버튼을 클릭하면 나오는 목록 중에서 [환경 종료] 버튼을 클릭합니다.

그림 9-97 일래스틱 빈스톡 환경을 종료하기 위한 환경 종료 버튼

03. 마지막으로 환경의 이름을 입력하고 [종료] 버튼을 클릭합니다.

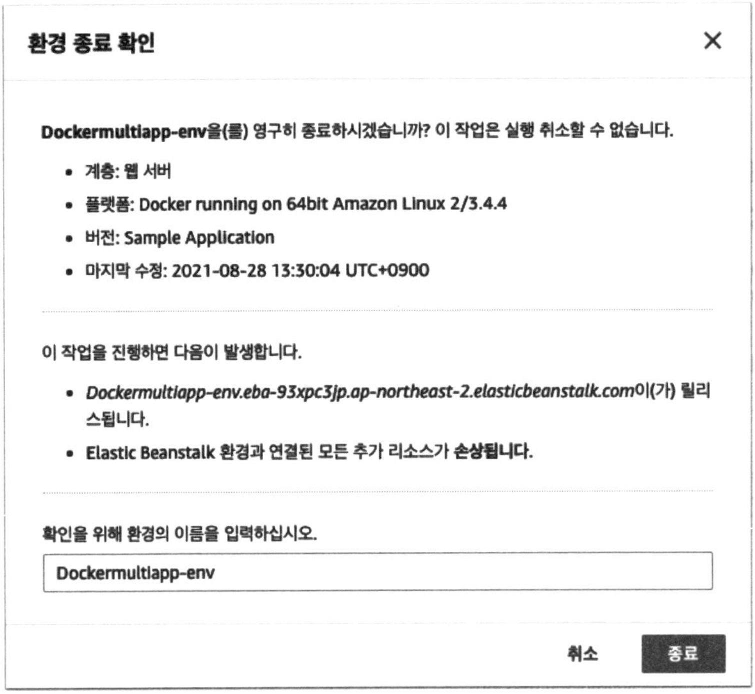

그림 9-98 일래스틱 빈스톡 환경 종료

이렇게 해서 풀스택 애플리케이션을 도커 환경에서 개발하고 테스트한 다음 배포하는 과정을 살펴봤습니다.

공부하시느라 수고하셨습니다. 감사합니다.

A – C

AWS	193
AWS 관리 콘솔	196
AWS 리전	197
AWS Management Console	196
AWS RDS	248
axios	233
build 명령어	69
Builder Stage	169
Buildkit	66
cache	104
Cgroup	28
CLI	20
cmd	14
CMD	65
COPY 지시자	104

D

docker build -t	73
docker create 〈이미지 이름〉	44
Docker Engine	68
docker exec	50
docker exec sh	56
Dockerfile	60
Docker Hub	59
Dockerize	125
docker kill 〈컨테이너 ID/이름〉	46
docker ps	40
docker rm	48
docker rm `docker ps -a -q`	48
docker rmi 〈이미지 id〉	49
docker run 〈이미지 이름〉	43
docker run ls	36
docker start 〈컨테이너 ID/이름〉	44
docker stop 〈컨테이너 ID/이름〉	46
docker system prune	49
Docker Volume	108

E – I

EB	194
EC2	193
EC2 인스턴스	194
Elastic Beanstalk	194
Elastic Compute Cloud	193
endpoint	221
Express.js	81
FROM	65
GET 메서드	229
IAM	207, 208, 326
Identity and Access Management	207
INBOUND	297, 312

M P

Multi Container Application	136, 219
MySQL 데이터베이스	248
namespaces	28
Node.js	76, 116
node_modules 폴더	146
nodemon	118
npm	86
OUTBOUND	297, 313
package.json	77
POST 메서드	229
print working directory	109
Proxy	221
Pull Request	268
PWD	109

R

RDS	300
Redis	2, 120
region	197
RUN	65
Run Stage	169

S – T

Security Group	297
server.js	77
SIGKILL	46
SIGTERM	46
Single Container Application	136
Single Page Application	245
stdin_open	157
terminal	20
Travis CI	182
travis.yml	188

U – Y

useEffect	234, 236
Virtual Private Cloud	294
Visual Studio Code	63
VM	24
volumes	265
VPC	294
WORKDIR	97
YAML	130
yml	130

ㄱ – ㄴ

가상 머신	24, 27
가상화 기술	23, 24, 28
개발 환경을 위한 도커 파일	142
기본 이미지	62
깃허브	178
깃허브에 푸시	225
내부 파일 구조 보기	36
네이티브 하이퍼바이저	24
네임스페이스	28

ㄷ

다시 빌드하기	103
다중 컨테이너 애플리케이션	136
단일 컨테이너 애플리케이션	136
도커	1
도커 데몬	20
도커 볼륨	108, 150, 265
도커 서버	20
도커 설치	9
도커 이미지	8, 60
도커 이미지 삭제하기	49
도커 이미지에 이름 붙여주기	73
도커 컨테이너	8, 26
도커 컨테이너를 나열할 때 원하는 항목만 보기	42
도커 컨테이너를 생성하고 실행하기	43
도커 컨테이너 멈추기	45
도커 컨테이너 삭제하기	48
도커 컨테이너 생성하기	44
도커 컨테이너를 우아하게 중지하기	46
도커 컨테이너를 즉시 중지하기	46
도커 컴포즈	130, 154
도커 컴포즈 정지	133
도커 클라이언트	20

도커 파일	60, 61
도커 허브	59
도커화	125

ㄹ-ㅂ

레디스	2, 116, 120
레디스 클라이언트	121
레이어	62
로드 밸런서	201
루트 사용자	208
리눅스 VM 환경	35
리액트	138
리액트 애플리케이션	230
멀티 컨테이너 애플리케이션	219
모든 도커 컨테이너를 나열	42
백그라운드	111
베이스 이미지	62
보안 그룹	294, 297, 310
볼륨	265
비 관계형 데이터베이스	120
비밀 액세스 키	207, 210, 326
비주얼 스튜디오 코드	63
빌드 파일 생성	169

ㅅ

사용자 권한	210
사용하지 않는 데이터 삭제하기	49
생명 주기	42
생성된 도커 컨테이너 실행하기	44
셸 환경	56, 58
소스 코드 편집기	63
스테이트	233
실행 중인 컨테이너에 명령어 전달하기	50
실행 중인 컨테이너에서 터미널 사용하기	56
싱글 페이지 애플리케이션	245

ㅇ

아웃바운드	297, 313
액세스 키	207, 210, 326
엔진엑스	167
우아하게 중지	45
운영 환경을 위한 도커 파일	142
이미지 빌드	70
이미지 캐시 보관 장소	22
익스프레스	81
인바운드	297, 312
일래스틱 빈스톡	194
임시 컨테이너	72

ㅈ

작업 디렉터리	97
절대 경로	109
종속성	103
중지된 모든 컨테이너 삭제하기	48
지시자	97

ㅋ

캐시	104
커널	27
컨테이너	5
컨테이너 기술	26
컨테이너 나열하기	40

ㅌ

터미널	14, 20
테스트	160
트래픽	201

ㅍ

파일 스냅숏	30
포트 매핑	95, 149
풀 리퀘스트	268
프록시	221
프롬프트	14

ㅎ

하이퍼바이저	24
호스트형 하이퍼바이저	24